# Jules Leroux, d'une philosophie économique barbare

Présentation
Ludovic Frobert et Michael Drolet

Collection « Bibliothèque républicaine »
dirigée par Vincent Peillon

*Ouvrage publié avec le concours du Laboratoire Triangle,
UMR 5206, École Normale Supérieure de Lyon
et de la MGEN*


www.editionsbdl.com
33310 Lormont

ISBN : 978-2-35687-825-0

# Jules Leroux, d'une philosophie économique barbare

Présentation
Ludovic Frobert et Michael Drolet

Le Bord de l'eau

Notre Jules Leroux a bénéficié de la lecture patiente de nombre de collègues proches. Il y a chaque fois crainte d'en oublier et si c'est le cas nous nous confondons par avance en excuses et promettons en retour une non-négociable invitation au pub ou en brasserie. Donc nos remerciements à Vincent Bourdeau, Armelle Le Bras-Chopard, Anne-Sophie Chambost, Cyrille Ferraton, Peter Ghosh, Lucie Rey, Loïc Rignol, Michael Sonenscher, Bruno Viard, et Richard Whatmore.

Ce travail est aussi un élément du programme plus vaste sur L'*Encyclopédie nouvelle* qui a bénéficié ces dernières années des supports institutionnels de l'ANR Saint-Simonisme 18/21 (et nous en profitons pour remercier ici Michel Bellet qui l'a dirigé), du laboratoire Triangle, de l'ENS-Lyon, du Labex COMOD, du John Fell Fund, de l'Université d'Oxford et notamment de sa Faculté d'Histoire Moderne, de la Maison Française d'Oxford, et du Worcester College (Oxford).

Nous remercions bien sûr pour son invitation, ses encouragements et ses relectures Vincent Peillon qui dirige cette belle Bibliothèque républicaine. Et bien sûr Jean-Luc Veyssy de nous accueillir dans ces éditions Le Bord de l'eau, si joliment nommées ; une presse idéale pour deux nageurs que nous sommes.

# D'une philosophie économique barbare : vie-œuvre de Jules Leroux (1805-1883)

# Introduction

## Le « bourgeois Pierre Leroux » et le « prolétaire Jules Leroux »[1] ?

Dans un article paru en 1985, Miguel Abensour identifiait un singulier et fécond « style barbare » dans la philosophie politique occupée d'utopie, de république et de socialisme qu'avait développé Pierre Leroux (1797-1871)[2]. Qu'est-ce qu'un barbare ? À l'époque de Leroux, par exemple pour un Saint-Marc Girardin, est barbare celui qui, aveugle à toute modernité risque, en horde, de ruiner le progrès irréversible vers une civilisation libérale rêvée par les Doctrinaires : une civilisation individualiste, propriétariste, industrialiste. En clair, est barbare le prolétaire des faubourgs des villes manufacturières. Toutefois, à la même époque, le barbare peut aussi désigner tout autre chose, et pour ainsi dire l'inverse. Personnage incontournable d'un mythe romantique sensible à l'horreur d'une modernité économique, politique, culturelle qui commence à s'observer en 1830, le barbare, par exemple pour un Jules Michelet[3], est justement celui qui, vigoureux, impétueux, travaillant de son corps et de ses mains, rendu furieux par les privilèges indus d'une minorité synonymes d'inouïes et scandaleuses dominations et souffrances pour les siens, va avoir l'énergie, la colère et l'indignation, pour ruiner cette fausse idéologie libérale du progrès, détruire, raser, mais aussi révolutionner et imaginer, créer des alternatives.

Pour Abensour, Pierre Leroux est alors un barbare en philosophie pour trois raisons. La première est qu'il va s'opposer à la figure montante du « philosophe fonctionnaire ». Il va s'opposer à Victor Cousin et à l'École éclectique, philosophie officielle d'un État construit pour imposer le libéralisme capacitaire de François

1 *L'Étoile des pauvres et des souffrants*, mars 1881.

2 Miguel Abensour, « Philosophie politique et socialisme, Pierre Leroux, ou du « style barbare » en philosophie », *Le Cahier* (Collège international de philosophie), octobre 1985, pp. 9-24. Du même, *Le procès des maîtres rêveurs*, Paris, Sulliver, 2000.

3 Ou, du côté des romantiques anglais de William Wordsworth à John Ruskin, sans parler de ce personnage iconoclaste faisant rage contre les manufactures et l'adoration de Mammon, Thomas Carlyle.

Guizot et son souverain Louis-Philippe. Leroux va critiquer une philosophie par trop analytique et friande de classifications, séparations et distinctions ; une philosophie à la remorque des faits et exhibant sa fonction de simple validation des positions acquises ; une philosophie prenant pour patron les sciences exactes et misant dès lors sur une psychologie rudimentaire ; une philosophie revendiquant enfin sa position en surplomb, fondant une nouvelle aristocratie prenant sa source dans la pensée et s'assurant une autorité d'expertise indiscutable sur le monde moral, politique, économique, culturel. La seconde barbarie philosophique de Pierre Leroux, selon Abensour, aura été de brouiller à volonté la frontière entre philosophie et non philosophie. D'avoir prôné une philosophie pratique et sensible délaissant les grandes questions éthérées et leurs solutions hors sol et hors temps pour s'intéresser aussi et surtout à la vie humaine et sociale et à ses adaptations continues : au quotidien, au trivial, à l'ordinaire, au commun. Une philosophie concernée par la transition ici et maintenant et faisant entrer au cœur de son propos les questions pendantes au lendemain d'une Révolution, celles relatives à l'émancipation et à l'association. Enfin, Leroux romantique par sentiment et visionnaire dans son jugement de la pluridimensionalité de l'être humain, ses potentialités, ses possibilités, introduit un style barbare par les modes d'expressions qu'il mobilise, loin de la canonique dissertation/démonstration philosophique désormais en voie d'être codifiée par l'Éclectisme : des modes d'expression sollicitant, au gré des inspirations et visions, la poésie, le dialogue, le conte et même la prophétie.

Contemporaine du beau travail d'édition et de critique de Jean-Pierre Lacassagne[4], l'analyse d'Abensour accompagne ou annonce toute une réévaluation de l'œuvre méconnue de Pierre Leroux[5]. Un tout autre son de cloche, sans doute fêlée, vient toutefois d'un autre commentateur informé : son propre frère, Jules Leroux (1805-1883) qui, ni plus ni moins accusera Pierre souvent violemment, probablement injustement – c'est là aussi peut-être l'histoire au XIX^e^ siècle des frères en fraternité (des Blanqui, aux Carnot et là aux Leroux) – de n'avoir été qu'un philosophe inoffensif, un barbare presque domestiqué.

Dans un singulier témoignage tardif et inédit daté du tournant 1870, Jules reproche en effet à son éminent frère aîné dont il était toute sa vie éclipsé par l'aura, et dont il ne cessera dans ce témoignage de lui souligner l'inégalité de leurs deux

4 Il faudrait ici citer l'édition et commentaires accompagnant la correspondance entre Pierre Leroux et George Sand, la présentation de la réédition de l'Encyclopédie nouvelle, celles accompagnant l'ouvrage *Réfutation de l'éclectisme*. Pour ne citer qu'un article : Jean-Pierre Lacassagne, « Pierre Leroux ou la polémique socialiste », *Cahiers de l'Association internationale des études françaises*, 1979, n° 31, pp. 235-250.

5 Au sein d'une littérature contemporaine, et pour se limiter aux ouvrages, il faut citer, *a minima* : Armelle Le Bras-Choppard, *De l'égalité dans la différence. Le socialisme de Pierre Leroux*, Paris, Presses de la FNSP, 1986 ; Bruno Viard, *A la source perdue du socialisme français, Pierre Leroux*, Paris, Desclée de Brouwer, 1997 ; Vincent Peillon, *Pierre Leroux et le socialisme républicain*, Le Bord de l'eau, 2003 ; Lucie Rey, *Les enjeux de l'histoire de la philosophie au XIX^e^ siècle, Pierre Leroux contre Victor Cousin*, Paris, L'Harmattan, 2013.

vies respectives, d'avoir ni plus ni moins que charrié dans son œuvre, peut-être en partie à son insu, les scories d'une philosophie bourgeoise, d'une philosophie de dominant. Qu'est-ce qu'une philosophie de dominants ? C'est une philosophie cherchant à forer pour mieux les établir les hypothétiques bases de la domination et échelles solides des inégalités : à fonder rationnellement ou raisonnablement la domination et autres inégalités, indiscutablement, définitivement. Dans ce manuscrit, Jules reproche à Pierre d'avoir frayé une philosophie faisant alors bien sûr appel au corps – sentiments et sensations –, mais continuant *in fine* à élire la pensée comme unité gouvernante de la vie. D'avoir ainsi, en quelques mesures, œuvré contre ce qui constituait le cœur de sa philosophie, à savoir une conception radicale de l'égalité. Une philosophie qui dès lors n'a cessé à son tour de réifier quelques grands concepts, Perfectibilité, Progrès, (cette « religion vide du progrès » rétorquera Jules), Humanité, Triades, pour aboutir au final à une justification de la société, appelant l'établissement d'un gouvernement nouveau, un ordre appuyé sur, dit Jules, « l'affreuse et stérile solidarité », soit un ordre faisant de la réciprocité et de sa comptabilité stricte l'idéal indépassable de la communauté humaine[6]. Une philosophie, une « philosophicaillerie littéraire », qui dès lors, peut-être à rebours de ses intentions, a désarmé et censuré la colère sociale venant du peuple, des prolétaires, des dominés, des souffrants et s'est donc avérée impuissante ou pire, alliée involontaire de l'ordre bourgeois.

« Pourquoi mon livre n'est-il pas le tien ? Pourquoi le mien n'est-il pas le tien ? » ne cesse de ressasser Jules dans ce texte qui se veut une préface à son propre livre, préface qui s'intitule « A Pierre Leroux ». Le livre de Pierre, son grand-œuvre, c'est *De l'Humanité*, paru en 1840, et celui de Jules qui demeurera inédit a pour titre *Nouveaux principes d'économie politique, ou L'Évangile éternel*. Un livre qu'il aurait pu aussi bien, précise-t-il, intituler, *De l'Homme et de la manifestation de sa sociabilité*. Contrastant en une phrase leurs positions respectives dans ces deux livres, Jules note : « J'y descends de l'Homme à l'Humanité, moi, comme on descend de la cause à l'effet, quand toi, au contraire, c'est de l'Humanité que tu t'efforces vainement de descendre à l'Homme, allant comme qui dirait de l'effet à la cause. » Or Jules va expliquer à Pierre que cette connaissance au plus près de l'Homme et de sa « production » concrète nécessite d'emprunter un chemin que Pierre, féru de haute philosophie, a toujours considéré comme secondaire : celui de l'économie politique. C'est en effet prioritairement dans ce domaine qu'une véritable philosophie barbare permettant de relever le pari spécifique du XIX^e^ siècle, – « que faut-il faire

6 Papiers Jules Leroux, BnF, côtes 26264-26270 ; ici côte 26264 : *Nouveaux principes d'économie politique, ou l'Évangile éternel*, pp. 140-151 du manuscrit.

en France au lendemain d'une révolution[7] » – pourra se développer : une philosophie économique barbare.

Barbare aussi, car comme il a pu être opportunément souligné les années 1830-1848 voient une philosophie économique dominante, « civilisée », atteindre un point de stase[8]. Ses linéaments remontent à plus d'un siècle et les principaux jalons en France en sont Pierre le Pesant de Boisguilbert, François Quesnay, Jacques Turgot, et Jean-Baptiste Say. Naturellement les différences abondent, mais un socle commun se dégage, appuyé sur trois piliers : la naturalité du comportement intéressé de l'individu tel qu'il s'affirme dans les transactions économiques dérégulées (même si quelques lueurs doivent être fournies pour éclairer cet intérêt) ; la sensation et l'arbitrage plaisir/peine comme boussole du comportement humain et donc comme source d'une connaissance économique positive ; enfin, sur le plan politique, la nécessité pour le pouvoir de configurer grâce à cette connaissance économique positive la société, à quelques aménagements près, comme un marché où doit se réaliser la compétition entre individus. On sait tout autant que ces mêmes années 1830-1848 marquées par l'essor de pathologies nouvelles, crises et paupérisme, enregistrent une forte réaction contre cette philosophie économique classique. Une réaction venant notamment des premières écoles socialistes puis communistes, disons, et quelles que soient là encore leurs différences, importantes, des saint-simoniens de la période théorique (1825-1832) aux communistes néo-babouvistes ou icariens du tournant 1840[9]. Et cette réaction tentera de prendre la forme d'une philosophie économique alternative à celle s'inscrivant dans la filiation Boisguilbert-Quesnay-Turgot-Say.

Nous ferons ici l'hypothèse que l'une des expressions possibles d'une philosophie économique alternative, car barbare, se situe dans l'œuvre de Jules Leroux. Et qu'elle se formule principalement dans le cadre d'un corpus largement lu et discuté par les intellectuels français mais aussi européens (Allemands, Anglais, Italiens, Russes….) de l'époque : l'*Encyclopédie nouvelle* dont les deux maîtres d'œuvre étaient Jean Reynaud et Pierre Leroux. C'est en effet Jules Leroux qui rédige, entre 1835 et 1840 la presque totalité des entrées économiques de l'*Encyclopédie.*

7 Id., p. 291.

8 Gilbert Faccarello et Philippe Steiner, « Interest, Sensationism and the Science of the Legislator : French « Philosophie économique » 1695-1830 », *The European Journal of the History of Economic Thought*, March 2008, pp. 1-23.

9 Thomas Bouchet, Vincent Bourdeau, Edward Castleton, Ludovic Frobert et François Jarrige (dir.), *Quand les socialistes inventaient l'avenir (1825-1852)*, Paris, La Découverte, 2015. Également, Ludovic Frobert, *Vers l'égalité, ou au-delà ? Essai sur l'aube du socialisme*, Lyon, ENS-Editions, 2021.

# Vie-oeuvre de Jules Leroux
# L'expérience précède l'essence

Dans l'article « De l'économie politique » qu'il signe pour la *Revue encyclopédique* d'avril-mai 1833, Jules Leroux souligne : « La vie est partout ; elle est dans les êtres, dans les phénomènes, dans les faits, et la vie a le progrès pour loi[10]. » Comme chez Pierre Leroux, la question de la vie et de son caractère majeur de créativité, est ici centrale[11]. Geste capital pour les Leroux que cette interrogation sur création/créateur/créature/créativité qui leur fait faire, tout en s'en inspirant, un pas de côté vis-à-vis de la tradition judéo-chrétienne et se situer dans la proximité d'une autre approche. À un Créateur assurant unité, stabilité, ordre, harmonie et spiritualité, s'oppose chez les Leroux[12] une créativité appelant multiplicité, changement, désordre, conflits/frottements (nous le constaterons significativement bien plus présent chez Jules que chez Pierre), corporéité (là encore Jules plus que Pierre)[13]. Gérard de Nerval le commente en quelques mots : « La base fondamentale des croyances que Pierre Leroux veut opposer au christianisme, c'est une humanité *incréée, permanente, perfectible*[14]. » Sur le versant scientifique le projet intellectuel des deux frères revendique alors sa proximité avec le transformisme de la lignée Buffon-Lamarck-Geoffroy Saint-Hilaire[15]. Rédigée justement par Étienne Geoffroy Saint-

10 Jules Leroux, « De l'économie politique », *Revue encyclopédique*, avril-mai 1833, p. 31.

11 Dans sa « Préface. Aux souscripteurs de la *Revue encyclopédique* », Pierre Leroux note, « toujours vous apercevrez la vie se développant par une création incessante et une série continue de progrès », *Revue encyclopédique*, octobre-décembre 1833, p. XVII.

12 Un panthéisme, dira l'abbé Maret qui reconnaîtra toutefois en Leroux un adversaire majeur, mais de grande valeur. À la différence de ceux prétendant achever le rationalisme du XVIII^e^ siècle dans une philosophie non pas hostile mais étrangère au Christianisme (les Éclectiques dans le sillage de Victor Cousin), Leroux, explique Maret tente d'adosser le rationalisme et l'idée de perfectibilité humaine à une tradition (même si selon Maret, il se fourvoie sur la nature et l'identité de cette tradition). Voir H. Maret, *Essai sur le panthéisme dans les sociétés modernes*, Paris, Debécourt, 1840, pp. 65-76.

13 Sur cette distinction voir l'article de John Hope Mason, « The Character of Creativity : Two Traditions », *History of European Ideas*, vol. 9 (6), pp. 697-715.

14 Gérard de Nerval, « Les prophètes rouges », appendice, pp. 395-406, au tome IX (*Les Illuminés*) des *Œuvres complètes* de Nerval, Classiques Garnier, 2015.

15 Sur ce contexte et les liens complexes entre le transformisme et la pensée socialiste originelle, notamment celle de Leroux, voir Pietro Corsi, « The Revolution of Evolution : Geoffroy and Lamarck 1825-1840 », *Bulletin du musée d'anthropologie préhistorique de Monaco*, vol. 51, 2011, pp. 113-133.

Hilaire, l'entrée « Buffon » de *l'Encyclopédie nouvelle* se conclut par une critique du fixisme de Georges Cuvier[16] et par l'éloge de Buffon dont l'œuvre invite à situer la création continue des êtres dans la perspective dernière de l'empire de l'homme sur tous les milieux. L'auteur conclut en quelques phrases significatives de la proximité qui se dessine alors entre sciences naturelles et sciences sociales :

> S'élever au-dessus de cette fourmilière d'hommes qui s'individualisent qui s'absorbent dans les sens de la vie matérielle ; aborder de front toutes les sciences de l'univers dans le passé, dans le présent et dans l'avenir ; enfin penser à comprendre les rapports des choses à les traduire et à les expliquer : c'est entrer dans le sein de Dieu (...). C'est, par ce haut exercice de la pensée, engager plus avant l'humanité dans les routes du savoir, dans les fins de notre infinie perfectibilité[17].

C'est un modèle instructif (et non sélectif) d'évolution attentif à « l'empire des circonstances » et à l'hérédité des caractères acquis qui sert aux Leroux de patron à une pensée politique, économique et sociale que domine donc cette philosophie de la vie centrée sur créativité et progrès. Les différents ordres du vivant se développent et évoluent différentiellement par multiplication d'échanges (et l'échange, nous le verrons a ici une acception large, et non strictement utilitaire) plus ou moins instructifs avec leurs milieux. Le règne de l'homme, créature de sentiment, sensation, connaissance, se distinguant ici par une capacité d'instruction et donc d'adaptation supérieure qui le conduit à bénéficier seul parmi les règnes du vivant du pouvoir prométhéen de s'adapter en organisant son milieu.

Et dans la pensée de Pierre et Jules Leroux, ce n'est pas seulement une question d'espèce, car chaque vie individuelle, chaque biographie vaut également par l'expérience la plus complète et la plus réussie possible de traversées et adaptations aux milieux. Et ce sont ces adaptations qui feront la créativité d'une œuvre, une vie-œuvre. Dans le cas de Jules, nous le verrons, les traversées furent multiples. Toutefois comme dans toute philosophie de la vie, il y a ici, à la fois, intriqués un élément de mobilité et mutabilité et un élément de permanence. Comme le souligne un aphorisme de Pierre Leroux, la loi de vie comme progrès peut se traduire par « changer en persistant, persister en changeant, et aspirer à réaliser de plus en

16 Cuvier est considéré par les rédacteurs de l'*Encyclopédie nouvelle*, comme l'équivalent, dans le champ des sciences de la vie, de ce que représente Victor Cousin en philosophie, et Jean-Baptiste Say en économie politique : un idéologue proche du pouvoir Doctrinaire plus encore qu'un savant. Voir ici l'entrée « Cuvier » (*Encyclopédie nouvelle*, vol. IV, pp. 170-184), que rédige Jean Reynaud.

17 Étienne Geoffroy Saint-Hilaire, « Buffon », *Encyclopédie nouvelle*, vol. III, pp. 105-111, p. 111. Cuvier, par contraste, est dépeint par Reynaud en ces quelques termes : « grand observateur, faible généralisateur, il n'a jamais touché que la superficie de la nature ; et bien que son intelligence en ait pu mesurer la grandeur, son âme n'en a jamais conçu la majesté (...), la théorie (...) le seul chemin qui conduise à Dieu à travers la nature. Il ne suffit pas de voir la création, il faut voir derrière elle le créateur » (« Cuvier George », p. 184).

plus le type idéal de l'Humanité[18] ». Dans le cas de Jules, une constante s'impose chez lui et imprime sa marque à toute son évolution et sur toute sa réflexion : celle de considérer que, déjà dans sa relation originelle de fraternité avec Pierre (n'oublions pas que leur père décède lorsque Jules a deux ans, et que c'est Pierre, aîné de huit ans, qui s'occupera de toute la fratrie), puis dans l'ensemble de ses relations sociales – il est et se présentera toujours comme ouvrier typographe, pauvre, méprisé, invisibilisé – il se sent représentatif de l'expérience des dominés. Il est, à la fois en tant qu'ouvrier prolétaire mais aussi frère éclipsé du grand Pierre Leroux, de la race des Abel (« Abel, c'est le Peuple, le Légiféré, le Gouverné, le Conduit, le Passif, l'Enfant, l'Esclave, l'Enchaîné ») se dressant contre la race des Caïn (« Caïn, c'est le Roi, le Légiférant, le Gouvernant, l'Ordonnant, l'Actif, le Père, le Maître, le Libre »[19]). Et c'est de cette race des Abel, race qui n'a aucune propriété ni visibilité ou reconnaissance, race que marque prioritairement l'expérience de la souffrance, que doit jaillir une connaissance et une pratique révolutionnaires neuves, barbares[20].

Détaillons les principaux reliefs de cette vie grâce aux minces traces que nous en avons[21]. Né en 1805, Jules Leroux ne put faire les études brillantes qu'au moins pu débuter son frère aîné et fut plus que lui encore frappé dans sa jeunesse par la pauvreté. On connaît les mots de Pierre, dans *La Grève de Samarez*, « je n'ai pas cherché la pauvreté, je l'ai rencontrée ; ou plutôt elle m'a pris dans mon berceau, et ne m'a jamais quitté[22] ». Mais l'expérience de la misère fut sans doute bien plus radicale pour Jules[23]. Il devint simple ouvrier typographe, et le demeura, fit son apprentissage intellectuel en pur autodidacte. Autour de 1830, il participa à l'aventure saint-simonienne, faisant partie du simple « degré des ouvriers ». Il suivit Pierre dans son schisme d'avec Barthélémy-Prosper Enfantin et le saint-simonisme orthodoxe et rejoignit la *Revue encyclopédique*. C'est là, ainsi que dans le journal républicain marseillais, *Le Peuple souverain,* qu'il publia ses

18 Pierre Leroux, *Aphorismes. Doctrine de l'Humanité*, Boussac, Imprimerie de Pierre Leroux, 1848.

19 *L'Étoile du Kansas*, 1er mai 1876, cité dans Nadine Dormoy Savage, « Jules Leroux en Icarie », *The French Review*, vol. 49, May 1976, pp. 1025-1040. Voir aussi l'entrée « Abel » de Jean Reynaud dans *l'Encyclopédie Nouvelle*, Tome I, p. 20.

20 La réflexion sur le prolétaire n'ayant pas même la propriété de son nom et explorant les chemins de l'émancipation se trouve alors développée chez Pierre-Simon Ballanche auteur en 1827 de ses *Essais de palingénésie sociale* (1827-1829). Voir ici Georges Navet, « De l'Aventin à la Croix-Rousse. Pierre-Simon Ballanche et le héros plébéien », *Le Cahier*, n° 5, avril 1988, pp. 29-41.

21 Outre l'article de Nadine Dormoy Savage, voir ici la notice très complète que lui consacre Michel Cordillot dans le Maitron : https://maitron.fr/spip.php?article159602, notice LEROUX Charles, Jules [Dictionnaire biographique du mouvement social francophone aux États-Unis] par Michel Cordillot, version mise en ligne le 7 juin 2014, dernière modification le 8 juillet 2020.

22 Pierre Leroux, *La grève de Samarez*, vol. II, chapitre XVII.

23 Rappelons ici les mots justes d'Eugène Buret, « la misère, c'est la pauvreté moralement sentie », *De la misère des classes laborieuses en France et en Angleterre*, 2 vol. Paris, Paulin, 1840, vol. 1, p. 113.

premières contributions importantes en économie politique[24]. Toutefois son texte majeur à ce moment fut sa brochure *Aux ouvriers typographes. De la nécessité de fonder une association ayant pour but de rendre les ouvriers propriétaires de leur instrument de travail*[25]. Sollicité pour être défenseur des accusés marseillais lors du « Procès monstre » (1834-1835) il organisa peu après une assemblée générale des typographes.

Les années 1834-1839 furent consacrées à la rédaction des entrées économiques de l'*Encyclopédie nouvelle*. Jules Leroux était déjà une figure précoce de la réflexion et de l'action communistes, réveillées par la sonore *Histoire de la conjuration pour l'égalité, dite de Babeuf* de Philippe Buonarotti (1828), et la republication un peu plus tard de l'expression inaugurale de la vision communiste du Montagnard, le *Code de la Nature* (1755) d'Étienne-Gabriel Morelly[26]. Il venait de faire paraître la brochure *Le Prolétaire et le bourgeois*[27], participait des efforts pour créer un organe communiste, et lançait finalement, avec Richard Lahautière l'éphémère *La Fraternité*. Simultanément, il participa aux côtés de son frère à l'aventure de la *Revue indépendante* lancée par George Sand et Louis Viardot. Installé à Tulles, il rejoint peu après la communauté de Boussac groupée autour de Pierre, aidée par les subsides de George Sand, où il s'occupera de l'imprimerie, son autre frère Achille s'occupant de la ferme[28]. En 1845, à Boussac, alors qu'il projette déjà un livre de synthèse, *Problèmes économiques*, ceux et celles de Boussac lancent la *Revue sociale*. Après la Révolution de Février 1848, il est élu à la Législative du printemps 1849 et siège à la Montagne en tant que représentant de la Creuse. Il se manifestera principalement en février 1850 par un amendement, repoussé, à la loi Falloux réclamant la liberté la plus étendue possible d'enseignement. En 1849-1850, il participe également aux activités de l'Association des instituteurs socialistes de Pauline Roland, Gustave Lefrançais et Pérot[29]. Enfin début 1850, associé à Paul Rochery et Luis Nétré, il

24 Il s'agit d'une série de 6 articles intitulée « Athénée de Marseille. Cours d'économie politique de M. Jules Leroux » que publie *Le Peuple souverain. Journal du Midi*, entre février et avril 1834.

25 Publié en 1833 à Paris à l'imprimerie de Louis-Etienne Herhan.

26 L'éditeur fouriériste François Villegardelle publie deux éditions du *Code de la Nature*, une en 1840 et la deuxième en 1841.

27 Jules Leroux, *Le prolétaire et le bourgeois, dialogue sur la question des salaires, où l'on démontre que la baisse des salaires ne profite à personne*, Paris, Perrotin, 1840.

28 Sur cette histoire, voir ici, *Bulletin de la Société académique du Centre*, n° 4, oct. déc. 1898, pp. 235-282. Daniel Dayen, « L'Imprimerie de Pierre Leroux à Boussac 1844-1849 », *Mémoires de la Soc. des sc. nat., arch. et hist. de la Creuse* XLIX, 2003, pp. 163-188.

29 Convertie à la doctrine de Pierre Leroux, Pauline Roland avait séjourné à Boussac en 1847-1848, s'était occupée de l'école, avait été, triade oblige, l'une des trois rédactrices de L'*Éclaireur de l'Indre*. Le *Programme de l'Association des instituteurs, institutrices et professeurs socialistes* (1849) constitue, notamment dans ses prolégomènes une composition de la doctrine de Leroux. Sur tous ces points, voir Edith Thomas, *Pauline Roland. Socialisme et féminisme au XIX*e *siècle*, Paris, Rivière, 1956.

relance la *Revue sociale*, y publiant à nouveau une série d'articles économiques, « De la prochaine révolution économique ».

Emprisonné après le coup d'État du 2 décembre 1851, Jules Leroux part ensuite en exil, à Londres, puis à Samarez, île de Jersey, où il rejoint Pierre et reconstitue dans des conditions difficiles une communauté familiale et amicale rappelant Boussac. De retour en France après l'amnistie de 1859, il se consacre à l'agriculture mais n'abandonne pas pour autant ses activités politiques. Il adhère à la naissante Association internationale des travailleurs dont il est membre fondateur de la section française de Londres et sera un court temps membre du Conseil central.

Pauvre, isolé, il décide alors de migrer avec toute sa famille aux États-Unis. Bénéficiant du *Homestead Act*, il acquiert une terre à Neuchâtel, Kansas. Il y poursuit son engagement politique et devient membre correspondant de l'Union républicaine de langue française (regroupant les socialistes francophones de New York). Abandonnant rapidement l'agriculture, il acquiert un matériel d'imprimerie et commence à publier en janvier 1873 un mensuel, *L'Étoile du Kansas, organe de la république française et universelle*. Vers 1876, il suit son fils Paul et se déplace en Iowa, vers la communauté icarienne de Corning. Là, il relance son journal, l'intitule désormais, *L'Étoile du Kansas et de l'Iowa. Organe du communisme libérateur des peuples et de l'individu*. Peu adepte du communisme fruste, matérialiste et par trop collectif des Icariens, partie prenante du conflit qui éclate à Icarie en 1877 et conduira à une scission de cette colonie utopique, il est mis en minorité et quitte la communauté pour rejoindre, lui, son épouse, ses sept enfants et leurs familles, la Californie. En 1881, il s'installe donc à Santa Helena, relance une dernière fois sa presse sous le titre *L'Étoile des pauvres et des souffrants*. À 76 ans, deux ans avant son décès survenu en octobre 1883, dans l'article « Mon examen de conscience, in *articulo mortis, alias vitae* », il écrit :

> Je ne voudrais être
> Ni Gambetta, ni Grévy, ni Ferry, etc., etc.
> Je ne voudrais être
> Ni Rochefort, ni Louise Michel, ni Jules Guesdes, ni Malon, etc., etc.
> Je ne voudrais être
> Ni le baron Rothschild, ni le marquis de Gallifet, ni de Mun, etc., etc.
> Je ne voudrais être
> Ni Hugo, ni Coquelin, ni Pasteur, ni Renan, etc., etc.
> Je voudrais être HEUREUX (*L'Étoile des pauvres et des souffrants*, juillet 1881).

## Une inspiration rude et plus prolétarienne ?

Auteur en 1938 d'un *Pierre Leroux*, Henri Mougin fut l'un des rares à souligner l'importance de Jules et à la lier à une « inspiration rude et plus prolétarienne »[30]. Naturellement, de la part de ce philosophe marxiste et existentialiste, la qualification avait alors un sens précis lié aux heures agitées des années trente. Aujourd'hui, dans un contexte historique et social différent, il convient d'approfondir et surtout renouveler cette question du « rude » et « prolétarien » pour tenter de saisir d'où nous parle alors Jules Leroux.

Dans une lettre au peu commode et intransigeant Richard Lahautière, George Sand expliquait que Pierre Leroux qualifiait Jules de « fou sublime ». Elle poursuivait, « si M. Jules était un homme pratique, certes son génie le placerait aux premiers rangs. Mais il semble que son idéal est exclusif et pour ainsi dire ennemi du possible[31] ». À l'époque le terme « fou sublime » qui fait écho à l'ancien « fol délicieux » revient par exemple sous la plume de Jules Janin (*Le Feuilleton*, 1^er^ mars 1841) pour qualifier l'œuvre dérangée et dérangeante d'un Gérard de Nerval[32]. Et effectivement, le terme peut désigner l'aliénation mentale. Et lorsque Pierre Leroux, repris par Sand, qualifie ainsi Jules, il est fort possible que cela soit en partie dans ce sens, mais pas seulement. Car chez Pierre Leroux, le fou est un « enthousiaste », au sens religieux du terme, celui qui différentiellement doté de la qualité unifiante du sentiment, appréhende, anticipe, synthétise au mieux une créativité de la vie – le révélateur porte « le flambeau de la vie[33] » – synonyme de progrès. Aujourd'hui, le *Trésor de la langue française* nous apprend, en effet, qu'un tel fou est aussi « une personne qui atteint à une vérité spirituelle en refusant de s'assujettir aux lois de la raison et/ou aux normes sociales ». Et Jules qui, dans le témoignage cité datant de 1871 reproche à Pierre d'avoir été, par dépendance au modèle de la pensée bourgeoise des dominants par trop « législateur » et trop peu « prophète », paraît en partie relever aussi de cette part de la définition du « fou sublime ». Il se situerait, par sa réflexion, dans la proximité de l'exigence fouriériste d'un « écart absolu » qui lucide concernant la naissante horreur économique libérale et sa rhétorique léni-

30 Henri Mougin, *Pierre Leroux*, Paris, Éditions sociales internationales, 1938, p. 20.

31 *Histoire d'une amitié d'après une correspondance inédite (1836-1866) : George Sand et Pierre Leroux*, J. P. Lacassagne (ed.), Paris, Klinsieck, 1973, lettre du 18 janvier 1844.

32 Les deux histoires ne sont pas sans liens. Nerval était fasciné par les écrivains-imprimeurs et il déposera en 1844 (la même année que Pierre Leroux, voir son *D'une nouvelle typographie*, 1843) un brevet pour une machine à composer, le stéréographe (voir ici, Jacques Bony, « Nerval imprimeur ? », *L'Année Baudelaire*, vol. 5, 1999, pp. 19-30). Par ailleurs Nerval s'était donc intéressé aux illuminés et à leurs représentants présents, les socialistes, dont Pierre Leroux (voir « Les prophètes rouges », appendice, pp. 395-406, au tome IX (*Les Illuminés*) des *Œuvres complètes* de Nerval, Classiques Garnier, 2015.

33 Pierre Leroux, *Réfutation de l'éclectisme*, p. 9.

fiante, assumant alors d'affronter le « doute réel », est ainsi en capacité d'imaginer un « mécanisme en contraste du nôtre[34] ». Toutefois cette réflexion procède chez lui, comme chez d'autres de sa génération, Joseph Déjacque, Ernest Cœurderoy, d'une expérience que tous ses témoignages ne cessent d'exprimer. Ainsi dans cette lettre de septembre 1866 à George Sand au moment même où, dans un état de dénuement complet, avec sa famille, petite communauté, mais qui comprend tout de même quatre fils et trois filles (le plus âgé Pierre, né à Chatillon sur Seine en 1837, la plus jeune, Lisette, née à Jersey en 1865) il embarque pour New York et les États-Unis :

> Non Madame, non (j'allais dire ma sœur), je n'ai pas de mauvais pressentiments qui puissent m'enlever et succès et courage, mais je sais ce que c'est que la vie ; et souvent le mal du désespoir lent et raisonné me prend. Toute ma vie n'a guère été consacrée qu'au suicide »,
>
> et il poursuit,
>
> « je rêve imprimerie, pensée, éducation, culture des enfants, que sais-je ?... Il me faudra défricher la terre et subir la grossièreté des hommes. Qu'importe ! Marche, marche toujours »[35].

Il y a là avouée une mélancolie qui n'est certes pas celle d'un Alfred de Musset dans ses *Confessions d'un enfant du siècle*. Peut-être l'expression d'une tradition qu'on désigne aujourd'hui comme étant celle d'une mélancolie de Gauche, tradition non des victimes mais des vaincus[36]. Une tradition qui sut, déjà, dénoncer la rhétorique commune aux grands courants intellectuels de l'époque, la rhétorique du progrès : « vol sublime vers une marche rapide à la perfectibilité perfectibilisante »[37] comme le raillera Charles Fourier. À cette rhétorique, les vaincus opposent la réalité omniprésente de leurs souffrances, leur scepticisme, pour dire le moins, concernant la réduction automatique mais à termes que progrès et modernité apporteraient à l'exploitation de l'homme par l'homme, et dès lors la nécessité, non de se résigner mais de radicalement s'opposer et résister ensemble par la réflexion

34 Charles Fourier, *La fausse industrie, morcelée, mensongère, répugnante et son antidote, l'industrie naturelle, combinée, attrayante, véridique, donnant quadruple produit*, Tome I, Paris, Bossange, 1835, p. 52.

35 *Histoire d'une amitié...*, ouv. cit., p. 305.

36 « La mémoire des vaincus. Entretien avec Enzo Traverso », *Vacarme*, n° 21, 2002, pp. 4-12. Également, Michael Löwy, « Pessimisme révolutionnaire. Le marxisme romantique de Walter Benjamin », *Cités*, n° 74, 2018, pp. 91-104. Voir également Michèle Riot-Sarcey, « L'Actualité du passé ou la pertinence de la pensée de Walter Benjamin », in Bouton (C.) et Stiegler (B.) (dir.), *L'expérience du passé. Histoire, philosophie, politique*, Paris, L'Éclat, 2018, p. 195-209.

37 Cité dans, Jonathan Beecher, *Charles Fourier. Le visionnaire et son monde*, Paris, Fayard, 1993, p. 238.

puis l'action à cette idéologie du progrès et à la société qu'elle valide. Le thème de la souffrance, non pas punition mais scandale et ferment de révolte, est omniprésent. Jules Leroux s'opposant en 1848 à la mièvrerie politique et sociale d'un Alphonse de Lamartine ne cessera de lui rappeler les revendications éclairées du « peuple : ceux qui souffrent, sentent et connaissent[38] ». Et cette intelligence unique du peuple, venant donc d'une souffrance subsumant ou transformant le sentiment et liant alors différemment la sensation (l'action) et la connaissance (la doctrine), est d'abord celle du scandale à dénoncer et renverser de l'organisation économique actuelle : « Les relations d'ouvriers à maîtres sont les relations génératives de celles existantes entre gouvernés et gouvernants[39] » écrit Jules Leroux à Demosthène Ollivier dès 1834, mots qui font écho à la retentissante réplique d'Auguste Blanqui, deux ans plus tôt, au Procès de Quinze, « ceci est la guerre entre les riches et les pauvres : les riches l'ont voulu ainsi ; car ils sont les agresseurs[40] ». Concernant Jules Leroux, les termes du scandale et la radicalité du renversement à opérer sont d'ailleurs déjà identifiés dès septembre 1830 au lendemain des Trois Glorieuses. C'est lui semble-t-il, principalement, qui publie les quatre numéros de l'éphémère journal *L'Artisan*[41]. Il y a là, venant de la typographie, la toute première expression, en français, d'une voix ouvrière – « qui peut élever cette tribune à la classe ouvrière, si ce n'est des hommes pris dans son sein » revendique le Prospectus. La « classe des ouvriers » est aujourd'hui, au temps de l'industrie et au lendemain d'une révolution, la plus nombreuse et la plus utile :

> Trois jours ont suffi pour changer notre fonction dans l'économie de la société, et nous sommes maintenant la partie principale de cette société, l'estomac, qui répand la vie dans les classes supérieures, revenues à leurs véritables fonctions de serviteurs[42].

Formule radicale : Les temps changent, et l'intelligence sociale est à localiser désormais dans l'estomac. Un estomac qui a justement l'intelligence de revendiquer non l'inégalité, mais « l'égalité de la classe ouvrière », qui est égalité de tous. Et

38 Jules Leroux, *Qu'est-ce que la République ? À propos de la circulaire de M. de Lamartine*, Gustave Sandré libraire, 1848.

39 Cité dans Leonardo La Puma, *Progetti e bisogni. Contributo all'epistolario di Pierre Leroux*, Centro Editoriale Toscano, 1990, p. 152.

40 Consulté sur https://www.marxists.org/francais/blanqui/1832/defense.htm

41 Dans son court portrait autobiographique, il note concernant ses activités au tournant 1830, « quatre numéros d'un journal intitulé *L'Artisan*, affiché sur les murailles. Thèse : l'heure du peuple, de l'ouvrier est venue, de prendre part à l'organisation ou plutôt à la réorganisation de la société, au même titre qu'en 1789 le Tiers-Etat prit part à cette même réorganisation que d'ailleurs il manqua ». NAF 26264, pp. 8-9.

42 Prospectus reproduit dans, Alain Faure et Jacques Rancière (ed.), *La parole ouvrière*, 2$^{e}$ éd., Paris, La Fabrique, 2007, pp. 159-162.

pour cela la propriété de son industrie, seule voie permettant, par la mobilisation opportune et adaptée des machines, de créer un monde faisant définitivement reculer non seulement la rareté et son cortège de misères, mais aussi la domination et la souffrance.

C'est cette expérience de la souffrance que, durement, sans doute trop durement, Jules oppose à Pierre dans le manuscrit du tournant 1870 : « Comme homme, j'ai souffert horriblement de ma condition sociale d'ouvrier. J'en ai souffert plus horriblement encore comme penseur. C'est mon droit à l'existence que cette condition sociale d'ouvrier attaquait »[43]. Une expérience partagée avec les autres ouvriers les plus dominés que ne pouvait même soupçonner Pierre :

> À mes chagrins, à ma souffrance, au mal sourd et cruel qui résultait en moi de cet affreux spectacle et qui faisaient à des époques presque chanceler fortement ma santé, tu n'as jamais rien compris, toi, mon frère. Pouvais-tu me soupçonner tant d'amour, en effet, et un amour si bas, pour le pauvre hideux, le mendiant cynique, l'ouvrier grossier, le paysan ignoble[44] !

Mais cette expérience, explique Jules, lui a donné des « certitudes », là où Pierre et sa haute philosophie étaient dans l'incapacité de conclure et, dès lors, d'agir :

> Moi j'ai conclu, je conclus, et dans ma conclusion, j'ai une foi grande (…). Frère, j'ai dit l'Homme, et toi tu as dit l'Humanité ; j'ai dit le prochain, et tu as continué à dire, le semblable (…). Je me sens libre, dégagé, actif, au sein même de la guerre civile la plus empoisonnée (…). Ce qui vous trouble et vous repousse, la guerre, la révolution, m'attire et m'affermit, au contraire. J'appelle la bataille, j'appelle l'étincelle électrique[45].

## Un « fou sublime » dans l'*Encyclopédie nouvelle*

L'expression la plus nette et la plus complète de l'économie politique de Jules Leroux se trouve dans les entrées qu'il rédige pour l'*Encyclopédie nouvelle*, publiée donc sous la direction de Jean Reynaud et Pierre Leroux[46]. Pour Jules, la rédaction

---

43 Papiers Jules Leroux, NAF 26264, p.150.

44 Id., p.149.

45 Id., p. 150.

46 Sur l'*Encyclopédie nouvelle*, voir, David A Griffiths, *Jean Reynaud, encyclopédiste de l'époque romantique*, Paris, Rivière, 1965 ; Marisa Forcina, *I diritti dell'esistente, la filosofia della Encyclopédie nouvelle (1833-1847)*, Lecce, Milella, 1987 ; récemment, le chapitre IV dans Walter Tega, *Une philosophie pour la république*, Paris,

se concentre en cinq ans, débutant probablement autour de 1835 et s'achevant peu avant 1840. Introduit, sollicité et sans doute imposé par son frère Pierre, Jules Leroux signe quelques entrées périphériques mais non sans lien à sa réflexion économique centrale : « Saint-Benoît », « Benoît XIV », « Théodore de Bèze », des entrées sur quelques départements « Bouches-du-Rhônes », « Calvados », « Cher », l'entrée « Département ». Mais sa contribution majeure concerne donc les entrées économiques. Elle présente le caractère suivant : un diptyque central constitué de deux très longues entrées « Adam Smith » (vol. VIII, approximativement 48 mille mots) et « économie politique » (vol. IV, 27 mille mots) qu'entoure tout un ensemble d'entrées complémentaires plus courtes : « Banque » (vol. II), « Bourse », « Capital », « Change », « Commerce », « Concurrence », « Consommation » (vol. III), « Crédit », « Échange », « Emprunt », « Épargne » (vol. IV), « Sully », « Travail » (vol. VIII). Très large ensemble, le total des contributions économiques de Jules Leroux à l'*Encyclopédie* pourrait donc s'élever à quelque cent cinquante mille mots. Et il faut encore ajouter qu'en raison de l'inachèvement de la collection, nombre d'entrées projetées ou annoncées çà et là par Jules Leroux (« Richesse », « Propriété », « Salaire »...) ne figurent pas et qu'en outre quelques entrées non signées peuvent possiblement être de sa plume.

Il faut déjà resituer et contextualiser ces contributions dans l'ensemble si singulier du corpus de l'*Encyclopédie nouvelle.*

L'*Encyclopédie nouvelle* prit initialement forme dans le creuset de la *Revue encyclopédique.* Cosmopolitique et libérale lors de son lancement en 1819 par Marc-Antoine Jullien, la *Revue* était reprise en main au début des années 1830 par des dissidents du saint-simonisme orthodoxe, s'éloignant du *Globe* car heurtés par les diverses dérives de ce qui était devenu une Église, voire une secte[47]. Hippolyte Carnot, Pierre-Laurent Matthieu et donc Pierre Leroux et Jean Reynaud, d'autres encore, animèrent trois années durant une publication qui, selon les mots de Sainte-Beuve, s'appliquait « à la conciliation des systèmes nouveaux d'économie politique et d'organisation des travailleurs avec les libertés des citoyens et les inaliénables conquêtes

---

Kimé, 2019.

47 C'est en 1820 que Pierre Leroux conçut le premier l'idée du *Globe.* Leroux collabora dans cette grande aventure avec Paul-François Dubois. Entre 1824 et 1830 *Le Globe* était *la voix* de l'opinion libérale en France. Les saint-simoniens prirent le contrôle du journal en 1830. Dès ce moment il devint, sous la direction éditoriale d'un polytechnicien et ingenieur en mines et proche de Jean Reynaud, Michel Chevalier, l'organe "De la religion saint-simonienne". Sur les origines du Globe voir Jean-Jacques Goblot, *La jeune France libérale : le Globe et son groupe littéraire 1824-1830,* Paris, Plon, 1995. Sur Leroux et le *Globe* voir également Jean-Jacques Goblot, *Aux origines du socialisme français. Pierre Leroux et ses premiers écrits (1824-1830),* Lyon, Presses universitaires de Lyon, 1977. Sur Michel Chevalier voir Jean Walch, *Michel Chevalier économiste saint-simonien,* Paris, Vrin, 1975 et Michael Drolet, « Industry, Class and Society : A Historiographic Reinterpretation of Michel Chevalier », *The English Historical Review,* CXXIII, no.504 (2008), pp.1229-1271.

de notre Révolution[48] » ; bref, une publication qui tentait d'articuler à l'aide d'une réflexion rigoureuse, industrie (au sens donné par les contemporains au terme) et République. L'entreprise répondait aux vœux antérieurs d'Henri Saint-Simon qui dans son opuscule *Sur la nécessité de faire une nouvelle Encyclopédie pour préparer la réorganisation sociale* avait noté que si la grande Encyclopédie avait eu pour fonction, au XVIIIe siècle, de saper le système théologique et féodal, il était nécessaire aux philosophes et autres Lumières du XIXe siècle de « faire une Encyclopédie pour constituer le système industriel et scientifique » de la nouvelle société. Mais de fait, toute cette période est marquée par de multiples entreprises encyclopédiques venant de tous les bords de l'opinion intellectuelle du temps, toutes censées apporter quelques réponses au problème d'une « société en poussière » (expression du philosophe et homme d'État Pierre Royer-Collard) qui, au lendemain du renversement d'une ancestrale société de corps, ne produisait qu'une poussière d'individus se dispersant au moindre vent[49].

En 1833, voulant proposer une doctrine mettant fin aux controverses picrocholines entre factions républicaines, Leroux et Reynaud publiaient un *Exposé des principes républicains de la Société des droits de l'homme et du citoyen*, où étaient martelés que « le peuple doit retrouver l'exercice de sa souveraineté » et cela par la mise en place d'un gouvernement autorisant « le mouvement et la discussion », mais qu'il fallait aussi un meilleur :

> Établissement de fonctions industrielles qui contribuent à réaliser ces deux grands principes, la meilleure division du travail, la meilleure répartition des produits, qui accélèrent l'émancipation de la classe ouvrière, et fassent intervenir la puissance et l'intelligence sociale dans le développement des intérêts sociaux[50].

Pour cela, pour agir, notait Leroux, il y avait la « nécessité d'une nouvelle synthèse générale de la connaissance humaine »[51], cette synthèse du travail accompli

48 Sainte-Beuve, *Premiers lundis*, Paris, Calmann-Lévy, 1885, vol. 2, p. 94.

49 Vincent Bourdeau, Jean-Luc Chappey, Julien Vincent (dir.), *Les encyclopédismes en France à l'ère des révolutions (1789-1850)*, Besançon, PUFC, 2020. Bien que Royer-Collard a evoqué l'expression « société en poussière » dans un discours à la chambre des députés le 22 janvier 1822 (*Archives parlementaires*, 31, 1822, p. 133), Charles Fourier a utilisé des expressions jumelles, comme « civilisation incohérente » dès 1808 dans sa *Theorie des quatre mouvements*. Dans son article « Physiologie générale et particulière des Académies » pour la revue fouriériste *La Phalange*, le scientifique et militant fouriériste Victor Meunier observe : « la maladie dont notre époque est atteinte [est] cette maladie de l'individualisme qui tend à réduire la société en poussière ». *La Phalange, Revue de la Science Sociale, XIV année, 1er série, Tome II*, Paris, Aux Bureaux de la Phalange, 1845, p. 129.

50 Pierre Leroux et Jean Reynaud, *Exposé des principes républicains de la Société des droits de l'homme et du citoyen*, Paris, Herhnan, 1833.

51 Pierre Leroux, « Aux politiques. De la politique sociale et religieuse qui convient à notre époque », *Discours sur la situation actuelle de la société et de l'esprit humain*, Tome I, Boussac, Imprimerie de Pierre

est en cours d'accomplissement dans la société en gestation, tant en politique, qu'en science et en art. L'*Encyclopédie* devenait alors le recueil de cette synthèse. Comme l'a toutefois finement noté Jean-Pierre Lacassagne, « ce *recueil* vire au *recueillement*[52] » et l'*Encyclopédie nouvelle* ne cessera d'osciller entre un projet de dictionnaire philosophique et un projet de rassemblement et compilation de tous les savoirs. Dans le prospectus de l'*Encyclopédie pittoresque à deux sous*, première mouture du projet sous le titre général duquel parurent les fascicules des deux premières années, les rédacteurs insistaient sur la dimension instructive (condition de toute vie et créativité) de l'entreprise. Toutes les vies devaient être concernées, et, « à deux sous » donc peu chère, cette encyclopédie publiée à partir de fascicules participait d'un partage entre tous (et toutes) les savoirs. Dans le prospectus donc, les deux éditeurs précisaient qu'il s'agissait de « résumer de façon claire et précise les parties de la connaissance humaine qui sont maintenant assez avancées pour être vulgarisées et placées au domaine commun », que l'Encyclopédie n'allait être que la « revue élémentaire et concise de la nature et de l'histoire » et que ce partage et cette mise à disposition pour tous et en commun de toutes ces connaissances devaient permettre, au temps présent, d'améliorer, de faire progresser l'humanité. Là encore les rédacteurs évoquaient « le besoin de se recueillir et de juger sereinement sa position, avant de se décider à rien faire de nouveau[53] ». Dans un prospectus de cinq ans postérieurs – la parution de cet autre prospectus s'expliquant par les vicissitudes éditoriales de l'entreprise – le ton était différent ou plus précisément, bien plus dans le ton offensif d'un « Dictionnaire philosophique » et non d'un plus neutre « recueil de faits et de renseignements ». Les rédacteurs expliquaient en effet que l'*Encyclopédie nouvelle* visait à éprouver et à illustrer la « Doctrine du progrès et de la perfectibilité » qui était donc principalement la doctrine de Pierre Leroux que partageait alors pour partie encore Jean Reynaud. Ils poursuivaient, qu'*a priori* par la métaphysique et *a posteriori* par l'histoire, « la Nouvelle Encyclopédie est destinée à donner à cette Doctrine des bases solides et vraiment constitutives[54] ».

Annoncée en 1833 comme devant être entièrement achevée dans un délai de quatre ans, la publication de l'*Encyclopédie nouvelle* s'étendit jusqu'en 1846. Les trois premiers volumes paraissent dans l'ordre, entre novembre 1833 et 1837, mais à partir du volume 4 la publication devient plus chaotique, le volume 8 est mis en chantier, puis sans que le volume 4 et le volume 8 soient achevés, le volume 5 est

Leroux, 1847, p. 113.

52 Jean-Pierre Lacassagne, « Préface », *Encyclopédie nouvelle, ou Dictionnaire philosophique, scientifique, littéraire et industriel, offrant le tableau des connaissances humaines au XIXe siècle, par une société de savants et de littérateurs, publiée sous la direction de MM. P. Leroux et J. Reynaud*, Slatkine Reprints, 1991, p. 1-30, p. 6.

53 Prospectus de 1833 reproduit dans la présentation de Lacassagne, p. 3-4.

54 Prospectus de 1839 reproduit dans la présentation de Lacassagne, p. 14.

débuté. En 1846, le corpus demeurera inachevé, le volume 6 n'est jamais paru, et les volumes 4, 5 et 7 présentent, à diverses échelles, de larges manques. L'entreprise était gigantesque et mobilisa un vaste réseau de collaborateurs venant de tous les champs et de toutes les disciplines. Il est naturellement impossible de lier l'inachèvement de ce corpus à une seule cause. Relevons toutefois que l'oscillation entre un projet de dictionnaire philosophique et un projet de compilation compliquée par, sans même parler de leurs « habitus » respectifs, les divergences de personnalité – Leroux, âme spontanée d'une créativité bouillonnante, mais chaotique ; Reynaud, personnalité disciplinée d'un esprit systématique et plutôt rigide – et un différend doctrinal croissant qui sembla se creuser entre les deux maîtres de l'*Encyclopédie* participent sans doute des causes majeures de rupture. Le schisme entre Leroux et Reynaud se fit en septembre ou octobre 1840 autour d'une question metaphysico-religieuse, question qui s'inspirait d'une connaissance profonde qu'ils avaient des religions de l'Orient[55] : la question de la destinée des âmes après la mort, Reynaud étant partisan d'une élitiste transhumance des âmes, graduées selon leurs capacités, de planètes en planètes, Leroux d'une plus prosaïque renaissance terrestre. Comme le notera significativement Leroux, bien ultérieurement, dans *La Grève de Samarez*, cette « divergence sur un point capital de la religion... en implique une égale sur le point capital de la philosophie, la vie en elle-même, et sur toutes les conséquences qui dérivent des principes[56] ». De fait, la pensée religieuse de Reynaud et sa conception d'un Dieu transcendant veillant les migrations stellaires des âmes s'opposait au panthéisme lerouxien décelant partout les attributs de Dieu dans une humanité terrestre vivante et progressive, en capacité de créer parfois de façon buissonnière par rapport à son Créateur, et signalait surtout leur distance croissante sur la question centrale de l'égalité. Reynaud manifestait, y compris dans sa métaphysique, une conception sinon élitaire du moins rigidement capacitaire, le conduisant, selon Leroux, à finalement singer le catholicisme. La terre chez Reynaud était un purgatoire ou chacun naît avec le juste degré de bonheur qui est l'exacte récompense des actions antérieures[57] et le destine à des migrations futures brillantes ; ce que Pierre-

55 La question du socialisme et la religion dans la pensée de Pierre Leroux est fort complexe. Les textes principaux de Leroux sur la religion sont son *Cours de phrénologie*, Jersey, impr. universelle, 1853 ; *Le véritable livre de Job, retrouvé par Pierre Leroux*, Genève, 1867 ; *Le véritable livre d'Isaïe, rétabli dans son intégralité*, Lausanne, 1869. Voir aussi Bruno Viard, *Pierre Leroux : le socialisme républicain et l'Orient (Mahomet, les Védas, Bouddha, Confucius, Le Tao)*, Le bord de l'eau, 2020. Vincent Peillon, « Une démocratie religieuse : « Organiser religieusement la société laïque », introduction à Pierre Leroux, *D'une religion nationale ou du culte*, Le Bord de l'eau 2021. Aurélien Aramini, « Traditions religieuses et synthèse républicaine dans la Revue encyclopédique », dans V. Bourdeau, J. L. Chapey, J. Vincent (Dir.), *Les encyclopédismes en France à l'ère des révolutions*, ouv. cit., pp. 178-193.

56 Pierre Leroux, *La grève de Samarez*, Paris, Klincksieck, 1979, p. 68.

57 « La dure existence que nous subissons aujourd'hui est la juste peine de nos égarements antérieurs », écrit Reynaud (*Philosophie religieuse : terre et ciel*, Paris, Duverger, 1854, pp. 206-207).

Joseph Proudhon traduira pour le railler en explicitant qu'il « faut que le vulgaire travaille et que les prédestinés gouvernent[58] » ; position que ne pouvait concevoir Pierre Leroux qui voyait une continuité malsaine entre « hiérarchie sur la terre, hiérarchie dans le ciel » et ne cessera de rappeler que « le ciel, le véritable ciel, c'est la vie », et que la vie de l'Humanité est création continue dans le sens des progrès d'une égalité radicale[59].

Après 1840, l'aventure de l'*Encyclopédie nouvelle* se poursuivra mais sans Pierre Leroux et son cercle, dont son frère, Jules Leroux.

L'*Encyclopédie* rassembla un vaste réseau de collaborateurs, sollicités pour la plupart par le maître d'œuvre de l'entreprise que fut Reynaud. Bien sûr les collaborations venant de Pierre Leroux ne sont pas inexistantes ni anodines – Pauline Roland, Louis Viardot, à titre d'exemple – mais sans doute moindre. Ce réseau est alors impressionnant, rassemblant des savants (Gabriel Lamé, Étienne Geoffroy Saint-Hilaire, Scipion Pinel), des ingénieurs et des avocats venant du premier saint-simonisme (Hyppolite Carnot, Abel Transon, Édouard Charton, Euryale Cazeaux...), des publicistes et journalistes républicains (Théodore Fabas, Théophile Thoré...), le philosophe Paul Grimblot, traducteur de l'œuvre de Schelling[60], des sommités reconnues ou en voie de l'être en histoire ou en littérature (Guillaume Pauthier, Hyppolite Fortoul...). Jean Reynaud sollicita son frère aîné, Léonce Reynaud, polytechnicien, ingénieur des Ponts-et-Chaussées, architecte, et Pierre Leroux fit donc entrer dans le projet son jeune frère Jules. Et il est certain que la figure hirsute de Jules détone dans cet ensemble de prestigieux collaborateurs.

C'est pourtant Jules qui, ici protégé par son frère, signa donc les entrées économiques du corpus. Il faut souligner qu'au sein de ce corpus quelques argumentations économiques alternatives furent aussi développées par d'autres : par exemple par Frédéric Le Play (1806-1882), polytechnicien, ingénieur des Mines, très proche de Jean Reynaud et qui signa nombres d'entrées en chimie, minéralogie, mais éga-

58 « M. Jean Reynaud, quelque ami qu'il se dise de la Révolution, est de l'école hiérarchique et féodale ; il ne croit pas à l'égalité ; il est avec l'Église, à laquelle il est venu, après la chute de la République, offrir le secours de sa philosophie druidique, magique et pythagoricienne. Ici que nous dit-il ? « Il faut que le vulgaire travaille, et que les prédestinés gouvernent. » », commente Proudhon (*De la justice dans la Révolution et dans l'Église*, vol. 2, p. 165) citant un autre passage de *Terre et ciel* où Reynaud souligne, « il est bon que dans nos sociétés il y ait toujours quelque travail corporal à accomplir, *les âmes supérieures étant les seules qui puissent sans périr s'abstenir d'y prendre part* » (*Philosophie religieuse*, p. 96).

59 Sur Reynaud, voir Vincent Bourdeau, « Un encyclopédisme républicain sous la Monarchie de Juillet : Jean Reynaud (1806-1863) et l'Encyclopédie nouvelle » dans V. Bourdeau, J. L. Chappey et J. Vincent, *Les encyclopédismes en France à l'ère des révolutions*, ouv. cit., pp. 75-94 ; également, Guillaume Cuchet, « Utopie et religion au XIX^e^ siècle : L'œuvre de Jean Reynaud (1806-1863), théologien et saint-simonien », *Revue historique*, 2004/3, pp. 577-599.

60 Sur Leroux et la philosophie allemande voir Laurent Fedi, "Schelling en France au XIXe siècle", *Les Cahiers philosophiques de Strasbourg*, 43, 2018, pp.13-80.

lement sur des questions de statistiques publiques, de mesure des richesses et de politique économique[61] ; autre exemple, Léon Lalanne (1811-1892), polytechnicien et ingénieur des Ponts-et-Chaussées, auteur de l'entrée « Technologie » dont une partie centrale consistait à développer un champ nouveau de l'économie industrielle, lié aux nouvelles potentialités de la division du travail et de la science des machines, la « cerdoristique[62] ». Mais ce fut Jules qui conserva le monopole du style économique majeur du corpus : style barbare tant par l'expression souvent au combien absconse, que par les idées. Au grand déplaisir, et bien plus encore, de Jean Reynaud. Reynaud, contempteur des utopies, défenseur d'un régime certes républicain, mais surtout capacitaire, hiérarchique, et raisonnablement réformateur fut clairement hostile à Jules Leroux qu'il perçut assez vite, et justement, comme se situant dans la filiation d'un Babeuf. Un utopiste que, Reynaud avait longuement critiqué à l'entrée « Babeuf » de l'*Encyclopédie.* Dans une lettre de 1835 adressée à Jules, Reynaud critique radicalement ses idées économiques, s'effraie de la possibilité de les voir adoptées par Pierre : « Il faut pour cela qu'il ait bien changé car je l'ai vu plus d'une fois embarrassé par ce qu'il y a d'étroit dans votre conception, et se plaignant que vous fussiez trop exclusivement économiste ». Reynaud dénonce ce simple droit de conservation sur lequel se focalise selon lui Jules Leroux et lui oppose le plus noble et certainement plus élevé droit de perfectionnement. Il poursuit, significativement :

> Votre droit de conservation est le droit des barbares (...). Je regrette beaucoup de vous voir engagé dans une voie que je regarde comme bien fausse ; puisse la suite de vos réflexions vous le faire sentir ! Puisse votre frère ne vous y point accompagner, comme depuis quelque temps il a tendance à le faire.

Reynaud, mordant, conclut sa lettre en notant, « je déteste ceux qui n'ont pas le respect de la vie humaine, et je n'ai jamais eu de sympathie particulière pour les mangeurs de *soupe à la gamelle*[63] ».

Revenant dans le témoignage manuscrit de 1871 sur un épisode contemporain de cette lettre et qui vit Jean Reynaud rabrouer Achille Leroux (1800-1858, second de la fratrie) qui s'enthousiasmait d'un soulèvement républicain (possiblement celui de mai 1839), Jules en propose rétrospectivement le récit suivant, sans doute en partie déformé, mais qu'il convient de citer en son entier tant il permet d'approcher le personnage et d'avoir une première impression de sa pensée :

---

61 Frédéric Le Play, « Statistiques », *Encyclopédie nouvelle*, vol. VIII, pp. 275-283.

62 Léon Lalanne, « Technologie », *Encyclopédie nouvelle*, vol. VIII, pp. 370-384.

63 Jean Reynaud, *Correspondance familière*, Paris, Motteroz, 1886, pp. 117-119.

Je ne vous comprends pas Reynaud, lui dis-je, et je ne puis m'expliquer qu'en plein XIXe siècle, un philosophe comme vous ose dire ce que vous venez de nous dire. En êtes-vous donc là, grand Dieu ! Que vous vouliez, contre le prolétaire, ou les ilotes actuels, renouveler la politique et les us et coutumes des affreux spartiates contre leurs ilotes ou leurs prolétaires d'alors ? Est-ce donc là votre solution, à vous, du problème social tel qu'il se présente à notre époque, tel que nous l'agitons toujours dans notre pensée ? Avez-vous à prendre parti pour le bourgeois contre le prolétaire, comme vous venez de le faire en recevant dans vos mains le drapeau souillé de l'ordre actuel de la société actuelle ? Qu'est-ce que la société ? L'œuvre de ceux qui y vivent, un milieu ambiant, comme disent les savants ; rien autre chose ; une maison, un palais, semblez-vous dire, un antre malsain, dirais-je ! Et vous voudriez qu'on respecte cet antre, ce charnier, ce portail, cette maison quand on y meurt esclave, suffoqué, misérable ! Et vous vous rangez ici du côté de ceux qui la défendent avec une ignorance, une colère, une passion sans égale ! Vous niez le droit du prolétaire, le droit du pauvre de la vouloir détruire ; vous affirmez uniquement, au contraire, le droit du bourgeois, le droit du riche de la vouloir conserver ! Mais ces deux droits se valent, ils sont du même ordre ; ils ont leur origine commune dans cet axiome : le droit de l'homme est antérieur et supérieur au droit de la société, *son œuvre, sa création* ; car le droit de Dieu, du Créateur, est antérieur et supérieur au droit de l'homme, sa créature. Vous le savez bien, d'ailleurs, puisque vous êtes philosophe ; puisque vous élevez souvent, dans votre pensée, et protestez toujours dans vos paroles, contre cette hideuse, imparfaite et condamnée à périr manifestation ou création de l'homme qui s'appelle et se cache à cette heure sous le nom toujours sanctifié de *société.* Votre droit à vous, philosophe, votre devoir, sont donc évidemment de vous abstenir de toute participation à cette guerre cruelle que se livrent entre eux un enfant, un homme égaré, bourgeois et prolétaire dans leur développement, et que vous nommez avec raison, non des hommes, mais des *individus.* Il n'y a point d'homme encore, il n'y a que des *individus.* Ce n'est pas *l'unité,* la doctrine du Christ qui règne, c'est *l'individualisme*, la doctrine du semblable, de l'Égalité, de l'Intérêt. Le pauvre dit au riche : *Je te vaux, je suis ton semblable* ; l'ouvrier dit au maître *: Je te vaux, je suis ton égal,* et tous disent en chœur : *nous nous valons tous, nous sommes tous égaux* ! Eh bien ! Oui, vous êtes tous égaux, et, sous ce rapport les philosophes du XVIIIe siècle ont parfaitement réussi dans leur œuvre qui était de vous créer tous égaux, tous semblables. Mais notre œuvre à nous, philosophes du XIXe siècle est de vous sortir précisément du lit où ils vous ont mis. Notre œuvre est d'accomplir leur œuvre, et de vous recréer tous *prochains*, tous hommes. Éduquez donc, Reynaud, instruisez, éclairez ! Créez les hommes ; que sous vos paroles, sous vos actes l'enfant, l'individu, s'affranchisse ou soit affranchi de l'affreuse loi d'atrophiement sous laquelle il vit, il respire depuis tant de siècles. Vous avez droit, philosophe, sur tous ces hommes qui se heurtent, se battent, se jalousent, se gouvernent ; ne le voyez-vous pas ! mais vous perdez ce droit certainement, si vous prenez fait et cause, comme vous venez de le faire, pour l'un contre les deux autres ; si vous vous faites homme de parti, et cessez d'être philosophe ; laissez donc au riche sa richesse, au pauvre ses haillons, au gouvernant son sabre, gardez pour vous le verbe, la parole, la plume : c'est là le sceptre du monde et qui le possède est de ce monde le roi véritable, le Christ, l'oint du Seigneur. Soyons ce roi, car pour répondre aux paroles haineuses, blessantes, provocatrices qui vous ont échappées en nous abordant tout à l'heure, je vous dirai ceci : si je ne sentais en moi l'espérance, je dirai plus, la certitude, d'acquérir un jour la vraie solution du problème social que je dis être nôtre parce qu'il nous préoccupe constamment, n'écoutant que mon cœur, je serai plutôt pour le prolétaire contre le bourgeois, pour le pauvre contre le riche, pour l'esclave contre le libre, le spartiate, l'égal, et alors, ne consultant que mon désespoir, je ne m'assurerai pas à dresser de vaines barricades dans des ruelles obscures, des rues tortueuses, des quartiers populeux, je serai Spartacus, et je brûlerai vos villes où se cachent, à l'ombre des richesses, criminelles, tant de misère, de crime et d'infamie[64].

Déjà à ce moment, selon Jules Leroux, Reynaud, et à un degré bien moindre Pierre, avait subi l'influence d'Enfantin, et ils voyaient eux aussi comme solution au problème social l'établissement d'un rassurant gouvernement de hiérarques pour la société nouvelle, une pensée de l'ordre et du classement : une nouvelle manière de fonder le commandement industriel et de là politique, social, culturel sur d'indiscutables capacités. Refermant l'épisode, Jules rappelle à Pierre qu'à ce moment, Reynaud s'était opposé à la publication de l'entrée « Adam Smith » de l'*Encyclopédie nouvelle*, clamant « qu'il ne voulait avoir rien de commun avec un Spartacus, un brûleur de ville » comme Jules. Et que l'entrée ne parut que grâce à l'intervention de Pierre.

## Au temps de la « boutique incarnée » (1835-1840)

Jules rédige ses articles autour de 1835-1838[65] lors d'une courte période durant laquelle la République, rêvée un court moment aux lendemains des Trois Glorieuses de Juillet, devient plus souterraine encore, et nettement clandestine. Rappelons que l'opinion du temps, et notamment celle des notables que le régime du Roi-Bourgeois (qu'en février 1832, Blanqui dans son rapport à la *Société des amis du peuple* a quali-

64 Papiers Jules Leroux, NAF26264, p. 144.

65 « Économie politique » paraîtra dans les livraisons de l'été 1838, Concernant l'entrée « Adam Smith », et suivant la périodicité des livraisons du volume VIII sa parution pourrait être intervenue une courte année plus tard. Peut-être peu après l'insurrection des Saisons, en mai 1839.

fié de « boutique incarnée ») associe alors le mot République à la Terreur de 1793 : le terme même est donc prohibé. Il a néanmoins surgi à nouveau vers 1832, s'est affirmé dans quelques sociétés plus ou moins secrètes, dont la *Société des droits de l'homme*, et a tenté l'insurrection en avril 1834, à Lyon puis Paris. À cet évènement insurrectionnel répond cinq ans plus tard une autre insurrection, celle d'Armand Barbès et Auguste Blanqui. Et à cette insurrection de la *Société des saisons*, succèdent deux ou trois années que vont fortement agiter la question électorale ainsi qu'une houle de grèves successives menées par les principaux corps de l'artisanat urbain.

Voilà pour un survol du paysage. Dans le détail, quatre éléments permettent de mieux contextualiser encore la rédaction des entrées économiques de l'*Encyclopédie nouvelle*.

Premier élément à relever, ce ne sont donc pas les premières contributions économiques de Jules Leroux. Les toutes premières datent en effet de la période 1833-1834. Des conférences données à l'Athénée de Marseille sont publiées sous forme de six articles dans *Le Peuple souverain. Journal du midi* et certaines de ces conférences sont reprises dans la *Revue encyclopédique*[66]. Il faut ajouter que c'est en éditant et présentant dans la *Revue encyclopédique* deux des articles de Jules parus dans *Le Peuple souverain* que Pierre Leroux oppose pour la première fois individualisme et socialisme et présente ses toutes premières considérations en économie. Et ces textes liminaires de Jules contiennent déjà nombre de propositions : le fait de s'inspirer des Grecs (Aristote) et non des Classiques (Smith) et de leurs émules français (Say) pour poser l'économie comme science normative dont l'objet est de créer une richesse mesurée, non en termes uniques de marchandises, comme Marx l'a souligné plus tard dans les premières lignes du *Capital*, mais dans des termes plus larges, de la culture matérielle, intellectuelle et spirituelle de citoyens libres, une croissance qui établit une véritable égalité entre les êtres permettant l'harmonie sociale et l'épanouissement individuel ; une Économie, en opposition au trajectoire britannique de la triade Smith-Malthus-Ricardo et son expression française Say-Dunoyer-Garnier, comme science articulée à la morale et à la politique, l'ensemble formant une vaste « science sociale » fournissant une solide science de gouvernement ; une Économie comme science historique, sensible à la spécificité de l'évolution de l'Homme qui est en capacité, lorsqu'associé, de renverser le rapport entre le vivant et son milieu, de réformer et d'administrer son monde dans le sens des améliorations perpétuelles. Le fait également que cette science doit être la priorité du gouvernement, tant « la

66 Jules Leroux, « De l'économie politique considérée comme science », *Revue encyclopédique*, mars 1833, pp. 529-543 ; « De l'économie politique », *Revue encyclopédique*, avril-mai 1833, pp. 30-80 ; « Économie politique. Cours d'économie politique fait à l'Athénée de Marseille par M. Jules Leroux », *Revue encyclopédique*, octobre-décembre 1833a (le volume paru durant l'été 1834), pp. 94-117 (avec ici une longue présentation de Pierre Leroux dans laquelle figure l'opposition entre individualisme et socialisme).

question du siècle est une question sociale » centrée sur les deux problèmes liés, pauvreté et salaire, l'un (misère) et l'autre (domination) annulant toute possibilité de citoyenneté ; une priorité plus urgente, ou plus fondamentale encore que celle classique de la représentation politique et de la souveraineté populaire pourtant alors thématique centrale et audacieuse au sein de la *Revue encyclopédique*[67]. Le fait encore d'estimer qu'au présent le problème social est celui de la propriété – socle de toutes « les institutions bourgeoises, aristocratiques et commerciales » – figeant une société non seulement inique et inégalitaire mais aussi pour cela même inefficace, en classes de dominants et dominés. Et, finalement, que la solution à la question sociale passe avant tout par une réflexion et une action sur les formes de la propriété économique, ce qu'aborde alors l'autre texte économique majeur de l'année 1833, la brochure *Aux ouvriers typographes*. Là, Jules enjoint ouvriers imprimeurs et ouvriers compositeurs à s'associer en une seule classe, à revendiquer non par coalition ni bris de machines, mais en créant un « vaste atelier » dont ils seraient ensemble les propriétaires et gouvernants : « la question est une question de propriété, d'affranchissement » et cette question « porte en elle l'association et la coopération plus ou moins active de chacun de nous dans les affaires publiques »[68]. En relevant ses propositions concrètes et si précoces relatives à la création d'une véritable coopérative de production, il faut ajouter que peu avant, Jules Leroux était présent aux discussions à l'Athénée de Paris[69] qui conduisirent Philippe Buchez à proposer dans son journal *L'Européen* (livraison du 17 décembre 1831) les plans d'une première coopérative de production adaptée au projet d'émancipation des travailleurs et que les ouvriers bijoutiers en doré sont les premiers à avoir adoptés.

Deuxième élément de contexte à signaler, la rédaction de Jules Leroux est très exactement contemporaine d'un moment institutionnel fondateur de la philosophie économique classique. En 1819, Say avait été nommé à la première Chaire d'économie politique, au Conservatoire National des Arts et Métiers, et douze ans plus tard, Guizot allait le nommer à la Chaire du Collège de France. Il décède en 1832, mais les années suivantes la science économique portée par ses élèves, Adolphe Blanqui, Charles Comte, Joseph Garnier, et Frédéric Bastiat, se structure en École et véritable groupe d'opinion entendant désormais conseiller décisivement et durable-

67 Jean Reynaud publiant dans la livraison d'avril 1832 un retentissant article, « De la nécessité d'une représentation spéciale pour les prolétaires ».

68 Jules Leroux participe activement à la naissance de la Société typographique, société de résistance et notamment de défense des tarifs, et il y défend, contre l'hostilité aux innovations, l'utilité des machines sitôt que l'organisation productive change et que l'association des producteurs s'affirme. Voir ici Paul Chauvet, *Les ouvriers du livre en France*, Paris, Rivière et C^ie^, 1956, pp. 116-118.

69 Dans son court portrait autobiographique, Jules Leroux note qu'en 1830, faisant partie du simple degré des ouvriers de l'Église saint-simonienne, il avait été chargé, par Bazard et Enfantin, « en collaboration avec Buchez, d'un enseignement public à l'Athénée, place Sorbonne », NAF26264, p. 6.

ment le pouvoir, et peser collectivement, dans le sens du libéralisme économique, sur la direction politique de la nation. Il y a là l'histoire de la librairie Guillaumin (1835), de la naissance ou croissance des premières chaires, de la fondation d'une *Société d'économie politique* et du lancement de son organe, le *Journal des économistes* (1841)[70]. Mais il y a aussi, très précisément entre 1835 et 1840 deux contributions qui conduisent leurs auteurs, à identifier l'économie en écrivant son histoire passée et présente. Une discipline est ainsi identifiée, prouvée et forgée par son histoire. Et dans le cadre de ces deux contributions, cette tradition mettant en valeur l'autonomie de l'économie (ce qui ne signifie pas sa rupture complète vis-à-vis du politique et du moral) est opposée aux naissantes écoles socialistes se situant dans les sillages d'Henri Saint-Simon, Robert Owen et Charles Fourier. Entre 1835 et 1838, Louis Reybaud publie dans la *Revue des Deux Mondes* ses études sur les « réformateurs sociaux », parues en volume en 1840, alors que de son côté Adolphe Blanqui publie en 1838 son *Histoire de l'économie politique en Europe depuis les Anciens jusqu'à nos jours*. Complétons en signalant encore que c'est au tournant de 1840 que la librairie Guillaumin lance sa *Collection des principaux économistes*, collection historique qui publiera 15 volumes dans les années suivantes, élisant Adam Smith comme le père fondateur de toute cette tradition. L'Économie politique comme discipline définie et légitimée notamment par son histoire, possédant une « tradition » dans le vocabulaire de Leroux, est donc à ce moment un enjeu central de débat.

Troisièmement, dans ses articles du *Peuple souverain*, Jules Leroux évoque un « sentiment de la vie présente[71] » s'exprimant dans la « masse des travailleurs » et traduisant une exigence fondamentale de justice. Il partage ici l'idée qu'au présent les hommes associés sont en mesure, en capacité, de réaliser cette justice, de l'approximer au moins. C'est d'ailleurs ce qu'il martèlera une quinzaine d'années plus tard dans sa profession de foi aux électeurs pauvres et ruraux de la Creuse, profession où il liste un ensemble de mesures radicales allant dans le sens de l'amélioration sociale, notamment pour les plus vulnérables. Il ponctue :

> Pourquoi je le veux
> Parce que cela est juste
> Parce que cela est possible[72].

---

70 Voir ici notamment, Lucette Levan-Lemesle, *Le juste ou le riche. L'enseignement de l'économie politique 1815-1850*, Paris, Comité pour l'histoire économique et financière de la France, 2004 ; David Todd, *L'Identité économique de la France. Libre-échange et protectionnisme (1814-1851)*, Paris, Grasset, 2008.

71 *Le Peuple souverain*, numéro du 5 février 1834.

72 Jules Leroux, *A Tous*, Paris, Gustave Sandré et Lyon, Charavay, 1849, p. 8.

Dès lors, il ne peut que stigmatiser « ceux qui croient à l'immobilité des phénomènes du présent[73] », ceux qui constatent les situations acquises et les valident. C'est la critique que va porter Jules au sein de l'économie et notamment en s'attaquant à l'héritage de Say. Or cette critique est très exactement jumelle de celle que Pierre porte alors à la même date en philosophie contre l'éclectisme de Victor Cousin. Un Cousin qui, dans son *Cours de l'histoire de la philosophie moderne*, consacre d'ailleurs de longs développements à l'école écossaise[74] et un chapitre spécifique à Adam Smith. Pierre Leroux publie l'entrée « Éclectisme » de l'*Encyclopédie nouvelle* en 1838 et fait paraître l'année suivante son ouvrage *Réfutation de l'Éclectisme* : « On pourrait définir le philosophe qui serait vraiment éclectique, écrit-il, le philosophe de l'immobilité et de l'apathie, le philosophe du fait et du statu quo. Ce serait, à la limite, un être indifférent et complètement inerte[75]. » L'Éclectique, dit-il encore, « est un homme inconstant et versatile toujours tourné à ce qui triomphe actuellement dans le monde », dès lors seulement concerné par la « légitimation et jouissance du présent[76] ». Là, ne peut être la tâche ou la mission, jugent de concert les frères Leroux, du philosophe ou de l'économiste concernés par la vie[77].

Au-delà de la question stricte de l'éclectisme, de la philosophie à l'économie, il est évident que la réflexion de Jules emprunte largement à celle de Pierre... souvent pour la bricoler à son compte, faisant, après tout là, preuve de créativité. Il faut toutefois ajouter qu'il n'y a pas simple division (et hiérarchie) du travail ici entre les deux frères ; et que les idées économiques de Jules inspirent et infléchissent souvent celles, plus philosophiques, de Pierre. Lorsque ce dernier signe dans *Le National*

---

73 *Le Peuple souverain*, numéro du 5 mars 1834.

74 La philosophie du sens commun de Thomas Reid constituait le fondement épistémologique de la souveraineté de la raison qu'en France Guizot et les Doctrinaires plaçaient à la base du régime censitaire. Voir ici Pierre Rosanvallon, *Le moment Guizot*, Paris, Gallimard, 1985. Michael Drolet, « Carrying the Banner of the Bourgeoisie : Democracy, Self and the Philosophical Foundations to François Guizot's Historical and Political Thought », *History of Political Thought*, 31 (4), 2011, pp. 645-690.

75 Pierre Leroux, *Réfutation de l'éclectisme*, Paris, Gosselin, 1839, pp. 50-51.

76 Id., p. 71 et 314.

77 Concernant cette critique, il convient de citer ici les mots très justes de Jean-Pierre Lacassagne résumant la position de Pierre : « La vraie philosophie n'est pas neutre. Elle n'est pas non plus par regard détaché ; elle se doit de retrouver le sens de la tradition non pas pour la répéter, mais pour la reprendre, la réactiver en comprenant les faits passés « subjectivement ». Il s'agit de la transformer, de la réinventer en quelque sorte pour en faire une matière vivante qui satisfasse aux besoins de notre activité et du savoir de notre temps. C'est cela la synthèse authentique et non pas le plat catalogue, le tri sans âme que prétend effectuer dans les systèmes l'éclectisme sans cœur. Car la synthèse engendre, crée tandis que l'éclectisme est eunuque. La vraie philosophie enfin n'est pas séparable de ce que nous pourrions appeler le mouvement social. Elle ne peut pas être à l'écart, elle est dedans, elle est levain et germe ; elle informe le corps social dont elle anime et éclaire la pratique ». Jean-Pierre Lacassagne, « Présentation » de Pierre Leroux, *Réfutation de l'éclectisme*, Champion/Slatkine, 1979. Voir aussi, outre son livre cité, Lucie Rey, « Philosophie aristocratique et religion du peuple : Des rapports de l'enseignement de la philosophie et de la religion au XIX$^{e}$ siècle », *Le Télémaque*, 2014, n° 45, pp. 137-148.

du 12 octobre 1835 un article critique sur l'économie politique anglaise, ce sont fidèlement les arguments de Jules qui sont sollicités[78]. Et il faut encore ajouter que les principaux textes économiques de Pierre, *De la Ploutocratie* (1842), les articles de la *Revue sociale* (1846) qui, réunis formeront le volume *Malthus et les économistes* (1849) et *Le Carosse de M. Aguado* (1847) sont nettement postérieurs aux arguments de Jules. Enfin, lorsque Pierre développera ses grandes idées économiques sur le circulus, elles ne seront que très partiellement reprises par Jules : bien sûr, les considérations sur la propriété sont communes aux deux frères, ainsi que les thèmes de l'association, et d'une suffisance possible des ressources. Mais la réflexion de Jules (qui n'a jamais semblé être un féru d'agriculture...) ne paraît pas endosser entièrement les espérances radieuses de la bio-économie de Pierre[79].

Dernier élément de contexte, les articles et entrées économiques de Jules Leroux paraissent quelques courtes années après la publication du retentissant *Conjuration pour l'égalité dite de Babeuf* de Philippe Buonarroti (1828) mais aussi quelques courtes années avant la floraison des expressions néo-babouvistes du tournant 1840. L'ouvrage de Buonarroti témoigne d'une pensée de la communauté héritière des Lumières radicales, ayant vu des philosophes, d'Etienne-Gabriel Morelly (*Code de la nature*, 1755, republié en 1840) à Gracchus Babeuf et son *Manifeste des plébéiens* (1795), stigmatiser l'ordre (économique) naturel que les Physiocrates proposent comme mode d'administration rationnelle à une monarchie éclairée[80]. Et à lui opposer l'idéal collectivement réalisable d'un « magasin commun » bouleversant le régime classique de la propriété, défendant une radicale égalité anthropologique et sociale et invitant, sur le plan politique, à expérimenter des formes audacieuses de

78 « De l'économie politique anglaise », in Pierre Leroux, *Œuvres*, Paris, Lesourd, 1850. Leroux note que « le vieux fonds d'idées de l'économisme » caractérisé par son présentisme et son caractère « statique » – une économie « superficielle, incomplète, et essentiellement relative à des phénomènes passagers, qu'elle a pris pour constants et immuables » (p. 383) – ignore la « loi de développement des phénomènes ». Et au premier chef, le caractère dépassé d'un régime de propriété conduisant à ce que « les ouvriers et les pauvres s[oient] *les parasites des riches* » (expression de Jules Leroux) ces derniers orientant seuls, par leur consommation, la production totale. « N'accusons pas la nature de notre misère », poursuit-il et il annonce un régime nouveau de production et de propriété indiscutablement inspiré des idées de Jules : « Quand nous saurons-nous mieux associer, quand nous songerons à mettre les instruments de travail dans la main du travailleur, au lieu d'en faire un privilège, nous verrons la production s'accroître d'une façon prodigieuse. Il n'y a pas une seule des sources de la production qui ne soit indéfiniment féconde » (p. 390).

79 Le texte principal de Pierre Leroux sur la bio-économie est *Aux États de Jersey. Sur un moyen de quintupler, pour ne pas dire plus, la production agricole du pays*, Londres, Universal Library, 1853. Sur cette bio-économie, voir Dana Simmons, « Waste Not, Want Not : Excrement and Economy in Nineteeth-Century France », *Representations*, 2006, 96 (1), pp. 76-98 ; Ceri Crossley, « Pierre Leroux and the Circulus : Soil, Socialism and Salvation in Nineteenth-Century France », dans Louise Lyle et David McCallam, *Histoires de la Terre : Earth Sciences and French Culture 1740-1949*, Amsterdam-NewYork, Rodopi, 2008, p. 105-118.

80 Les années 1840 voient la republication de plusieurs auteurs égalitaires de la période de la Révolution française. *Œuvre de Maximilien Robespierre* est publié en 1840 par Albert Laponneraye et Armand Carrel. Le *Code de la Nature* de Morelly est republié en 1840 et ensuite en 1841.

démocratie directe[81]. Autour de 1835, faisant écho à ces réflexions révolutionnaires radicales, les idées bourgeonnent pour une jeune génération née autour de 1810, mobilisant désormais des termes tels « humanitaires » et « égalitaires », distinguant l'idée d'association de celle de communauté. En 1836, Musset critique justement ces Humanitaires, n'y voyant soit que des jeunes enragés, soit des hommes ayant « un système tout fait, complet, relié, coulé en bronze, comme qui dirait une utopie »[82]. C'est à ce moment que dans les prisons (à Sainte-Pélagie) où sont enfermés les républicains lors du Procès Monstre (1834-1835)[83] se développe une scission entre un républicanisme assez classique et un républicanisme revendiquant l'héritage révolutionnaire de la Convention montagnarde ainsi qu'une complémentarité à explorer avec l'idée de communauté[84]. Un « romantisme révolutionnaire » s'affirme dans les *Aphorismes* d'un Napoléon Lebon ou dans l'Association des travailleurs égalitaires (1839) qui déclare à ses futurs membres : « Tu es avec des républicains communistes et par conséquent tu commences à vivre sous l'ère de l'égalité[85]. » Et cinq ans après le Procès Monstre, le premier banquet communiste de Belleville proclame qu'« une ère nouvelle vient de commencer » (juillet 1840). 1840 est d'ailleurs un tournant dans l'emploi des termes « communisme », « communiste » mais également « Babouviste ». Les années suivantes paraissent les principaux titres, journaux et brochures communistes. Et c'est également le moment où Jules Leroux, associé à Richard Lahautière, projette la création du journal *Le Communiste* qui deviendra *La Fraternité.*

---

81 Stéphanie Roza, *Comment l'utopie est devenue un programme politique. Du roman à la révolution*, Paris, Classique Garnier, 2015.

82 Publiées une première fois dans la *Revue des Deux-Mondes* en 1836-1837, les *Lettres de Dupuit et Cotonet* sont par exemple reproduites dans Alfred de Musset, *Contes*, Paris, Charpentier, 1878, 2e Lettre, p. 312.

83 Notons significativement que Jules Leroux fut sollicité par les prisonniers de Sainte-Pélagie pour faire partie de leurs avocats lors du Procès Monstre ; ce que le pouvoir de Juillet refusa pour Leroux, comme pour bien d'autres, de Raspail à Barbès, Lamennais et bien d'autres.

84 Voir ici, Jacques Grandjonc, *Communisme, Kommunismus, Communism. Origine et développement international de la terminologie communautaire pré-marxiste des utopistes aux néo-babouvistes, 1785-1842*, Thèse d'État, Université de Metz, 1979.

85 Cité dans Alain Maillard, « Egalité et communauté : la presse communiste », in Thomas Bouchet et alii (dir.), *Quand les socialistes inventaient l'avenir (1825-1852)*, Paris, La Découverte, 2015, pp. 168-180 ; également, « La génération communiste de 1840 et la mémoire de Gracchus Babeuf », *L'Homme et la société*, n° 111-112, 1994, pp. 89-100, et Jean-Noël Tardy, *L'Âge des Ombres. Complots, conspirations et sociétés secrètes au XIXe siècle*, Paris, Les Belles Lettres, 2016, ch.4.

## Pour l'économie politique de la société future, autrement dit humaine

Le 26 mai 1866, voulant résumer le propos de ses *Nouveaux principes d'économie politique, ou L'Évangile éternel*, Jules Leroux introduit sa lettre à George Sand par la question suivante : « Que diriez-vous, Madame, d'un livre sur l'économie politique qui poserait ainsi le problème[86] ? » Ce problème est celui de « l'inégalité des conditions humaines » et il faut, lui explique-t-il, reprendre ici la trace de Rousseau et, en ce XIX^e^ siècle, nettement prolonger la voie qu'il a tracée, partir justement de là où il s'est arrêté, franchir ce pas qu'il n'a osé franchir. L'inégalité, même réglée, y compris dans une société évoluée, n'est en aucun cas une fatalité. Elle repose sur une institution, la propriété privée, qui fractionne les hommes en Caïn et Abel et place la prédation, la domination et jusqu'au meurtre au cœur de toutes les relations humaines, et au-delà elle met l'homme en lutte avec la nature elle-même : « L'exploitation du règne minéral est mauvaise par Abel-Caïn, mauvaises également sont ses exploitations du règne végétal, du règne animal, du règne hominal, voilà ma pensée[87]. » Rappelant les mots de Pascal – « le titre par lequel on possède n'est pas un titre de nature mais d'établissement humain » – Jules poursuit : « la propriété ne découle pas de notre nature, mais de notre volonté ». Rousseau cependant, avec son idée d'une société civile succédant aux groupements naturels, s'est mépris sur l'inéluctabilité de l'inégalité dans une société évoluée ; l'égalité n'est pas le propre de l'état de nature et elle est même, veut démontrer Jules Leroux, ce qui peut et doit plutôt caractériser les sociétés évoluées économiquement, socialement et politiquement. Ce qui, en effet, distingue une société évoluée, c'est inversement, selon Jules Leroux, le fait qu'elle a le pouvoir de faire des choix, de créer – « créons, créons les hommes[88] » écrit-il à Sand – et donc de décider que modernité peut et donc doit rimer avec la cessation de toute domination et inégalité. Dans la lecture qu'en fait Jules Leroux, les termes rousseauistes sont donc inversés et la modernité industrielle et républicaine, communiste, est donc le moment devant nous dans des temps où

86 *Histoire d'une amitié : Pierre Leroux et George Sand*, Paris, Klincksieck, 1973, p. 266.

87 Id., p. 274.

88 Id., p. 273.

peuvent s'inventer des « institutions » nouvelles synonymes d'un « monde de sociabilité meilleur ». Des expériences à taille réduite, telle la communauté de Boussac[89], ont montré aux hommes comment, par l'association, ils pouvaient emprunter cette voie vers l'émancipation : « Travaillons, marchons, instruisons-nous[90]. » Mais pour créer plus largement cette « vie sociale de l'homme social (vivant)[91] », pour dépasser la société civile et se diriger vers la « société humaine », il faut bouleverser les idées, imaginer les contours possibles de cette société future. Et ces contours sont d'abord économiques : il faut « connaître les bases fondamentales et économiques de ce mode de sociabilité meilleure », il faut établir les bases de « l'économie politique de la société future, autrement dit humaine »[92].

C'est la formulation de cette économie humaine qui, de loin en loin, a occupé les efforts d'analyse de Jules Leroux : de ses articles du *Peuple souverain* à son manuscrit de 1869, en passant par ses articles de la *Revue sociale* (1850) et ses entrées de l'*Encyclopédie nouvelle*. Nous procéderons principalement ici de ces dernières.

## Transformer la tradition économique classique

Le présent et ses « questions vitales » – « Pourquoi sous le rapport matériel, cette inégalité de richesse parmi les hommes ?/ Pourquoi ceux qui travaillent sont-ils pauvres ?/ Pourquoi cette lutte des machines et des travailleurs ?/ Pourquoi notre cœur s'émeut-il à la vue de ces choses[93] ? », souligne Jules Leroux, appelle, en économie, « une science, une science positive, exacte, rigoureuse, mathématique » : une science synonyme de « certitude et puissance[94] ». Or le constat au présent est bien autre : la science économique n'existe pas, « on se demande où est la science : on ne la voit nulle part ». À l'entrée « Capital » de l'*Encyclopédie nouvelle*, posant la question de la solidité des concepts, Jules Leroux note même :

89 Il faut insister ici sur l'importance de la communauté ou « école » de Boussac. L'expérience qui se joue là entre l'imprimerie et la ferme, l'importance des publications, la constitution d'un réseau familial, amical et militant qui jouera un rôle politique majeur sous la Seconde République (Pierre sera maire de Boussac puis député, Jules député de la Creuse) est crucial dans cette histoire. Voir ici Alain Corbin, *Archaïsme et modernité en limousin au XIX^e siècle (1845-1880)*, Paris, Rivière, 1975, vol. 2, pp. 758-760.

90 Id., p. 277.

91 Id., p. 282.

92 Id., p. 277.

93 Jules Leroux, « De l'économie politique considérée comme science », *Revue encyclopédique*, mars 1833, art. cit., p. 532-533.

94 Id., p. 533.

Malheureusement pour les progrès futurs de l'ordre politique, il n'est pas une science qui soit moins avancée, sous ce rapport, que la science économique. En dépit de ses prétentions à la rigueur et à l'exactitude des sciences mathématiques et physiques, elle regorge de mots à double sens, de définitions malencontreuses.

Aussi son langage est-il chatoyant, obscur ; sa théorie, un mélange étonnant d'erreurs et de vérités ; sa pratique, aventureuse, inconséquente[95].

En effet, selon Jules Leroux deux tendances l'une et l'autre erronées s'affrontent au présent. La première subalternise l'économie au politique, au moral et au religieux. L'expression la plus récente de cette tendance se trouve chez les saint-simoniens et notamment Enfantin. La seconde isole l'économie du politique et du moral, et ici se situe le défaut de l'économie de tradition smithienne[96]. Les deux traditions reproduisent la même erreur : elles prisent « la fixité, l'immobilité », soit venant du politique soit venant de l'économique, et méconnaissent l'élément capital qu'est la vie, et notamment la vie humaine, sa capacité supérieure à évoluer, s'adapter, créer. Dès ses articles de 1833, parus dans la *Revue encyclopédique*, Jules Leroux ne cessera de le souligner et d'en faire la base de son approche : « La vie est partout ; elle est dans les êtres, dans les phénomènes, dans les faits, et la vie a le progrès pour loi », rappelle-t-il. Et elle manifeste ses propriétés au plus haut point dans l'homme, point culminant de la vie par sa combinaison de sensation, de sentiment et de connaissance. Toutes ces sciences à forger doivent placer la création au cœur de l'activité/capacité humaine : « de ce point initial, de ce foyer vivant, mobile, soumis au progrès, et non pas éternellement immuable en sa nature et en ses manifestations ». Dès lors, les sciences conventionnelles signalent ici leur principale cécité : « Tandis que la loi de l'homme est le progrès, tandis que les inspirations secrètes de sa nature respirent hautement encore le progrès, les faits politiques et économiques sont réputés immuables, la science politique et la science économique ont des formules où le progrès n'a point de place[97]. »

Cette propriété de la vie humaine, qui est d'évoluer pour s'adapter aux milieux et former une administration véritable, appelle une connaissance adaptée : la

95 Jules Leroux, « Capital », *Encyclopédie nouvelle*, vol. III, pp. 233-237, p. 233.

96 « La science économique est un instrument séparé, distinct de la science politique ; ces deux sciences concourent, chacune à sa manière, mais harmonieusement, à la solution des problèmes communs de la science humaine. Jusqu'ici l'économie politique s'est trouvée engagée dans de fausses routes : Quesnay, Turgot, Saint-Simon, Enfantin et Fourier, d'une part, l'ont complètement déduite de leurs pensées sociales ; tandis que, d'une autre part, Smith, Malthus, Ricardo, Say, Sismondi l'ont exhumée de phénomènes privés de vie. C'est pourquoi elle n'a ni force ni certitude » ; « De l'économie politique considérée comme science », art. cit., p. 542.

97 Jules Leroux, « De l'économie politique », *Revue encyclopédique*, avril-mai 1833, p. 31.

science économique elle-même, pour être positive, doit se poser la question de son évolution, tant dans ses dimensions historiques que métaphysiques. Et elle doit se la poser en étant à la fois autonome et en relation à la politique et à la morale. Il s'agit là encore d'une adaptation :

> Connaître le fait économique, c'est avoir conscience de sa nature, nature éminemment vivante et progressive, c'est-à-dire persistante dans son unité, mobile en sa forme. Bâtir la science économique sur la connaissance véritable de ce fait, c'est donc lui donner pour base quelque chose de vivant et de progressif, c'est la reconnaître elle-même progressive et vivante en sa nature[98].

Les deux tendances présentes, smithienne et enfantienne, possèdent à la fois des forces et faiblesses. Dans le contexte général d'une interrogation sur l'économie humaine, Smith permet de réfléchir à l'unité et l'identité de l'économie aux côtés de la morale et de la politique. Enfantin permet de réfléchir à l'élément de mobilité et à la signification de l'évolution.

À l'entrée « Adam Smith » de l'*Encyclopédie nouvelle*, Jules Leroux va conduire une critique de l'économie politique à partir de son histoire. Smith est le véritable père d'une science nouvelle et singulière, l'économie politique : il est à l'origine d'un « langage économique[99] » qui, va vouloir démontrer Leroux, a eu l'avantage de repérer et désigner des phénomènes cardinaux de la modernité, commerce, concurrence, échange, crédit, travail, capital, etc., mais en a proposé, par manque de sens du progrès et de la vie, des définitions erronées. Son œuvre est fondatrice, et quelque soixante ans après la publication de la *Richesse des nations*, l'économie politique, dans la version qu'il en a proposée et qu'ont retravaillée ses successeurs, demeure la science rectrice du présent, y compris dans la France des notables de 1830 : exerçant une véritable « tyrannie scientifique... Adam Smith, c'est la science économique incarnée[100] ». Singulière incarnation, car le fondateur de l'économie, va expliquer Jules Leroux, fut un être incomplet tant les couleurs ternes de sa vie familiale et personnelle, cantonnée à l'Université d'Édimbourg, le handicapèrent sur le chapitre des sensations et des sentiments : « Le seul astre qui y brille semble être

---

98 « De l'économie politique... », *Revue encyclopédique*, avril-mai 1833, p. 34-35.

99 Le terme « langage économique » est employé par Jules Leroux dans l'entrée « Consommation », vol. III, pp. 819-824.

100 Jules Leroux, « Adam Smith », *Encyclopédie nouvelle*, vol. VIII, pp. 167-203, p. 179. Il est difficile de savoir exactement ce que Jules Leroux a lu directement de Smith (alors qu'il avait certainement lu Aristote et Say). La principale source de Jules Leroux va être la traduction française par P. Prevost en introduction des *Essais philosophiques* (1797) de la biographie que lui a consacrée Dugald-Stewart, il est probable également qu'il ait pu lire les chapitres du cours de Victor Cousin consacrés à Smith.

la pensée[101]. » Parcourant la biographie de Smith par le philosophe écossais Dugald-Stewart, Leroux observe une vie sans qualité ni caractère car exempte de deux des qualités de l'homme, la sensation et le sentiment :

> Celle de Smith n'en a pas : elle ne répond à aucune des souffrances de la nature humaine ; elle n'a sa racine dans aucune des conditions grandes et douloureuses où l'individu peut aujourd'hui se trouver jeté. C'est une existence terne et sans relief, éloignée de tous les extrêmes qui peuvent atteindre un homme et donner à son génie une éducation véritable. En un mot, tout ce qui constitue une puissance de pensée, c'est-à-dire l'innéité et l'expérience de la vie, semble manquer à la fois à cet homme[102].

Comme « la force créatrice lui manque », son économie politique ne va constituer qu'un enregistrement incomplet et biaisé des réalités de son temps. Smith observe un monde où le travail émerge comme catégorie dominante mais focalisé sur le seul présent de l'essor commercial et impérial anglais, perméable par manque de sens du progrès à « la sauvage doctrine du marchand », il ne va retenir qu'une liberté tronquée ne répondant qu'aux attentes individualistes du bourgeois, soit : « rôle passif que doit remplir, en matière d'industrie, de commerce et d'agriculture le pouvoir gouvernemental... liberté absolue de l'industrie, du commerce, de l'agriculture ; concurrence émulation, travail[103] ». Cette pensée smithienne est reçue en France par Jean-Baptiste Say en qui Jules Leroux voit donc l'exact pendant économique de l'éclectisme cousinien en philosophie : une économie des seuls dominants et leur permettant de le rester. Say fait subir une « transformation monstrueuse » à la pensée de Smith. De la démarche naïvement empirique de Smith, Say va faire une méthode, la « méthode naturaliste ». La démarche de Say, explique Jules Leroux, est bien ici l'exact calque de celle de Victor Cousin : « la seule observation des faits qui existent, en nous menant à la science, la constitue. Tout dépend de la méthode, tout dépend de l'observation ». Avec Say, « la *recherche* de Smith devient une *méthode* et cette méthode un *système* ». Alors que Smith constatait la genèse d'une modernité économique et commerciale, Say la fige, l'immobilise et la naturalise :

> C'est qu'en effet il n'y a point d'*état actuel des choses* pour Say, en ce sens que l'*état actuel*, pour lui, est ou doit être l'*état futur*, est ou devait être l'*état passé des choses*.

---

101 Jules Leroux, « Adam Smith », *Encyclopédie nouvelle*, vol. VIII, p. 168.

102 Id., p. 170.

103 Id., p. 171.

Là donc où Smith sent encore la mobilité, la vie, Say ne voit que l'immobilité, et dans cette immobilité un des attributs de la vie[104].

Avec Say l'état présent de la société bourgeoise devient l'état normal, naturel, permanent. Une société économique se divise naturellement en trois classes distinguées par leurs capacités, capacités qui ce traduit *ex post-facto* dans l'accès à la propriété (terre, travail, capital). L'antagonisme, entre classes naturellement inégales (ouvriers, propriétaires, capitalistes), définit l'état normal des relations sociales qui est donc, à travers l'échange, un état d'exploitation et de domination qui détermine les phénomènes de production, de distribution, de circulation et de consommation des richesses. Avec Say, mais également avec Malthus, cette « aride science de l'économie politique », appuyée sur son empirisme tronqué, en vient à « démontrer aux hommes qu'il en est parmi eux *de pauvres par nature, de riches par nature*[105] ». Sismondi, critique de cette économie, et appelant à une intervention correctrice du gouvernement reproduit néanmoins les mêmes biais. Ses observations sans méthode car là encore fermées à un sens du progrès pourtant évident – « en amour, en désirs, en droits comme en devoirs, l'homme est l'égal de l'homme » (p. 174) – sont de fait dictées par sa position sociale, sa vie. Sismondi est un aristocrate nostalgique tentant de freiner le progrès industriel car ne pouvant se défaire de l'idée qu'il existe et existera toujours « deux races d'hommes, la race des pauvres et celle des riches » et pour qui le prolétaire, comme l'esclave chez Aristote demeure un outil, « une créature incomplète, une partie, un fragment du maître[106] ».

Jules Leroux propose donc une histoire de l'économie politique classique qui, mobilisant les mêmes personnages (Smith/Malthus/Ricardo/Say/Sismondi) que

104 Id., p. 172.

105 Id., p. 174.

106 Voici ainsi la séquence résumée par Jules Leroux :
« 1° Adam Smith se sert de cette méthode, et démontre que, de son temps, pour rendre l'Angleterre prospère, il ne faut point que le gouvernement s'avise d'intervenir, par des prohibitions, des primes d'encouragement, ou de toute autre manière, au sein de l'immense mêlée des travailleurs ; il tend, par cela même, mais indirectement et sans en faire une doctrine, à élever cette éphémère vérité au rang des vérités éternelles.
2° Se servant de cette même méthode, J.-B. Say pose en principe que la méthode seule, en menant à la science, constitue cette science. Du reste, il conclut également à la non-intervention du gouvernement, à la liberté illimitée des industriels, et il en fait une doctrine.
Malthus est complètement de son avis, et essaie de démontrer la loi morale qui dès lors en résulte pour les prolétaires et les pauvres.
Ricardo se place à côté d'eux, et, profitant de la méthode, il l'applique à des questions particulières et de lui bien connues.
3° Enfin, se servant à son tour de cette même méthode, M. de Sismondi, contrairement à tous ces devanciers et maîtres, conclut à l'intervention active, efficace, du gouvernement, et pose en principe : l'inégalité règne et doit régner parmi les hommes ; – L'homme social travaille pour que quelqu'un se repose ; – L'homme social qui travaille est une créature incomplète ; – là quelqu'un qui se repose est un être complet ; – La science de la législation est la théorie la plus sublime de la bienfaisance, etc., etc. », id., p. 176.

celle racontée par Blanqui ou Reybaud, en donne un sens radicalement différent. Non pas celui du dégagement progressif, grâce à une méthode rigoureuse d'un ensemble de concepts économiques purs débarrassés de toutes scories politiques ou morales, mais au contraire celui d'une entreprise tâtonnante et en grande partie avortée en raison justement d'un rapport non réfléchi à la morale et à la politique, et globalement, à la « science sociale ». Et c'est là encore le rapport au temps de l'évolution, à la vie, qui permet à Jules Leroux de résumer sa propre histoire de l'économie politique classique :

> Ainsi, pensant au lendemain, Smith s'appuie sur l'observation des *phénomènes du jour* ; il conclut, d'un présent qui s'efface, à l'*avenir* qui déjà paraît. Tout entier au présent, ne connaissant que ce qui est, méprisant ce qui a été, et ne soupçonnant rien des choses qui seront, Say immobilise, au contraire, ce *présent* fugitif ; tandis que péniblement, M. de Sismondi remonte le cours des ans, et vient essayer de rappeler à la vie le *passé* détruit pour jamais[107].

Paradoxalement, l'économie politique paraît régresser et non progresser. Smith a en effet le regard tourné vers l'avenir ainsi qu'un sens, même partiel et partial du présent, Say est crispé sur le seul présent, alors que Sismondi ne perçoit que le passé : « Serait-ce à dire, interroge Leroux, que l'intelligence de l'économie politique a toujours été décroissante depuis Adam Smith ? ». Est-ce à dire que l'intelligence du présent et de l'avenir doit se détourner entièrement de l'enquête économique ? Pour Jules Leroux la réponse est non. Les économistes de l'École smithienne ont sans doute péché par un empirisme étroit et par idéologie mais ils ont néanmoins accompagné de leur réflexion une modernité que ne qualifient plus seulement les dimensions morale, politique, religieuse. Une modernité que qualifie désormais l'essor de pratiques économiques qui déjà eurent un rôle décisif pour dégager les sociétés modernes de « l'étreinte d'un autre monde… le monde féodal et monarchique » : en ce sens, ces économistes participent d'une tradition ; s'ils n'ont pas fait œuvre « organique », ils ont fait œuvre « critique ». Mais comme le souligne Jules Leroux, « dans les travaux de Smith, Say, de M. de Sismondi, l'intelligence humaine ne fit guère autre chose que se traîner à la remorque du dégagement de ce monde[108] ». Or ce qui qualifie le dégagement de ce monde est bien sûr l'essor des phénomènes relevant de l'économie, mais également une nette loi générale de progrès faisant émerger l'association comme avenir possible de l'homme. Les économistes devinent l'avenir dans l'économie, mais identifie celle-ci à la seule

107 Id., pp. 176-177.

108 Id., p. 177.

concurrence et à la loi des marchés qui au présent révèlent leur impuissance et leur nocivité[109], alors que cet avenir réside dans l'association et dans la formation d'un gouvernement des hommes et des sociétés.

C'est bien sûr une autre tradition intellectuelle que celle de l'économie smithienne qui fait émerger la notion d'association et modifie les enjeux intellectuels du présent. Jules Leroux mentionne Charles Fourier, Henri Saint-Simon, Barthélémy-Prosper Enfantin :

> Le principe contraire à la concurrence, l'*association* devint donc la base nouvelle de penseurs nouveaux, qui, sortant de la forme et des conditions imposées jusqu'alors à l'économie politique, se virent obligés de donner à leur *science* le nom de *sociale*[110].

Toutefois le défaut de cette seconde tradition est également évident. Elle perçoit l'enjeu de l'adaptation en cours dans le progrès de l'association imagine une vaste science sociale permettant d'organiser cette adaptation, mais échoue par « ignorance » à analyser la dimension économique, pourtant essentielle, de cette science sociale. Et dès lors, ne comprenant pas ce que, dans l'idéal, l'émancipation peut et va devoir aux pratiques économiques, cette seconde tradition va simplement habiller de neuf la vieille idée capacitaire ne va pouvoir concevoir l'avenir que sous la forme datée d'une théocratie nouvelle.

Bref, avec Smith dont la vie fut privée de la « communication directe[111] » avec les milieux et qui donc méconnut « la science de l'être, la science de la vie, la science de ce qui enfante les actions humaines » il y a économie mais sans association. Avec Enfantin[112], il y a association mais sans économie.

Il faut donc développer une économie de l'association. Le chemin a été partiellement frayé, explique Jules Leroux, par toute une tradition française antérieure, un véritable « arbre économique » dont les branches furent Colbert, Vauban, Quesnay, Turgot. Toutefois, dans l'*Encyclopédie nouvelle*, il insiste surtout sur Sully dont il rédige la très longue entrée dans le volume 8. Conseiller d'Henri IV, Sully pour

109 « Aux plaintes amères du peuple, qu'oppose-t-on ? La logique des faits ; à sa demande d'un plus haut salaire, la loi de la concurrence ; à son besoin continuel d'ouvrage, les exigences du commerce, les conséquences des inventions salutaires, etc., etc. Le gouvernement de la bourgeoisie se trouve donc précisément en lutte avec le peuple sur la matière qui fournit à Say son système. Le peuple vainqueur en 1830 se sent souffrir et se plaint ; le gouvernement essaie de le convaincre qu'il a toujours souffert, qu'il souffrira toujours, que sa plainte est dès lors inutile, puérile [...]. La victime et le bourreau sont en présence ; et, comme si ce n'était pas assez pour elle de souffrir, le bourreau veut obtenir de la victime silence et absolution ».

110 Id., p. 177.

111 Id., p. 180.

112 Mais peut-être que Jules pense aussi en partie à Reynaud et... à Pierre Leroux.

sortir d'une désastreuse situation de guerre civile et religieuse entre fractions de la noblesse, s'est tourné vers le peuple et lui a accordé son aide et sa protection par un gouvernement économique adapté, s'appuyant sur les premières finances modernes de l'État[113]. Il a repéré l'inégalité comme solvant de toute société, s'est défié du luxe et de l'appétit naissant des bourgeois, a bien sûr privilégié l'agriculture mais en ne négligeant pas les autres branches, manufactures et commerce, il a tenté de penser un développement harmonieux et équilibré, profitant à tous. Il a surtout imaginé le développement économique avec une vue large de ce que pouvait représenter la richesse d'une nation, pas seulement ses comptes et une comptabilité étroite des richesses trivialement définies, mais selon des valeurs plus hautes de discussions en vue d'un gouvernement commun, valeurs que Jules Leroux résume par une formule répétée à plusieurs reprises pour qualifier cette vision politique et économique d'ensemble : « *Fréquentation, conversation, société humaine*[114]. » En cherchant à gouverner « au profit de la masse humaine », Sully « a eu le sentiment de l'association humaine, de l'association de tous les peuples pour la production ».

C'est ce sentiment d'une association humaine pour la production dans toutes ses dimensions, dimensions qui vont bien au-delà de la marchandise, qu'il faut désormais affermir. Et pour cela *partir des questions* posées par l'économie politique classique mais pour les renouveler, les dépasser. On est bien là dans une perspective en termes de tradition, ou selon un autre terme utilisé par Pauline Roland, de dogme : elle note qu'un dogme ne « renverse » pas ses prédécesseurs, « il les développe, les étend et s'il semble les tuer enfin, c'est pour les transformer. Pour être bon et solide, il doit donc prendre et chercher en eux une partie de ses éléments : le progrès véritable est à ce prix[115] ». Or, selon Jules Leroux, cette tradition économique à transformer venant de Smith pose, en les résolvant de façon erronée donc, quatre problèmes distincts :

> Par Smith et par M. de Sismondi, la science économique se voit en demeure de se prononcer, à sa manière, et d'après ses éléments sur la nature de la société, sur la nature de l'individu, sur les rapports de l'individu et de la société ; ce sont là, ce nous semble, tous problèmes du jour, sur lesquels s'arrête, plus fortement encore que celle de tous autres, l'attention des penseurs.

---

113 Bien sûr, une nouvelle fois Robespierre, si en vogue dans ce tournant 1840, n'est pas loin. Voir Maximilien Robespierre, « sur les principes de morale politique qui doivent guider la convention nationale dans l'administration intérieure de la république, 5 février 1794 », *Discours et rapports à la Convention*, Paris, 10/18, 1965, pp.207-241.

114 Jules Leroux, « Sully », *Encyclopédie nouvelle*, vol. VIII, pp. 533-542, p. 540.

115 Pauline Roland dans *Programme de l'Association fraternelle des instituteurs, institutrices et professeurs socialistes*, ouv., cit., « Prolégomènes ».

> Par Say, l'économie politique se voit immédiatement appelée à résoudre l'importante question de la science. La science n'est que la mise en usage d'un instrument connu de tout le monde sous le nom d'observation. Quel est cet instrument ? Où commence-t-il ? Où finit-il ? Quel est le champ qu'il embrasse[116] ?

C'est donc les problèmes 1° de la nature de la société, 2° celle de la nature de l'individu, 3° des rapports entre individu et société, 4° enfin celui de la méthode qui doivent être reposés pour fonder l'économie politique humaine.

## Critique de la société économique comme nature... morte

Jules Leroux ne cesse de répéter que chez le fondateur, Adam Smith, font défaut les « initiateurs à l'emploi de la vie[117] », famille, ville, collège et qu'ainsi il ne peut développer une philosophie, « une sagesse collective » venant d'une connaissance et participation/adaptation continue à des milieux variés. Smith se plie d'ailleurs à la philosophie de son temps et de son milieu, celle d'une « école écossaise » (Hutcheson, Hume, Reid), elle-même référence de l'éclectisme cousinien : Si Jules Leroux dénonce « la lumière blafarde de l'école philosophique d'Hutcheson », c'est pour remarquer que chez Smith, « on sent déjà [...] l'homme qui arrivera à ne plus connaître d'autre certitude que la certitude purement objective, l'homme uniquement expérimental, l'homme du fait, l'homme dépourvu du sens de la métaphysique[118] ».

Dans son économie Smith observe un monde naissant où le travail émerge comme catégorie cardinale mais il se focalise sur la liberté commerciale. C'est selon lui l'individu et sa propriété qui, d'après l'expérience (faussée), définissent ce monde.

> En la possession de qui se trouvent être les rouages de la production, de la distribution et de la consommation des richesses ? Ces rouages sont, de fait, des propriétés individuelles : la *terre*, l'*instrument*, le *capital*, le *travail*, ont chacun leur propriétaire ; le *besoin* et la *puissance de consentir*, qui président à la distribution des richesses, sont également propriétés individuelles ; et quant aux *facultés consommantes*, elles sont également encore attachées, fixées aux individus. Dans cet état de choses, on conçoit donc à merveille la richesse fruit de l'individu[119].

116 Jules Leroux, « Adam Smith », p. 178.

117 Id., p. 179.

118 Id., p. 181.

119 Id., p. 183.

Comme le souligne alors Jules Leroux, Smith apporte ici une réponse à la nature de la société économique : justement, cette société *est* une nature, une spontanéité procédant du besoin. Et le propre de la réponse smithienne est de la situer aux antipodes d'une autre réponse possible à l'identité de cette société économique qui y devinerait non une nature, mais fondamentalement un projet ou un gouvernement. Très précisément, Jules Leroux décrit en ces termes la position de Smith :

> Le gouvernement n'est point la société ; il n'est point la raison profonde de cette société : la société existe, puis vient le gouvernement. Ce fondement de la société, c'est le *besoin*, qui, distribuant aux mains des hommes, et de façons diverses, l'*instrument*, le *capital* et le *travail*, relie ces hommes entre eux, précisément encore à cause du lien secret qui unit indissolublement entre eux le *travail*, le *capital* et l'*instrument*. Laissez donc à cette société ainsi constituée le soin de sa propre existence ; toutes ses parties se font équilibre ; elle ne saurait avoir, abandonnée à elle-même, ni trop de *travail*, ni trop de *capital*, ni trop d'*instrument*, puisque la cause première et dernière de chacune de ces choses est uniquement le *besoin*[120].

Pour Smith, c'est donc le besoin qui génère naturellement la société et sa division en classes de propriétaires individuels de capital, de terre et de travail. Et une fois cette société naturellement constituée les phénomènes économiques réguliers en découlent. Or si la théorie de Smith est peut-être vraie pour le début des sociétés, elle n'est pas valable, pour Jules Leroux, si on la situe dans le contexte de ce qui définit toute vie, et plus spécifiquement la vie de l'humanité, à savoir l'évolution, et une évolution dans le sens du progrès, de l'émancipation, de l'adaptation. Le besoin a pu, dans une première phase créer des classes inégales selon la propriété. Mais par la suite, si on laisse faire la liberté et qu'on refuse l'intervention du gouvernement, ce qui va constituer la société économique n'est plus le besoin, mais la structuration elle-même en classes sociales de pouvoirs différents. Et dès lors le choix, par certains et plus précisément les dominants, de la maintenir telle. Jules Leroux précise ainsi son objection à Smith :

> Puisque le gouvernement n'est point la société, mais est tout à fait en dehors d'elle, dirions-nous à Smith, quel est donc, selon vous, le fondement de la société, quel est son principe constituant ? Vous dites que ce principe est le *besoin*, que chacun sent en soi, que chacun possède ; mais ce besoin distribuant aux mains des hommes, et de façons diverses, la possession de l'*instrument*, celle du *capital*,

120 Id., p. 183.

celle du *travail*, toutes choses qui se tiennent réciproquement, il est de toute évidence que vous ne donnez le *besoin* comme principe de la société que parce que précisément il distribue l'*instrument*, le *capital* et le *travail*. Or cette œuvre, une fois accomplie, ne voyez-vous pas que le *besoin* disparaît de la société considérée en général et dans sa totalité, laissant à cette société pour principe constituant le lien unique qui relie forcément entre eux l'*instrument*, le *capital* et le *travail* ?

Vous dites : la *population* aura besoin et on produira. Mais, la séparation des rouages de la production faite, il n'y a plus *population*, il y a capitalistes, bourgeois et salariés.

Je comprends bien que le besoin soit créateur de la richesse, si le besoin peut se transmettre à l'instrument, au capital, au travail ; mais s'il n'a fait que distribuer et disséminer le capital, l'instrument et le travail, en des mains diverses, et si son rôle se borne là, ce n'est plus le besoin dans sa généralité qui produira la richesse : ce sera le besoin de telle ou telle classe, ce ne sera plus le besoin de tous[121].

La société économique actuelle n'est donc plus une nature, mais la résultante d'un choix reflétant une structuration sociale et une hiérarchie de pouvoirs. Et c'est un choix qui exprime désormais les intérêts de ceux en capacité d'imposer ce choix : c'est donc un gouvernement. Comme le signale Leroux, « en l'absence du *besoin*, le *capital* hérite nécessairement de sa faculté d'être la cause première et dernière de la production... le besoin du capitaliste est la cause créatrice et régulatrice des besoins du prolétaire, des besoins du bourgeois[122] ». La société économique révèle sa vraie nature qui est d'être avant tout un gouvernement. L'identité de ce gouvernement au présent est d'être « le gouvernement des capitalistes ».

Quand vous aurez réduit le gouvernement à n'être plus qu'une triste machine de *paix, de taxes modérées*, et *d'administration tolérable de la justice*, aurez-vous intronisé la liberté dans le monde industriel ? Hélas ! Non.

Un gouvernement cent fois plus détestable, celui des capitalistes, est seulement mis à nu et fonctionne[123].

121 Id., pp. 183-184.

122 « Le capitaliste, c'est-à-dire l'homme qui possède des richesses accumulées, des richesses dont il n'a pas eu besoin durant le temps de leur accumulation, dont il pourrait éternellement se passer s'il continuait à vivre ainsi qu'il le faisait durant ce même temps de l'accumulation ; le capitaliste est donc en réalité le seigneur et le maître du bourgeois et du prolétaire ! Le capital est l'âme de votre société, et l'épargne, qui seule crée le capital, devient ainsi la vertu dominante de notre nature » (p. 185).

123 Id., p. 186.

Or, ce « gouvernement des capitalistes », va signaler Jules Leroux, est un mauvais gouvernement. Et autant il serait difficile d'adapter la situation si la société économique était une nature, autant, si elle est un gouvernement, il est criminel de ne pas réformer cette société lorsqu'elle produit tant de pathologies. Le « gouvernement du capital » pose, en effet, plusieurs problèmes liés.

Le premier problème est celui du milieu institutionnel qu'il promeut, le problème de ses valeurs ou plutôt son absence de valeurs. Jules Leroux ne cesse d'insister sur le rôle des « institutions sociales » et sur leur caractère défectueux au présent. Le « gouvernement du capital » institue un milieu despotique et inégalitaire, une nouvelle « tyrannie : « Le vrai gouvernement de la société actuelle, celui qui est au fond des choses [...], c'est le gouvernement sans cœur et sans entrailles, tyrannique au peuple, tyrannique au bourgeois, des *capitalistes*[124]. » Le commerce devient la seule boussole des choix moraux, sociaux et politiques. Jules Leroux dénonce un milieu où « toutes les relations individuelles sont devenues des relations commerciales ». Mais plus que le commerce, c'est une société élevant le gain comme seul critère qui est stigmatisée. À l'entrée « Bourse », de l'*Encyclopédie nouvelle*, il décrit ce marché signalant « une certaine organisation » comme le modèle du commerce dévoyé car fonctionnant comme un « jeu » favorisant les gains cumulatifs et indus des plus forts et des mieux informés. Or, rappelle-t-il, « le jeu n'est point une source pure et féconde de richesses[125] ». Une société confondant commerce et gain, et faisant du gain notamment monétaire[126] son idole, manifeste son caractère taré, ce qui est le cas de la France libérale et des notables sous le règne de Louis-Philippe et de Guizot :

> Tant qu'il reste à une société le sentiment d'un principe d'ordre, la foi à quelques dogmes de paix et de fraternité, il doit en être ainsi (nb : distinction entre le commerce et le gain) ; mais *quand les dieux s'en vont* quand les pouvoirs s'écroulent, en un mot quand la société en est réduite à se chercher à elle-même sa raison d'existence, le commerce triomphe, le gain devient le dieu du jour, et sur ses autels la multitude ignorante accourt sacrifier. Notre siècle en est là.

Une société de ce type promeut, *via* le capital, la domination dans toutes les relations sociales. Et cette domination est cumulative, Jules Leroux mentionnant

124 Id., p. 187.

125 Jules Leroux, « Bourse », *Encyclopédie nouvelle*, vol. III, pp. 45-46.

126 Il signale qu'alors que chez Aristote la spéculation monétaire est stigmatisée, elle est devenue dans la société de 1830 la valeur rectrice. Il souligne que « le trafic d'argent est devenu le trafic par excellence : les banquiers et les propriétaires sont des puissances qui tiennent en respect les inspirations les plus nobles et les plus généreuses de la morale et de la politique » (Jules Leroux, « Change », pp. 439-441).

le fait que les inégalités s'accroissent, les fortunes et les pouvoirs se concentrant à un degré extrême dans une telle société[127]. L'indice final de la malignité d'une telle société (comme « gouvernement du capital ») est que l'homme lui-même que Jules Leroux (suivant les pas de Pierre) définit par sa créativité et sa vitalité peut devenir son contraire, à savoir une chose, un instrument, un outil, et être approprié comme un simple capital : « véritable et dégradante naturalisation de l'homme et de l'humanité », souligne-t-il à l'entrée « Échange »[128].

Mais le gouvernement des capitalistes pose aussi un autre problème en termes « d'institutions sociales ». Pas seulement du fait qu'il impose un choix moral et politique critiquable. Mais aussi parce qu'il favorise l'établissement d'un équilibre social et économique sous-optimal sanctionné par un déficit de richesses pénalisant les plus pauvres et les plus vulnérables. Résumant l'architecture du système de Smith permettant l'établissement d'un « gouvernement des capitalistes », Jules Leroux note :

> La nation a des *prolétaires*, expression vivante de sa faculté productive par le *travail* ; elle a des propriétaires, des *bourgeois*, des commerçants, des chefs d'industrie, expression vivante de sa faculté productive par les *instruments* ; elle a enfin des *capitalistes*, des rentiers, expression vivante de sa faculté productive par le *capital* ; puis, au-dessus de ces classes, elle a encore sa population entière, expression vivante de sa faculté productive par le *besoin*. Que l'on donne donc à cette nation la liberté ; et, sous le souffle initiateur de sa population, ses trois classes de prolétaires, de bourgeois, de capitalistes, se pondéreront entre elles, et la création normale de la richesse aura lieu [...]. Du moment que l'on accepte l'appropriation individuelle des rouages de la production telle qu'Adam Smith la supposait à son point de départ, il faut conclure comme Adam Smith, et non pas autrement[129].

Pourtant cette pondération et cette « création normale de la richesse » sont doublement questionnables. Jules Leroux avance donc ici deux critiques l'une condui-

127 « On dit que la Lombardie tout entière appartient à cent individus. Le sol de l'Angleterre, comme on le sait, relève de quelques milliers de familles. Enfin en Égypte le Pacha est le seul propriétaire et le seul capitaliste. Combien donc, au dire des économistes, cette absorption de la propriété par un, par cent, par quatre ou cinq mille dans ces divers pays doit être bonne, utile, admirable ! En effet la création de la richesse ne peut avoir lieu sans eux, sans leur intervention, sans leur permission ! Combien donc ils sont utiles à la formation des richesses ! Voilà, dans toute sa nudité, la proposition des économistes », Jules Leroux, « Adam Smith », p. 186.

128 Jules Leroux, « Échange », *Encyclopédie nouvelle*, vol. IV, pp. 445-457.

129 Jules Leroux, « Adam Smith », p. 184. Jules Leroux distingue donc en régime capitaliste trois classes : celle des prolétaires vivant de leur seul travail, celle des bourgeois propriétaires de l'instrument et le mettant en quelque mesure en valeur, et le capitaliste enfin, simple rentier, et disposant du capital.

sant à interroger cette « création normale » de richesse en situation de « gouvernement des capitalistes » pour signaler son caractère sous-optimal : il y a création mais pas à la mesure des possibilités du temps ; et ce sous-emploi n'est pas simplement une erreur, mais aussi un choix tant elle permet au capitaliste de maintenir sa domination sur l'ouvrier, et de nier tant sa liberté que son égalité. La seconde critique conduit à interroger le type d'équilibre ou de pondération que conduit à instituer ce gouvernement et à montrer sa nature politiquement, socialement et moralement condamnable.

Premièrement, il y a peut-être équilibre mais un équilibre qu'on pourrait qualifier d'équilibre de sous-emploi des ressources disponibles. Un équilibre ne permettant pas le développement des richesses à la mesure de ce que les capacités technologiques et industrielles du temps permettent d'envisager. Et cet équilibre en vient à produire autant de richesse que de pauvreté, ce qui peut conduire à s'interroger sur la définition même de cette richesse et à considérer que le « gouvernement des capitalistes » produit, en partie volontairement, surtout de la pauvreté. À l'entrée « Capital » de l'*Encyclopédie*, Jules Leroux note que l'appropriation privée institue une régulation par l'offre et la demande. Or dans ce système, note-t-il, « l'offre et la demande sont deux choses distinctes, séparées, hostiles[130] ». Et dans ce mécanisme très souvent l'offre qui est subordonnée ne trouve pas la demande. Et elle ne la trouve pas en raison de la restriction de l'expression des besoins que favorise justement la structuration en trois classes. Dans le contexte de cette structuration, une partie du besoin, de la demande, qui serait susceptible de faire croître richesse et production, n'est tout simplement pas comptabilisée. Jules Leroux précise ici :

> L'ouvrier borne sa *demande à l'étendue de son salaire* (car cette demande ne saurait avoir d'expression réelle, efficace, différente !) : osera-t-on affirmer que ses besoins n'ont pas d'autres limites ? Le peuple est nu, le peuple est ignorant, il est pauvre, souffrant, malade ; et parce que sa *demande réelle* ne va pas au-delà de son *salaire*, parce que ses offres incessantes sont rejetées, ira-t-on proclamer son bien-être au milieu du concert immense de gémissements et de plaintes que tous les jours il laisse échapper vers le ciel[131] ?

Par ailleurs, si le besoin de l'ouvrier n'est pas comptabilisé en consommation et déprime donc ce que pourrait être l'offre, le besoin du capitaliste est lui, par contraste, trop nettement pris en compte, orientant malencontreusement cette production : Leroux répète que dans ce système structuré en classes définies par leurs

130 Jules Leroux, « Capital », *Encyclopédie nouvelle*, vol. III, pp. 233-237.

131 Id., p. 237.

accès très inégal à la propriété et à la richesse, le capitaliste agit selon le principe d'un « jeu perpétuel » autour du gain, ce qui, notamment en termes de pathologies, conduit à des crises économiques cycliques, à des « alternatives de prospérité et de chute » mais aussi, globalement, à une mauvaise orientation de la production.

Deuxièmement, quel type d'équilibre (ou pondération) est-il favorisé par le « gouvernement du capital » ? Jules Leroux va suggérer qu'il s'agit effectivement d'un équilibre, mais hautement suspect sur le plan moral et politique, et par ailleurs instable et intenable à termes. Étudiant la situation anglaise, la plus avancée dans cette logique, Leroux montre que la pondération s'effectue par une division des missions entre commerce intérieur et commerce extérieur : à l'intérieur des frontières, on constate « l'individualisme et la division du travail et de l'instrument, mais en exportant la conquête et la guerre[132] ». À l'intérieur de la Nation, le choix consiste à laisser fonctionner avec un contrôle minimal les mécanismes de marché à partir de la structuration présente en classes inégalement dotées en propriété, richesse et pouvoir. Le gouvernement assure *a minima* pain, travail et croissance à la nation : « maître d'agir, le capitaliste devenu roi s'efforcera d'être utilement tyrannique au peuple, en procurant au peuple, non l'égalité, mais du travail, non la liberté, mais du pain[133] ». Toutefois la non prise en compte, non seulement de l'égalité et de la liberté du prolétaire, mais également d'une grande partie de ses besoins limitent pour le capitaliste l'ampleur des gains possibles. Pour trouver une pondération en rapport avec les attentes d'un gouvernement du capital (donc se mesurant aux gains de cette classe), le choix politique consiste à favoriser ce que l'on désignera plus tard comme l'option impérialiste. Commentant donc la situation anglaise, Jules Leroux y observe le fait « du gouvernement et le plus de gouvernement possible, mais *tourné vers l'extérieur* ; du gouvernement, mais *par les capitalistes* ». Précisant encore une fois cette politique intérieure et extérieure des capitalistes, il note : « Étant l'âme de la politique extérieure, et disposant de toutes les forces collectives de la nation, ils tourneront cette puissance au profit du système de la production ainsi organisée, et [...] par conséquent, ils justifieront et légitimeront jusqu'à un certain point cette organisation, en fournissant aux prolétaires du travail, par la recherche constante de nouveaux débouchés à l'extérieur[134]. »

Pourtant, explique Jules Leroux, cet équilibre intérieur/extérieur n'est pas tenable et, à termes, sera rompu et conduira à une crise majeure du système. Deux motifs sont avancés : d'une part, sur le plan strictement économique, la recherche de débouchés extérieurs dans un monde où toutes les nations en interne feront le

132 Jules Leroux, « Adam Smith », p. 187.

133 Id., p. 187.

134 Id., p. 187.

choix de la concurrence et des marchés, donc le choix des inégalités souffrant alors de la non-prise en compte des besoins des prolétaires, va faire dégénérer la situation en guerre entre nations et luttes sauvages pour des colonies. L'impérialisme est effectivement ici, déjà chez Jules Leroux autour de 1835, un stade suprême, terminal et funeste du capitalisme. Le second motif est plus nettement politique et moral. En interne, le système capitaliste repose sur un dangereux jeu de dupes, masqué par l'idéologie du marché et de l'inéluctabilité de la rareté, du labeur, de la lutte, de la division en classes et consistant à vendre aux ouvriers et aux masses un relatif bien-être (pain et travail) au détriment de leur liberté véritable et surtout de l'égalité qui devrait leur être dû. Situation là encore instable et précaire, juge Jules Leroux, tant l'évolution des mentalités ouvrières, tant l'essor des réflexions relatives à l'association et à l'émancipation permettent désormais de poser le problème économique radicalement différemment et d'agir en conséquence. A l'entrée « Échange », Jules Leroux relève qu'on conçoit désormais que des « institutions sociales » autres, car appuyées sur la « source intarissable des débouchés » qu'autorise un monde fondé sur l'égalité - et cette dernière ne peut être que l'égalité des besoins (car « nier l'égalité humaine -, c'est ne point reconnaître dans autrui les besoins qui sont en nous ») modifieraient complètement la situation présente. L'égalité note-t-il :

> C'est donc là qu'est la source intarissable du débouché.
>
> Un jour l'égalité, brisant ses entraves, augmentera le besoin des nations de tout le besoin méconnu de leurs membres souffrants. Il faudra bien alors que la production suive ; car la force humaine, appliquée à la nature sera en proportion du besoin.
>
> Telle est la théorie véritable du débouché, laquelle théorie n'est autre, après tout, que celle de la production même.
>
> Dans cette théorie, nous assignons au mot *débouché* une valeur absolue, non relative ; et la cause qui seule produit le débouché nous apparaît alors sous le nom d'égalité.
>
> Un peu plus d'égalité introduite dans la constitution d'un peuple créé pour ce peuple des débouchés véritables[135].

---

135 Jules Leroux, « Échange », p. 453.

## Il faut sauver le gouvernement

Il faut donc partir des catégories mal conçues par les économistes smithiens, mais en les renversant et en leur donnant un autre sens. Jules Leroux a bien compris par sa collaboration à *l'Encyclopédie nouvelle* que les mots définissent la réalité, délimitent les frontières intellectuelles et culturelles, et qu'il fallait forger un tout autre « langage économique ». Un langage autorisant l'établissement d'un monde différent car assumant le choix de gouverner et menant une politique de la plus radicale égalité, condition de la liberté et s'inscrivant donc réellement dans le sens du progrès et de la perfectibilité. Voulant en quelques mots signaler l'ampleur du changement de vision économique à effectuer, une création, Jules Leroux disserte sur le mot « Échange ». À l'entrée « économie politique », évoquant « l'échange social », caractérisant le futur d'une économie pleinement humaine, il précise qu'il « n'entraîne à sa suite aucune réciprocité ». L'échange, étroitement défini dans le vocabulaire smithien, ne se conçoit pas uniquement comme un double acte d'offre et de demande : « Il y a mille et mille manières d'accomplir cet acte de l'échange. On donne, et ce sont les enfants qui recevront ; on reçoit, et ce sont les aïeux qui jadis ont donné. La communication réciproque, voilà ce qui constitue réellement le phénomène ». Plus loin, il précise là encore, procédant à une critique frontale de l'idée que l'échange économique produit spontanément la société :

> La vente et l'achat supposent la société, mais ne la font pas. Deux hommes se rencontrent ; ils se vendent, ils s'achètent, se séparent : c'est là la vente, c'est là l'achat ; est-ce la société ?
>
> Au contraire, un homme échoue sur la côte, on le secourt, on lui donne : c'est un acte d'échange. Un enfant vient au monde, on le nourrit, on l'élève : c'est encore un acte d'échange. Mais il n'y a là ni vente, ni achat ; et la société cependant brille de son plus pur éclat dans ces actes d'amour et de charité[136].

Il y a donc deux manières de concevoir l'échange, comme vente et achat, ou bien comme « bienfait » et « devoir »[137]. L'économie en tant que science s'est entièrement

136 Jules Leroux, « Échange », p. 445.

137 Une mise au point comparable est faite à l'entrée « Concurrence ». Jules Leroux, s'élevant contre son sens restreint et son emploi idéologique par les économistes, note ici : « Concluons donc qu'en lui-même, ce mot ne veut rien dire autre chose, sinon qu'en leur qualité d'êtres semblables, les hommes ont des besoins semblables, qui demandent, pour être satisfaits, des choses semblables : c'est une pure et simple constatation de l'identité de la vie humaine. Mais ces besoins semblables des hommes, aspirant, prétendant à des choses semblables, engendrent un certain nombre d'actes de nature différente. Nous pouvons nous réunir, nous associer, concourir ; nous pouvons au contraire nous livrer à la lutte et nous faire la guerre ». C'est l'ignorance de cette complexité de la notion qui a selon lui conduit, par réaction et rejet, « aux plus

constituée à partir de la première conception et en imposant l'idée que cette forme de l'échange constituait la forme pure, naturelle de toute société évoluée ; mais, juge Jules Leroux, la réalité est sans doute tout autre, spécialement pour les sociétés évoluées. L'autre forme, communautaire, a déjà existé et fait ses preuves dans le passé. Leroux l'évoque notamment à l'entrée « Saint-Benoit », détaillant une communauté des Bénédictins ayant identifié raisonnablement et humainement ses besoins pour y adapter collectivement ses efforts et travaux, ayant fait surtout le choix de se délester des « chaînes de la propriété », pour finalement aboutir à une indiscutable réussite économique, mais aussi politique et morale[138]. Toutefois Leroux veut surtout démontrer que cette forme de l'échange bienfait/devoir vaut principalement pour l'avenir et pour le présent des sociétés évoluées. Ce choix atteste justement le degré d'évolution d'une société. Il inverse alors les poncifs des temps de Guizot et Dunoyer relatifs à une « marche du progrès » et autres avancées de la « civilisation » mesurées notamment à la croissance des échanges économiques libres, à l'affirmation des individus intéressés, et à la division du travail[139]. Pour Jules Leroux, la formule smithienne de l'échange est « une altération de la forme primitive et pure » et par contraste, « la forme de l'échange qui constitue la famille, la nation, l'humanité est de l'échange la définition même[140] » tant elle manifeste « toute espèce de solidarité », donc ce qui, justement, fait lien, société. Et c'est de cette conception de « l'échange pur véritable » que doit procéder la réflexion pour redéfinir ce que doit être l'économie politique et ses principaux concepts : capital, travail, richesse, concurrence, commerce, etc.

Jules Leroux s'inspire d'Aristote[141] pour voir dans l'économie politique en recherche de « la loi de la maison politique » l'une des principales sciences de gouvernement, regroupées dans une vaste « science sociale » réfléchissant les communications entre économie, politique et morale[142] : « L'économie politique est la recherche

faux systèmes de théocratie socialiste » (Jules pense bien sûr aux saint-simoniens), où s'observe un « état de soumission hiérarchique et de gouvernement despotique où toute individualité disparaît » (« Concurrence », p. 731 et 732).

138 Jules Leroux, « Benoit (Saint) », *Encyclopédie nouvelle*, vol. II, pp. 576-588. Évoquant la puissance économique de la communauté des Bénédictins, il la décrit comme un « être extrêmement puissant par ses moyens de préhension » (p. 582).

139 Sur cet aspect, voir Aude Deruelle, « La « marche du progrès » : autour d'une métaphore », *Arts et savoirs*, 12, 2019.

140 Jules Leroux, « Échange », p. 445.

141 Christian Rutten, « L'économie chez Aristote », *Les Cahiers de l'analyse des données*, 13 (3), 1988, pp. 289-294.

142 Comme souvent, l'interprétation d'Aristote constitue un enjeu du temps. Cousin et ses élèves en proposent une réhabilitation, y voyant le fondement d'une république sage des classes moyennes (Claude-Pierre Pérez, « Aristote dans le XIX^e siècle », *Romantisme*, 103, 1999, pp. 113-125). Jean Reynaud et Pierre Leroux après avoir confié l'entrée « Aristote » de *l'Encyclopédie nouvelle* à Salomon Munk lui retirèrent cette rédaction trouvant trop tranchées ses oppositions Platon/Aristote, Idéalisme/Empirisme. Leroux se chargea

de la loi, de l'arrangement des diverses parties constituantes de la nation, le but de cette loi étant de donner à la nation son plus grand bien-être, sa plus grande prospérité, sa plus grande richesse[143] ». Cette « loi de la maison politique » écarte la tentation de concevoir cette maison comme un corps naturel figeant les hiérarchies entre maîtres et esclaves et dans lequel l'individu est étroitement fusionné. Jules Leroux insiste au contraire sur les interactions toujours adaptatives et évolutives à différentes échelles, famille/nation/humanité entre l'individu et la structure qui doivent se constater dans le cas de la maison politique moderne[144]. Toutefois, au présent, l'unité pertinente de cette maison politique moderne est alors la nation ; ce n'est plus la famille, ni la cité, et pas encore l'humanité. L'économie politique comme science de gouvernement favorisant le plein déploiement de l'égalité et de la liberté de chacun se conçoit, aujourd'hui et pour l'avenir immédiat, dans le cadre de la nation. Significativement, à l'entrée « Département », Jules Leroux fournit sur cette réforme, datant de la Révolution et œuvre notamment de Mirabeau, un jugement plus que mitigé :

> Toutes ces fractions de la France, tous ces départements sont doués d'une constitution trop forte pour le principe la France est *une et indivisible*. Quand ce principe dominera la politique intérieure et régnera sur la France, ces départements seront à son pouvoir un obstacle, au même titre que les provinces furent, en 1789, un obstacle au pouvoir de l'Assemblée nationale[145].

Et, il peut, de là, formuler en ces termes le problème que doit résoudre l'économie politique :

> La nature et la nation étant données, quelle doit être la loi, quel doit être l'arrangement des diverses parties constituantes de cette nation, pour faire atteindre à cette dernière son plus haut degré de prospérité, de bien-être, de richesse[146].

---

de la rédaction mais n'en fit qu'une biographie, repoussant à l'entrée « Péripatétisme » (qui ne paraîtra pas), l'étude de la doctrine.

143 Jules Leroux, « Économie politique », *Encyclopédie nouvelle*, vol. IV, pp. 538-560, p. 538.

144 « Organe, instrument, association, milieu, la maison s'offre ainsi à l'individuelle vitalité des éléments dont elle se compose. Il n'est pas un de ces éléments qui n'ait à exercer sur elle une action directe, une action de force, une action de cause, mais en même temps, il n'en est pas un qui n'ait à subir le commandement des autres. Entre eux ces éléments sont tour à tour causes et effets ; ils ont à agir, ils ont à se défendre ; ils ont à commander, ils ont à obéir » (« Économie politique », p. 540.)

145 Jules Leroux, « Département », *Encyclopédie nouvelle*, vol. IV, pp. 285-287, p. 287.

146 Jules Leroux, « Économie politique », p. 543.

Mais la définition du bon « arrangement » institutionnel doit être précédé d'une interrogation fondamentale sur la richesse ; et là encore se constate l'influence d'Aristote. Il faut retrouver « le sens vivant du mot richesse[147] ». La richesse ne peut supporter une définition triviale, non normative, telle celle présente au cœur de l'économie de Smith, dont Jules Leroux dénonce la « triste » comptabilité : « Il applaudit au canut de Lyon, à l'apprenti de six ans, au chef d'industrie, au commerçant, au capitaliste, à l'agent de change, au gendarme, à la prison, à l'échafaud »[148]. Il faut au contraire, procédant du besoin redéfinir normativement la richesse : « La richesse est ce qui satisfait le besoin », mais le besoin « humain », mélange complexe d'exigences physiques, morales, intellectuelles, politiques. Il s'agit ici de s'inspirer du modèle des cités grecques, mais en congédiant la distinction que fait Aristote entre citoyen et esclave : « Les besoins légitimes sont ceux de l'homme, de l'homme libre, du *sage* [...] ; les besoins illégitimes sont ceux de l'homme esclave, dégradé, du *fou*[149]. » Détaillant encore que « les vraies richesses sont dans la voie du développement de l'homme, elles le nourrissent, elles le font éclore », Leroux montre donc que la satisfaction de ce besoin humain, pour tous les humains, définit la tâche de l'économie politique : grâce à une « rénovation complète[150] », créer, arranger le « milieu » propice à la satisfaction pour chacun de ses besoins humains.

Quel arrangement du milieu doit viser l'économie politique ? À l'entrée « Consommation », Jules Leroux évoque « une loi véritable, une loi d'économie politique »[151]. Il remarque que, chez les Classiques, de Smith à Malthus, « la consommation relève de la production ». « Matérialisme grossier » et « ignorant athéisme », juge-t-il, tant cette loi n'est valable qu'avec une conception erronée et idéologique du besoin et du consommateur. Erreur car :

> Par le mot *consommation*, ils n'ont jamais entendu autre chose que le besoin de consommer résidant dans le *consommateur*, être abstrait, entité chimérique. ; par ce mot ils n'ont toujours désigné que la consommation qui non seulement est possible, mais qui a lieu, qui est faite. Celui-là, disent-ils, qui ne sait rien offrir en échange d'un produit, est nécessairement obligé de n'en point faire usage ; il n'en a pas besoin[152].

147 Id., p. 544.

148 Id., p. 545.

149 Id., p. 544.

150 Id., p. 545.

151 Jules Leroux, « Consommation », *Encyclopédie nouvelle*, vol. III, pp. 819-824, p. 820.

152 Id., p. 822.

Dans la société actuelle figée en trois classes, le consommateur est le plus souvent « la collection des bourgeois, la collection des riches », des propriétaires en un mot, ce que Pierre désignera plus tard par ploutocratie, alors que le besoin de « la collection immense des ouvriers, la collection des pauvres », du « peuple », ne peut s'exprimer, n'est pas comptabilisée comme consommation. Bien entendu, cela alimente la « dualité haineuse du travail et de la propriété », mais cela limite aussi la production. Comme le résume Jules Leroux, « les lois actuelles de l'échange et de la production gênent le développement le plus grand et le plus libre de l'industrie et du commerce »[153]. Détaillant une nouvelle fois la cause principale de cette gêne, et prenant l'exemple du cas anglais et de son gouvernement des capitalistes légitimé par le discours des épigones de Smith, Jules Leroux pose :

> Et cependant comment se peut-il que le fait de la misère extrême du peuple et le fait d'une possibilité de production plus grande n'aient aucun sens, aucune signification pour cette nation ? C'est que le besoin de l'homme et la fécondité de la nature y sont sujets immédiats de l'organisation sociale, et que cette organisation, niant précisément dans le pauvre le besoin de l'homme, arrête précisément à la mesure des jouissances exagérées des riches et de la satisfaction misérable des besoins du pauvre la fécondité de la nature[154].

Le développement en grand de la richesse est toutefois possible, et la vraie loi de l'économie politique est donc à l'inverse celle où « la production relève de la consommation ». Le problème ne vient pas de la rareté mais des « institutions défectueuses des sociétés humaines », nécessitant donc une œuvre « révolutionnaire » sur le plan de l'organisation économique.

Il faut donc chercher la « constitution d'une société nouvelle », le « chef-d'œuvre d'un gouvernement nouveau », se fixant pour but la satisfaction des « besoins de tous ». À l'entrée « Adam Smith » de l'*Encyclopédie nouvelle*, Jules Leroux précise les contours d'une telle constitution économique et politique que réclame le présent :

> J'apporte à la société future, à la société nouvelle, ma *propriété*. Je ne serai possesseur d'aucun agent de la production, ni de *l'instrument*, ni du *travail*, ni du *capital* ; je ne tirerai point satisfaction pour mon besoin de la possession d'aucune de ces choses, mais de l'étendu même de ce besoin[155].

153 Jules Leroux, « Douane », *Encyclopédie nouvelle*, vol. IV, pp. 382-391, pp. 386-387.

154 Jules Leroux, « Échange », p. 452.

155 Jules Leroux, « Adam Smith », p. 189.

Dans ce contexte, la vie économique doit être gouvernée par le collectif. Il faut, explicite Leroux, « un gouvernement intelligent, présidant à la formation et à la distribution des richesses » ; là se trouve la condition à la fois d'une plus grande efficacité économique, mais aussi d'une liberté pas simplement formelle de tous les citoyens de cette république. Comme il le précise encore :

> Si l'on veut réaliser la plus grande production possible, il faut donner à la société, au nom même de l'individu, le droit sur tous les instruments de la production. Donc, du principe même de l'individualisme bien entendu, sort cette dernière conclusion qu'au point de vue de l'économie politique le gouvernement est non seulement utile, mais nécessaire et indispensable[156].

Le renversement théorique que propose Jules Leroux repose *in fine* sur une conception *originale de la fonction sociale* qui apparaît en filigrane dans plusieurs de ses entrées de l'*Encyclopédie nouvelle.* La famille, préfigurant la communauté et ses déclinaisons successives (la Nation, l'Humanité) permet de suggérer ce qu'est le « règne de la fonction ». La fonction, explique-t-il, constitue un « travail essentiellement intellectuel » réalisé individuellement et collectivement. Elle permet globalement d'identifier intelligemment (avec raison/sentiment/sensation) les besoins de chacun et de tous, d'y associer une façon de gouverner les rapports aux milieux – et Jules Leroux mentionnant la fallace économiciste rappelle que « combattre n'est pas gouverner » – notamment par la définition opportune de la propriété[157] et enfin dans ce contexte d'organiser le travail et la production. Comme il le souligne alors synthétiquement, « la production de l'homme ne relève que de lui : qu'il harmonise à son besoin sa fonction, à sa fonction et à son besoin son travail, la denrée, la richesse suivra[158] ». Chez Jules Leroux, la notion procède sans doute de diverses sources : des modifications récentes de la notion en mathématique et en physiologie[159], mais aussi de l'acclimatation de ces avancées dans le domaine de la science

156 Id., p. 189. À l'entrée « Concurrence », il revient sur l'erreur que constitue l'étroite conception économiciste de la notion et regrette que la Révolution de 1789 ne s'en soit pas entièrement détachée. Évoquant la révolution économique qui doit terminer celle de 1789, il note : « il est grand temps qu'elle réalise au sein de l'industrie ce qu'elle a vainement décrété autrefois : *la concurrence* » : mais concurrence prend ici le sens d'un des définitions du terme « concours », non pas compétition, mais entraide.

157 Jules Leroux précise : « 1° Que le sens vrai du mot *propriété* est *fonction* ; 2° Que le fruit naturel de cette propriété est le produit, la denrée, non l'instrument ; 3° Que tout ce qui est instrument ne peut être l'objet d'une possession individuelle ; 4° que la tendance de la propriété actuelle est d'arriver à son état de pureté, c'est-à-dire à ne plus être qu'une fonction » (« Échange », p. 450).

158 Jules Leroux, « Échange », p. 455.

159 Andrée Tabouret Keller, « Ancienneté et polysémie de la notion de fonction », *Contextos*, 15-16, 2007-2008, pp. 123-133.

sociale. Comme l'a opportunément souligné Loïc Rignol[160], concevoir la société comme un ensemble de fonctions, cette conception déterminant notamment l'évolution de la forme de la propriété, est propre aux visions hiérarchiques de l'*association* que portent à l'époque tant l'école fouriériste que l'école saint-simonienne. Procédant d'un héritage des Lumières radicales et révolutionnaires attentive à l'essor des catégories de fonctionnaires et de fonctions publiques, les partisans de la *communauté* vont mobiliser une analyse en termes de fonctions mettant par contraste en avant un égalitarisme radical. Les fonctions sont considérées comme diverses mais complémentaires et non hiérarchisables, la satisfaction des besoins de chacun, y compris le besoin primordial de se développer, est considérée comme essentielle, et la communauté devient ainsi le lieu propice à l'apprentissage tant de l'égalité, que de la liberté et de la fraternité. Ce que Jules Leroux traduit en énonçant :

> Dans l'hypothèse, qui est la réalité substantielle, mais qui n'est pas le fait, que la propriété est une fonction, tous les hommes sont frères, égaux et libres ; tous sont solidaires les uns des autres ; tous concourent à l'exploitation humanitaire de la nature, chacun avec sa force et son besoin. Nul fait d'antagonisme ne peut se produire parmi ces hommes ; car la raison d'être de chacun est en lui, par sa fonction, son travail, et son besoin, et en tous par l'échange.

Là encore les suggestions de Jules Leroux sur les fonctions sociales participent de la genèse d'une notion que, quelques courtes années plus tard, vont mobiliser plus largement les publications néo-babouvistes du tournant 1840, ou encore certaines positions égalitaires originales, telles celles de Constantin Pecqueur[161].

## Sur la nature de l'homme économique

L'intérêt de Jules Leroux pour Sismondi ne peut *a priori* surprendre. Sismondi ne fut-il pas celui qui, dès ses *Nouveaux Principes de l'économie politique*, s'opposa à l'optimisme smithien ? Qui rejeta la loi des débouchés de Say en soulignant le risque endémique d'une sous-consommation ouvrière résultant d'un partage de

160 Loïc Rignol, « Épistémologie des théories de la science sociale. Association et communauté dans l'organicisme du premier XIX^e siècle », *Cahiers Fourier*, n° 15, 2004 et n° 16, 2005. Voir également ses développements dans *Les Hiéroglyphes de la nature. Le socialisme scientifique en France dans le premier XIX^e siècle*, Dijon, Les presses du réel, 2014.

161 Voir ici les contributions de Vincent Bourdeau (« Propriété et fonction sociale chez Constantin Pecqueur. Genèse d'une théorie « nouvelle » d'économie sociale et politique (1830-1842) ») et Clément Coste (« L'idéal de charité et l'impôt idéal. Constantin Pecqueur et la question fiscale ») dans Clément Coste, Ludovic Frobert et Marie Lauricella (dir.), *De la République de Constantin Pecqueur (1801-1887)*, Besançon, PUFC, 2017.

plus en plus inégalitaire de la richesse ? Qui simultanément observa la première récurrence des crises économiques et fit le relevé alarmant des misères ouvrières ? Et qui en vint, sur un mode certes timide, à insister sur les réformes à engager pour contrôler, dans le contexte d'une sage république, le rythme de la croissance et des innovations ?

Ces éléments ont pu interpeller Jules Leroux, notamment, bien sûr, les arguments concernant la sous-consommation ouvrière et son impact sur les crises et le développement. Toutefois, le Sismondi de Jules Leroux est surtout un ennemi à dénoncer et à vaincre et cela pour deux raisons. La première raison est que Sismondi, tout comme Malthus, ignore la créativité humaine, dénie le fait de la vie, de l'évolution, un fait dont témoignent sur le plan économique, et au présent, des innovations qui bouleversent la question ancestrale de la rareté. Jules Leroux fut le témoin des inventions souvent téméraires de son frère – d'une nouvelle machine typographique[162] à sa théorie du circulus[163] –, mais il fut lui-même, dès sa brochure de 1833, un défenseur des machines et un partisan des innovations. Il est ici dans la lignée de tous les socialistes de son temps qui refusent le malthusianisme et estiment scientifiquement et techniquement possible une augmentation gigantesque de la production grâce aux innovations, progrès pouvant aller jusqu'à réduire drastiquement la quantité de travail globalement nécessaire à l'économie d'une nation. La particularité et la radicalité de sa position ici viennent une nouvelle fois du transformisme qui irrigue sa perspective. L'humain (le moi) a toutes les qualités créatives pour non seulement s'adapter à son milieu naturel (le non-moi) mais collectivement, donc socialement, pour l'aménager, l'administrer : l'homme est un créateur de milieux. Dans *Le Peuple souverain*, il écrit significativement :

> L'homme n'est point un élément constitutif et passif de la société, être nouveau dans l'échelle des êtres, qui vivrait de sa vie propre, mais cette société est, au contraire, une œuvre de l'homme [...] elle a pour but unique celui de toutes ses autres œuvres, de toutes ses actions, d'augmenter son bien-être, de diminuer ses souffrances ; en définitive elle n'est que le milieu enfanté par l'homme pour son plus grand développement[164].

162 Pierre Leroux, *D'une nouvelle typographie*, Paris, Schneider et Langrand, 1843.

163 Formulée dès 1834, reprise notamment et significativement dans son ouvrage *Malthus et les économistes* et *Aux États de Jersey* la théorie du circulus (usage de l'engrais humain) permet à Leroux de fonder une autre économie sociale. Voir ici, les études de Dana Simmons et Ceri Crossley déjà citées.

164 Jules Leroux, « Athénée de Marseille. Cours d'économie politique de M. J. Leroux », *Le Peuple souverain*, 4 mars 1834. Dans l'article « Douane » de l'*Encyclopédie nouvelle,* il précise que la nation est le « milieu créé par l'homme, mais pouvant et devant réagir sur l'homme ».

La seconde raison est que Sismondi est aux yeux de Jules Leroux le tenant en économie politique du « principe contraire » au principe smithien. Sismondi estime que la société économique est un gouvernement et non une nature. Il en appelle donc, face aux maux présents, à un « gouvernement salutaire ». Toutefois ne possédant ni « la science des éléments sociaux, ni celle des faits historiques », il ignore quels sont « les droits et les devoirs de l'homme ». La position de Sismondi devient dès lors, aux yeux de Leroux, plus scandaleuse et inadmissible, « grotesque » même, encore que celle de Smith. Car il en vient à donner comme boussole à l'action du gouvernement économique de la société moderne non le progrès, mais les valeurs rétrogrades du passé :

> À la société industrielle de notre époque, M. de Sismondi impose le gouvernement despotique du Moyen Âge ; et ce gouvernement a dès lors, dans la pensée de M. de Sismondi, mission de convertir à lui notre société, c'est-à-dire de la tuer, de lui faire rebrousser chemin, de la transformer en cette société disparue du Moyen Âge quelle a jadis vaincu, ou en quelque chose d'analogue[165].

Erreur ici plus funeste que celle de Smith. Car ce dernier entraperçoit l'avenir à travers les catégories économiques (notamment le travail), conçoit que justement ces catégories économiques peuvent être la condition de l'émancipation et de l'égalité, même s'il erre sur leurs définitions : Même maladroit, Smith est un penseur de l'industrie, et l'industrie est précisément le lieu où l'humanité peut être à termes, pour la première fois de son histoire, gouvernée par le principe de l'égalité. Alors que Sismondi et sa conception du gouvernement fige le présent en ayant les yeux fixés sur le passé. Ce qui signifie qu'aux yeux de Sismondi, tel que l'analyse Leroux, le gouvernement économique doit entériner le présent sur la base d'un passé lors duquel la définition des droits et des devoirs de l'homme demeurait corsetée par l'idée d'une inégalité naturelle entre les hommes. Alors que Leroux faisait de Smith le père d'une tradition concevant l'économie comme une nature, il fait de Sismondi le père d'une tradition – s'exprimant désormais dans « les misérables utopies des politiques du jour », disons Guizot et Thiers – qui, obnubilée par le présent et surtout le passé, fait de l'économie un gouvernement qui consacre l'inégalité ; en d'autres termes, faisant de l'inégalité la condition du gouvernement d'une économie[166].

Le problème du présent est en effet celui de « la présence du *pauvre* et du *riche* ». Les hommes du présent – et Jules Leroux pense en priorité aux libéraux d'hier, désormais en cour sous la Monarchie de Juillet – adoptent une attitude similaire à celle

165 Jules Leroux, « Adam Smith », p. 190.

166 Voir François Guizot, *Histoire des origines du gouvernement représentatif en Europe*, Tome I, sixième Lécon, Paris, Didier, 1851, pp. 87-88.

de Sismondi : l'inégalité est constatée « comme un fait » et la question qui se pose est celle du gouvernement d'un monde devant faire cohabiter riches et pauvres : « Comment vivront entre eux ces deux hommes, le pauvre et le riche ? » Les purs libéraux estiment que, les dotations inégales (en capital, terre, talent, travail) étant distribuées aléatoirement au départ, il faut laisser se dérouler la guerre économique entre tous : que de cette prédation et volonté de domination sortent la société et la richesse. Face à ces libéraux, d'autres estiment qu'il faut gouverner *a minima le* déroulement de cette lutte, « qu'un pouvoir solide maintienne cette guerre en sa limite naturelle ». Or, selon Leroux, ce gouvernement raisonnable des inégalités n'est pas possible : dans un monde où la compétition est sacralisée et où on entérine l'idée que cette compétition désigne les vainqueurs et sanctionne les vaincus, il n'existe pas de solution stable concernant le niveau d'inégalité raisonnable à entretenir entre riches et pauvres : le pauvre veut devenir riche à la place du riche, et le riche lui-même veut devenir constamment plus riche au détriment des plus pauvres que lui. Dès lors un monde estimant que la cohabitation du riche et du pauvre est la norme en termes de société est ingouvernable.

Si bien, estime Jules Leroux, qu'il faut interroger la toute première affirmation, la « théorie philosophique » que l'on trouve chez Sismondi et que reproduisent les « utopistes du jour et du fait actuel » (car ce sont eux les utopistes, mais dans le mauvais sens du terme) : à savoir la normalité d'une inégalité, même contrôlée, entre le riche et le pauvre. Pour cela, deux approches complémentaires doivent être mobilisées, métaphysique et histoire : « La métaphysique et l'histoire sont le champ naturel ou [...] la langue de toute science[167]. » Et, va expliquer Leroux, même si ce sur quoi enquêtent tant la métaphysique que l'histoire est une connaissance générale de la vie de l'humanité ou de l'homme, c'est néanmoins sur le terrain de l'économie que l'enquête peut au mieux progresser. Jules Leroux affirme nettement les bases économiques de l'histoire et de la métaphysique :

> Si, partant de ce fait de la production qui suppose à la fois besoin, travail, instrument, et capital, nous montrons que le simple déplacement de ces termes a produit les diverses phases que l'histoire atteste, nous nous trouvons naturellement expliquer l'histoire par notre science et sans sortir de son domaine.
>
> Et de même, si, sans autre axiome, nous expliquons par l'état normal de la production, quel est l'état normal de la nature humaine, il est clair que sans sortir

167 Id., p. 191.

encore de notre domaine, nous prêtons quelques secours et quelques confirmations aux vérités de la métaphysique[168].

Au fondement de la vie de l'humanité/homme, se trouve la création de la richesse dont le besoin est la source première. Ce n'est, explique Leroux, ni le capital, ni la terre, ni même le travail qui sont la source de la création et de la vie, mais bel et bien le besoin. Et le besoin est satisfait par le travail. À mesure de l'évolution, ce travail qui affronte un milieu extérieur aux dimensions du temps et de l'espace doit solliciter des renforts qui sont le capital (capital financier) et l'instrument (capital physique). Et ce sont des modalités de cette sollicitation, des modalités de l'échange, qu'a surgi l'inégalité : « L'homme [...] est parvenu à mettre son droit en lui, son devoir dans les autres ; il a gardé le besoin et a fait du travail le lot d'autrui. Voilà l'injustice qui a régné et qui règne encore aujourd'hui ». Il y a là l'origine à la fois de l'injustice mais aussi de l'inefficacité actuelle, puisque la source même de la création de richesse, le besoin, tous les besoins de tous, est en partie niée. Et c'est parce qu'au cours de l'évolution certains ont privilégié un type de travail, la domination, que la spoliation a pu se réaliser puis se pérenniser. Le dominant « s'est fait tyran, ce qui est un travail, et un grand travail », ce choix conduisant à la bifurcation entre un échange « fondé sur la fraternité » et sanctionnant un travail libre, volontaire car coopérant harmonieusement avec le capital et l'instrument, un travail synonyme de création, et un échange « fondé sur le despotisme » produisant toutes les formes de travail dominé, formes synonymes de labeur et de souffrance. Or, la métaphysique enseigne, selon Leroux, que l'homme travaille incessamment à l'évolution d'un type de besoin/travail échange à l'autre : « L'homme cherche et cherchera toujours à transformer le travail qui ne répond pas directement à son besoin en un travail directement conforme à son besoin ; il cherchera toujours, en vertu du droit primitif, le besoin, et par la double voie du droit naturel qui en résulte et du droit idéal qui en résulte également, à transformer le travail peine en travail plaisir[169]. » Le sens même de l'évolution en découle : « Créer de plus en plus par l'échange le travail où concourent les êtres extérieurs à nous, et par conséquent où notre être n'est pas intéressé en tant que peine, mais seulement en tant que travail, travail normal, travail plaisir, travail de l'homme libre et affranchi en un mot, voilà le but qu'à suivi à travers l'histoire le développement de l'humanité[170]. »

168 Id., p. 192.

169 Id., p. 195.

170 Id., p. 196.

L'histoire, à son tour, vérifie ce qu'appréhende la métaphysique en termes d'équilibre des droits et des devoirs. Les phases de développement de l'humanité permettent de distinguer quatre cas successifs. Sur ce point, Jules Leroux résume :

> Donc quatre genres d'échange existent ou peuvent exister. D'abord l'échange peut donner lieu à l'échange forcé et à l'échange mutuel. L'échange forcé se subdivise en deux ; car il peut être forcé directement ou indirectement ; forcé directement, c'est l'échange entre le maître et l'esclave, entre le seigneur et le serf ; forcé indirectement, c'est l'échange commercial d'aujourd'hui, tel qu'il existe entre les possesseurs exclusifs des instruments de travail et les salariés. Quant à l'échange mutuel, il se subdivise également en deux : car il peut être accompagné ou non de sacrifice. Mais son caractère même de mutualité fait que le sacrifice perd pour ainsi dire son aiguillon, puisqu'en nous ce sacrifice est consenti et volontaire, et n'est plus par conséquent une peine, une douleur, un esclavage, mais une peine surmontée, une douleur vaincue, un esclavage où on est libre[171].

Le moment présent, dernière phase de l'âge d'airain correspondant encore globalement à la période de l'échange commercial, constitue un progrès par rapport à l'âge de fer précédent. De directe, la guerre entre les hommes et entre les hommes et la nature est devenue plus indirecte qu'aux temps du premier âge, l'âge de fer. Mais il faut concevoir aussi que par les nécessités mêmes révélées tant par l'histoire que par la métaphysique, cet âge et cette période présente seront dépassés. Au présent, juge Jules Leroux, se joue la bascule décisive entre l'échange forcé indirect, la période du prolétariat, et l'échange mutuel avec sacrifice, qui est la période du nouveau gouvernement à créer, un gouvernement fixé sur la boussole de l'égalité des besoins et s'exprimant dans le cadre de la nation. Dans un présent consacrant l'urgence de gouverner, il faut que surgisse un « droit idéal », un « droit social », en bref, comme le martèle Leroux, « le droit social nouveau, nouveau droit politique [qui] part donc de l'égalité humaine, et a pour but de la réaliser... L'homme ne réclame plus la fraternité comme une grâce, mais comme un droit ». Or, cette évolution se sanctionne donc bel et bien sur le terrain économique, puisque ce « progrès nouveau » et décisif dans le sens de l'émancipation doit conduire à réunir « travail, instrument, capital, sous l'influence puissante des besoins de tous. C'est la socialisation des instruments de travail qui est ce progrès »[172].

171 Id., p. 195.

172 Id., p. 198.

## Des relations de l'homme à la société : l'utopie

L'erreur capitale des économistes est d'avoir ignoré la vie, ne cesse de marteler Jules Leroux : citant la formule célèbre de Leibniz[173], il note qu'« il n'y a de science que celle qui reconnaît la muabilité des choses[174] ». Sacralisant les faits du présent, un présent inégalitaire que caractérisent la propriété et le prolétariat, les économistes passent à côté de l'essentiel. Leroux revient sur l'erreur consistant, en se focalisant sur le présent, à ignorer l'évolution de la créativité humaine (le « moi ») dans ses efforts d'administration (la société) de son environnement physique (le « non-moi »). Et l'évolution de cette créativité se mesure au cœur même de l'économie, à savoir dans les transformations du besoin, « cette porte de toute l'économie politique ». Mais l'erreur des économistes, et au premier chef de Say, est donc d'ignorer cette dimension évolutive et normative de l'économie et de prôner une méthode faussement positive dissimulant ces caractères majeurs. Jules Leroux signe sa critique dans une longue remarque qu'il convient ici de citer :

> Affranchissons-nous donc de ce respect aveugle pour le présent, et ne cherchons pas là notre science. Chacun aujourd'hui glorifie Descartes pour nous avoir débarrassés en philosophie du respect aveugle pour l'autorité, c'est-à-dire pour le passé. Mais à quoi nous sert d'être affranchis ainsi de l'idolâtrie du passé, si nous sommes tombés dans l'idolâtrie du présent, et si le dogme absurde du fait a pris pour nous la place de tous les dogmes ! « Cela a été, donc cela doit être actuellement et toujours » était le raisonnement de la faiblesse et de l'ignorance. Mais « cela est actuellement, donc cela sera et aura droit d'être » est un raisonnement non moins faux et non moins destructif de notre liberté. Il y a donc une autorité tout aussi illégitime que celle dont Luther, et Descartes, et Voltaire, nous ont débarrassés : c'est l'autorité absolue du présent[175].

Or, comme l'a analysé Jules Leroux, porteur encore du passé et déjà gros de l'avenir, le présent actuel est un temps de transition entre le stade de « l'échange forcé indirectement », stade que caractérisent le prolétariat, la propriété privée, le « gouvernement du capital », et « l'échange mutuel avec sacrifice », stade que caractérise un gouvernement central sensible aux besoins de tous, organisant l'économie comme un ensemble de fonctions, instituant l'égalité des besoins, socialisant pour cela les principaux aspects de la vie économique.

173 « Le présent, engendré du passé, est gros de l'avenir ».

174 Id., p. 199.

175 Id., p. 203.

Toutefois ce présent préfigure un avenir que Jules Leroux intitule « l'échange mutuel sans sacrifice ». Dans l'avenir, explique-t-il, l'apprentissage sur le terrain économique du gouvernement de l'égalité doit conduire finalement à l'établissement d'une société sans gouvernement. Deux processus ne cesseront de jouer dans le cours de cette évolution vers l'avenir.

En premier lieu, l'industrie et la science progressant dans un « milieu » social désormais adapté, la rareté diminuera jusqu'à disparaître et le travail lui-même, dans un environnement de machines, pourrait presque devenir une exception : « le sol tremble, une terre nouvelle, un nouveau continent pointe à l'horizon. La science multiplie les machines industrieuses[176] », écrit Jules Leroux qui, plus tard, à George Sand, martèlera encore : « S'il y a rareté, produisez l'abondance[177]. » Au présent, cette multiplication des machines, synonyme de diminution du travail pour les ouvriers, se traduit par une exclusion et une paupérisation croissantes de ces derniers. Mais dans un avenir véritablement civilisé, où il n'y aura plus captation privative des richesses par un petit nombre, cette diminution du travail nécessaire associé à la multiplication des richesses doit plus logiquement conduire à une meilleure distribution et à la pleine satisfaction des besoins légitimes – besoins matériaux, intellectuels, culturels, artistiques, spirituels – de chacun et de tous.

En second lieu, cette production d'un milieu nourricier doit modifier les catégories économiques habituelles, du besoin au travail. Jules anticipe que se réalisera dans le futur la règle « travaillez selon vos forces, prenez selon vos besoins » où c'est dans les deux cas un critère de sagesse qui calibre besoin et travail. Le besoin, ne doit être ni « réplétion », ni « abstinence » répète Jules Leroux, et l'homme va tendre à une situation où il sera en mesure d'identifier raisonnablement son besoin. Par ailleurs, si à l'entrée « Travail », Jules Leroux souligne que l'homme, créature vivante, est « un foyer, une source plus ou moins profonde d'où le travail jaillit en ondes rayonnantes… Et vivre, c'est travailler, travailler constamment, sans relâche ; être vivant, c'est être travaillant[178] », il note aussi à l'entrée « économie politique » que dans le futur régime d'association ou de communauté le travail devient « une cause ennemie dont l'homme a à s'affranchir[179] ». Dans l'avenir, tant la modification du régime de propriété, que l'apprentissage par chacun de fonctions économiques diverses, complémentaires et variées, enfin que les résultats en termes de production et productivité, notamment grâce à l'emploi des machines, permettent d'imaginer

176 Jules Leroux, « Économie politique », p. 556.

177 *Histoire d'une amitié : Pierre Leroux et George Sand*, ouv., cit., p. 296.

178 Jules Leroux, « Travail », *Encyclopédie nouvelle*, vol. VIII, pp. 523-530, p. 524.

179 « Le travail, que l'association tend visiblement à détruire, ne peut donc pas être le principe vital de l'association, la cause de la propriété, le fondement, le pivot de l'organisation sociale » Jules Leroux, « Économie politique », p. 549.

une réduction drastique du travail dans sa dimension laborieuse, et progressivement sa plus grande expression sous des formes créatives et libres : c'est l'enjeu sans cesse répété par Jules Leroux de « transformer le travail peine en travail plaisir ». Cette métamorphose du travail et plus largement de l'activité économique de l'homme aboutit alors à une transformation de la sociabilité. Cette transformation doit aboutir à un état de « perfection » de l'homme (« l'homme s'épure[180] ») et à une situation dans laquelle, « il suffirait à l'individu de vivre ; et, de son besoin seul, sans direction aucune et sans gouvernement aucun, sortirait la plus grande production possible[181] ». On a là, explique Leroux, le plein « règne de la fonction » dans lequel le besoin (c'est-à-dire la conscience claire de ce qui est suffisant à l'émancipation) et le travail s'identifient entièrement dans chacun[182]. Une situation où la société vie et évolue comme une famille et où, au final domine un échange qui a peu à voir avec celui, étriqué et basé, en théorie, sur la stricte réciprocité et, en pratique, sur la domination et l'inégalité, que les économistes à la suite de Smith, Malthus, et Say mettent au cœur de la société nouvelle. Dans la société future radicalement égalitaire se pratiquera puis épanouira entre tous un échange mutuel sans sacrifice que Jules Leroux résume dans la formule suivante : « C'est l'échange qui règne là où règne l'amour. C'est l'échange qui règne là où les êtres sont liés mutuellement au point d'être mutuellement les objets mêmes de leur activité réciproque[183]. » Au présent, le tort d'un penseur comme Charles Fourier, juge Leroux, est d'avoir voulu anticiper cette évolution, de créer trop tôt et *ex nihilo* ce qui se fera dans la durée. Toutefois, au regard de la situation présente encore marquée par le chaos de la société commerciale et par la lente émergence d'un gouvernement orienté par l'égalité, il est vital de rappeler ce que doit être, dans l'avenir, l'horizon du progrès

180 « L'homme s'épure », telle est, selon Jules Leroux, « la loi qui préside à l'engendrement des divers systèmes économiques », entrée « Économie politique », p. 551.

181 « Adam Smith », p. 189.

182 Contrastant la mutualité avec sacrifice et celle sans sacrifice, Jules Leroux note : « Dans le premier cas, l'homme s'occupe, dans son travail, directement du besoin d'autrui, indirectement de son propre besoin. Dans le second, au contraire, ces deux choses se confondent ; et, tout en s'occupant directement de son besoin, il résulte d'une harmonie supérieure que l'homme s'occupe directement du besoin des autres ». Et il précise encore que, « cette dernière et sublime combinaison qui associe et identifie le travail de l'échange avec le travail du besoin, et fait que l'homme, tout en travaillant pour autrui, travaille pour lui-même, ou réciproquement, que travaillant pour lui-même, il travaille pour autrui » (« Adam Smith », p. 195), n'est pas qu'un rêve, mais est en germe dans le présent.

183 Id., p. 194. Notons que dans son essai récent, *L'Idée du socialisme*, Axel Honneth évoque les notes précoces de Marx sur le *Cours d'économie politique* de James Mill. Dans ces notes postérieures de quelques courtes années aux articles de Jules Leroux dans l'*Encyclopédie nouvelle*, Marx évoque une société apparentée à une authentique communauté et où règne pour cela « l'amour ». Honneth traduit de la façon suivante les principes formulés là par Marx : « Il faudrait que l'ordre social soit conçu de telle sorte que chacun perçoive ses propres fins comme la condition de réalisation des fins de l'autre, que les intentions individuelles soient donc si clairement imbriquées les unes dans les autres que nous puissions les réaliser qu'en ayant conscience combien nous sommes dépendants les uns des autres dans nos activités respectives », Axel Honneth, *L'Idée du socialisme*, Paris, Gallimard, 2017, p. 37.

et l'aboutissement de la perfectibilité. Ici, faisant écho aux mots de Saint-Simon, Leroux commente : « Nous ne sommes pas à l'âge d'or, mais nous avons à marcher vers lui… Ce n'est pas un rêve de notre imagination[184]. »

Jules Leroux est bien un « fou sublime », ou encore, dans le vocabulaire de son frère aîné, un révélateur ; soit, un homme ayant accès et donnant accès à l'avenir : « l'idée de révélation est adéquate à l'idée d'explicitation de l'égalité humaine » (Pierre, *Œuvres*, p. 125). Chez Pierre, le fou est celui qui doté d'une innéité singulière sur le chapitre du sentiment est déjà un « homme véritablement transformé ». Et pour cela, un passeur, un homme installé dans la transformation du présent car liant grâce au sentiment, la sensation (l'action) à la connaissance. Si, « enthousiaste » c'est-à-dire inspiré, il anticipe l'avenir, c'est aussi parce qu'il en perçoit « le germe dans la nature » présente. Et ce germe, Jules l'a repéré et cultivé dans sa brochure de 1833, *Aux typographes*. Il va également en observer les signes de réalisation dès 1844 en participant à la communauté de Boussac dont il faut ici souligner l'importance dans ce parcours : « À Boussac, écrit Pauline Roland, nous fûmes surtout réunis par les idées, dont l'élaboration et la propagation furent notre but principal. Nous y associons la vie toute entière, par l'adjonction des familles et l'éducation des enfants. Cette éducation, nous la concevions surtout au point de vue de la justice absolue, nous la faisions pour le Royaume de Dieu, bien plus que dans l'intérêt matériel et du moment. La dispersion de notre colonie est à mes yeux un malheur public[185]. » Enfin, en 1849-1850, Jules Leroux pourra encore observer ces germinations auprès de la même Pauline Roland dans l'Association des instituteurs, institutrices et professeurs socialistes. Cette association était elle-même partie du vaste projet, là encore animée par Pauline Roland et Jeanne Deroin de l'*Union des associations fraternelles*, qui, un court temps avant la répression réunira cent quatre associations ouvrières, principalement des coopératives de production[186].

Lorsqu'en septembre 1848 dans son *Discours sur la fixation des heures de travail* prononcé à la Constituante, Pierre Leroux insistera sur le « principe du repos social » il sera accusé par le député Victor Grandin, que ses ouvriers d'Elbeuf ne portaient pas vraiment dans leur cœur, de prôner le « droit à la fainéantise ». Pierre

184 Id., p. 194.

185 Pauline Roland, lettre à Anges Guépin, dans *Philosophie du socialisme*, ouv., cit., p. 696. Les parallèles entre la communauté de Boussac et la communauté des *Murs Blancs* d'Emmanuel Mounier, Henri-Irénée Marrou, Jean Baboulène, Paul Fraisse, Jean-Marie Domenach et Paul Ricoeur sont souvent frappants. Sur la communauté des *Murs Blancs* voir Léa et Hugo Domenach, *Les Murs Blancs*, Paris, Grasset, 2021. Il mériterait ici d'évoquer et étudier une autre continuité que permettent de repérer certains articles de Jean Viard. Voir notamment, « Pierre Leroux, Michelet, Péguy et l'Imitation de Jésus-Christ », *Études*, 1975/9 (t. 348), pp. 236-258 ; « Socialistes chrétiens : George Sand, Dostoïevsky et Péguy », *Études*, 1974/10 (t. 341), pp. 389-413.

186 Edith Thomas, « Pauline Roland et les associations ouvrières », *L'Actualité de l'histoire*, 7, 1954, pp. 5-28. Sur cette Union, voir également Michèle Riot-Sarcey, *Le procès de la liberté*, Paris, La Découverte, 2016.

faisait ici écho aux thèses antérieures de Jules sur la métamorphose du travail. De même que l'évolution de ses idées sur la répartition – moins capacitaire, plus égalitaire –, sur la propriété[187] témoigne de l'influence de son frère ou du moins, de leurs échanges. En retour, Pierre fera évoluer ces idées sur égalité, propriété, travail et surtout besoin par la formulation au tournant 1840 de sa théorie du circulus qui constituera un autre coin enfoncé dans la théorie de Malthus et des économistes. Réfléchissant à la fertilité de l'engrais humain, rappelant que « l'homme est, par sa seule organisation, reproducteur de sa subsistance[188] », Pierre Leroux souligne que le circulus est « le procédé de la Nature pour relier les êtres entre eux ». Couplée à la thèse de la communauté de propriété et de vie, c'est une bioéconomie originale[189] qui se développe là, alternative à l'industrialisation massive. Mais surtout, sur le chapitre des besoins, elle mettait en avant non pas tant l'abondance quantitative, que la suffisance qualitative. Et ici, cette reformulation des besoins grâce au circulus pouvait venir enrichir les thèses antérieures de Jules Leroux. Toutefois, Jules demeurera circonspect vis-à-vis d'une interprétation trop béate de cette notion de circulus. Elle pouvait autoriser à magiquement escamoter le cœur du problème économique, le couple besoin/travail et ses métamorphoses, et s'accorder trop facilement à une Doctrine minorant la dimension économique au bénéfice une nouvelle fois de la dimension classiquement politique. Comme le soulignera Jules dans son texte inédit de 1871, interpellant en quelques mots son frère : « À ton *circulus*, j'oppose le *pain de la vie*[190]. »

## 1850 Les articles de la *Revue sociale*

Aux élections à la Législative, la Creuse durement touchée par la crise économique de 1847 va donner cinq de ses six sièges de représentants au parti de la Montagne. Avec le maçon Martin Nadaud, Jules Leroux est l'un des représentants les plus typiquement ouvriers (les autres représentants étant des médecins, Sylvain

187 Dans *Le Carosse de Monsieur Aguado*, il note : « La propriété est indivise dans son essence entre tous les hommes, parce que la production se fait indivisiblement et parce que le besoin, source de la production, est un apanage de l'espèce tout entière. Ce n'est donc aucun homme en particulier, c'est l'espèce tout entière qui produit la richesse et c'est aussi l'espèce tout entière qui a besoin » (p. 337).

188 Pierre Leroux, *Malthus et les économistes*, p. 216. Voir surtout son ouvrage, *Aux États de Jersey*, London/ Universal Library, Jersey/Louis Nétré, 1853.

189 Voir les articles de Dana Simmons et de Ceri Crossley dejà cités..

190 Papiers Jules Leroux, NAF 26264, p. 309. Difficile ici de ne pas évoquer le classique de Pierre Kropotkine, *La conquête du pain*, où il écrit notamment, « Et, pendant que bourgeois et travailleurs embourgeoisés joueront les grands hommes dans les parlotes ; pendant que 'les gens pratiques' discuteront à perte de vue sur les formes de gouvernement, nous, 'les utopistes', nous devrons songer au pain quotidien. », 1892, 2e édition, p. 69.

Guisard, Jean Moreau, Joseph Delavallade). Si sa profession de foi de mars-avril 1849 détonne à la fois par son caractère étoffé et articulé[191] et par son volontarisme radical[192], sa présence à l'Assemblée sera discrète, seulement marquée, en février 1850, par une tentative d'amendement repoussé à la loi Falloux.

C'est également au tout début 1850 que reparaît la *Revue sociale*. Dirigée désormais par Paul Rochery, Jules Leroux et Louis Nétré, elle s'ouvre par une adresse « Aux éditeurs » signée par Pierre Leroux. Celui-ci rappelle que la première série publiée d'octobre 1845 à février 1848 avait essentiellement un « caractère idéal, métaphysique ». Désormais en République, et une République faisant retraite face à la réaction, il s'agit maintenant, explique Leroux, d'une publication plus pratique, au plus près des évènements, tentant presque en temps réel de les infléchir : « Prévoir et préparer la révolution future, suivre pas à pas la révolution présente en l'expliquant », voilà la tâche de la *Revue sociale*, toujours préoccupée de science, mais « tournée aussi vers la pratique[193]. » Dans le Prospectus du journal, les trois éditeurs sont plus nets encore. Si l'ancienne série de la *Revue sociale* était « œuvre de spéculation philosophique [...] écrite par quelques penseurs solitaires », s'étant mis à Boussac à l'écart de la corruption des dernières années de la Monarchie de Juillet, et sans doute dépassés en février 1848 par une « justice populaire [qui] marcha plus vite que leur pensée », la nouvelle série arrive en un temps nouveau. Temps où à la fois, notamment grâce au suffrage, « le prolétaire, le paysan, le pauvre sont dans la cité[194] » et où la réaction tente de les en chasser. Le suffrage n'est alors pas suffisant pour faire vivre l'idée et la réalité de la république, et tout passe par le gouvernement et ses choix, notamment économiques. Or, le caractère dramatique de la situation dès les lendemains de février 1848 est ainsi détaillé par Jules Leroux :

> Les hommes *qui n'ont rien*, vainqueurs de Louis-Philippe, demandèrent au Gouvernement provisoire de leur donner *quelque chose*. Consultant la science des hommes *qui ont tout*, le Gouvernement provisoire, en dépit de ses aspi-

---

191 Jules Leroux, *A tous, I. Aux électeurs de la Creuse (Profession de foi) ; II. Aux Bourgerois ; III. Au Peuple, c'est-à-dire aux Paysans, aux Pauvres et aux Ouvriers*, Paris, Gustave Sandré et Lyon, Charavay, 1849.

192 Dénonçant l'inégalité entre les « Gros » et les « Petits », ces derniers véritables « machines à rente » des premiers, il présente une profession de foi appelant aux votes du peuple et scandant les « ce que je veux », véritable train complet de réformes radicales, et il conclut par un « Pourquoi je le veux », assénant :
« Et je le veux, Citoyens,
Parce que cela est juste
Parce que cela est possible » (p. 8).

193 Pierre Leroux, « Aux éditeurs », *Revue sociale. Solution pacifique du problème du prolétariat*, 3e année, n° 5, janvier 1850, p. 1.

194 Jules Leroux, Paul Rochery, Louis Nétré, Brochure de présentation, *Revue sociale*, fin 1849.

rations généreuses comme de son origine, ne sut que leur donner l'aumône, l'aumône transitoire, c'est-à-dire *rien*[195].

Une nouvelle fois, le problème réside donc en grande partie dans l'économie politique, « science des hommes *qui ont tout* », science s'étant mise au service du pouvoir et modelant dès lors l'opinion. La solution réside donc dans sa critique et dans sa reformulation complète. Si Jules Leroux publie un dialogue sur la propriété dès le numéro de janvier 1850, il inaugure surtout le mois suivant une série importante de cinq articles titrés : « De la prochaine révolution économique, ou Du budget républicain. » C'est bien une nouvelle fois le thème de la révolution économique qui est au cœur de son propos et ce dans une conjoncture où, Représentant d'une opposition montagnarde sous l'éteignoir de la répression, il voit s'annoncer à l'Assemblée les mesures concernant le prochain budget de l'État. Cette série d'articles fait écho à au moins deux avancées contemporaines de la réflexion : la première résulte de la polémique sonore durant laquelle tant Louis Blanc que Pierre Leroux critiquent l'anarchisme de Pierre-Joseph Proudhon. Et rappellent que seul un État « serviteur » peut permettre, seul ou plus probablement adossé au mouvement « par le bas » des associations et de la presse, d'éviter le chaos et la tyrannie[196]. La seconde avancée, sans doute plus déterminante pour Jules Leroux, c'est justement le mouvement « par en bas », celui des associations, dont Jeanne Deroin et Pauline Roland tracent le programme et organisent la constitution au tournant 1850. Ce mouvement qui mettra notamment en avant le « droit à la consommation » (dont on va voir qu'il est central chez Jules Leroux) entend d'une part favoriser l'essor des associations particulières, d'autre part d'en accélérer l'union, « solidariser entre elles les diverses parties de cette grande machine ». En août 1849, Jeanne Deroin la première en a tracé les caractères dans *L'Opinion des femmes*, et le projet est décrit ainsi par Pauline Roland peu de temps après :

> 1° De constituer une Union des Associations Fraternelles, ayant pour objet : de centraliser les opérations d'intérêt général, d'établir le crédit gratuit, la mutualité du travail, la solidarité entre les associations ouvrières.
>
> 2° De fonder une Chambre du travail formée de trois délégués par corporation, choisis dans les associations adhérentes à l'Union.

---

195 Jules Leroux, « De la prochaine révolution économique, ou Du budget républicain », *Revue sociale*, n° 6, février 1850, p. 2.

196 Armelle Le Bras-Chopard, « Proudhon, Louis Blanc et Pierre Leroux : Polémique sur la question de l'État », *1848. Révolutions et mutations au XIX^e^ siècle*, 9, 1993, pp. 45-56.

3° D'établir une caisse de solidarité, et d'organiser l'échange entre les associations[197].

Le jugement que porte Jules Leroux sur le budget 1850 est sans appel : il s'agit ici d'un « budget tout bourgeois », œuvre des « notables financiers » qui, depuis au minimum juin 1848, ont détourné et souillé la république. Or, estime Jules Leroux, la mission de la Montagne est, partant d'une analyse autre du « fait économique » et résolument centrée sur « l'abolition de la misère », d'innover radicalement sur ce chapitre. Pour cela, estime-t-il à nouveau, il faut une « science économique nouvelle ». L'idée de réformer la société, estime-t-il, ne suffit pas. Et il dénonce pour cela aussi bien les propositions de Pierre-Joseph Proudhon relatives à la gratuité du crédit (« grossière erreur de la phantasmagorie économique »), que celles relatives à l'organisation du travail ou encore celles concernant la nationalisation du crédit. Toutes ces mesures, juge Leroux, ont l'immense défaut de prendre pour acquis certains mécanismes économiques et de tenter simplement de les rectifier : Proudhon prévoit une anarchie économique, Blanc une concurrence victorieuse des coopératives face aux entreprises privées, et les partisans de la nationalisation du crédit ne pensent qu'à améliorer, « perfectionner le système actuel de circulation ». Tous partent donc du présent et de sa justification par les économistes sans remettre fondamentalement en cause ce langage économique dont ils finissent par emprunter les termes et la logique. Or, marquant le renversement à opérer, Leroux souligne : « Si les hommes *qui n'ont rien* demanderont quelque chose au gouvernement de demain, ce n'est ni le crédit, ni le travail, mais plus fondamentalement le « droit à la consommation[198]. »

L'indice de l'ignorance d'un tel renversement à opérer, fonder un « droit à la consommation », se signale chez ceux qui évoquent au présent une simple « crise politique » passagère trouvant son origine dans une triviale et mécanique « crise commerciale », l'ensemble nécessitant quelques réglages économiques permettant de donner au peuple ce qu'il veut, à savoir un peu plus de travail. La crise économique est « un accident, une maladie, rien de plus », que le simple perfectionnement du mécanisme de l'offre et de la demande, principalement *via* l'amélioration du système bancaire, permettra de liquider. Interprétant cette position, Jules Leroux commente : « Ceux *qui ont tou*t ne croient qu'à la Liberté. L'Égalité pour eux, c'est encore la Liberté, la liberté de leurs mouvements au sein de la mêlée industrielle ; et quant à la Fraternité, elle leur est une *puanteur*[199]. » Or, estime Leroux, la situation

---

197 Pauline Roland, lettre à Ange Guépin, document cité. Mais voir aussi sa série d'articles, « Lettre à Pierre Leroux sur l'association » dans *Le Peuple* des 27 novembre, 11 et 18 décembre 1848 et 25 février 1849.

198 Id., p. 3.

199 Id., p. 4.

est toute autre que celle décrite par « cette science économique menteuse », et le temps présent signale non une simple crise politique d'origine commerciale mais une crise générale, une « crise sociale », véritable crise de la civilisation présente, porteuse d'une vaste transformation sociale :

> Ceux *qui ont tout* ne croient pas à la *crise sociale*, au développement, à la transformation des sociétés humaines : ils ont uniquement foi aux *crises commerciales*, phénomènes entièrement « naturels », et ne pensent qu'à conjurer ces dernières.
>
> Mais les défenseurs-nés de ceux *qui n'ont rien* ne font aucun cas de ce détail infime des *crises commerciales*, qui se perd et se confond, à leurs yeux, dans le nombre immense des phénomènes, tristes avant-coureurs de la *crise sociale* : ils n'ont d'oreilles que pour comprendre le sens religieux et profond de cette *crise sociale*.
>
> Enfin, ceux *qui ont tout* résument constamment la question révolutionnaire en ces mots : *rétablir le commerce, rétablir le crédit, chercher les débouchés qui existaient hier : donner aux ouvriers, à ceux* qui n'ont rien, le travail ; et les plus hardis d'entre eux vont jusqu'à formuler leur demande en ces termes : droit au travail.
>
> Mais les défenseurs nés de ceux *qui n'ont rien* résument constamment la question révolutionnaire en ces mots : *abolition du prolétariat, abolition de la misère, abolition de l'exploitation de l'homme par l'homme ; création de débouchés nouveaux obtenus à l'aide d'une création nouvelle de consommateurs* : droit à la consommation[200].

Alors, « il faut à des problèmes nouveaux une science nouvelle » mettant en amont du droit au travail ou du droit au capital celui plus fondamental du « droit à la consommation » : « *Faites de nous des consommateurs* ! Ainsi se résume la plainte de *ceux qui n'ont rien*, plainte qui demain sera certainement un ordre[201] », commente Jules Leroux. Mais pour cela, il faut miner la théorie économique du consommateur, l'individu qui, pour Smith ou Malthus, possédant la richesse peut la dépenser, celui qui possède en vertu de « la force des choses [...] puissante, souveraine, irrésistible ». Or, loin une nouvelle fois d'être une catégorie naturelle, cette conception du consommateur est une catégorie politique entérinant des dotations synonymes de domination et exploitations en actes dans la société contemporaine. Les écono-

200 Id., p. 4.

201 Jules Leroux, « De la prochaine révolution économique, ou Du budget républicain », 2e article, *Revue sociale*, n° 7, mars 1850, p. 8.

mistes sont alors, selon Leroux, les « Aristote modernes », car si Aristote distinguait deux « natures humaines, la nature libre et la nature esclave », les économistes libéraux concluent à « deux humanités, *l'Humanité pauvre* et *l'Humanité riche* »[202]. Il faut donc subvertir totalement cette conception fausse et étroite de la consommation, l'élargir, l'enrichir jusqu'à concevoir que la consommation est en fait l'équivalent de vivre, et vivre adapté à son milieu, ici le milieu humain en lien avec le milieu naturel. Précisant ce point, Leroux souligne :

> Je fais un geste quelconque, je pense, je bois, je dors, je parle, et toujours apparaît, se produit le fait économique : de telle sorte que si je donne à ce fait économique pour exprimer son UNITÉ, le mot latin *esse* (manger), ce mot sera encore celui qui exprimera l'*être*, la vie ; et l'acte le plus vulgaire, celui de manger, deviendra ainsi le symbole religieux par excellence, sous les noms d'*eucharistie* et de *communion*[203].

Le droit à consommer, « manger, être », exprime le besoin de vivre et subsume la totalité des actes économiques et au-delà humains. Le « fait économique » comprend trois dimensions : produire, distribuer, consommer, et dans la civilisation nouvelle – « société fondée sur le principe de la communion humaine » –, ces trois actes ne définiront pas des classes économiques distinctes, notamment propriétaires et prolétaires, cet ordre propriétariste bénéficiant et ne pouvant se maintenir que par la protection du gendarme. Dans l'ordre nouveau, tous participeront en commun à l'accomplissement des trois fonctions, tous seront « *fonctionnaires* de la société humaine ». Ces fonctionnaires interviendront/vivront dans trois lieux de la société :

> Ces trois lieux distincts que l'homme visite tour à tour, et dans lesquels s'accomplit sa vie tout entière sont l'ATELIER, le BUREAU, la SALLE DU BANQUET.
>
> Dans l'ATELIER se tient le *capital*, dans le BUREAU la *monnaie* dans la SALLE DU BANQUET la *denrée*.
>
> Et l'Homme est *ouvrier, producteur* dans l'Atelier, *associé distributeur*, dans le Bureau, *convive, consommateur* dans la Salle du Banquet[204].

---

202 Jules Leroux, « De la prochaine révolution économique, ou Du budget républicain », 2e article, *Revue sociale*, n° 7, mars 1850, p. 9.

203 Jules Leroux, 2e article suite, n° 8, avril 1850, p. 2. Ici également s'accuse la distance d'avec Jean Reynaud (Vincent Robert, « Le banquet selon Jean Reynaud », *Romantisme*, 2007/3 (n° 137), pp. 37-47).

204 Id., p. 3.

Dans cette société que qualifie la fraternité – « la fraternité est cette partie de notre être qui nous donne aux autres et qui nous les donne à leur tour » – où tous sont fonctionnaires[205], ni les instruments, ni les produits du travail, ni même les objets de consommation ne sont des propriétés individuelles. C'est donc véritablement une révolution économique que propose Jules Leroux, et concernant significativement la tâche du gouvernement il ajoute, « il ne *conservera* pas, il ne *réformera* pas, il CRÉERA ». S'il prévoit au présent un aléatoire moment de transition durant lequel le système nouveau sera expérimenté graduellement, il excelle plutôt dans la description de la véritable création à laquelle doit aboutir la révolution à venir ou plus précisément à provoquer – car « l'insurrection est le plus sain des devoirs », rappelle-t-il :

> L'Homme, le Citoyen distingue entre sa peine, son travail et son produit ; il ne fait pas relever sa vie tout entière de ces manifestations infimes de la vie en lui ; il ne ferme pas ainsi brusquement et stupidement le cercle de son existence. Il a conscience de sa sociabilité, de l'unité et de la triplicité de sa nature, du milieu que lui crée cette nature, et s'il travaille c'est par et pour ce milieu, c'est par et pour la société, tout comme s'il consomme, c'est par et pour la société. La *Forêt* du Sauvage n'existe plus depuis longtemps, le *Marché* du Bourgeois et son appendice l'*usine* passent à leur tour ; mais sur la ruine de l'usine et du Marché apparaissent enfin l'*Atelier*, le *Bureau*, la *Salle du Banquet*, formant l'indivisible unité de la propriété, de l'Homme et du Citoyen.
>
> Dans l'Atelier, je suis maître, je suis *libre* ; dans la Salle du festin, je suis maître, je suis *égal* ; dans l'intérieur du Bureau, je suis maître encore et toujours, je suis *frère*. L'Atelier est le lieu de l'activité, de la liberté ; le Bureau, le lieu du sentiment, de la fraternité ; la Salle du banquet, le lieu de la réflexion qui nourrit, fortifie, répare, le lieu de l'égalité[206].

205 « Au point de vue de ce gouvernement, je suis donc purement et simplement un fonctionnaire, un homme chargé par lui d'accomplir un travail déterminé, ordonné, et à qui ne saurait être attribué par cela même aucun droit de possession sur le fruit ainsi obtenu », id., p. 5

206 Id., p. 5.

# 1871
# Dernier dialogue avec un « sphinx d'énigmes indéchiffrables »

L'auteur seul dans une longue hutte construit par ses enfants. Il se tient assis près d'un poêle-fourneau, où Frantz, sa femme, fait cuire le dîner. La plus jeune de ses filles, Marie, coud près d'une fenêtre. Sur la petite et grossière table de bois blanc fabriquée par l'un de ses gendres, tailleur de pierre de son état, sont des papiers en désordre, et quelques livres, parmi lesquels se trouvent la Bible, un premier volume du *Werther* de la Bibliothèque nationale, le tome 1er de la seconde édition du livre *De l'humanité, de son principe et de son avenir*. Il fait froid en dehors du longue-hutte : la terre est couverte de neige, et le vent du nord souffle avec violence. Il fait froid au-dedans du longue-hutte en dépit du poêle-fourneau de fonte qui est rouge. Sous le toit et des planches qui servent de plafond, l'air pénètre : il pénètre par les milles trous, les milles fentes des murailles en bois et du plancher mal joint. Nous sommes en décembre, au Kansas, à Neuchâtel, dans la prairie, en l'an de grâce 1871[207].

Ainsi, par la description d'une petite communauté et de son foyer, et au-delà du milieu, du paysage et du climat, débute un document étrange et fascinant, sans doute pour cela la meilleure introduction ou conclusion possibles à la vie-œuvre de Jules Leroux. Il a alors soixante-six ans et depuis quatre ans il s'est exilé aux États-Unis, pérégrinant avec sa nombreuse famille en direction de l'Ouest américain et stationnant dans les communautés utopiques icariennes. Depuis longtemps, il porte avec lui ce manuscrit, le travail d'une vie, *Nouveaux principes d'économie politique, ou l'Évangile éternel*. Le texte fait quelque 228 feuillets, lignes serrées, écriture fine.

Le tout début du manuscrit reproduit des extraits de lettres échangées avec son frère aîné, Pierre Leroux, celui-là même qui avait publié en 1840, *De l'Humanité*.

10 septembre 1864, de Grasse, Pierre a salué Jules qui lui a affirmé s'être remis à cet ouvrage révolutionnaire d'économie politique qu'il annonce depuis sa jeunesse. Déjà alors, vers 1835, le projet suscitait à la fois « l'effroi » mais aussi les espoirs de Pierre. Il rappelle qu'il n'était pas alors le seul à espérer ce travail prometteur : c'était

207 Papiers Jules Leroux, NAF 26264, p. 140.

aussi le cas, rappelle Pierre, de Félicité de Lamennais, « lui qui d'un œil envieux, anxieux devrait-je dire, lisait tous tes articles de l'*Encyclopédie nouvelle* avec tant d'intérêt[208] ». Mais Pierre, dont le récent et inclassable ouvrage, *La grève de Samarez, Poème philosophique*, ne comprenait rien moins qu'une dédicace (à Jean Reynaud !), un prologue, une préface, un intermède et un avertissement met une condition à la publication de Jules : « N'oublies pas la préface, il te faut une préface[209]. » De Jersey, le 20 octobre 1864, Jules lui répond pour lui demander cette préface que, dans une lettre du 20 novembre 1865 adressée de Nice, Pierre lui refuse : « je ne suis pas tellement toi, tu n'es pas tellement moi que je puisse faire ta préface sans avoir lu ton livre ». Pierre est alors trop occupé à sa très personnelle traduction du *Livre de Job* qui paraîtra en 1866, mais il réitère sa demande à Jules : « Cependant il te faut une préface à ton livre, saches-le. Il m'en faut une, tiens-toi le pour dit ». La correspondance se poursuit les années suivantes au fil des migrations des deux frères : Pierre, le 20 mars 1866 de Genève (« et ma préface ! et ton livre ! »), Jules de New York où il vient de débarquer (31 octobre 1866, « Elle se fait, il se fait »). En janvier 1867, Pierre tance malicieusement son frère : « Ah ! Tu y mets bien du temps ! Trois ans !... Mais que sera-t-elle donc cette préface ! Prendra-t-elle un volume, deux volumes, Je ne te savais pas si mon frère que cela. » Jules lui demandera patience dans une lettre postée du Kansas, le 15 février 1868, lui annoncera dans une lettre probablement non postée la rédaction, enfin, de cette préface, en novembre 1869. Leur correspondance s'arrête là.

Pierre Leroux n'a donc pas écrit de préface aux *Nouveaux principes d'économie politique, ou l'Évangile éternel*. Un livre donc qui n'est jamais paru. Et c'est donc Jules qui finalement rédige lui-même cette pièce cruciale. Il l'intitule « Préface. À Pierre Leroux » et le passage manuscrit de quelque 25 feuillets prends la forme d'un dialogue imaginaire que Jules, alors dans cette prairie du Kansas, entame avec Pierre ; Pierre qui, dans la réalité, à quinze mille kilomètres de son cadet, vient de décéder pauvre et isolé en pleine Commune à Paris, le 12 avril 1871[210]. Ce que, bien sûr, Jules ignore alors. Dans le cours du dialogue, un troisième interlocuteur va intervenir : Lamennais, que convoquera donc l'imagination de Jules.

Lors des toutes premières tirades, on apprend que c'est bien Pierre qui a mis Jules dans l'embarras avec cette exigence impérieuse de préface, alors même qu'un éditeur comme Charles Gosselin, éditeur des plus renommés, de Victor Hugo, d'Honoré Balzac, d'Alexis de Tocqueville, de Walter Scott, proposait de prendre

---

208 Id., p. 6.

209 Dans la Préface à *La Grève de Samarez*, Pierre Leroux insiste sur cet exercice de la préface et y voit le lieu de la communion la plus étroite, sous le regard du Créateur, entre l'auteur et son lecteur.

210 Voir ici Jean-Noël Tardy, « Les funérailles de l'utopie. Les obsèques officielles de Pierre Leroux et la Commune de Paris », *Revue historique*, juillet 2017, pp. 589-617.

l'ouvrage sans préface. Jules convoque donc son aîné pour que, grâce aux vertus du dialogue, la préface soit enfin accouchée. Préface à un ouvrage qui entendait traiter, explique-t-il en préambule, « le problème de notre époque », soit, « le problème économique à résoudre ». Ce problème a une formule simple : « Pourquoi les hommes sont-ils inquiets de leur subsistance ? Ont-ils raison de l'être ? » Et une réponse tout aussi simple : oui, au présent et pour des raisons d'organisation sociale défectueuse, ils ont raison d'avoir peur, mais il ne s'agit nullement d'une fatalité dépendant des lois de la nature ou de l'histoire ; car si l'histoire de l'homme a un sens, c'est celui d'organiser la société économique, simple milieu, suivant les principes d'une justice sociale simplement devinée dans les enseignements du Christ et qu'il convient désormais, en ce 19e crucial siècle, de formuler complètement :

> Je démontre dans ce livre que, victime des apparences, ignorant l'origine céleste des richesses, ne comprenant plus rien aux vérités économiques contenues dans l'Évangile, à son *pain* venant du ciel, à son *pain quotidien*, les hommes créent, produisent, distribuent et consomment mal la richesse au sein des nations. J'y expose, en d'autres termes, la nécessité où ils sont pour continuer à vivre, de changer la face de leur monde, de donner à leur sociabilité comme à leur individualité sa manifestation réelle, humaine, divine, d'accomplir en eux tout leur développement, comme homme et de sortir des lois malsaines, de l'atrophie [...] où ils se tiennent, de ne plus regimber contre leur nature propre qui leur est enfin révélée. J'explique leur histoire présente et leur histoire passée ; j'éclaire leur histoire à venir[211].

Mais que tout cela a-t-il à voir avec l'écriture d'une préface, interroge alors Pierre, et que vient-il faire, lui, dans cette histoire ? Son cadet lui signale alors qu'ayant « condensé » son propos, il a cherché à discuter ses idées exprimées sous une forme « poétique » assumée, non pas avec des économistes confits de positivités qui les auraient certes ridiculisées, mais avec des « artistes », seuls à même de percevoir l'avenir et de le tirer vers le présent ; fixant finalement son choix sur une triade – lubie de Pierre qui voit des triades partout, glisse Jules déjà questionneur et contempteur des concepts philosophiques et politiques élevés de son aîné[212] –, triade composée de George Sand, Victor Hugo et Louis Blanc, représentatifs de

211 Id., p. 140.

212 À Pierre qui lui reproche de blasphémer contre une chose sainte, la Triade, Jules rétorque : « Les choses ne sont saintes qu'autant qu'on les estime telles. Ce n'est pas ici tout à fait mon cas, tu le sais. Je ne crois qu'à la triade individuelle, qu'à l'individu, qu'à l'homme. Je refuse, au nom de Dieu et de l'homme, son fils, toute valeur à ta triade sociale. Cette triade ne me paraît dans ton œuvre qu'un expédient véritable, quelque chose d'artificiel pour te sortir d'embarras au sujet de certains problèmes qui n'en sont pas pour moi, car ils n'ont pas, suivant moi d'existence réelle ».

la triade sentiment/sensation/connaissance. Or, s'il y eut effectivement correspondance et échanges d'arguments avec les deux premiers – enthousiastes mais naïfs et orientés de la part de Sand[213], bien plus mesurés de la part de Hugo[214] –, Louis Blanc n'a pas répondu, ou plus précisément n'a jamais reçu la lettre. À Blanc, Jules écrivait comme à Hugo que la mission du XIXe siècle était de réaliser une révolution mais en un domaine où jamais révolution n'avait été accomplie ni même vraiment tentée : l'économie. Qu'en ce sens, son livre qui n'apportait pas une « révélation », mais une « certitude », « la science véritable », la « vérité économique », entendait « compléter, achever, accomplir l'Évangile », comblant la principale lacune du premier christianisme. Et tout autant, son livre permettait de désigner la faiblesse d'un XVIIIe siècle trop exclusivement philosophique, Montesquieu, Voltaire, Rousseau et ainsi, par l'économie, de répondre à la question saillante du XIXe siècle : « Que faut-il faire en France au lendemain d'une révolution[215] ? » : il faut faire ensemble une autre révolution, économique cette fois, là même où les idéologues du temps ont faussement enseigné qu'il n'y avait rien à faire et seulement suivre le cours d'une modernité économique assimilée au libre jeu naturel des marchés.

C'est l'absence de réponse de Louis Blanc qui a entravé l'écriture de la préface. Et c'est pour combler cette absence que Jules convoque un autre savant et philosophe, représentant de la « connaissance » : Pierre Leroux. Il lui demande de travailler de concert, par dialogue, à l'expression de cette préface. Mais quelle idée Jules veut-il donc traiter dans cette préface, le questionne le personnage de Pierre. La réponse du cadet est la suivante : « Pourquoi mon livre n'est pas le tien ? Pourquoi le tien n'est-il pas le mien ? » Il ne faut pas cacher, déjà, la raideur de cette réponse qui trouve d'ailleurs Pierre interloqué dans la tirade suivante. Expression des vies respectives des deux frères, leurs œuvres signalent qu'ils sont désormais, mais peut-être l'ont-ils toujours été, non plus des semblables ni égaux, ni surtout, des frères, des prochains, mais des étrangers l'un à l'autre. Et parce que le ressentiment du cadet ne va cesser d'affleurer dans ce texte, même si les témoignages de reconnaissance et amour seront également si nombreux, ils deviennent même, sinon ennemis, du moins adversaires. Rien n'est moins significatif ici que ce soit le récit d'un épisode de leurs vies communes qui serve à Jules à illustrer et introduire son

213 Dans un article ultérieur de *L'Étoile du Kansas* (1er mai 1876), Jules Leroux reprochera à Sand de trop insister sur la nécessaire transformation du seul Abel (le peuple) dans l'œuvre de perfectionnement en direction du progrès de l'égalité.

214 Victor Hugo, qui vient de publier *L'Homme qui rit*, estime dans sa lettre (décembre 1869) que Jules Leroux en reste au « seuil du problème ». Regrettant qu'ils ne puissent discuter longuement, reprochant aussi à Jules de ne pas être venu à lui lorsqu'en exil ils séjournaient tous à Jersey, Hugo lui oppose sa propre solution, une approximation : « Elle s'appuie sur la liberté, dont la propriété fait partie, et sur le devoir, dont le travail fait partie », (copié p. 141 du manuscrit de Jules Leroux).

215 Id., p. 142.

propos. Voilà en quelques mots cet épisode : en 1849-1850, les deux Leroux sont représentants à la Législative, l'un député d'un arrondissement de Paris, l'autre de la Creuse. Dans cette Assemblée « cet affreux désert où grouillaient tant de notables » (Jules), Pierre, figure éminente de la Montagne, intervient, débat, propose même un projet de Constitution[216], est interpellé, se fait railler, moquer : quoi qu'il en soit, il existe. Jules lui, mutique, isolé, invisible, est insignifiant. Ce qui, dans les couloirs de l'Assemblée, attire le commentaire suivant du député Pierre Lefranc : « La nature, bonne mère, a tout donné à l'aîné ; elle a tout refusé, en affreuse marâtre, à l'autre[217]. »

Or, il n'est aucunement question ici, dans ce dialogue où Jules convoque impérieusement Pierre, d'individus, et d'un « pitoyable amour-propre blessé » conduisant à dresser « un frère contre un frère ». La relation de fraternité est importante, mais pour une autre raison : c'est que là aussi (mais peut-être surtout), dans cette relation pourtant privilégiée, la domination et l'inégalité peuvent resurgir ; et un frère dominant et ayant côtoyé dans sa vie les dominants porter un discours politique, philosophique, religieux, social conservant la trace des privilégiés, et censurer surtout la voix, les idées, les arguments des dominés, des méprisés, des niés. En matière de reconnaissance, semble dire Jules, les premières atteintes, les premières injustices, peut-être les plus significatives, viennent de ce milieu familial. Lui qui est ouvrier, mais aussi le frère mineur du grand Pierre Leroux, estime porter un discours éminemment représentatif des dominés. Et Pierre, malgré ses qualités d'humaniste, de républicain, de socialiste, porte, sans même s'en apercevoir, un discours conservant les valeurs des dominants. N'a-t-on pas l'indice d'une volonté de distinction déjà dans les récriminations récurrentes de Pierre contre Jules, le critiquant de se tenir « loin de la philosophie », domaine élu de la pensée, lieu où se mesurent les capacités et se marquent les inégalités, et se limitant à simplement parcourir « le cercle étroit, terrestre, des questions dont s'occupent les disciples d'Adam Smith »[218] : l'économie politique. C'est pour cela justement que la question posée par sa préface est : pourquoi le livre de Pierre, *De l'Humanité* n'est-il pas le livre de Jules, *Nouveaux principes d'économie politique* qu'il précise avoir pu intituler aussi *De l'Homme, et de la manifestation de sa sociabilité* ?

Et ce n'est pas qu'une question rhétorique : car l'enjeu est ici de savoir qui des deux, et le plus activement, crée les lumières permettant de penser le passé, le présent et surtout l'avenir des sociétés humaines et offre une réponse concrète à la question de la perfectibilité et de l'égalité. Et c'est là que s'accuse une première

216 Pierre Leroux, *Projet d'une constitution démocratique et sociale*, Paris, Gustave Sandré, 1848.

217 Id., p. 143.

218 Id., p. 143.

fois la différence entre le message de Pierre et celui de Jules. Pierre et son livre au titre si ronflant, *De l'Humanité*, portent en effet les stigmates d'une pensée de dominants, proposant des concepts surplombants et impératifs, sans prises avec la réalité première, vitale, sensible, ordinaire, immédiate des dominés, finalement une « philosophicaillerie littéraire ». Mesurant leur distance en précisant leurs points de départs respectifs et leurs cheminements symétriques dans leurs deux œuvres, Jules note : « J'y descends de l'homme à l'humanité, moi, comme on descend de la cause à l'effet, quand toi, au contraire, c'est de l'humanité que tu t'efforces vainement de descendre à l'homme, allant comme qui dirait de l'effet à la cause. » Erreur funeste, dont les conséquences furent, sur le plan personnel, la mésentente et finalement la séparation entre les deux frères, et sur le plan social et politique leur impuissance à infléchir ensemble, associés, le cours des évènements, à permettre ainsi que le XIXe siècle socialiste parachève la révolution[219].

Toutefois, le défaut procède d'abord de cet humanitarisme de Pierre qui porte les scories (« spectre », « cauchemar ») de la pensée bourgeoise. Et qui de fait, malgré ses intentions, conduit à désarmer, désamorcer l'évidente, immédiate, spontanée colère et indignation sociales. Jules évoque à nouveau un épisode ou une préface de Pierre, mais cette manie des préfaces chez lui n'est-elle pas l'indice de son impuissance – « toute ton œuvre gît en préface, en préface de préface, voir même tes meilleurs livres, les plus terminés, les plus uns ne sont que des préfaces » – l'avait conduit, au nom de la pensée élaborée et experte, à railler l'impatiente et l'indignation d'un jeune insurgé. N'était-ce pas là, interroge Jules, la même situation qui le vit, lui, s'opposer à un frère d'armes (philosophiques) de Pierre, Jean Reynaud et à ses rabrouements ? Mais Pierre, ne faisait-il pas de même, sur un mode certes moins altier ? Jules évoque la réaction de ce jeune enragé rétorquant à Pierre, « votre Humanité nous embête », et commente de façon critique ce qu'il perçoit dans la réaction de Pierre comme un désamorçage de la colère sociale :

---

219 « Hélas, d'où t'est donc venue cette folie de penser qu'il fallait ainsi descendre de l'Humanité à l'Homme et non de l'Homme à l'Humanité ? Comment cette erreur a-t-elle pu prendre droit de bourgeoisie chez toi ? Comment ne l'as-tu pas ignominieusement chassée, au contraire, de ton intelligence comme un stupide préjugé amené là par pur héritage ? Veux-tu que je te dise, moi, car je le sais, quand tu l'ignores encore [...] : songe donc, mon ami, aux funestes et délétères effets de cette erreur ! C'est elle qui d'abord, nous a tenu séparé toute notre vie ; c'est elle qui m'a maintenu pâle, effacé, comme une ombre, dès ma plus tendre jeunesse, auprès de toi, et qui m'a livré depuis aux quolibets et aux jugements des méchants et des drôles ! C'est elle qui t'a frappé toi-même d'impuissance. La foule t'a méconnu et te méconnaît encore [...]. Le monde s'est consumé dans l'infamie, dans le crime, sous nos yeux, et nous n'avons pu lui porter remède. La Révolution a frappé par trois fois et ne nous a jamais trouvé prête à la servir. Elle a passé sous nos pieds, hurlant son propre chant de mort et se laissant museler par de stupides moines. Nous n'avons rien pu pour elle, pour la rendre féconde, invincible, digne de Dieu et des hommes [...]. Et tu vis seul, à cette heure, vieux, infirme, dans la misère et la tristesse, je ne sais où, sur les bords du Léman ! Et je me tiens, moi, au Kansas, dans la prairie déserte et silencieuse, en pleine Amérique du Nord, où l'on ne trouve que des enfants pleins de jactance, qui se croient des hommes, parce qu'ils n'ont pas de roi, et qu'ils vivent en *République*, disent-ils ! Sont-ils fiers, ces pauvrets, avec leur *self-governement* ! », id., pp. 143-144.

> Oui, ton Humanité les embête, ces jeunes gens ardents à lever inutilement le bras contre ce qui leur paraît le mal, et que tu leur dis toi-même être un effet du mal, un mal véritable. Mais pourquoi ? C'est dis-tu qu'ils sont pétulance, colère, ignorance, mal élevés qu'ils ne comprennent rien aux choses religieuses, à la métaphysique, à la philosophie. Et non, tu te trompes, ce n'est pas cela, tu n'y es vraiment pas. C'est que par ton Humanité même tu les troubles, tu les empêches de rien comprendre aux choses religieuses, à la métaphysique, à la philosophie : tu les maintiens dans leur ignorance, dans leur colère et que tu ne fais rien, ne peux rien faire pour les sortir de leur pétulance incessamment excitée. C'est là la vérité.

Mais aux interrogations de Pierre sur ces retours en arrière biographiques – quel est le but de ces anecdotes ne cesse-t-il de questionner son cadet ? – Jules répond justement qu'elles renvoient à des questions majeures de philosophie, de religion, de métaphysique : de socialisme. Lorsqu'il rédige *De L'Humanité*, Pierre, sur un mode certes moins assumé et assuré que Reynaud, demeure influencé par Enfantin et par son saint-simonisme. Or quel est le cœur du socialisme enfantinien, ce creuset originel du socialisme en France ? Jules l'évoque à travers le souvenir d'un échange avec le Père Enfantin où celui-ci lui esquissait le triangle constitutif de la société future, triangle dont les trois côtés devaient être l'industriel, l'artiste et le savant. Triangle que Jules interprète comme un triangle plutôt composé du prolétaire, du bourgeois et du gouvernant et dont le sommet doit demeurer une incarnation du pouvoir absolu[220]. Pierre et Reynaud, rappelle Jules, faisaient partie alors du collège restreint d'une Église saint-simonienne où Enfantin proclamait « le dogme de l'inégalité ». Bien sûr l'Église se diluait alors en « rêveries plus ou moins monstrueuses » mais ce qui importe de voir, estime Jules, est que la pensée sociale de ce creuset du socialisme demeurait orientée par la quête d'une hiérarchie fondant une nouvelle manière, enfin rationnelle, de gouverner, de commander. Évoquant cette recherche du gouvernant idéal, Jules commente : « mettre en doute la nécessité de cet homme ne vint à l'esprit d'aucun ; affirmer la nécessité de sa disparition, personne n'y songeait encore ».

C'est donc une pensée politique indépassable de l'État et du gouvernant que pistent Leroux et Reynaud dans toutes leurs entrées de l'*Encyclopédie nouvelle* : « vous fixiez tous vos regards sur cet homme, sur ce gouvernement ». Reynaud

220 Lisant cette « figure » de la société future enfantinienne, il précise : « en ligne rectiligne d'un triangle dont les trois côtés étaient : à la base l'Artiste ; aux deux autres côtés, le Savant et l'Industriel ; en volume, un corps ayant les trois dimensions d'une pyramide triangulaire (ou d'un cône) au sommet de laquelle se tenait, mâle et femelle, le père, chef suprême, la loi vivante. Telle était la rêverie qui tenait en ce lieu-là la place de la solution véritable du problème social », id., pp. 144-145.

va, à partir de là, produire une théorie de l'ordre social à conserver contre la colère des impatients et des indignés. Une théorie de la société capacitaire équitablement hiérarchisée et ne nécessitant dès lors que des ajustements partiels. Interprétant la position de Reynaud, Jules commente : « Maintien intégral de la société actuelle ; sa modification moléculaire à l'aide de la science, de l'art et de l'industrie ». Contre un projet consacrant au final l'inégalité car prétendant la fonder sur des bases incontestables servant à sa suite à définir les hiérarchies sociales, Jules Leroux rappelle qu'il défendait une position autre dans son entrée « Adam Smith ». Cette position envisage une révolution économique qui installera d'abord un gouvernement de l'égalité radicale, puis une création continue des hommes par eux-mêmes conduisant à une société sans gouvernement. Ce qu'il traduit dans le manuscrit de 1871 par : « renouvellement immédiat de la société actuelle ; sa transformation radicale ou sa renaissance, à l'aide d'une religion, d'une doctrine de vie »[221].

Quelle fut la position de Pierre dans cette querelle entre Jules et Reynaud ? Celle d'un « Artiste », estime Jules, celle d'un « philosophe » esquivant le débat, finalement éclectique dans son approche, impuissant ou inoffensif au final. À Reynaud et à son projet de conserver à quelques réformes près la société de concours et de capacité que ce dernier appelle de ses vœux, Pierre Leroux oppose le futur seulement aujourd'hui esquissé d'un idéal ne pouvant pas ne pas se réaliser[222] : l'égalité radicale, mais à termes. À Jules, il réitère l'idée d'une indépassable prééminence de la société sur l'individu rendant indispensable, même dans l'avenir et l'idéal, une pensée et pratique de gouvernement, et il rappelle au final que partout et toujours, « la société c'est l'Humanité ».

Dans le dialogue imaginaire qui se poursuit, le personnage de Pierre juge ridicule l'affirmation de Jules suivant laquelle sa propre position aurait été dictée par la petite rivalité entre Reynaud et Jules. Mais, une nouvelle fois pour expliquer qu'il ne s'agit pas ici d'une simple querelle d'egos mais d'une question doctrinale majeure, et que la petite histoire racontée là réfléchit la grande, Jules rappelle à quel point Reynaud fut sur tous les plans hostiles à ce qu'écrivait mais aussi représentait Jules, véritable « sphinx d'énigmes indéchiffrables », « brûleur de villes », « génie malfaisant » ; un paresseux, irresponsable, inconscient, véritable parasite du grand Pierre, ne cessait de marteler Reynaud. Mais en contrepoint, Jules évoque l'admiration doctrinale que lui portait Lamennais : il n'y a donc pas là un simple problème d'individu et de comportement.

221 Id., p. 145.

222 Jules traduit ainsi la réponse de Pierre à Reynaud : « La société actuelle n'est qu'une ombre de la société future. Elle est la réalité, celle-ci est l'idéal. Mais l'idéal domine la réalité et doit un jour la remplacer. La réalité idéale ou le futur en fait de société, voilà donc l'Humanité ».

Le cas de Reynaud étant entendu, il faut donc revenir à l'alternative en termes d'émancipation que pose les deux frères. Or, explique Jules, pour l'approfondir, il faut appliquer ici la méthode qui leur est commune, celle de la vie : « Si je veux dire, *pourquoi mon livre n'est pas le tien*, c'est-à-dire si je veux dire *qui je suis*, je veux également dire encore, *pourquoi ton livre n'est pas le mien*, c'est-à-dire *qui tu es* »[223]. Cette méthode « vraie, profondément vraie » procède de l'étude des interactions entre un individu et son milieu. Or, explique Jules, la vie de Pierre n'est qu'un incessant tiraillement l'ayant finalement conduit à une position de Tantale. Par son histoire intime, par sa personnalité aussi, il appartient au peuple des dominés, et très tôt, il eut à affronter la misère. Mais simultanément, il fut par ses études au lycée de Rennes puis ses activités au *Globe* entre 1824 et 1830 en contact avec la haute philosophie et avec le milieu émergeant de la bourgeoisie libérale qui la créait. C'est un platonisme[224] enrichi de toute la tradition des Lumières qui forgea sa position doctrinale[225]. Interpellé par les misères du peuple[226], recherchant une morale et une politique synonyme de religion, il ne put toutefois en faire son combat principal, privilégia ce qui était alors le combat de la bourgeoisie libérale. Avec elle, il s'éleva à contrecœur contre la religion qui attaquait le XVIIIe siècle et endossa en partie à son insu la tradition révolutionnaire dans sa composante libérale et individualiste, composante qui justement, aux yeux de Jules, finit par trahir la révolution, par en nier la nécessité religieuse dans le champ central de l'économie. En ce temps, Pierre voulait attaquer la doctrine de Lamennais alors que celui-ci, certes sur des bases amendables, se positionnait pour une religion traduisant, à rebours d'une Église catholique figée et corrompue, les valeurs premières de l'Évangile, l'égalité, la fraternité et la vraie liberté (émancipation) pour tous, et notamment le peuple[227]. Selon

223 Id., p. 146.

224 « Je prétends que tu as fait comme Platon, que ton œuvre ressemble en tout à la sienne », id., p. 147

225 « Tes maîtres sont Voltaire, Rousseau, Montesquieu, Condillac, Mably, Diderot, d'Alembert et toute la séquelle de philosophes du XVIIIe siècle », id., p. 147.

226 « Pouvais-tu voir le peuple et la misère future dans ce peuple occupé joyeusement ou tristement encore à se cacher au fond des ateliers obscurs, malsains, que lui ouvrait l'activité dévorante de ses bourgeois et maîtres ? ».

227 Sur Lamennais, et ici son évolution entre son *Essai sur l'indifférence* et la fondation de *L'Avenir*, et concernant le dilemme qu'il posait selon lui à Pierre, Jules écrit : « Cet homme était moins occupé à la défense misérable des misérables intérêts de sa caste et des alliés de sa caste, prêtres et rois, que de la vérité. Où était cette vérité ? Quand tu la voyais toi, tout entière dans la philosophie franco-greco-romaine, il la voyait, lui, dans le catholicisme. Pour qui cette vérité ? Et quant à cette question seconde, tu répondais *Pour la bourgeoisie*, que tu ne discernais pas encore du peuple ; lui s'écriait : *Pour le peuple, pour le pauvre, le mendiant, l'ouvrier, le paysan, le souffrant de tout genre et de toute qualité*, qu'il faut secourir, affranchir, sauver. » Comment dès lors Pierre, bien sûr en partie conquis par le lustre de la culture intellectuelle bourgeoise, mais tout autant héritier de ce peuple qu'élevait Lamennais, aurait-il pu prendre une position totalement critique : « Mais comment, en effet, partisan de Rousseau plus que de Voltaire, aurais-tu pu prêcher l'indifférence en matière de religion ! Pouvais-tu plaider encore en faveur de la thèse déplorable et à jamais regrettable, du léger et badin philosophe Voltaire, qui ne savait pas ou ne voulait pas discerner dans le catholicisme, dans l'hérésie, dans l'infâme, en

Jules, Pierre ne sortit jamais de ce dilemme, ce qui au présent, mais surtout dans les temps où il fallait faire la révolution, le conduisit à l'impuissance. Jules mentionne à titre d'exemple si révélateur les propos interloqués de leurs amis au cœur des affrontements de 1849-1850 : « Comprend-on Pierre Leroux ! À cette heure de luttes ardentes et de combats visibles dans la rue pour la sainte république de nos pères de 92, il s'occupe lui de la sainte Trinité et de l'Eucharistie sainte[228] ! »

Si Pierre, désormais accaparé par la « tradition orientale ou plutôt juive » (sa traduction du *Livre de Job*), comme Lamennais, ce dernier recherchant toujours un catholicisme républicanisé, ont erré et continuent à errer c'est probablement, estime Jules, qu'ils ont l'un et l'autre méconnu leur hostilité aux religions régulières et leur attachement à une religion plus primitive et fondamentale. Dans le texte manuscrit de 1871, intervient alors le personnage imaginé de Lamennais qui, déniant à Pierre l'argument qu'il ne s'agit là que d'une querelle d'egos notamment entre frères, enjoint Jules à les confesser sur la question de cette religion vraie[229]. Jules explique donc que, loin des religions établies qui o*nt pourtant entravé l*eurs parcours respectifs[230], ils ont été Pierre et Lamennais des philosophes et presque des apôtres d'une religion première qu'il convient de mieux apercevoir à la fois dans sa dimension idéale mais aussi dans ce que cet idéal enseigne pour les transformations du présent. Mais pour l'apercevoir, cette religion vraie qui leur est commune, leur explique Jules, il faut entièrement se délester de la défroque des dominants, vivre de la vie des dominés. Ce que précisément a été la vie de Jules.

Se confessant à son tour, il rappelle à Pierre (et à Lamennais), que sa propre vie fut bien plus proche de celle du peuple des souffrants et des vaincus. Il s'est formé non dans les lycées et les séminaires, mais en pur autodidacte et a très tôt travaillé.

---

un mot l'Évangile, la religion, la doctrine du Christ ? Comme pour M. de Lamennais, la vérité était pour toi d'ailleurs, quelque chose de supérieur aux misérables intérêts de ta caste, je veux dire de la bourgeoisie et de ses notables ou de ses défenseurs, Messieurs les Libéraux », p. 147.

228 Id., p. 147.

229 Dans le dialogue, le personnage de Lamennais intervient lorsque Jules rappelle à Pierre que ce dernier a qualifié Lamennais de dernier « Père de l'Église ». Voilà ici le dialogue :
« Lamennais :
Parfaitement vrai.
Pierre Leroux
Quoi ! vous ici M. de Lamennais ? Vous nous écoutiez donc ? Eh bien ! Qu'en dites-vous ? Et n'êtes-vous pas d'avis qu'il ferait mieux de se taire que de rester sur ce terrain brûlant des personnalités ?
Lamennais
Non, mon ami ; laissez-le dire. Qu'il nous confesse à son aise. Peut-être, en effet, en avons-nous besoin tous deux. Mais aussi à sa propre confession car il nous l'a promis. Tout ce qu'il dit ici m'intéresse, vivement.
Moi
Ce que je vous ai promis, je vous le donnerai. », p. 147.

230 « Ni toi, ni M. de Lamennais n'avez appartenu ou n'appartiendrez jamais à l'une ou l'autre de ces deux hérésies : catholicisme et protestantisme, qu'anathématiseraient avec raison Voltaire, et Diderot, et Jean-Jacques sous le nom de fanatisme et l'Infâme », p. 147.

Il fut typographe, comme Pierre, mais simple ouvrier[231] ; et là en contact privilégié avec la vie des dominés. Revendiquant son inscription au sein du peuple des ateliers, il commente :

> Je trouvais là la question de vie et de mort, de toute philosophie, de toute religion, en des termes meilleurs que là par exemple où vous étiez assis tous deux. Ceux qui les agitaient, les tenaient sur le terrain de la vie vivante, dans le cercle de la tradition divine, tandis qu'elles étaient seulement agitées devant vous et constamment tenues sur le terrain de la vie morte, passée en plein cercle de Tradition humaine, de routine… La bourgeoisie vous disait : *Que faut-il faire pour être heureux ?* Le peuple, le pauvre, me disait, lui : *Que faut-il faire pour vivre ?*

Alors que Pierre ou Lamennais cherchaient dans les livres des réponses à la question de la richesse et du bonheur, l'expérience de Jules, au contact quotidien de la souffrance, « l'aiguillon du mal », le conduisait à sonder celle du travail et du besoin[232]. Il a pu mesurer, bien mieux que Pierre sourd aux douleurs du peuple[233], l'étendue de la colère sociale. Car, aux yeux de Jules, Pierre n'a pas compris le changement de « guerre civile » intervenu en France entre 1815 et 1830 : non plus une guerre de la bourgeoisie alliée au peuple contre les tenants de la Réaction, mais une « guerre atroce » entre la bourgeoisie et le prolétariat. À cette guerre Pierre tout comme Reynaud n'opposent, incertains, que l'établissement d'un « gouvernement multiple, savant, aimant, puissant », guidé par un « parfait philosophe », alors que Lamennais songe à un catholicisme rénové et à l'apparition de « nouveaux apôtres ». Mais lui, aiguillonné par le mal, lucide sur cette « guerre civile qui déchire la France », Jules Leroux atteignant une « philosophie supérieure » à celle de Pierre et une « religion supérieure » à celle de Lamennais, en appelle à « l'amour » dans

---

231 « Quand je fis mon entrée dans le monde, j'avais donc de 13 à 14 ans, et je me trouvais placé, sans apprentissage, sans rien, devant une casse d'imprimerie, au sein d'un atelier nombreux, chargé de travailler, c'est-à-dire de gagner quelques sous. En un mot, j'étais ouvrier. Ouvrier comme toi, cher ami, dans le même atelier. Avec cette différence pourtant, que tu y étais, toi, correcteur, puis prote, puis enfin journaliste, que tu te trouvais ainsi, comme pour l'école, dans les privilégiés, dans les notables, dans les rangs de la bourgeoisie, quand moi, je vivais toujours confondu avec la plèbe des ouvriers, des dominés, dans les rangs du peuple », p. 149.

232 « Je me tenais assis au bord de cet océan immense dont je viens de vous parler, levant les mains vers Dieu, interrogeant la tradition vivante, c'est-à-dire la nature des êtres et des choses, et souffrant mille morts à la vue de mille douleurs qui soufflaient sans pitié sur le peuple, au sein duquel le hasard de ma naissance m'avait déposé tout enfant », p. 149.

233 « À mes chagrins, à ma souffrance, au mal sourd et cruel qui résultait en moi de cet affreux spectacle et qui faisaient à des époques presque régulières chanceler fortement ma santé, tu n'as jamais rien compris, toi, mon frère. Pouvais-tu me soupçonner tant d'amour, en effet, et un amour si bas, pour le pauvre hideux, le mendiant cynique, l'ouvrier grossier, le paysan ignoble ! », p. 149.

un milieu de « prochains[234] » et pour cela conclut à la nécessité impérieuse d'une révolution à réaliser sur le terrain de l'économie. Opposant ses certitudes aux atermoiements de Pierre, Jules revendique :

> Moi j'ai conclu, je conclus, et dans ma conclusion, j'ai une foi grande imperturbable [...]. Je me sens libre, dégagé, actif au sein même de la guerre civile la plus empoisonnée [...]. Ce qui vous trouble et vous repousse, la guerre, la révolution, m'attire et m'affermit. J'appelle la bataille, j'appelle l'étincelle électrique[235].

Mais quelle est alors cette religion vraie qui se manifeste aux dominés et qui, en aval, permet de comprendre l'importance de l'économie politique dans l'émancipation de l'homme, dans sa transformation ou, selon les termes de Jules Leroux, son épuration ? C'est ici à un déisme fort que se réfère Jules ; « la lumière, c'est le Déisme va-t-il écrire[236] ». Un déisme qui repousse l'idée d'un Dieu séparé que seraient seuls en mesure d'interpréter, traduire et diffuser par bribes quelques élus en raison de leur capacité à raisonner les textes ; seuls alors à même, à la tête de la société et d'un ordre social dont ils feraient les lois, d'approximer graduellement cette loi divine ; il y a là, juge Jules, à la fois l'origine des César et des Napoléon, ainsi que les routines et compromissions d'un ordre social présent dont la religion-philosophie repose effectivement sur l'inégalité que fonde la prétendue capacité des élus à lire et traduire, souvent selon leurs intérêts particuliers, des révélations successives. Des révélations nécessitant donc ordre et hiérarchie et guidant la société et ses masses sur le chemin du progrès. À cette conception fausse de l'Évangile qu'aurait endossé Pierre trop exclusivement attiré par une « Tradition des livres, des idées, des systèmes », s'autorisant le monopole de l'interprétation de la source divine, Jules oppose donc une autre conception :

> À ton Dieu créateur et distinct de sa créature, j'oppose un Dieu nouveau, qui parle en toute créature et pour toute créature ; dont toute créature sont manifes-

234 « Frère, j'ai dit : l'*Homme*, et toi tu as dit l'*Humanité* ; j'ai dit : le *prochain*, et tu as continué à dire le *semblable* ; j'ai dit : entre le prochain et l'homme, entre l'homme et le prochain ce qui souffle, c'est l'Amour qui fait du prochain et de l'homme, de l'homme et du prochain, un seul être à deux têtes, à deux corps, à deux cœurs, et toi tu as dit que ce qui soufflait entre l'homme et son semblable était l'affreuse et stérile solidarité, quel mot barbare, qui laisse à chacun son individualité misérable, sa liberté farouche, son égoïsme affreux et pose l'homme devant l'homme en pur commerçant », Id., p. 150.

235 Id., p. 150.

236 *L'Étoile du Kansas*, 1er mai 1876. « L'ombre, c'est l'Athéisme, c'est cette folle croyance qui voit tout en Dieu séparé, proie de la Mort, d'un stupide et incompréhensible amour de soi qui n'est de soi qu'un lambeau misérable, et d'une haine plus incompréhensible et plus stupide encore contre cette autre partie de soi qui est le prochain, soit que ce prochain fasse partie du règne hominal, du règne animal, du règne végétal, ou du règne minéral. La lumière, c'est le Déisme ».

> tation. Je crois au fils de Dieu, à l'homme, fils de l'homme également. Il existe en chacun de nous cet homme, c'est à nous de l'en faire sortir. Nous sommes tous des Christs, des rois, des oints du Seigneur ; quelle hiérarchie donc peut-il s'établir entre nous ? Point de hiérarchie, point de supérieur ni d'inférieur, point de gouvernement, point de gouvernés : tous libres, tous égaux, tous frères, obéissant à Dieu, seul maître, seul roi, et soumis à l'amour, son verbe créateur, sa loi unique[237].

Cette religion autorise une variété non hiérarchisable de qualités humaines ne se réduisant nullement à l'exercice de la pensée et qui se révèlent non dans la performance individuelle différentielle mais dans l'intelligence de la relation, dans les multiples interactions avec les milieux. Dans sa lettre à George Sand, déplorant la conception du Dieu séparé et l'individualisme qu'elle implique, Jules Leroux s'élève contre la haine et l'incompréhension qu'elle porte « contre cette autre partie de soi qui est le *prochain,* [...] que ce prochain fasse partie du règne hominal, du règne animal, du règne végétal ou du règne minéral ». Cette qualité des relations explique alors que, contrairement à l'idée de Pierre, l'homme n'est pas une « incarnation » de l'Humanité (de Dieu), mais que ce qui importe est sa « production » continue et collective. Ici, note encore Jules, se repère la méprise que fait Pierre du sens du message de Saint-Paul et de son interrogation première, « comment plusieurs forment un corps, une société[238] ? » La clarification qu'apporte ici Jules précise finalement sa pensée religieuse mais aussi politique et surtout économique conduisant à la communauté et au communisme. Elle explique aussi la distance qu'il prend avec les thèses de son frère, Pierre Leroux :

> Nous sommes tous réciproquement membres les uns des autres. Membres les uns des autres, oui, dans l'acte de produire la société humaine, le milieu ambiant de chacun de nous ; membres les uns des autres pour l'acte unique et pur de la nutrition individuelle de chacun de nous. Tu es ma tête, toi savant, qui me fera découvrir ma nourriture ; tu es mon cœur, toi artiste, qui me poussera vers cette nourriture ; tu es mon bras, toi industriel, qui me la donnera. Voilà ce que dit Saint-Paul, rien autre chose. Il ne dit assurément pas ce que tu veux lui faire dire : que l'Humanité, la société, l'église est un corps vivant, un roi, un Christ, un être, un arbre gigantesque dont chacun de nous n'est qu'une branche. Cet être universel dont tu nous parles, vois-tu, est une chimère que n'a jamais cares-

237 Id., p. 151.

238 « Quoique nous soyons plusieurs, nous ne sommes tous néanmoins qu'un seul corps... et nous sommes tous réciproquement membres les uns des autres », Épîtres aux Romains, placé par Pierre Leroux en exergue de *De l'Humanité.*

sée Saint-Paul, bien qu'il ait essayé de combler, par l'Église, par la société fondée sur la réciprocité des hommes comme membres les uns des autres dans le seul acte de produire et de distribuer à chacun sa nourriture, une immense lacune de la doctrine de son maître, lacune qui seule explique d'ailleurs la partie antérieure de la vie de Saint-Paul, celle avant sa conversion sur la route de Damas. Saint-Paul ne pouvait comprendre, en effet, et jusqu'à cet évènement célèbre, qu'on renversa César au nom du Dieu de Moïse ; qu'on détruisit la société antique, source de richesses sociales, sans rien substituer autre chose que l'aumône, l'amour, la charité. Mais quand il eut compris enfin que le Dieu de Moïse n'avait rien à faire dans la destruction de César et du monde d'injustice et de crime de César ; quand du règne de Dieu sur la terre il vit jaillir une Jérusalem nouvelle, Jérusalem céleste, une société nouvelle, une église, productrice et distributrice de richesses sociales, les cieux lui furent ouverts et il marcha devant lui[239].

## Conclusion

Quelles furent la diffusion et réception des idées formulées par Jules Leroux dans ses entrées de l'*Encyclopédie nouvelle*, au mitan des années 1830 ? La réponse à ces questions, on le sait, est malaisée. En effet, les temps n'étaient pas au référencement précis ni aux citations fidèles. Et cela d'autant plus que la prose émanait d'un prolétaire, ce dernier simplement, au mieux, doté de « bon sens ». Difficile à évaluer, la réception et la diffusion de ses entrées de l'*Encyclopédie nouvelle* peuvent être néanmoins grossièrement mesurées en soulignant deux points : premièrement, les entrées économiques de Jules Leroux sont mentionnées et louées par deux des principaux animateurs du débat intellectuel de l'époque : Félicité de Lamennais et George Sand. Dans une lettre de février 1839 à Madame Marliani, Sand avoue lire à son fils Maurice et à Frédéric Chopin l'article de Jules (elle pense à l'époque que Reynaud en est l'auteur...) et note : « Comme l'*Économie politique* [...] est une magnifique prédication ! [...] Voilà la morale et la philosophie que j'entends »[240]. De la même manière qu'en quelques mesures Jules influence Pierre Leroux (Édouard Dolléans ira jusqu'à risquer que « Pierre Leroux était le frère de Jules Leroux »), il influence le cycle des romans socialistes de George Sand qui à l'époque se déclare disciple de Pierre Leroux. Et, notamment par ses romans, Sand devient alors l'une des principales lumières intellectuelles de l'époque, non seulement en France, mais aussi en Europe. Au-delà de Sand même, il faut aussi souligner plus généralement

239 Id., p. 151.

240 David Griffiths, ouv. cit., p. 176.

la place que prend alors l'*Encyclopédie nouvelle* dans la conscience intellectuelle de l'époque, particulièrement parmi la population des exilés italiens, allemands, russes et polonais. Signalons simplement qu'Alexandre Herzen s'enthousiasmait pour l'*Encyclopédie nouvelle*, « monument étonnant pour la connaissance du XIXe siècle », alors que Giuseppe Mazzini en faisait son « livre de chevet »[241]. Pour Balzac, il s'agissait d'une « Encyclopédie vivante », entreprise collective que dominaient les thèses de Pierre Leroux, de Jean Reynaud également, mais où il n'était pas possible non plus de ne pas remarquer les articles de Jules, ce dernier rédigeant toutes les entrées économiques du corpus[242].

Liée à la première, une seconde question, délicate à traiter, concerne l'évaluation des critiques souvent dures que Jules Leroux adresse à son aîné et à son œuvre. En lisant par exemple le « poème philosophique » somme que fut *La Grève de Samarez*, on ne peut que constater le caractère souvent excessif de ces critiques, tant Jules a inscrit indiscutablement sa propre réflexion, mais aussi sa sensibilité, dans le sillage de celle de Pierre[243]. Que critique-t-il alors chez son aîné, à part l'ombre portée, sans aucun doute étendue, sur sa propre destinée ? Peut-être, en partie injustement, le fait que la vie-œuvre de Pierre Leroux n'a pas tenu, aux yeux de Jules, toutes ses promesses et a même failli à certains moments cruciaux, ou sur certains chapitres cruciaux d'une conception radicale de l'égalité[244]. Qu'il n'a peut-être pas entièrement respecté, dans sa vie-œuvre, sa propre triade, base de toute solidarité, privilégiant in fine la connaissance à la sensation (c'est-à-dire l'action) ou même au sentiment. C'est Pauline Roland rappelant à celui qu'elle considère leur « maître » que dans leurs promenades à Boussac, Pierre ne cessait de lui signifiait fraternellement qu'elle était essentiellement « sentiment », donc « ni philosophe, ni métaphysicienne ». Indulgente, Pauline Roland rappelait alors que « Dieu plus d'une fois s'est révélé aux simples » et que ces derniers livrent alors une « vérité plus simple et plus accessible », donc propice à l'action de toutes et tous, soit, incessamment, « entrer dans

241 Sur tous ces aspects, Jacques Viard, *Pierre Leroux et les socialistes européens*, Actes Sud, 1982.

242 Nous n'avons pas trace de si Marx et Engels ont lu *l'Encycopédie nouvelle*, mais les deux avaient une grande estime pour le travail de Pierre Leroux, et Engels a signalé l'importance de la *revue indépendante* de Pierre Leroux. Voir Karl Marx, "Communism and the *Augsburger Allgemeine Zeitung*" cité dans David McLellan, *Karl Marx : His Life and Thought*, Londres, Macmillan, 1973, p. 54. Voir aussi Frederick Engels, "Progress of Social Reform on the Continent", *Collected Works*, vol.3, Londres, Lawrence and Wishart, 1975, p. 399.

243 Sur ce « poème philosophique », voir, George Navet, « La traversée des détresses : Pierre Leroux après 1848 », *Tumultes*, 2003/1, pp. 73-92 ; Paul Viallaneix, « Pierre Leroux théologien socialiste », *Romantisme*, n° 32, 1981, pp. 75-81 ; Maurizio Gribaudi, « Pierre Leroux et La Grève de Samarez – Fragment d'un rêve oublié », dans Laurent Colantonio et Caroline Fayolle, *Genre et utopie*, PUV, 2014.

244 Voir ici les remarques d'Armelle Le Bras-Chopard sur certaines promesses non entièrement tenues de l'œuvre de Pierre Leroux, qu'elles concernent l'égalité homme/femme, le rôle de l'État, la conception de la propriété.

la pratique, réaliser l'association[245] ». De son côté, Jules Leroux préfaçant la nouvelle édition réalisée à Corning, Adam County, Iowa de sa brochure *Le prolétaire et le bourgeois*, et signant « Socialiste du XX$^{e}$ siècle », rappelait ce en quoi, en 1840, face à toute la littérature savante du premier socialisme, sa propre réflexion innovait. Elle avançait « l'idée nouvelle du Pauvre, du Souffrant, du Peuple s'éveillant lui-même à la Vie et entraînant le mouvement ». Position qui n'était pas celle de Pierre : « Éveiller le peuple directement, sans préparation, sans intermédiaire, moléculairement pour ainsi dire, ne lui allait pas ». Et Jules peut encore ajouter, « qu'à besoin le Peuple d'aller chercher ailleurs qu'en lui savants, artistes, industriels, dont il a tant besoin pour cesser d'être ce qu'il est, un MISÉRABLE, et devenir, du jour au lendemain, un HOMME, un être fort, intelligent, puissant ; sachant, voulant, pouvant[246] ».

À l'entrée « Analyse » de l'*Encyclopédie nouvelle*, Pierre Leroux, citant Hippocrate, écrivait que « la vie consiste en ce que *tout consent* et *tout concours* ». Il rappelle que la vie de tout corps ou être, s'analyse en termes de « relation constante » ou encore de « communion perpétuelle quoique perpétuellement variable avec l'univers extérieur[247] ». L'homme, l'humanité, valent alors par la mobilisation à parts égales des qualités venant de la sensation, du sentiment et de la connaissance et cela dans la perspective d'une harmonisation, une adaptation, des/aux milieux. Toutefois, il estime par exemple que dans cette quête du progrès et de la perfectibilité, les arts mécaniques n'étaient que « presque » au même niveau que les arts libéraux, philosophie, politique, histoire. Bref, que l'industrie passait sensiblement après arts et sciences dans la conquête de l'unité et de la solidarité[248] menant à un monde où les inégalités finissaient et où l'égalité s'imposait enfin. Or, c'est Jules qui lui rétorquait « tu crois vraiment trop à la raison pure », car Pierre, à ses yeux, estimait à la suite de Platon que la raison d'abord, accompagnée de l'amour donnaient seuls ou presque accès à l'idéal de la société future. En artisan Jules objectait, mais « à tes deux ailes de Platon, comme tu dis : la raison et l'amour, j'ai continué à joindre mon corps, mes

245 Pauline Roland, « Lettre à Pierre Leroux », *Le peuple*, 27 novembre 1848.

246 Jules Leroux, *Le prolétaire et le bourgeois. Du communisme, libérateur des peuples et de l'individu*, Corning, 1877, p. 3.

247 Il poursuit, « ce qu'on devrait véritablement appeler un corps, ce serait ce corps, plus tous les milieux qui lui donnent la vie, qui répondent à sa vie, qui vivent avec lui, et avec qui il vit », *Encyclopédie nouvelle*, « Analyse », vol. I, p. 501.

248 Comme le souligne opportunément et avec nuances Andrea Lanza, « dans l'optique d'une « encyclopédie nouvelle », Leroux ne manque pas de hiérarchiser les différents savoirs, en remarquant la nécessité de distinguer les arts libéraux des arts mécaniques, c'est-à-dire les arts d'un côté et les industries de l'autre. Les arts se distinguent en ce qu'ils répondent aussi à une exigence psychologique : ils impliquent le symbolique, c'est-à-dire dans la perspective lerouxienne le rapport à l'unité. Toutefois, bien qu'il y ait une hiérarchie entre savoirs, le processus de perfectibilité de la société est indissociable d'une synergie entre art, science, industrie et politique », A. Lanza, « L'encyclopédisme en acte de Pierre Leroux : entre savoirs savants et savoirs d'atelier », dans V. Bourdeau et al.., *Les encyclopédismes en France à l'âge des révolutions*, ouv., cit., p. 85.

sens, mon œil[249] ». Une position bien différente de celle d'un autre frère, bien plus présentable, de Pierre Leroux, à savoir Jean Reynaud (à qui Pierre dédicace *La Grève de Samarez*), le même Reynaud qui écrivait dans *Terre et ciel*, « quelle misérable chose que son corps, si l'on y cherche un instrument de création[250] ». Et là se situait aussi la polémique entre les deux frères sur l'urgence de l'enquête à mener : Pierre estimant qu'elle ressortait en priorité de la philosophie pure, Jules se cramponnant à la conviction qu'il fallait d'abord la mener dans le domaine de l'économie politique.

Ces dernières remarques permettent, là encore exercice risqué, de souligner ce qui fait la qualité, pour hier et pour aujourd'hui de cette vie-œuvre de Jules Leroux. Rien n'est plus significatif que cette liaison entre création, vie et économie. Et il convient peut-être, pour en mesurer la richesse et la partager de risquer un rapprochement, anachronisme contrôlé, avec ce qui peut s'écrire actuellement, d'Hans Joas à Richard Sennett[251], sur « l'art de l'expérience ». Dans *The Craftsman*, Sennett entend attirer l'attention sur les « techniques de l'expérience », soutenant que, « les capacités que possèdent nos corps de façonner des objets sont les mêmes qui entrent en jeu dans les relations humaines ». En ce sens, poursuit-il, « l'artisanat montre à l'œuvre ce continuum entre l'organique et le social » et même peut enrichir le politique, « l'art de gouverner ». Ici, juge encore Sennett un pont est jeté entre le social et le politique entendu comme démocratie, tant la raison artisanale signale la confiance « dans les capacités que mobilisent les hommes pour cultiver leurs compétences : l'universalité du jeu, les capacités élémentaires de spécifier, de questionner et d'ouvrir qui, loin d'être l'apanage d'une élite, sont largement répandues parmi les êtres humains[252] ».

Lorsque Jules rédige ses entrées de l'*Encyclopédie nouvelle*, une auteure comme George Sand emprunte ce chemin lui permettant de découvrir cette vaste intelligence fabricatrice de milieux qu'elle observe, et souvent dont elle partage la vie et les gestes, chez les ouvriers et les paysans[253]. Mais lorsque le même Jules objecte à son frère que l'Humanité n'est pas une « incarnation », mais une « production », il lui reproche d'avoir trop fait le chemin inverse et de s'être alors égaré. Et c'est la

249 NAF 26264, p. 151.

250 Jean Reynaud, *Philosophie religieuse*, ouv. cit., p. 87.

251 Hans Joas, *La créativité de l'agir*, Paris, Cerf, 1999. Richard Sennett, *Ce que sait la main*, Paris, Albin Michel, 2010.

252 Sennett, p. 389.

253 Dans une lettre du 25 novembre 1845, George Sand signale au poète et maçon Charles Poncy qu'elle trouve chez lui une vraie manifestation de la pensée ouvrière qui doit régénérer tant l'art que la politique ou la religion. Elle poursuit, « dans une autre forme de manifestation certes Pierre Leroux, né et élevé en prolétaire a été plus loin que personne. Mais, après l'enfance, cet homme éminent s'est jeté dans la science un peu en bohémien, courant après elle par tous les chemins, aujourd'hui ouvrier, le lendemain journaliste, souvent bourgeois par le fait, sans l'être jamais de coeur, et, en somme, ce n'est pas là un prolétaire, bien qu'il fasse son possible pour le redevenir » (*Correspondance*, vol. VII, Paris, Garnier, 1970, p. 194).

raison pour laquelle lui-même revendique d'enquêter sur l'économie politique. Et que là, il en bouleverse les principaux chapitres, l'échange identifié à un au-delà de la réciprocité, la propriété comme domaine commun, le travail nécessairement métamorphosé, le besoin maîtrisé, la richesse synonyme d'émancipation… cette économie renouvelant au final le politique et apercevant son horizon dans un milieu que ne définit donc plus même l'amitié ou la solidarité, mais l'amour, une société désormais sans gouvernement.

Entrées économiques
de l'*Encyclopédie nouvelle*
Jules Leroux

## SMITH (Adam),
(célèbre économiste anglais du dix-huitième siècle)

Dugald Stewart[254] nous a donné sur Smith une de ces notices patientes et laborieuses où la peinture de l'homme qui en fait l'objet ressort principalement de la richesse des détails et de la consciencieuse exactitude des faits les plus minutieux. Dans ces sortes de notices, très peu philosophiques d'ailleurs, rien n'est oublié ; elles commencent d'ordinaire à l'histoire des ancêtres, et s'achèvent par l'histoire des descendants. Pour notre part, nous aimons assez cette façon prolixe d'écrire la vie des grands hommes ; et, dans le cas présent, nous devons dire tout d'abord de quelle utilité nous a été la notice de Dugald Stewart.

Sur la foi des plus doctes économistes de ces derniers temps, nous nous étions formé d'Adam Smith une idée que le récit de Dugald Stewart est venu détruire. Tout en repoussant son système, il nous semblait possible de reconnaître dans Adam Smith un penseur profond, un philosophe ; et nous le placions volontiers d'avance au rang des Turgot, des Quesnay, des Colbert.[255] Mais après la lecture de Dugald Stewart, Smith nous est mieux connu ; son livre[256] et son système nous sont expliqués plus clairement encore, et nous sommes forcés de le faire descendre du rang suprême où nous l'avions imprudemment placé.

Après ces paroles, il serait inutile sans doute d'insister davantage sur l'estime toute particulière où nous tenons cette notice de Dugald Stewart, et de faire remarquer qu'elle est un des plus importants documents que l'histoire de l'économie politique ait encore à sa disposition. Profitons-en seulement, puisque nous sommes à même d'en profiter ici.

---

[254 Dugald Stewart (1753-1828), philosophe écossais et vulgarisateur de l'œuvre d'Adam Smith. Stewart était professeur de mathématique, et, à partir de 1785, professeur de philosophie morale à l'université d'Edinbourgh. Son *Elements of the Philosophy of Mind* fut publié en 1792. En 1793, il a publié *Account of the Life and Writings of Adam Smith*. Cet essai à lequel Jules Leroux fait référence fut traduit et publié en 1796 dans une édition francaise des *Essais philosophiques* d'Adam Smith par le philosophe suisse et ami de Dugald Stewart, Pierre Prévost (1751-1839).]

[255 Jacques Turgot (1727-1781), économiste français et auteur des *Réflexions sur la formation et la distribution des richesses* (1766). François Quesnay (1694-1774), économiste français, et avec Turgot, un des fondateurs de la physiocratie, doctrine économique. Son *Tableau économique* fut publié en 1758. Jean-Baptiste Colbert (1619-1683), économiste et Contrôleur général sous Louis XIV.]

[256 Il s'agit du livre célèbre d'Adam Smith, *Recherches sur la nature et les causes de la richesse des nations* (1776, traduction française, 1778-1779. La traduction définitive sous la plume de Germain Garnier (1754-1821) n'est apparue qu'en 1802.]

## Smith, sa vie, ses ouvrages, d'après Dugald Stewart

La vie d'Adam Smith paraît au premier coup d'œil d'une extrême simplicité, d'une lucidité admirable. Le seul astre qui y brille semble être la pensée. C'est un homme simple dans ses mœurs, aimant la solitude, et n'ayant dans le cœur que des passions douces et pleines de bienveillance.

Il naît en Écosse (1725) dans une petite ville de province (Kirkaldy), au sein d'une famille bourgeoise. Il se trouve être l'unique enfant d'une veuve, sa mère, quelques mois avant sa naissance, ayant perdu son mari, qui remplissait en cette ville l'humble fonction de contrôleur de la douane. Son enfance est maladive, mais les soins de cette mère le protègent ; et quand l'heure d'apprendre est venue, l'université de Glascow le reçoit (1737). Là ses bonnes dispositions, son application, son heureuse mémoire, font naître un instant l'idée d'en faire un ecclésiastique en Angleterre, et Glascow l'envoie même à cet effet au collège de Baillol à Oxford (1740). Mais l'état ecclésiastique ne se trouve pas être de son goût ; et quand ses études sont achevées, il se retire (1747) près de sa mère dans sa ville natale. Cependant l'envie le prend d'aller à Édimbourg (1748), et d'y donner des cours publics de rhétorique et de belles-lettres. Ce premier pas décide de sa vie. Ses succès d'Édimbourg[257] lui ouvrent naturellement les portes de l'université de Glasgow[258] : l'élève de Glasgow revient donc à Glasgow professeur (1751).

---

257 Outre l'énorme avantage de lui ouvrir les portes de l'université de Glasgow, et de lui donner ainsi à l'âge de vingt-huit ans une profession solide, ces leçons d'Édimbourg le lièrent encore avec les principaux personnages du temps. L'amitié qui exista entre Hume et lui date de cette époque. « C'était de part et d'autre, dit Dugald Stewart, une amitié fondée sur l'admiration qu'inspire le génie et sur l'amour de la simplicité dans les mœurs ; et c'est dans l'histoire de ces deux hommes éminents une circonstance d'autant plus intéressante, que tous deux ont paru mettre une sorte d'ambition à la transmettre à la postérité. »

258 L'Université de Glasgow joue dans la vie d'Adam Smith un grand rôle. Quand, en 1789, cette université le nomma recteur, Smith écrivit au principal pour l'en remercier : « Aucune place ne pouvait me donner une satisfaction plus réelle. Nul homme ne peut avoir plus d'obligation à une société que je n'en ai à l'université de Glasgow. C'est elle qui m'a élevé et envoyé à Oxford. Peu après mon retour en Écosse, elle m'élut au nombre de ses membres, et ensuite me conféra un autre emploi auquel les talents et les vertus de l'immortel Hutcheson [Francis Hutcheson (1697-1746), professeur de philosophie morale à l'université de Glasgow et auteur de *Système de philosophie morale* (1755).] avaient donné un haut degré d'illustration. Lorsque je repasse sur la période de treize années pendant laquelle j'ai été membre de cette société, je l'envisage comme la période la plus utile, et par là même la plus heureuse et la plus honorable de ma vie. » Mais Smith était trop intéressé dans l'affaire pour comprendre la nature et toute l'étendue de l'influence de cette université sur sa vie ; et quant à sa prédilection pour ses treize années de professorat à Glasgow, prédilection qui n'est point ici l'effet d'un compliment, comme on pourrait le croire, elle s'explique à merveille dans l'hypothèse qu'Adam Smith était surtout un homme de beaucoup d'imagination et de mémoire ; mais elle est une indéchiffrable énigme dans l'hypothèse contraire qu'il était un penseur, un philosophe. En effet, comment Smith pouvait-il estimer si haut ces treize années de sa vie passées à l'université de Glasgow ? Il s'acquitta de ses fonctions de professeur avec honneur et gloire, je le veux ; il composa et publia en ce temps (1759) son titre de la *Théorie des sentiments moraux*, c'est fort bien ; mais en 1787, époque où il écrivit la lettre que nous venons de citer, n'était-il pas plus près encore de 1776, où parut son livre d'économie politique ? Ses *Recherches sur la nature et les causes de la richesse des nations*, et les dix années de son temps qu'elles lui prirent, et les trois années de voyages et d'études sur le continent qu'elles exigèrent, étaient-ce donc là des choses à mettre au-dessous de ces treize années de

La chaire de logique lui est d'abord confiée ; puis, l'année suivante (1752), il occupe la chaire plus importante de philosophie morale que venait d'illustrer tout récemment encore Hutcheson[259]. A Glasgow, ses succès l'emportent sur ceux d'Édimbourg ; il n'est bruit dans la ville, dans les cercles et les sociétés littéraires, que du jeune professeur, que de ses opinions, que de son talent[260]. Le livre qu'il donne au public (1759, *Théorie des sentiments moraux*) excite un engouement universel dans le grand monde[261], et lui ouvre une occasion prochaine de satisfaire

---

professorat à Glasgow ? Assurément, pour nous cela ne fait pas question : nous estimons supérieures, dans la vie de Smith, aux treize années de professorat les treize années qui les suivirent. Et si Smith sentait le contraire, c'est évidemment qu'en Smith le professeur dominait le penseur ; c'est que Smith était moins philosophe que rhéteur, qu'écrivain.

259 Hutcheson professait encore à l'époque où Smith vint étudier à Glasgow. Son enseignement produisit sur Smith une de ces impressions vives et durables auxquelles, dans la jeunesse, on ne peut résister qu'à l'aide d'un esprit original et fortement trempé. Or Smith n'était point doué de cet esprit. Ce qui le frappa dans Hutcheson, ce fut le professeur, et l'éloquence d'Hutcheson le rendit, en philosophie, son disciple fervent sans aucun examen. Il crut donc à la philosophie d'Hutcheson ; il chercha à égaler son éloquence. « Avant de partir de Glasgow, dit Dugald Stewart, Smith assista aux leçons du profond et éloquent docteur Hutcheson. Il ne parlait jamais de ces leçons qu'avec l'expression de la plus vive admiration, et l'on peut présumer qu'elles eurent une influence considérable pour diriger ses talents vers leur véritable objet. » Mais en vérité, Dugald Stewart se méprend ici sur la nature de l'influence que ces leçons d'Hutcheson exercèrent sur l'esprit de Smith. Il me paraît évident, après une lecture attentive des livres de Smith, que Smith en philosophie n'est pas l'émule ni même le disciple d'Hutcheson, mais qu'il marche tout simplement à la suite de son maître ; il croit à la philosophie qu'il a entendu professer, il ne s'en rend pas un compte sévère ; il en suit les préceptes, il n'en soupçonne pas les limites. Hutcheson l'enveloppa tout jeune au sein de son système, Smith ne se défendit pas ; il vécut dans cette étroite prison pensant vivre au grand jour, et son humeur casanière ne lui permit jamais d'atteindre et de franchir les frontières resserrées de ce système philosophique dans lequel Hutcheson l'avait enfermé tout d'abord.

260 « Les talents de M. Smith ne paraissaient nulle part avec autant d'avantage que dans l'exercice de ses fonctions de professeur. En débitant ses leçons, il s'en fiait presque entièrement à sa facilité d'improviser. Sa manière, à la vérité dépourvue de grâce, était claire et exempte d'affectation ; et, comme on le voyait s'intéresser à son sujet, il ne manquait jamais d'intéresser ses auditeurs... Aussi sa réputation comme professeur jeta le plus grand éclat et attira à l'université une multitude d'étudiants animés uniquement du désir de l'entendre. Les objets d'enseignement dont il était chargé y devinrent des études à la mode, et ses opinions le sujet principal des discussions et des entretiens des cercles et des sociétés littéraires. Quelques particularités de prononciation, quelques petites nuances d'accent ou d'expression qui lui étaient propres, devinrent même souvent des objets d'imitation (Dugald Stewart). »

261 Pour peindre cet engouement de la haute société d'Angleterre à l'apparition du premier livre de Smith, et aussi les réserves des juges compétents, nous ne saurions mieux faire que de citer la lettre mordante et spirituelle qu'à cette époque Hume [David Hume (1711-1776) philosophe écossais, un des fondateurs de l'empirisme moderne] lui écrivit ; « Je vous remercie de l'agréable présent que vous m'avez fait de votre *Théorie*. Wedderburn et moi, nous avons fait don de nos exemplaires à des personnes de notre connaissance que nous estimons être bons juges et propres à répandre la réputation de l'ouvrage. J'en ai envoyé un au duc d'Argyle [Archibald Campbell, troisième duc d'Argyll, (1682-1761) un des plus grands conseillers politiques du premier ministre Britannique, Sir Robert Walpole (1676-1745). Le duc d'Argyll a joué un rôle décisif dans la formation de la culture académique et intellectuelle de l'université d'Édimbourg], au lord Littleton[George Lyttelton 1er Baron Lyttelton (1709-1773). Homme politique et auteur], à Horace Walpole [(1717-1797) Auteur, et homme politique], à Soame Jenius [Soame Jenyns (1704-1787). Homme politique et auteur], et à Burke [Edmund Burke (1729-1797). Philosophe, homme politique, auteur de *Recherches philosophiques sur l'origine des idées que nous avons du Beau et du Sublime* (1757) et *Réflexions sur la révolution de France* (1790). Burke est considéré comme le fondateur philosophique du conservatisme moderne.], gentilhomme irlandais, qui a écrit en dernier lieu un très joli *Traité du sublime*.

Millar [John Millar (1735-1801). Philosophe, historien et professeur de droit civil à l'université de Glasgow entre 1761-1800] m'a demandé la permission d'en envoyer un en votre nom au docteur Warburton [William Warburton (1698-1779), auteur et théologien, Warburton était évêque de Gloucester de 1759 à sa mort en 1779]. J'ai différé de vous écrire jusqu'à ce que je pusse vous dire quelque chose du succès de l'ouvrage, et pronostiquer avec quelque probabilité s'il serait finalement condamné à l'oubli ou enregistré dans le temple de l'immortalité. Quoiqu'il n'ait été publié que depuis peu de semaines, je crois apercevoir des symptômes si marqués, que j'oserais presque hasarder de prédire sa destinée. En un mot, la voici... — Mais j'ai été interrompu au milieu de ma lettre par une sotte et impertinente visite d'un homme venu récemment d'Écosse. Il m'apprend que l'université de Glasgow se dispose à déclarer vacante la place de Rouet [William Rouet (1720-1785), professeur de langues orientales (1751-1752) et histoire ecclésiastique (1752-1761) à Glasgow], attendu qu'il part pour voyager avec le lord Hope [il s'agit de Charles Hope (1740-1766), fils aîné de John Hope 2e comte de Hopetoun (1704-1781). Je ne doute pas que vous ne songiez à notre ami Ferguson [Adam Ferguson (1723-1816), philosophe et historien], dans le cas où un autre projet pour lui procurer une place à l'université d'Édimbourg viendrait à manquer. Ferguson a poli et retouché avec soin son *Traité de la civilisation* [tr. française de son *Essay on the History of Civil Society* (1767)]. Avec quelques légers changements ce sera un livre admirable, qui annonce un génie élégant et unique dans son genre. L'*Epigoniade*, j'espère, pourra passer, mais c'est un ouvrage un peu dans les nues. Comme je ne doute pas qu'en cet instant vous ne consultiez quelquefois les journaux, vous verrez dans la *Revue critique* une lettre sur ce poème ; et je vous invite à mettre en jeu vos conjectures pour en découvrir l'auteur. Donnez-moi une preuve de votre pénétration en fait de style en devinant ici la personne. Je suis effrayé des *Traités de droit* du lord Kames [Henry Home, Lord Kames (1696-1782), philosophe, juriste, et juge], On pourrait aussi bien songer à composer une sauce exquise avec un mélange d'absinthe et d'aloès qu'à faire un ouvrage agréable en mêlant la métaphysique au droit écossais. Cependant le livre a du mérite ; mais peu de lecteurs prendront la peine de pénétrer jusqu'au fond. Mais, pour en revenir à votre livre, je dois vous dire... – Maudites interruption ! J'avais fait défendre ma porte, et voilà un homme qui la force. C'est un homme de lettres, et nous avons eu un assez long entretien littéraire. Vous m'avez dit que vous étiez curieux d'anecdotes littéraires, je vais donc vous instruire du petit nombre de faits de ce genre qui sont venus à ma connaissance.

Je crois vous avoir déjà fait mention du livre de *L'Esprit*, par Helvétius. Il mérite que vous preniez la peine de le lire, non pas pour sa philosophie, dont je ne fais pas grand cas, mais pour la manière agréable dont il est composé. J'ai reçu de lui une lettre il y a peu de jours, par laquelle il m'apprend que mon nom était beaucoup plus souvent dans son manuscrit, mais que le censeur du livre à Paris l'a obligé de le rayer. Voltaire a publié dernièrement un petit ouvrage intitulé ; *Candide ou l'Optimisme*. Je vous en rendrai un compte détaillé. — Mais qu'est-ce que tout cela fait à mon livre ? dites-vous. — Mon cher monsieur Smith, prenez patience : disposez votre âme à la tranquillité ; montrez-vous philosophe par pratique comme vous l'êtes par état. Pensez à la légèreté, à la témérité, à la futilité des jugements ordinaires des hommes ; combien peu la raison les dirige dans tous les sujets, mais surtout dans les sujets philosophiques, qui passent de beaucoup la portée du vulgaire :

. . . . . . *Non si quid turbida Roma*
*Elevet accedas ; examenve improbum in ilia*
*Castiges trutina ; nec te quoesiveris extra.*

Le royaume du sage est dans son propre cœur ; ou si jamais il étend plus loin ses regards, il se borne au jugement d'un petit nombre d'hommes choisis, libres de préjugés et capables de l'apprécier. Rien, en effet, ne peut donner une plus forte présomption de fausseté que l'approbation de la multitude ; et Phocion, vous vous en souvenez, soupçonnait toujours qu'il avait dit quelque sottise quand il se voyait accueilli par les applaudissements de la populace.

Supposant donc que par ces réflexions vous êtes préparé à tout, j'en viens enfin à vous annoncer la déplorable nouvelle que votre livre a éprouvé le plus fâcheux revers ; car le public semble disposé à l'applaudir à l'excès. Il était attendu par les sots avec impatience ; et la tourbe des gens de lettres commence déjà à chanter très haut ses louanges. Trois évêques passèrent hier à la boutique de Millar pour l'acheter et pour s'informer de l'auteur. L'évêque de Péterborough dit qu'il avait passé la soirée dans une société où l'on élevait ce livre au-dessus de tous les livres de l'univers. Le duc d'Argyle parle en sa faveur d'une manière plus décidée qu'il n'a coutume de faire. J'imagine qu'il le considère comme une production exotique, ou qu'il croit que l'auteur pourra lui rendre service aux élections de Glasgow. Le lord Littleton dit que Robertson [William Robertson (1721-1793), chancelier de l'université d'Édimbourg et un des historiens britannique les plus renommés du XVIIIe siècle, un désir qui commençait à poindre en son intelligence, celui de visiter la France, où demeurent Quesnay, Turgot et leurs disciples. Car Smith, fort répandu dans le monde commerçant de Glasgow, lié d'amitié avec Oswald et Hume, s'était laissé insensiblement aller sur le terrain de l'économie politique, qui d'ailleurs, il faut le dire, touchait de plain-pied au sujet qu'il traitait par état dans ses leçons de philosophie morale. En s'occupant de l'homme et de son bonheur, en vantant les douceurs d'une fortune médiocre, en se plaçant toujours ainsi au point de vue où se révèle uniquement l'influence de l'homme sur ses semblables, sur la société, le point de vue contraire, celui où se révèle uniquement l'influence de la société, des semblables sur l'homme, devait tôt ou tard lui apparaître. Le moyen d'ailleurs de rester longtemps encore dans cette sphère incomplète d'une étroite et mesquine philosophie, quand on prêche cette philosophie, comme le faisait Adam Smith, devant des commerçants ! Le bon sens de ces hommes devait, je m'imagine, ramener incessamment l'esprit d'Adam Smith sur la solution contraire, que le bonheur de l'homme dépend moins de sa vertu que de la vertu des autres, question qu'ils formulaient dans leur langue en termes différents, et qui donnait naissance aux problèmes les plus importants de l'économie politique.

Quoi qu'il en soit, une vocation nouvelle semblait donc à cette époque s'être emparée de Smith ; sa chaire de philosophie morale se transformait, sans qu'il y pensât, en une chaire où les questions économiques s'agitaient étonnées.

---

Smith et Bower [Archibald Bower (1686-1766), historien écossais] sont la gloire de la littérature anglaise. Oswald [James Oswald (1715-1769), homme politique écossais] proteste qu'il lui est impossible de juger s'il a trouvé dans ce livre plus d'instruction ou plus de plaisir. Mais vous voyez bien quel cas ou peut faire du jugement d'un homme qui a passé sa vie dans les affaires, et qui n'a jamais su voir aucun défaut dans ses amis. Millar triomphe, et se vante que les deux tiers de l'édition sont déjà écoulés, et qu'à présent le succès n'est plus douteux. Vous voyez que c'est un fils de la terre, qui n'évalue les livres que par le profit qu'il en tire. Sous ce rapport, je ne doute point que ce ne soit là un excellent livre.

Charles Townsend [Charles Townshend (1725-1767), homme politique britannique et chancelier de l'Échiquier. Townshend était le beau-père du troisième duc de Buccleugh, Henry Scott (1746-1812). Entre 1764-1766 Smith était tuteur et compagnon du duc pendant son grand tour de la France et Genève], qui passe pour le meilleur juge d'Angleterre, est si épris de cet ouvrage qu'il a dit à Oswald qu'il voudrait confier à l'auteur l'éducation du duc de Buccleugh, et qu'il saurait mettre un prix à ses soins capable de le déterminer. Aussitôt que j'appris cela, je fus deux fois chez lui dans le dessein d'engager la conversation sur cet objet, et de le convaincre de la convenance qu'il y aurait à envoyer ce jeune duc à Glasgow ; car je n'avais pas l'espérance qu'il pût vous offrir des conditions telles que vous fussiez tenté de renoncer à votre chaire ; mais je le manquai. M. Townsend passe pour être un peu flottant dans ses résolutions ; ainsi, peut-être ne devez-vous pas faire grand fonds sur cette saillie.

Après tant de choses mortifiantes que la vérité seule a pu m'arracher et qu'il m'eût été facile de multiplier, je ne doute point que vous ne soyez assez bon chrétien pour me rendre le bien pour le mal ; et que vous ne daigniez flatter ma vanité en m'annonçant que tous les dévots d'Écosse me chargent d'injures à l'occasion de mon histoire de Jean Knox et de la réformation [il s'agit de son *Histoire de l'Angleterre* (6 vols.) que Hume a composé entre 1754-1761. Je pense que vous n'êtes pas fâché de voir la fin de mon papier, et que je sois forcé de conclure par

votre très humble serviteur, »
David Hume.

Mais la France avec ses économistes l'appelle : une occasion se présente, il cède. Il donne sa démission de sa chaire de Glasgow ; il s'éloigne en compagnie du duc de Buccleugh[262] ; il touche au rivage de France (1765).

Trois ans se passent sur le continent, et de retour en Angleterre (1766) il se retire à Kirkaldy, afin de ruminer dans le silence de la solitude les éléments divers d'un livre où seront contenues ses opinions en matière d'économie politique.

Ce livre lui prend dix ans, mais il paraît enfin (1776) ; Hume[263] et l'Angleterre applaudissent.

Alors Smith s'abandonne aux folles joies du triomphe ; il quitte la carrière. Le duc de Buccleugh lui fait avoir l'emploi lucratif de commissaire des douanes en Écosse, et il se rend à Édimbourg (1778), où le reste de sa vie s'écoule doucement. Mais la mort l'atteint dans ses amis, dans sa mère ( 1784) ; les maladies du vieillard se lèvent et se font sentir. Alors un remords le prend : il essaie de se remettre au travail ; il veut coordonner les éléments épars de livres projetés : vains efforts ! Tout ce qu'il peut faire, c'est d'ordonner que ses manuscrits, ses notes, soient indistinctement et soigneusement livrés aux flammes ; et, ce sacrifice consommé, la vie se retire enfin de lui ; il meurt (1790).

Mais si la pensée fut l'astre qui éclaira cette vie, d'où vient que cette vie a des traits si peu forts, si peu marqués, si peu expressifs ? Certes plusieurs philosophes, et des plus éminents, ont eu, comme Smith, une paisible carrière ; mais au moins la persistance de leurs méditations se trouve fortement empreinte dans la monotonie de leur vie : leur vie a du caractère. Celle de Smith n'en a pas : elle ne répond à aucune des souffrances de la nature humaine ; elle n'a sa racine dans aucune des conditions grandes et douloureuses où l'individu peut aujourd'hui se trouver jeté. C'est une existence terne et sans relief, éloignée de tous les extrêmes qui peuvent atteindre un homme et donner à son génie une éducation véritable.

262 «Vers la fin de 1763, M. Smith, dit Dugald Stewart, reçut une invitation de M. Charles Townsend pour accompagner le duc de Buccleugh dans ses voyages ; et les offres libérales qui lui furent faites, jointes au vif désir qu'il avait de visiter le continent, l'engagèrent à renoncer à sa chaire de Glasgow. Paris, Toulouse et Genève furent les trois villes où Smith séjourna. Recommandé par Hume, il vécut dans Paris au sein d'une société choisie. Turgot, Quesnay, Necker, d'Alembert, Helvétius, Marmontel, madame Riccoboni, furent au nombre de ses relations. »

263 « *Euge ! belle !* mon cher monsieur Smith : votre ouvrage fait le plus grand plaisir, et en le lisant je suis sorti d'un état d'anxiété pénible. C'était un ouvrage dont l'attente tenait si fort en suspens et vous-même, et vos amis, et le public, que je tremblais de le voir paraître ; mais enfin je suis soulagé. Ce n'est pas qu'en songeant combien cette lecture exige d'attention, et combien peu le public est disposé à en accorder, je ne doive encore douter quelque temps du premier souffle de là faveur populaire ; mais on y trouve de la profondeur, de la solidité, des vues fines, une multitude de faits curieux. De tels mérites doivent tôt ou tard fixer l'attention publique. Il est probable que votre dernier séjour à Londres a contribué à perfectionner cette production. Si vous étiez là, au coin de mon feu, je vous contesterais quelques-uns de vos principes... Mais tout cela, et cent autres points, ne peuvent être discutés qu'en conversation. J'espère que ce sera dans peu ; car l'état de ma santé est fort mauvais, et ne peut vous accorder un long délai. »
Cette lettre est datée du 1er avril 1776 ; six mois après, Hume avait, en effet, cessé de vivre.

En un mot tout ce qui constitue une puissance de pensée, c'est-à-dire l'innéité et l'expérience de la vie, semblent manquer à la fois à cet homme. Il suit le torrent, et voilà tout ; il est le résultat du milieu qui l'enserre ; il reflète comme un écho ce qu'il entend dire autour de lui : mais la force créatrice lui manque, et ne lui vient d'aucune part. Et de là aussi ce décousu qui marque cette vie, si peu remplie d'ailleurs. Smith n'aurait-il donc été qu'un écrivain, un vulgarisateur d'idées, un professeur habile ? Je reprendrai plus loin cette vie de Smith, pour montrer qu'elle répond parfaitement au caractère que j'attribue à ses écrits et aux solutions de son économie politique.

## Histoire de l'école d'Adam Smith

Smith a laissé deux livres : ce sont là ses enfants. L'un est sa *Théorie des sentiments moraux*[264] ; l'autre, ses *Recherches sur la nature et la cause de la richesse des nations.* Le premier, pour ainsi dire, ne survécut pas à son père ; il repose ignoré au sein de quelques bibliothèques : « Mais personne, dit Dugald Stewart, ne peut se refuser à reconnaître en lui un mérite d'invention, un talent, une finesse dépensée peu ordinaires. » Quant au second, sa destinée fut plus brillante. Du vivant d'Adam Smith, il eut cinq éditions ; il fut traduit en un grand nombre de langues, et par lui Smith se vit bientôt proclamé le père de l'économie politique. Ses devanciers et ses contemporains en cette science virent leur gloire éclipsée par la sienne ; le monde crut à son système, vécut de son système durant un demi-siècle et plus. En France, en Angleterre, partout, une légion d'hommes d'élite se fit un honneur de vulgariser les principes contenus en son livre ; tous ces hommes, malgré leurs désaccords réels, se dirent à l'envi les disciples de Smith : Smith eut donc une école. Notre dessein est de faire ici l'histoire de cette école.

ORIGINE DE L'ÉCOLE. — Opinion de Smith touchant le rôle passif que doit remplir, en matière d'industrie, de commerce et d'agriculture, le pouvoir gouvernemental.

Du haut de sa chaire de Glasgow, Smith jeta les yeux autour de lui, et soudain il fut pris du désir de parler sur la question du jour. II s'agissait de savoir à l'aide de quels procédés on pourrait maintenir, accroître même, le développement industriel et commercial qui semblait à cette époque constituer à lui tout seul la plus haute prospérité qu'une nation puisse d'espérer atteindre. Les gouvernants avaient usé du système prohibitif ; ils avaient protégé ; mais en face des récla-

264 [*Theorie des sentiments moraux*, publié en 1759, fut la tentative de Smith de développer un compte rendu cohérent et convaincant des processus par lesquels nous apprenons les principes de la moralité.]

mations et des exigences de plus en plus nombreuses, de plus en plus contraires, du commerce, de l'industrie et de l'agriculture, ils commençaient à ne plus savoir quelle politique tenir. Les commerçants étaient entre eux d'avis opposés ; les intérêts des manufacturiers se trouvaient généralement hostiles aux intérêts des agriculteurs. Chacun sentait dans le gouvernement une force invincible, capable de le faire triompher en s'unissant à lui, capable de le ruiner en s'unissant aux intérêts rivaux de ses concurrents ; et chacun le voulait avoir pour ami, pour associé. De fait, la société avait perdu son ancien principe, son antique caractère ; elle n'était plus monarchique et féodale ; le droit avait cessé de s'appuyer immédiatement sur la force ; le travail était le pivot de cette société nouvelle, issue de l'envahissement, par le peuple, des privilèges des rois et des barons.

Or tandis que chacun disputait en faveur de ses intérêts privés, mais au nom de la nation, au nom du plus grand bonheur, de la plus grande gloire de cette nation, par une inspiration toute particulière l'essence constitutive de cette société nouvelle apparut à Smith ; et Smith, arguant de cette essence, tint le discours suivant : — Vous travaillez tous, tous vous produisez ; mais en chacun de vous l'intérêt est le mobile du travail, et amène, sous le nom de concurrence, une louable et utile émulation. Quelle erreur est donc la vôtre en poursuivant chacun la chimère de se voir associé au gouvernement, et revêtu de la force de tous au profit de son industrie particulière ? Par la nature même des choses, cette association ne saurait être durable ; elle est évidemment contraire aux véritables intérêts de la nation. Son effet instantané est de détruire la concurrence, cette âme de votre société ; il est encore de limiter en un grand nombre de vous l'action de l'intérêt, ce puissant mobile du travail, du travail de qui naît toute richesse. Votre querelle au sujet du pouvoir me rappelle la fable de Ménénius[265]. Vous êtes tous membres, nul de vous ne peut être estomac ; et le gouvernement, en sa qualité d'estomac, n'a point mission de prendre parti pour aucun de vous en particulier. Travaillez, ingéniez-vous ; découvrez des industries nouvelles, évitez celles qui meurent ou ne sont pas assez productives ; et la nation, de cette activité seule, saura retirer son bonheur, son plus haut degré de richesse. —

À chaque homme suffit sa peine ; Smith n'alla pas plus loin[266].

---

265 Agrippa Menenius Lanatus, consul romain. Selon l'historien romain Tite-Live, Menenius a été choisi par les patriciens lors de la sécession de la plèbe en 494 avant JC pour persuader la plèbe de mettre fin à leur sécession. Tite-Live raconte comment Menenius a raconté aux soldats une fable sur les parties du corps humain et comment chacune a son propre rôle dans la plus grande fonction du corps humain. Les parties du corps estimaient que l'estomac ne remplissait pas son rôle au fonctionnement du corps. Les autres parties du corps, aliénés de l'estomac, ont décidé d'arrêter de nourrir l'estomac. Bientôt, les autres parties sont devenues fatiguées et incapables de fonctionner, alors elles ont réalisé que l'estomac servait un but et qu'elles n'étaient rien sans lui. Dans la fable, l'estomac représente la classe patricienne et les autres parties du corps représentent la plèbe.

266 En 1755, voulant maintenir et constater son droit de propriété sur les idées économiques qu'il avait

Il n'érigea pas en système économique ou social son opinion touchant le rôle passif que le gouvernement doit remplir en matière d'industrie ; mais posant cette opinion en principe, en axiome, et la sentant attaquée, méconnue, repoussée, il la défendit, et pour la défendre, il se mit bravement à en rechercher les preuves durant dix ans et plus.

La nature et les causes de la richesse à son époque (le XVIIIe siècle), la nature du pouvoir gouvernemental à cette même époque, lui fourniront abondamment ces preuves ; et il se crut fort, et il se sentit en droit d'émettre plus haut encore son opinion.

Mais ainsi lui échappa le vice radical de son raisonnement. Etaient-ce bien en effet des preuves qu'il accumulait en son livre ? Écho prophétique de la nature et des causes de la richesse à son époque, de la nature du pouvoir gouvernemental à cette même époque, son opinion ne devait-elle pas lui être également renvoyée par la connaissance plus intime de cette nature du pouvoir gouvernemental à cette époque, et de cette nature de la richesse à cette même époque ?

Quoi qu'il en soit, nous savons aujourd'hui la valeur de ces preuves que Smith, si laborieusement, se mit à rechercher ; mais cette valeur était inconnue au temps de Smith, et le monde se trouva pris à leur apparente légitimité. L'opinion de Smith devint même une doctrine qui se formulait en ces termes : — Liberté absolue de l'industrie, du commerce, de l'agriculture ; concurrence, émulation, travail ; — et l'on argua de cette doctrine contre les actes les plus nécessaires mêmes du pouvoir gouvernemental : la bourgeoisie y puisa tout à la fois des armes offensives contre la royauté, et des armes défensives contre les plaintes amères et les souffrances du peuple. Ce n'était, en définitive, que la sauvage doctrine du marchand qui, vieilli sous le harnais, ne pouvant plus se concevoir d'autre vie que la sienne, accepte cette vie et l'impose à ses fils.

En Angleterre, cette doctrine parut une révélation soudaine, et cela se conçoit. Qu'était l'Angleterre à cette époque ? Un habile et robuste commerçant. Toute sa puissance lui venait de sa richesse ; toutes ses relations avec les autres peuples étaient des relations commerciales. Avec quelle ardeur ne dut-elle donc pas écouter la parole de Smith, qui, la rappelant uniquement à la logique, la laissant à ses penchants, à ses croyances, à son activité, se bornait à lui dire : Sois conséquente aux principes de ta propre existence, c'est là le seul moyen d'être prospère.

---

le premier émises, dans ses leçons à l'université de Glasgow, Adam Smith, résumait ainsi lui-même, dans un manuscrit que Dugald Stewart eut entre les mains, le sens et le but de ces leçons : « Pour élever un état du dernier degré de barbarie au plus haut terme de l'opulence, il ne faut guère autre chose que la paix, des taxes légères , et une administration tolérable de la justice : tout le reste est amené par le cours naturel des choses. Les gouvernements qui forcent ce cours naturel, qui précipitent en d'autres canaux les choses destinées à le suivre, ou qui s'efforcent d'arrêter les progrès de la société à certains points marqués de son existence, agissent contre le vœu de la nature ; pour se soutenir ils sont réduits à devenir tyranniques et oppressifs. »

Aussi, quelque opposition qu'Adam Smith ait pu rencontrer quand pour la première fois il émit son opinion, cette opposition s'évanouit aussitôt. Quinze ans après la publication de son livre, il put, avant de mourir, constater l'influence de ses écrits sur la politique commerciale de sa patrie, et ce n'est pas à lui que l'on peut appliquer cette pensée de Bacon[267] : *Les philosophes sont les serviteurs de la postérité.*

L'ÉCOLE EST FONDÉE. — Opinion de Say touchant l'identité absolue de la science et de la méthode de l'observation pure ; son système.

Mais la France se trouvait à l'abri de cette doctrine par son génie, plus encore que par les écrits de ses économistes, disciples de Quesnay. Ce que Smith et l'Angleterre regardaient comme le propre de l'existence normale d'une nation répugnait précisément à ses nobles instincts. Elle ne se pouvait concevoir sous les tristes habits d'un marchand ; elle rêvait une vie meilleure que celle de la boutique ; ses relations avec les nations voisines et lointaine n'étaient point commerciales, mais surtout amies, mais surtout protectrices ; et se sentant battre le cœur aux mots pleins et sonores d'honneur, de dévouement, de liberté, d'égalité, de fraternité, de patrie, dans sa souffrance elle souriait d'aise et pensait à l'avenir.

Ce n'est pas à dire toutefois qu'en son sein le peuple ait jusqu'à cette époque manqué à sa mission. Moins apparente en France qu'en Angleterre, la destruction de l'ancien édifice de la société monarchique et féodale au temps de Smith y était en réalité plus profonde ; et quand Smith mourut (1790), la France, aux yeux de l'univers, en donnait une démonstration éclatante, sans réplique.

L'œuvre même de Quesnay, de son école, au dix-huitième siècle, ne se peut-elle pas caractériser par le sentiment profond de la décomposition flagrante du vieil édifice social et de la nécessité d'une réorganisation de la société ? Que voulait cette école ? Le sceptre se changeant en quenouille aux mains d'une race mourante, elle cherchait dans la nation quelle race nouvelle portait au front le sacré caractère du gouvernant. Elle crut voir distinctement ce caractère sur la face des agriculteurs, c'est-à-dire de ceux entre les mains desquels se trouvait la terre, mère nourrice des hommes ; et de là son système.

Et enfin, quand, en pleine révolution, la France libre et fière vit contre elle l'Europe ameutée, quelle œuvre poursuivaient vainement au sein de la tempête ses représentants courageux ? La constitution, toujours la constitution ! Triomphante des arrogants dédains de la noblesse, la haute bourgeoisie criait alors en vain ; - À l'Angleterre ! Prenons, imitons la constitution de l'Angleterre ; — la France, arguant

267 [Francis Bacon (1561-1626). Philosophe et homme d'État anglais, auteur de *Novum Organum* (1620).]

des droits de l'homme et des devoirs du citoyen par elle décrétés, répondait ; — Et le peuple ! qu'en ferons-nous ?

L'heure du peuple n'était point encore venue ; il resta en dehors de la constitution ; Napoléon surgit. L'œuvre du conquérant mit une trêve entre la bourgeoisie émancipée de la vieille noblesse et le peuple retenu dans les indignes liens du salaire. Mais alors ce peuple et cette bourgeoisie reçurent de Napoléon chacun leur part ; au peuple fut l'armée, la cité aux bourgeois.

Cette cité était en tout semblable à l'Angleterre : mêmes dogmes, mêmes mœurs y régnaient. Mais ses fils étaient toujours de France, et le livre de Smith, tel qu'il était, ne pouvait leur convenir. Smith s'appuyait uniquement sur l'existence de ces mœurs, de ces dogmes, pour démontrer la vérité de sa proposition générale, d'où jaillissaient une politique extérieure et une politique intérieure nouvelles ; pour les bourgeois de France, il s'agissait précisément de la légitimité de ces dogmes, de ces mœurs ; ils avaient à prouver la validité de leurs droits.

Assurément Smith convenait mieux à ces bourgeois que Quesnay. Que faire avec un homme qui, pour point de départ, pose en principe le droit de tous à tout ! Comment conclure de l'unité de la nature humaine à l'inégalité des conditions sociales ! D'ailleurs, indépendamment de la valeur intrinsèque de ces principes absolus, quelle sympathie pouvait avoir pour le système agricole de Quesnay la bourgeoisie triomphante ? Ce système avait disparu au sein de la tourmente révolutionnaire ; il n'en était plus question. Avec Smith, au contraire, tout allait de soi-même ; c'était bien là ce que l'on pensait, ce que l'on disait, ce que l'on croyait, ce que l'on voyait ; c'était là la vérité. Seulement il fallait la dire d'une façon différente ; il fallait assigner des valeurs contraires aux diverses parties de l'œuvre du philosophe écossais : ce qui chez lui était invoqué en preuve devait être érigé en principe ; ce qui chez lui était exposé comme principe, comme proposition générale, devait ressortir sous la forme d'une simple conséquence. Or ce fut là précisément l'œuvre de Say.

Nous avons dit plus haut comment Smith, voulant prouver son opinion touchant le rôle du gouvernement en matière de commerce, se prit à observer et à décrire les phénomènes économiques de son époque ; hé bien, Say renversa l'ordre de ces deux idées successives de Smith : il se mit, lui, à observer et à décrire les phénomènes économiques de son temps, phénomènes presque en tout semblables à ceux observés et décrits par Smith ; puis il conclut, au sujet du gouvernement, à une opinion semblable à celle de Smith.

Et la transfiguration de Smith et de son œuvre, à l'usage de là bourgeoisie de France, fut irrévocablement accomplie. L'opinion primitive du philosophe écossais sur un point particulier de la science économique devint tout un système. Il n'y avait plus moyen, dans ce système, de demander à la bourgeoisie la preuve de la validité de ses droits, la preuve de la légitimité des dogmes et des mœurs de sa cité :

c'étaient là des faits existants, incontestables, dont la cause, si on la recherchait, se trouvait être hors du domaine réel de la science économique.

À quoi bon, s'écria Say, *recherche abstractivement* les principes de la science économique ? À quoi bon, au début d'un livre sur cette science, s'occuper du *gouvernement du genre humain,* comme le fait Stewart ? *Tout cela ne fait qu'embrouiller les idées au lieu de les éclaircir.* De la clarté, morbleu ! de la clarté ! Séparons soigneusement de la science qui nous occupe tout ce qui n'en est pas. Rien n'est, plus difficile, je le sais, que de savoir s'arrêter où il le faut sur ce terrain glissant des problèmes humains ; mais enfin la chose n'est pas impossible. Ainsi, par exemple, il ne s'agit point en économie politique des choses qui ne sont pas, mais de celles qui sont. Nous sommes, notre cité existe ; il s'agit d'elle, il s'agit de nous. Pour demeurer dans les conditions du problème, ne nous informons donc point si notre cité, si nous-mêmes, nous sommes l'un et l'autre conformes à la vraie nature de l'homme : à d'autres ce soin, à d'autres ce tracas ; cela doit être, et va sans dire d'ailleurs. Mais voyons uniquement, par rapport à la production des richesses, *comment les choses se passent.* La seule observation des faits qui existent, en nous menant à la science, la constitue. Tout dépend de la méthode, tout dépend de l'observation.

Jamais Smith n'avait dit cela, jamais il n'était arrivé à une conception aussi grossière de la science ; jamais la pensée ne lui vint d'enfermer la science économique dans le cercle tout à fait secondaire de l'observation de phénomènes, en s'interdisant de s'occuper de leurs causes, et en se condamnant par conséquent à un doute éternel sur la nature et la permanence de ces phénomènes. Et quand Say vint affirmer au monde que l'œuvre de Smith n'était rien autre chose que cette introduction de la méthode des naturalistes au sein des phénomènes économiques, il fit, mais de bonne foi sans doute, un mensonge éclatant.

Cette introduction de la méthode des naturalistes au sein des phénomènes économiques, cette conception grossière de la science appartient à Say, non à Smith : qu'il en garde l'honneur et la responsabilité. Que Smith lui en ait suggéré la pensée, cela peut être, cela est ; mais il dépendait de lui de s'en garantir, et, s'il ne sut point éviter le piège, on ne peut pas légitimement en faire un crime à Smith.

Il se passa donc là quelque chose d'étrange, quelque chose d'inouï, entre Smith mort et Say vivant ; car Say se dit le disciple de Smith, et Smith se trouva responsable de la doctrine de Say, et nul ne cria Mensonge !

J'aurai recours à une comparaison pour bien faire toucher du doigt la transformation monstrueuse que Say fit subir aux opinions de Smith. Qu'un docteur vienne nous dire : — Il y a dans l'homme une âme et un corps ; l'âme est le principe de vie ; le corps en est la forme accidentelle, l'effet périssable : — assurément c'est là une définition de l'homme d'où jaillit une théorie des actes que cet homme doit et peut légitimement produire. Mais qu'un autre docteur, sans ajouter ni supprimer de pièces en cette définition de l'homme, se borne à lui faire subir un changement dans les termes ; qu'il donne au corps la place et les attributs de l'âme, à l'âme la place et les attributs du corps : dira-t-on que la définition de l'homme de ce second docteur est identique à la définition de l'homme donnée par le premier, qu'elle n'en est qu'une simple modification, et que la théorie des actes qui jaillit immédiatement de cette seconde définition est identique à la théorie des actes qui ressort de la première ? Certainement personne ne soutiendrait une chose aussi absurde. Dans le premier cas, nous avons un homme dans les actions duquel domine le caractère sacré de la nature humaine ; dans le second cas, au contraire, l'homme que nous avons devant nous est soumis aux plus vils instincts de la nature animale : l'un s'élève incessamment sur l'échelle des êtres ; l'autre demeure immobile à la place qu'il occupe, car incessamment aussi il se sent entraîné à descendre, et il ne peut descendre sans perdre aussitôt son nom d'homme.

Hé bien, tel est le genre de différence qui existe entre l'opinion de Smith et le système de Say. Smith n'a pas nié absolument l'âme dans la science, quoi qu'il n'en avait qu'un très vague sentiment ; Say, au contraire, a pris le corps pour l'âme. Il n'est jamais venu dans l'idée de Smith de nier la cause des phénomènes, ni par conséquent la muabilité de ces phénomènes. Il n'a pas pénétré jusqu'à cette cause, soit ; il n'a pas su trouver la loi de cette muabilité, cela est incontestable : mais enfin il n'a nié ni cette cause ni ses effets. Mais voilà Say qui, à sa suite, prend l'observation du fait actuel pour la science entière, et qui bravement conclut du présent à l'immuable ! N'est-ce pas évidemment prendre le corps pour l'âme, la forme actuelle pour la cause impérissable ; n'est-ce pas détruire la muabilité, la vie, le progrès ? Et n'est-ce pas aussi altérer, changer l'opinion d'un homme du blanc au noir ? Jamais, en tête de ses éditions successives, Say ne mettra, par exemple, ce simple et significatif avertissement qui précède la troisième édition des *Recherches* de Smith ; « La première édition de cet ouvrage a été imprimée en 1775 et au commencement de 1776. Ainsi, dans la plus grande partie de l'ouvrage, toutes les fois qu'il est question de *l'état actuel des choses,* il faut entendre l'état des choses vers cette époque environ, ou quelque époque précédente qui remonte au temps où j'écrivais. J'ai fait plusieurs additions à cette troisième édition. Dans toutes ces additions, *l'état actuel des choses* veut toujours dire l'état où elles étaient dans le cours de l'année 1783 et au commencement de 1784. » Say, dis-je, ne fera jamais une pareille réserve. C'est qu'en effet il n'y a point *d'état actuel des choses* pour Say, en ce sens que *l'état actuel,* pour lui, est ou doit être *l'état futur*, est ou devait être *l'état passé des choses.* Là donc où Smith sent encore la mobilité, la vie, Say ne voit que l'immobilité, et dans cette immobilité un des attributs de la vie.

C'est ainsi également que l'homme cesse d'être réellement pour Say ce qu'il fut pour Smith ; l'identité de leurs deux définitions n'est qu'apparente. L'homme de *l'état actuel des choses* de Smith est bien revêtu du triple caractère de commerçant, de producteur, de consommateur ; mais si cet homme ne produit que pour vendre et ne vend que pour consommer, Smith s'arrête là du moins, et ne fait point de l'homme de tous les siècles un marchand, tandis que l'homme de *l'état éternel* de Say retourne, malgré lui, au point d'où il est parti ; il ne consomme que pour produire et pour vendre.

Cependant, pratiquant son principe de l'observation Say découvre que Smith a commis une erreur en attribuant au seul travail de l'homme le pouvoir de produire des valeurs. « C'est une erreur, dit-il ; une analyse plus exacte prouve que ces valeurs sont dues à l'action du travail ou plutôt de l'industrie de l'homme, combinée avec l'action des agents que lui fournit la nature et avec celle des capitaux. » Mais en face de cette déclaration explicite, qu'attendons-nous encore pour reconnaître, pour proclamer que Smith n'est point en effet le maître de Say ; que la doctrine de Say, bien qu'elle embrasse et s'assimile l'opinion de Smith, repousse et détruit, dans sa doctrine profonde et cachée, le livre de ce dernier ? Une définition de la source productrice des richesses équivaut toujours en économie politique à la définition de la richesse, et cette définition de la richesse à un système complet d'économie politique. Le système commercial définissait la richesse l'or et l'argent, sa source productrice le commerce ; le système de Quesnay définissait la richesse le produit naturel, sa source productrice l'agriculture ; le système de Smith définissait la richesse le produit, sa source productrice l'industrie ou le travail de l'homme ; et voici que le système de Say définit la richesse la valeur, et sa source productrice le travail de l'homme, la nature et les capitaux associés. À coup sûr, ce système de Say diffère donc essentiellement de celui que Smith n'a point exposé, mais dont il s'est servi dans son livre pour démontrer l'excellence de sa célèbre proposition, Smith *n'a point exposé son système* : voilà l'explication de ce fait étrange, que nous cherchons ici à rendre évident pour tout le monde. Et Smith n'ayant point exposé son système, Say ne put combattre ce système, et sur ses ruines ériger le sien. Seulement il en vit bien çà et là les germes, les racines ; mais en l'absence des fruits, il méconnut la nature de ces germes, et ne vit en eux que de simples erreurs dues à la négligence. Et n'ayant point exposé son système, que restait-il de Smith ? Son livre, c'est-à-dire la démonstration d'une proposition particulière à l'aide de l'observation des phénomènes. Ces phénomènes étant les mêmes pour Say, que se trouva-t-il y avoir dans cette démonstration de Smith qui ne s'accordât en tout avec le système de Say ? À l'exception de la théorie secrète qui présidait à cette démonstration et qui perçait çà et là, rien. Comment donc Say eût-il pu produire en son nom le système qu'il formulait, et dont la base génératrice était l'observation pure et simple, l'observation grossière des phénomènes ?

Que les disciples morts ou vivants encore d'Adam Smith l'aient ignoré ou su, l'ignorent ou le sachent, c'est ainsi que s'établit sur eux la paternité d'Adam Smith.

Mais Say ne subit le joug illégitime de cette paternité qu'à la condition qu'Adam Smith serait plus qu'un homme.

Il l'exalta donc, il le vanta jusqu'à l'apothéose ; il rabaissa, il détruisit son livre ; et le monde abusé perdit l'intelligence d'Adam Smith. Adam Smith prit une stature et des traits au-dessus de l'humain. C'était quelque chose de vague, de vaporeux, mais de gigantesque en même temps ; et ses disciples, immolant à ses pieds la gloire de Quesnay, de Colbert, de Sully[268], de tous ses devanciers et de ses contemporains, s'estimèrent heureux qu'un rayon de son auréole daignât parfois descendre sur leurs fronts et les illuminât.

C'est ainsi que l'école dont nous faisons l'histoire se trouva constituée. Smith avorta dans son œuvre ; Say produisit la sienne. Mais Smith avait surtout fait naître dans l'esprit de Say la pensée que la science économique, pour être une science réelle, exacte, devait se limiter, se renfermer dans l'observation pure et simple de ses phénomènes ; et Say, plein de reconnaissance, ne douta pas que l'œuvre que faisait naître en lui l'usage de cette observation ne fût l'œuvre absente d'Adam Smith. Il la donna donc pour telle, et porta jusqu'aux nues la méthode qui la lui avait fournie. Bientôt d'autres vinrent à sa suite, qui, dupes de la même illusion, attribuant à Smith la méthode dont ils faisaient usage, se dirent encore ses disciples, alors même qu'ils niaient hautement ce que Smith avait affirmé.

Quand le livre de Say parut (1803)[269], et durant tout l'Empire, l'heure ne lui était guère propice ; car si d'un côté la bourgeoisie constituait à son image la cité, la nation, de l'autre Napoléon, fièrement assis au sein de son armée entre le peuple et cette bourgeoisie, régnait sur la nation, sur la cité. Mais à la chute du trône impérial, à la destruction sanglante de la grande armée, au triomphe d'un certain genre de la bourgeoisie, sous le régime de la restauration, tout coïncida pour rendre presque populaire la théorie que contenait le livre de Say. De protestante timide qu'elle se trouvait être sous Napoléon, elle devint, sous la monarchie restaurée, agressive et tranchante. Son profond mépris pour tout gouvernement, qu'elle appelait *un mal, mais un mal nécessaire*, faisait alors fureur ; et son cri sauvage de *liberté illimitée, liberté commerciale*, en face des envahissements et des prétentions d'une noblesse et d'un clergé décrépits, retentissait diversement au fond de tous les cœurs. La bourgeoisie lui empruntait ses plus fortes armes contre la royauté, et cherchait par avance à se garantir derrière elle des futures atteintes du peuple.

268 [Maximilien de Béthune, duc de Sully (1559-1641). Ministre et surintendant des finances sous Henri IV.]

269 [Il s'agit du *Traité d'économie politique, ou simple exposition de la manière dont se forment, se distribuent et se consomment les richesses*, (2 vols)(Paris, 1803).]

Say vécut assez pour voir ce triomphe, et ce n'est pas à lui non plus que l'on peut appliquer cette pensée de Bacon : *Les philosophes sont les serviteurs de la postérité.*

L'ÉCOLE EST ATTAQUÉE DANS SA DOCTRINE : vanité du système de Say, que soutiennent en vain de leur côté Malthus et Ricardo.

Ce triomphe de Say n'était pourtant pas sans nuages. Nul homme un peu remarquable ne s'élevait en économie politique sans qu'il n'eût aussitôt à le combattre : c'était Malthus, c'était Ricardo, c'était M. de Sismondi, et cent autres encore[270]. Jamais théorie plus claire en apparence ne se montra plus difficile à comprendre ; jamais théorie ne fut plus impuissante à réunir deux hommes. Ceux qui semblaient le plus d'accord se trouvaient intraitables sur les points débattus entre eux, et s'avouaient franchement leur ignorance du comment cela pouvait être, quand toute leur volonté tendait à ce que cela ne fût pas. Autant de livres qui paraissaient, autant de nuances différentes, qui se cachaient toutes sous le manteau commun d'Adam Smith.

C'est que la porte aux théories particulières était toute grande ouverte. Du moment que la science se trouve être identique à la méthode, à l'observation, en ce sens que la seule voie capable de nous mener à elle se trouve être l'observation de ses phénomènes, comme cette observation relève après tout de l'individu, de la nature et de la corrélation des organes de cet individu, il en résulte nécessairement autant de sciences particulières, autant de théories privées qu'il y a d'individus occupés à l'observation des mêmes phénomènes. Ajoutons les limites étroites où se tenait renfermée la pensée des observateurs, c'est-à-dire la façon grossière dont ces observateurs comprenaient l'observation.

Quand les protestants décidèrent que la religion était tout entière dans la Bible, ils ouvrirent la porte toute grande aux sectes innombrables, aux innombrables religions ; car chaque interprétation de ce livre portait en elle sa légitimité. Say, sous le manteau d'Adam Smith, fit donc une œuvre analogue, quand il décréta que la science gisait tout entière dans l'observation de ses phénomènes, qu'il suffisait de bien voir et non de bien comprendre.

Cependant, il faut le dire, cette latitude ouverte à la production indéfinie de théories contraires ou rivales ne produisit d'abord que des nuances, significatives, il est vrai, en ce sens qu'elles étaient irréductibles, mais légères après tout ; et cela

---

270 Thomas Robert Malthus (1766-1834), économiste anglais et auteur du célèbre *Essai sur le principe de la population en tant qu'il influe sur le progrès futur de la société avec des remarques sur les théories de M. Godwin, de M. Condorcet et d'autres auteurs* (1798 et ensuite dans une version augmentée en 1803) ; David Ricardo (1772-1823), économiste anglais et auteur *Des principes de l'économie politique et de l'impôt* (1817); Jean Simonde de Sismondi (1773-1842), économiste suisse et auteur des *Nouveaux principes d'économie politique, ou de la richesse dans ses rapports avec la population* (1819).

s'explique aisément. Les phénomènes observés étaient les mêmes ; la manière de les observer était la même ; les observateurs, semblables en génie, étaient en quelque sorte les mêmes : d'où aurait donc pu jaillir une différence profondément hostile ?

Cette différence se produisit pourtant une fois, et fit scandale au sein de l'école : ce fut l'œuvre de M. de Sismondi. Mais M. de Sismondi ne produisit cette œuvre[271] qu'après avoir longtemps marché dans la voie commune. Il y a plus : ce ne fut pas, à vrai dire, en tant qu'économiste qu'il arriva à son hérésie. La lumière qui l'éclaira un beau jour, si c'est une lumière, lui vint pour ainsi dire du dehors ; elle ne sortit pas pour lui de l'observation pure et simple des phénomènes comme l'entendait Say et comme lui - même l'entendait. En un mot sa théorie ne fut point l'heureux effet d'une inspiration naïve et soudaine ; il ne la mit au monde que pour remédier à la plaie profonde, incurable, du système de Say. Quelle était donc cette plaie qui minait insensiblement et réduisait à néant, le jour même de son triomphe, ce système de Say ?

L'observation des phénomènes menant seule à leur connaissance il en résulte nécessairement que ces phénomènes et les questions qu'ils soulèvent prennent dès lors une haute et égale importance. Entre ces phénomènes, il n'en est point de supérieur ; entre ces questions, il n'en est point, d'inférieures, et toutes ces dernières se formulent de la même façon. Il s'agit en toute du comment a lieu le phénomène observé ? Mais, dès lors aussi, dans la solution qu'appelle ce problème commun, tous les agents du phénomène se revêtent pour ainsi dire d'une importance égale. Dans le comment la production de la richesse a lieu, il ne s'agit donc plus uniquement de la richesse, mais il s'agit encore des agents de cette production. Nous concevons Adam Smith ne traitant les problèmes qu'au point de vue de la richesse : n'enveloppait-il pas du même nom de travail tous les agents de la production ? Mais du moment qu'on reconnaît que les richesses sont *le produit de l'industrie de l'homme combinée avec l'action des agents que lui fournit la nature et avec celle des capitaux,* on se trouve sous le coup de questions majeures concernant l'homme, concernant les agents naturels, concernant les capitaux. Évidemment, l'homme serait plus riche si la richesse n'était le produit que *de l'action des agents naturels combinée avec celle des capitaux* ; il serait plus riche encore si cette richesse n'était le produit que de *l'action unique des agents naturels ;* et il est d'autant moins riche que son action est plus intense, plus nécessaire, dans l'œuvre de la production.

Et si nous sortons de cette formule algébrique, si nous la transformons en la triste réalité qui se cache sous elle, combien ne vont point devenir vivantes, capitales, humaines, sociales, les questions que soulève chacun des agents qu'elle renferme ! Car enfin, dans cette formule, les mots *industrie de l'homme* désignent

271 [Il s'agit des *Nouveaux principes d'économie politique* (1819). Note sur Richesse commerciale (1803). Publiée en 1803, sa *Richesse commerciale* était en revanche fidèle à l'inspiration libérale smithienne.]

*l'ouvrier*, le *prolétaire ;* les mots *action des agents naturels* désignent le propriétaire, le *chef d'industrie, l'entrepreneur ;* et les mots *action des capitaux* désignent le *capitaliste.* C'est donc de trois hommes qu'il s'agit en cette formule ; il s'y agit du concours de trois actions différentes de trois hommes divers. D'où vient alors cette inégalité des actions diverses de ces trois hommes différents ? D'où vient que l'un concourt à la production à l'aide de son corps, de sa force, de son génie ; que l'autre y concourt à l'aide d'un agent naturel ; que le troisième y concourt encore à l'aide du capital ?

Et quand de ce problème du comment a lieu la production de la richesse, on passe immédiatement au problème du comment a lieu la distribution de cette richesse, force est alors de constater les profondes misères de l'ouvrier, d'analyser la nature de ses souffrances et de ses plaies ; force est alors de constater que le riche, dénomination commune des deux autres hommes également engagés mais différemment engagés dans l'œuvre de la production, se voit non seulement à l'abri de ces misères profondes de l'ouvrier, mais encore appelé à des jouissances qui seront éternellement inconnues au pauvre. Alors aussi, au sein de tous, du pauvre comme du riche, de l'ouvrier comme du bourgeois, que ce dernier soit capitaliste ou simple chef d'industrie, surgit un nouveau monde d'idées. Triste et aride science de l'économie politique, on vous dit adieu, et l'on se plonge dans l'examen de ces questions éternelles du Bien et du Mal, de la liberté et de l'égalité des hommes, du hasard de la naissance, du droit de propriété, du droit d'héritage, de la vie, de la mort ; car en ces questions et en ces questions seules, sont bien évidemment les raisons légitimes des phénomènes que vous vous conteniez d'observer. Nous reviendrons à vous quand nous les aurons résolues.

Ainsi, pour avoir conjuré l'orage au début de sa carrière, Say ne l'avait point détruit ! Que lui servait d'avoir prodigué jadis le mépris insultant aux devanciers, aux contemporains d'Adam Smith, qui voulurent fonder la science sur la solution de questions sociales, morales, philosophiques, touchant la vraie nature de l'homme, de ses droits, de ses devoirs, touchant la vraie nature de la société, puisqu'au déclin de sa carrière ces mêmes questions se dressaient menaçantes et demandaient solution ? Il pensait les avoir résolues, il n'avait fait que les ajourner ; il les croyait derrière lui, elles étaient près de lui, devant lui ; elles l'accompagnaient invisibles partout où il allait, et se disaient entre elles — Où donc veut-il aller ainsi dans les ténèbres ? quand donc s'apercevra-t-il que nous lui manquons ?

Elles étaient intangibles à cette observation grossière des phénomènes, instrument et principe de la science selon la doctrine de Say. Aussi, quand Malthus en Angleterre voulut en finir avec elles, loin de les résoudre, il ne fit que les rendre plus poignantes encore. Sous ses efforts pour la cicatriser, la plaie du système grandit, s'envenima. Le cœur s'ému t de tant de barbarie, et la pensée vint aux lèvres que ce système était faux, puisque, pour se soutenir, il se trouvait avoir besoin du livre de Malthus[272].

Ce livre de Malthus était irréprochable au point de vue de la doctrine. Aussi triompha-t-il dans l'école de toutes les critiques, de toutes les chicanes qu'il y avait d'abord soulevées. La théorie des pauvres qui s'y trouvait contenue était la conséquence légitime de cette analyse du comment se forme la richesse, à la vérité de laquelle on croyait. Et ceux qui rejetaient Malthus tout en pratiquant Say montrèrent évidemment que le cœur se trouvait être en eux plus développé que l'intelligence.

Vous dites que l'existence du prolétaire, celle du maître, celle du capitaliste, sont nécessaires et légitimes dans l'œuvre de la production des richesses ; qu'elles sont encore légitimes et nécessaires quand vient la distribution de ces richesses produites ! Mais le riche et le pauvre sont donc les éléments de la société actuelle, comme l'homme libre et l'esclave étaient les éléments de la société antique ? Dès lors vie différente, morale différente, droits différents pour ces deux hommes, le pauvre et le riche ! Dès lors où donc est le crime de Malthus ? Qui peut l'empêcher de pénétrer dans le sanctuaire de cette morale du pauvre par Dieu même voulue, et avec sa parole éloquente de rappeler incessamment à cette morale les prolétaires, qui deviennent sans elle victimes du fait brutal de l'insuffisance des subsistances ?

Mais Malthus n'avait triomphé des questions qu'il s'était posées dans son livre qu'à l'aide d'un procédé fort simple dont il fut la première victime... une pétition de principe. Loin donc de consolider la doctrine de Say, il en montra malgré lui toute la vanité. Car depuis lors il apparut pertinemment aux yeux de tous que le fondement de cette doctrine était en dernier ressort une simple pétition de principe, tendant à consacrer également l'existence du riche, l'existence du pauvre.

Ainsi poursuivie de retranchements en retranchements par l'effet même de ses propres efforts pour se développer tout entière, la doctrine de Say se vit bientôt acculée. Elle n'osait aborder la démonstration rigoureuse et logique de cette misérable pétition de principe qui lui servait de base ; elle n'osait entreprendre de démontrer aux hommes qu'il en est parmi eux de *pauvres par nature*, de *riches par nature*, et son invocation au fait se trouvait dès lors sans valeur ! Qu'importe le fait, lui criait-on de toutes parts ; prouvez-le. Par le phénomène de la production des richesses vous concluez aux existences des pauvres et des riches ; mais descendez profondément dans la nature du pauvre et dans celle du riche, quelle différence y pouvez-vous constater ? Je suis pauvre, vous êtes riche, voilà ce qui est évident, voilà ce que vous pouvez dire à satiété ; mais donnez-moi votre richesse, prenez ma pauvreté, et les rôles auront réellement changé, la pauvreté ne m'ôte point les droits à la richesse ; loin de là ; elle ne les rend en moi que plus âpres, plus violents, plus légitimes ; la

272 [Il s'agit de *L'Essai sur le principe de population.*]

richesse ne vous soustrait point à la capacité d'être pauvre. Manteau troué, râpé, fait de bure, la pauvreté couvre mes épaules, et sous elle j'ai froid ; mais la richesse, manteau splendide et magnifique, tissu de pourpre et d'or, ne permet pas au froid de vous atteindre ; voilà la différence. En amour, en désirs, en droits comme en devoirs, l'homme est l'égal de l'homme. L'unité de la race est une vérité acquise, indestructible, un fait qui se montre, que l'on prouve. Devant cette unité de la race humaine, devant cette égalité des hommes, que deviennent vos phénomènes ! Comment ces phénomènes pourront-ils jamais prévaloir contre cette unité et cette égalité ? Ils passent, vos phénomènes, ils tombent ; ils changent de nature, ils s'effacent : l'homme seul est immortel et demeure.

Il n'y avait plus moyen de reculer ou de décliner la bataille ; la question à résoudre était nette et lumineuse : M. de Sismondi se leva.

Scission dans l'école. — Tentative de M. de Sismondi.

M. de Sismondi, pratiquant la méthode de Say, crut la tenir d'Adam Smith, et il s'écria tout d'abord : — Smith est mon maître, je suis son humble disciple. — Mais quand cet humble disciple aura bâti à son tour sa théorie, devant cette théorie que restera-t-il de celle de son maître ? Rien.

Déjà nous sommes habitués à cette fidélité des disciples de Smith ; mais ici toute limite a été dépassée. Entre la théorie de M. de Sismondi et le livre de Smith, je ne dis pas la théorie de Smith, qu'y a-t-il de commun ? M. de Sismondi répond : *La méthode, et c'est assez.* Mais la méthode attribuée à Smith n'étant point en fait celle de Smith, il s'ensuit que rien de commun n'existe réellement entre Smith et M. de Sismondi.

Smith avait dit que le gouvernement, en matière d'industrie et de commerce, ne devait point intervenir : M. de Sismondi pose en principe l'intervention du gouvernement : « Nous regardons, dit-il, le gouvernement comme devant être le protecteur du faible contre le fort ; le défenseur de celui qui ne peut point se défendre par lui-même. »

Smith avait accepté comme dogme fondamental la concurrence libre et universelle : M. de Sismondi ne veut point de cette concurrence, et sent le besoin d'une autorité protectrice, qui empêche que des hommes ne soient sacrifiés aux progrès d'une richesse dont ils ne profiteront point.

Smith avait placé dans le développement des richesses privées le développement de la richesse nationale : M. de Sismondi, ayant vu que les riches pouvaient augmenter leurs richesses, soit par une production nouvelle, *soit en prenant pour eux une part plus grande de ce qui était auparavant réservé aux pauvres*, conclut contre la proposition d'Adam Smith, et réclame de plus belle l'intervention d'une autorité protectrice.

Enfin Smith, dans sa pensée profonde, attribuant au travail la faculté de produire les richesses, et proclamant la liberté pour quiconque travaille, ne reconnaissait implicitement qu'un seul homme, le travailleur ; qu'une seule race d'homme, la race humaine : M. de Sismondi établit deux hommes, le pauvre et le riche ; deux races d'hommes, la race des pauvres et celle des riches.

Vraiment, en jetant un coup d'œil sur les physionomies diverses de ces théories qui tour à tour se sont produites au sein de l'école dont nous esquissons l'histoire, je me surprends une secrète envie de me les expliquer par les caractères également divers de leurs auteurs. D'abord c'est Adam Smith, professeur habile, philosophe de l'école d'Hutcheson : il se sert de l'observation des phénomènes pour appuyer, corroborer son dire ; mais si sa pensée ne pénètre point jusqu'au fond de ces phénomènes, s'il n'en saisit point la nature périssable et ne peut mettre en garde contre cette nature les hommes qui l'écoulent, il n'ira pas du moins proclamer éternels ces phénomènes, et ne communiquera point ainsi aux principes qui en dérivent une valeur qui ne leur convient pas. Puis vient, au dix-neuvième siècle, J.-B Say, fils d'un commerçant, élevé jeune encore au sein de l'industrie et des banques, passant en Angleterre pour compléter son éducation commerciale, et pratiquant lui-même, sous l'Empire, le commerce et l'industrie. Son génie n'atteint même point la hauteur de celui d'Adam Smith. Say flotta longtemps entre le système de la balance commerciale et le système de Quesnay ; mais enfin le livre d'Adam Smith vainquit ses irrésolutions. Il lui fallait pour sa spéculation scientifique une base solide, des phénomènes immuables, éternels, tels qu'il convient d'en avoir aux spéculations commerciales ou industrielles ; et cette base solide, la circonspection d'Adam Smith la lui révèle ; et ces phénomènes éternels, immuables, il les voit dans les phénomènes existant autour de lui. Une théorie nouvelle se produit donc au monde : la *recherche* d'Adam Smith devient une *méthode,* et cette méthode un *système.* Mais il fallait un esprit plus fort que celui de Say pour appliquer largement cette méthode, afin de montrer au monde les défauts de cette méthode-système. Alors viennent Malthus et Ricardo. Malthus est réellement l'aigle de l'école, l'esprit supérieur ; c'est le nouvel Adam Smith. C'est encore un grave professeur, et toute son attention se trouve particulièrement dirigée vers les atteintes qu'au nom des pauvres et de l'humanité reçoit déjà la commune et naissante théorie. Membre du parlement d'Angleterre, ancien courtier près la bourse de Londres, propriétaire d'une fortune immense, Ricardo donne en ce temps même la main à Malthus et à Say. Ses questions favorites sont des questions sur le cours des monnaies ou sur le prix du blé ; mais, bien que moins émouvantes et moins retentissantes que les questions traitées par Malthus, elles ne sont pas au fond d'une autre nature, et conduisent tout droit à la découverte de l'imperfection mortelle de la théorie qu'elles prétendaient au contraire perfectionner. Le professeur philosophe du dix-huitième siècle, l'initiateur, a donc parlé ;

puis le commerçant, le grave professeur et le propriétaire de notre siècle ont à leur tour également parlé : qui donc va prendre encore la parole, et, sous prétexte de parfaire la théorie de Say ou celle de Smith, nous dévoiler une nouvelle et dernière imperfection de ces théories ? Hélas, pour épuiser les conditions sociales, il ne reste plus guère que l'ouvrier et le grand seigneur d'autrefois, caché sous le nom moderne de *capitaliste.* Hé bien, tout ce qui a voix, tout ce qui peut avec loisir exprimer sa pensée, parlera : voici M. de Sismondi.

Sa naissance, ses études, sa condition sociale, lui ont dérobé l'intelligence des faits les plus vifs de la nature humaine. Il ne peut concevoir cette recherche incessante de la richesse, cette soif de l'or qui tourmente les industriels et les commerçants ; il ne peut concevoir ces cris de liberté, d'égalité, et de fraternité, qui s'exhalent à tout propos de toutes bouches prolétaires. Ce sont là pour lui deux fléaux qui s'engendrent réciproquement, et qui déchirent le sein des sociétés actuelles. En acceptant comme mobile de la production des richesses l'intérêt personnel, en l'exaltant sans cesse, en le dotant de toute liberté, que fait la science économique ? Elle multiplie les prolétaires, provoque l'encombrement des débouchés, amène les crises commerciales, abaisse les salaires, diminue la main-d'œuvre après l'avoir accrue, et transforme subitement, sur la place publique, le pauvre, l'ouvrier, en homme, en citoyen mourant de faim, ou réclamant à coups de fusil une autre constitution politique.

Ce ne sont point les conséquences du livre de Malthus qui répugnent à M. de Sismondi ; mais c'est l'insuffisance du moyen que Malthus propose pour amener à ces conséquences, et c'est encore l'espèce d'illogicité qui ravit à Malthus la perception d'une des causes puissantes du paupérisme. Livrer aux prolétaires eux-mêmes l'usage de lois qui ont pour effet de limiter leur nombre par la privation des jouissances les plus pures et les plus douces que Dieu nous ait données paraît à M. de Sismondi chose peu sûre. C'est exiger du prolétaire trop de grandeur d'âme sous le nom de prévoyance. Et laisser aux industriels le droit de solliciter la venue des prolétaires, afin de satisfaire aux exigences de leurs querelles et de leur ambition, c'est déclarer inutiles, c'est rendre impossibles ces lois restrictives que d'autre part on propose. Si ces lois en elles-mêmes sont bonnes, efficaces, il faut en armer quelque autre que les prolétaires, et défendre en même temps aux industriels de venir, par leur ambition et leurs querelles privées, remettre incessamment tout en question.

Ce quelque autre, c'est le gouvernement, protecteur du faible contre le fort, défenseur de celui qui ne peut se défendre par lui-même, autorité protectrice qui empêche que des hommes ne soient sacrifiés aux progrès d'une richesse dont ils ne profiteront point.

Au premier abord, M. de Sismondi paraît donc plein d'une inquiète et tendre sollicitude pour les classes prolétaires ; mais il est impossible de rester longtemps dupe de cette erreur. L'orgueil et l'intérêt aristocratiques percent dans tous les mots qu'il emploie. C'est par inadvertance qu'il appelle du nom d'hommes ces malheureux que le gouvernement devrait empêcher d'être sacrifiés aux progrès d'une richesse dont ils ne profiteront point ; sa pensée profonde, qu'il a d'ailleurs clairement exprimée dans ses Études sur l'économie politique[273], c'est qu'il y a nécessité de conserver dans la société des riches et des pauvres ; des pauvres, parce que le travail nécessité par la production des richesses s'oppose à un développement intellectuel sans lequel l'homme demeure une créature incomplète.

Je cite fidèlement le texte. Il est donc évident que M. de Sismondi renouvelle au dix-neuvième siècle l'opinion d'Aristote au sujet du maître et de l'esclave. L'esclave, pour Aristote, était une *créature incomplète*, une partie, un fragment du maître. M. de Sismondi ne définit pas autrement le pauvre, l'ouvrier, le prolétaire.

M. de Sismondi ne conçoit point à ce dernier de plus cruelles souffrances que l'incertitude où il se trouve d'avoir constamment de l'ouvrage. En général, rien n'excite plus la compassion de M. de Sismondi que les souffrances purement physiques de la faim, du froid, des maladies, auxquelles les prolétaires sont sujets par état ; et, pour remédier à ces souffrances, son érudition d'historien lui montre les corporations du Moyen Âge, disons mieux, le servage et la glèbe.

Après tout, c'est être conséquent. Le pauvre, l'ouvrier, étant une créature incomplète, il a besoin, pour l'accomplissement de sa vie, d'une intelligence supérieure à lui. M. de Sismondi, après avoir affirmé que le souci du pauvre appartient au gouvernement, se hâte donc d'inféoder par une loi ce pauvre au manufacturier qui l'occupe. C'est là l'intelligence à laquelle il confie le pauvre. Le chef de la manufacture doit avoir soin de ses ouvriers durant leur vie entière. Mais ce soin lui concède, en revanche et de toute nécessité, des droits de maître à esclave ; l'ouvrier, par exemple, ne pourra se marier sans l'agrément de son bourgeois !

Voilà qui est assurément on ne peut pas plus habile. Troublé dans ses loisirs par le bruit continuel de la lutte que se font entre eux les commerçants et les industriels, menacé dans sa fortune par les cris des prolétaires mourant de faim et revendiquant sur la place publique les droits de l'homme dont ils sont privés, le grand seigneur, d'un air dédaigneux mais visiblement inquiet, s'adresse au gouvernement : — Que ne me débarrassez-vous, lui dit-il, des criailleries de ces gens ? En vérité, le moyen est facile. Donnez le prolétaire, en tout bien tout honneur, à l'industriel ; que l'industriel soit chargé de ce fragment d'homme, de cette créature incomplète. Alors, sous le poids de ce lest, l'industriel ne s'aventurera plus, comme il le fait aujourd'hui, dans les routes chanceuses et inconnues du commerce ; ses opérations seront toutes

273 [Ses *Études sur l'économie politique* composaient les volumes 2 et 3 des *Études sur les sciences sociales*. Le premier volume *Études sur les constitutions des peuples libres* est paru en 1836, et les *Études sur l'économie politique* en 1836 et 1837. Voir J.C.L. Simonde de Sismondi, *Œuvres économiques complètes*, IV, *Études sur les sciences sociales*. Pascal Bridel, Francesa Dal Degan et Nicolas Eyguesier (eds.), Paris, Économica, 2018.]

solides ; plus de faillites ; et nous pourrons, lui confiant nos fonds, dormir d'un sommeil doux et tranquille. —

Ah ! voilà donc la nature de cette compassion dont vous vous trouvez saisi en face des malheurs de l'Irlande, en face des malheurs du peuple ! Voilà donc ce que vous apprend la vue des crises commerciales et celle des maux du prolétaire ! Mais vous êtes tellement hors de la vérité, que vos livres n'ont point la force d'exciter la colère, et que l'on se surprend prêt à vous bénir pour le tendre intérêt que les pauvres semblent vous inspirer ! Des voix même s'élèvent qui vous décorent du nom *de philanthrope, d'ami du pauvre*, de *philosophe incompris*. À la vérité ces voix sont celles de gens qui n'appartiennent point au peuple. Mais quand ce peuple pourra vous lire, ne craignez rien, il ne se sentira point blessé de vos paroles ; seulement il vous dira peut-être, ainsi que le roseau dit au chêne : *Votre compassion part d'un bon naturel, mais quittez ce souci*[274] ; l'orage gronde, il s'avance, que vos semblables résistent !

M. de Sismondi ne se proposa donc pas de résoudre d'une façon sérieuse la question. Son œuvre est œuvre de grand seigneur ; elle frise l'insolence. Dédaignant de répondre, il argua du fait même ; et, sur ce fait édifiant sa théorie, il se crut en mesure de renverser celle de Say. Vains efforts ! le bourgeois dans l'époque présente a des racines plus fortes, plus vigoureuses, que celles du grand seigneur : tout hostile qu'elle est au peuple, la bourgeoisie lui est plus favorable que l'aristocratie ; et le présent, fils du passé, ne saurait engendrer son père.

Aussi, quand cette théorie de M. de Sismondi apparut au monde, elle fut généralement méconnue. Elle attaquait le système de Say, et l'on ne put comprendre en vertu de quel principe. Son retour au passé inspirait le dégoût ; mais ses peintures franches et naïves des maux du peuple éveillaient dans les âmes le besoin invincible de remédier à ces maux : l'on se trouvait, en la lisant, puissamment ému, puissamment excité, mais convaincu, jamais.

À laquelle des trois puissances qui règnent en ce moment cette théorie s'adressait-elle en effet ? Au peuple ? non ; à la bourgeoisie ? non ; à la royauté ? non : car c'était à l'aristocratie, puissance morte et déchue, puissance dont le nom moderne effaçait même jusqu'au souvenir, que cette théorie s'adressait réellement.

Inutile à la bourgeoisie, inutile à la royauté, inutile au peuple, elle parut l'œuvre d'un esprit chagrin, et fut accueillie de tous avec froideur, avec indifférence. On ne soupçonna même pas qu'elle, eût pu concevoir le dessein téméraire de se substituer au système de Say. On revit en elle ce système, mais altéré par le sentiment incompatible des souffrances du pauvre.

274 [Tiré de « Le chêne et le roseau », dernière fable du livre I des *Fables de La Fontaine*, publiées en 1668.]

Le triomphe et ses douceurs ne furent donc pas le lot de M. de Sismondi ; mais ce n'est pas à dire que l'on puisse lui appliquer cette pensée de Bacon : *Les philosophes sont les serviteurs de l'avenir.*

Fin de d'école. Apparition des systèmes de Saint-Simon, d'Enfantin et de Fourier[275].

Hélas ! hélas ! trois fois hélas ! où ne mène donc point la méthode tant vantée par l'école d'Adam Smith ?

1° Adam Smith se sert de cette méthode, et démontre que de son temps, pour rendre l'Angleterre prospère, *il ne faut point que le gouvernement s'avise d'intervenir*, par des prohibitions, des primes d'encouragement, ou de toute autre manière, *au sein de l'immense mêlée des travailleurs ;* il tend, par cela même, mais indirectement et sans en faire une doctrine, à élever cette éphémère vérité au rang des vérités éternelles.

2° Se servant de cette même méthode, J.-B. Say pose en principe que la méthode seule, en menant à la science, constitue cette science. Du reste il conclut également à la non-intervention du gouvernement, à la liberté illimitée des industriels, et il en fait une doctrine.

Malthus est complètement de son avis, et essaie de découvrir la loi morale qui dès lors eu résulte pour les prolétaires et les pauvres.

Ricardo se place à côté d'eux, et, profitant de la méthode, il l'applique à des questions particulières et de lui bien connues.

3° Enfin, se servant à son tour de cette même méthode, M. de Sismondi, contrairement à tous ses devanciers et maîtres, conclut à l'intervention active, efficace, du gouvernement, et pose en principes : L'inégalité règne et doit régner parmi les hommes ; — L'homme social travaille pour que quelqu'un se repose ; — L'homme social qui travaille est une créature incomplète ; — Le quelqu'un qui se repose est un être complet ; — La science de la législation est la théorie la plus sublime de la bienfaisance, etc., etc.

---

275 [Henri Saint-Simon (1760-1825), dont l'œuvre était aux carrefours de la philosophie, les sciences naturelles, la science politique, la religion et la sociologie naissante. Ses textes de notes sont : *De la réorganisation de la société européenne* (1814) et *Le nouveau christianisme* (1825). Parmi ses disciples nous comptons son premier secrétaire, l'historien, Augustin Thierry (1795-1856), le philosophe, sociologue et son deuxième secrétaire, Auguste Comte (1798-1857), et Prosper Enfantin (1796-1864) qui, avec Saint Amand Bazard (1791-1832), fut l'un des deux Pères du culte saint-simonien. Charles Fourier (1772-1837), était, avec Saint-Simon, qualifiés par Karl Marx et Friedrich Engels, de socialiste utopiste. Ses œuvres principales furent : *La théorie des quatres mouvements et des destinées générales* (1808) ; les deux volumes de *Traité de l'association domestique-agricole* (1822) ; *Le nouveau monde industriel et sociétaire* (1829). Parmis ses disciples nous comptons le socialiste Victor Considerant (1808-1893).]

Ainsi, pensant au lendemain, Smith s'appuie sur l'observation des *phénomènes du jour ;* il conclut, d'un présent qui s'efface, à *l'avenir* qui déjà paraît. Tout entier au présent, ne connaissant que ce qui est, méprisant ce qui a été, et ne soupçonnant rien des choses qui seront, Say immobilise, au contraire, ce *présent* fugitif ; tandis que péniblement M. de Sismondi remonte le cours des ans, et vient essayer de rappeler à la vie le passé détruit pour jamais.

Aux trois termes du temps et de la vie, le passé, le présent, l'avenir, l'école d'Adam Smith oppose donc trois systèmes, celui de Smith, celui de Say, celui de M. de Sismondi. Mais par quelle fatalité celui de ces systèmes qui répond au passé s'est-il produit le dernier, celui qui répond à l'avenir le premier, et celui qui répond au présent le second ? Serait-ce à dire qu'il y eut décadence, non-progrès, au sein de cette école ? Serait-ce à dire que l'intelligence de l'économie politique a toujours été décroissante depuis Adam Smith ? Peut-être serait-il permis de le croire, en songeant encore que, dans la pensée de leurs auteurs, ces systèmes avaient tous également en vue l'avenir, que le présent était l'avenir pour Say, que le passé était encore l'avenir pour M, de Sismondi.

Mais nous ne saurions admettre cette explication, qui ne tend à rien moins qu'à rayer du nombre des sciences l'économie politique ; et nous avons du problème une autre solution.

Le monde est bien la proie des phénomènes observés par Smith, observés par Say, observés par Malthus et par Ricardo, observés par M. de Sismondi. Le gouvernement y est antipathique aux développements du commerce et de l'industrie ; l'industrie et le commerce y sont deux arènes où chacun descend et combat ; le faible, le pauvre, le prolétaire, y sont nus et dépouillés, de telle façon que le moindre coup qu'ils reçoivent retombe de tout son poids, et toujours, sur leur corps, sur leur âme, sur leur génie, tandis que les coups les plus effroyables des armes les mieux trempées détachent à peine quelque étincelle brillante de la solide armure des hauts barons de l'industrie.

Mais ce monde n'apparut pas tout d'abord sous ses traits véritables. Il fallut du temps et des efforts pour qu'il se révélât, pour qu'il se dégageât des étreintes d'un autre monde, du monde féodal et monarchique ; et, dans les travaux de Smith, de Say, de M. de Sismondi, l'intelligence humaine ne fit guère autre chose que se traîner à la remorque du dégagement de ce monde. Sans doute donc, en n'envisageant les systèmes de Smith, de Say, de M. de Sismondi, que sous le rapport de leur valeur organique, positive, ces systèmes attestent au sein de l'école un mouvement bien marqué de décadence ; mais si on ne les considère que sous le rapport de leur valeur critique, négative, le contraire apparaît. Il y a eu dans cette école mouvement progressif ; et la plus grande preuve que nous en puissions fournir, c'est que, pour être encore, la science économique s'est vue forcée d'abandonner l'école, et de trouver ailleurs des conditions différentes qui pussent lui permettre de se manifester.

Indépendamment de celle preuve, que nous n'hésitons pas à croire la plus solide, tout le débat porterait donc, au reste, sur la question de savoir si c'est leur valeur positive ou leur valeur négative, leur valeur organique ou leur valeur critique, qui constitue ces systèmes. Or, il est évident que leur valeur positive, organique, étant nulle, en ce sens qu'ils sont tous convaincus de fausseté et d'erreur, leur valeur critique, négative, reste seule, et seule les constitue.

Au temps de Smith, la voix qui sortit de ce monde que le monde féodal et monarchique opprimait encore ne parla point au nom de l'individu ; car alors, derrière l'état, derrière la nation, cet individu s'effaçait. Le problème fut donc ; *Que faut-il faire pour élever un état du dernier degré de barbarie au plus haut terme de l'opulence ?*

Nous savons la réponse d'Adam Smith. Dégageant l'individu de l'ombre où il se tenait caché, Adam Smith lui dit : — L'état ne sera prospère qu'autant que tu le seras toi-même. Or, ta richesse est le fruit direct de ton travail ; que rien donc ne vienne gêner en toi ce travail : sois libre ! —Au-delà du détroit qui sépare l'Angleterre de la France, Rousseau ne disait pas autre chose.

Et le monde obéit. Il marcha dans cette voie d'affranchissement où le glaive et la cognée lui étaient seuls nécessaires. Il détruisit du monde féodal et monarchique tout ce qu'il put détruire sans porter immédiatement atteinte à sa propre vie ; et cette œuvre achevée, il se sentit plus libre et meilleur.

De ce monde meilleur et plus libre la voix qui s'éleva au temps de Say fut celle de l'individu, et cette voix demanda : *Que faut-il faire pour être riche ?*

Nous savons la réponse de Say : Combats le mieux possible, autant que tu le pourras.

Cette réponse allait à quelques-uns comme la vérité ; mais pour l'immense majorité des hommes elle n'était qu'une raillerie cruelle, qu'un non-sens. Et le monde s'en convainquit de plus en plus.

Alors au temps de M. de Sismondi, l'individu, soupçonnant une méprise, changea sa demande, et dit : *Que faut-il faire pour être heureux ?*

Nous savons encore la réponse de M. de Sismondi. M. de Sismondi sacrifia la richesse, il sacrifia la liberté, l'égalité, la fraternité des hommes. Aux pieds de quelques-uns il déposa, liés ensemble, les cadavres du bourgeois et du prolétaire, et il appela bonheur la vie de ces cadavres, bonheur la vie du grand seigneur d'autrefois.

Alors, pour cette école d'Adam Smith, tout fut terminé. Ne pouvant en tirer d'autre réponse, le monde lui échappa.

Mais alors aussi ces réponses démontrèrent au monde que les temps étaient venus pour lui d'embrasser une vie nouvelle, que l'heure de la métamorphose régénératrice était sonnée, qu'il lui était radicalement impossible de demeurer plus longtemps tel qu'il était.

Et il apparut clairement à quelques disciples de Smith, qui bientôt allaient renier leur maître, que, par un accord sublime et tout providentiel, ces théories contraires de Smith, de Say, de M. de Sismondi, impuissantes à résoudre le problème que formulait l'individu, si éloquemment appelé, par Rousseau, par Smith, par le dix-huitième siècle, à la recouvrance de sa liberté, n'avaient point d'autre sens que d'avoir signalé, dans la *concurrence*, à l'individu la cause de ses misères, à la société la cause de ses maux.

Le principe contraire à la concurrence, *l'association* devint donc la base nouvelle de penseurs nouveaux, qui, sortant de la forme et des conditions imposées jusqu'alors à l'économie politique, se virent obligés de donner à leur *science* le nom de *sociale*.

C'est ainsi que finit l'école d'Adam Smith, après s'être contredite elle-même au point d'amener par une sorte de transition les diverses théories dont Saint-Simon a été le principal initiateur.

Si nous faisions en ce moment l'histoire de la science économique, non l'histoire d'une de ses écoles, il nous faudrait pénétrer dans l'intérieur de chacun des systèmes sociaux que ces dernières années ont vu naître et mourir, pour découvrir ce que cette, science y est devenue. Mais notre tâche actuelle d'historien est remplie, et nous nous arrêtons.

## Encore d'Adam Smith

La très brève biographie d'Adam Smith que nous avons donnée, et l'histoire en partie critique de son école dont nous avons fait suivre cette biographie, ne nous paraissent pourtant point suffisantes, et voici nos raisons.

Il est bien vrai que depuis Saint-Simon les systèmes de Smith, de Say, et de M. de Sismondi, ne préoccupent guère les penseurs ; mais au-dessous des penseurs, qui s'abstraient volontiers du monde, ce monde a-t-il su s'élever, relativement à ces mêmes systèmes, jusqu'à la hauteur de leur indifférence ? Hélas ! non.

Nous sommes, il est vrai, dans le vent des révolutions, nous vivons au dix-neuvième siècle, et notre patrie est la France ; aujourd'hui il ne saurait être sérieusement question en France du *comment se forment, se distribuent et se* consomment *les richesses au sein des nations,* puisque le peuple debout réclame de ces nations une organisation nouvelle. Mais si le fond des choses est bien en vérité ainsi, est-on en droit de dire également que la superficie réponde pleinement à la nature de ce fond ? Aux plaintes amères du peuple qu'oppose-t-on ? la logique des faits ; à sa demande d'un plus haut salaire, la loi de la concurrence ; à son besoin continuel d'ouvrage, les exigences du commerce, les conséquences des inventions salutaires, etc., etc. Le gouvernement de la bourgeoisie se trouve donc précisément en lutte avec le peuple sur la matière qui fournit à Say son système. Le peuple, vainqueur en 1830, se sent souffrir et se plaint ; le gouvernement essaie de le convaincre qu'il a toujours souffert, qu'il souffrira toujours, que sa plainte est dès lors inutile, puérile. Un dialogue depuis 1830 s'est donc établi entre des hommes ignorants, sans loisir comme sans goût pour l'étude, isolés les uns des autres, ennemis même les uns des autres, et des hommes fortement unis par les liens de l'intérêt personnel, armés d'une doctrine complète, habitués dès l'enfance à manier la parole, et revêtus de fait du pouvoir social. La victime et le bourreau[276] sont en présence ; et, comme si ce n'était pas assez pour elle de souffrir, le bourreau veut obtenir de la victime silence et absolution.

Qu'importe que la bourgeoisie soit victime elle-même et dupe de sa croyance ! il n'en est pas moins vrai qu'elle opprime, tout en se blessant elle-même, au nom d'Adam Smith et au nom de l'école d'Adam Smith. L'honneur et le devoir nous commandent donc d'intervenir encore, et d'expliquer au peuple, à la bourgeoisie, en termes différents, ce que fut Adam Smith et ce que sont les systèmes issus d'Adam Smith dont ils font usage.

L'avortement fatal et nécessaire des œuvres de Saint-Simon, d'Enfantin, de Fourier, n'a-t-il pas même contribué à rattacher plus fortement encore au système de Say et le peuple et la bourgeoisie ?

Mais pour les penseurs eux-mêmes n'y a-t-il pas à pénétrer plus avant dans cette fin de non-recevoir que leur ont suggérée Saint-Simon, Enfantin, Fourier ? Les systèmes de Smith, de Say, de M. de Sismondi, sont-ils bien pour eux réduits à néant ? Ils les tiennent en indifférence, cela est visiblement constaté ; mais demandez-leur en quoi ces systèmes sont faux, et ils ne sauront vous dire autre chose, sinon qu'il s'agit à l'heure présente d'association, de réorganisation sociale, non de ces systèmes.

A-t-on trouvé cependant la solution du problème de notre époque ? Hélas ! non. Ce n'est ni le système de Saint-Simon, ni le système d'Enfantin, ni le système de Fourrier, qui se trouvent posséder cette solution précieuse. Les penseurs la cherchent donc, ils en sont en quête ; pourquoi négligeraient-ils plus longtemps la

---

276 Il est bien clair qu'en employant cette expression nous constatons uniquement la nature des choses. Il ne s'agit pas ici d'incriminer une classe de la nation, mais de montrer la relation fatale qui fait de cette classe, à son insu et à son propre détriment, le tyran des autres classes. La langue n'a aucun mot pour rendre cette condition d'une tyrannie non volontaire, incomprise de ceux qui l'exercent comme de ceux sur qui elle est exercée, non incriminable par conséquent aux yeux de la justice humaine, parce qu'elle résulte uniquement de l'aveuglement actuel de l'esprit humain et du peu d'avancement de la civilisation. La même relation fatale qui existe aujourd'hui entre les possesseurs exclusifs des instruments de travail et les salariés exista autrefois entre les maîtres et les esclaves, également incomprise, également non incriminable au point de vue de la justice humaine. Ainsi les Platon et les Aristote légitimaient l'esclavage. Le mal, néanmoins, n'en existait pas moins au fond ; et cette tyrannie, pour être incomprise, n'en était pas moins véritable.

science économique ? S'ils pensent que cette science est contenue dans les livres de l'école d'Adam Smith, cette pensée, sous certains rapports, légitime l'indifférence dans laquelle ils tiennent cette science ; mais en même temps elle les accuse et les convainc d'ignorance.

Se plaçant au point de vue exclusif de l'individu, Adam Smith, connaissant mal sans doute la nature de cet individu, en a conclu la nature de la société. Pour lui, la société se résume en un puissant organe dont la fonction consiste uniquement à créer des canaux, des routes, des chemins de fer, à réprimer le vol et l'assassinat. Cela fait, l'arène préparée, sablée, enjolivée, chacun d'y descendre et d'y combattre, à ses risques et périls, de la façon qu'il l'entend, nu ou bardé d'or et de fer. La critique profonde, radicale, de ce système d'Adam Smith, à laquelle doit se livrer par état la science économique, n'a-t-elle donc rien en elle qui puisse paraître aux penseurs opportune, profitable ?

Recherchant le fondement du système d'Adam Smith, J.-B. Say, son élève et son successeur, déclare que nos sciences *reposent toutes sur l'observation directe, immédiate, des phénomènes qui les constituent* ; que l'esprit humain, privé de cette méthode, ne saurait produire que des théories éphémères, erronées, dangereuses. Combattre ce principe, démontrer que nos sciences reposent sur l'observation directe et indirecte, médiate et immédiate, en un mot *complète, entière,* des phénomènes dont elles ont à s'occuper, serait-ce donc encore aux yeux des penseurs chose inopportune et peu profitable ?

Enfin, se plaçant au point de vue exclusif de la société, M. de Sismondi, connaissant mal sans doute la nature de cette société, en a conclu la nature de l'individu. Pour lui, l'individu se dédouble en *pauvre* et en *riche*, en *salarié* et en *capitaliste.* En droit, M. de Sismondi nie l'unité de la race humaine ; en fait, il nie la liberté et l'égalité de l'individu. La critique profonde, radicale, de ce système de M. de Sismondi, à laquelle doit se livrer par état la science économique, n'a-t-elle donc rien en elle qui puisse paraître aux penseurs opportun, profitable ?

Par Smith et par M. de Sismondi, la science économique se voit en demeure de se prononcer, à sa manière et d'après ses éléments, sur la nature de la société, sur la nature de l'individu, sur les rapports de l'individu et de la société ; ce sont là, ce nous semble, tous problèmes du jour, sur lesquels s'arrête, plus fortement encore que celle de tous autres, l'attention des penseurs.

Par Say, l'économie politique se voit immédiatement appelée à résoudre l'importante question de la science. La science n'est que la mise en usage d'un instrument connu de tout le monde sous le nom d'*observation.* Quel est cet instrument ? où commence-t-il ? où finit-il ? quel est le champ qu'il embrasse ? Ce sont là, ce nous semble également, tous problèmes du jour, sur lesquels s'arrête, plus fortement encore que celle de tous autres, l'attention des penseurs.

Ainsi, par ces raisons qui nous paraissent être des mieux fondées et de la gravité la plus haute, nous continuerons cet article sur Smith et sur son école.

Aux yeux du peuple, aux yeux de la bourgeoisie, le nom d'Adam Smith se trouve revêtu d'une autorité formidable. Adam Smith, c'est la science économique incarnée ; avant Adam Smith, point de science ; hors de l'école d'Adam Smith, point de science également. C'est là un résultat funeste, mais acquis, du triomphe demi-séculaire de cette même école d'Adam Smith. À force de décerner à leur maître les louanges les plus outrées, à force de lui attribuer des vertus qu'il n'eut jamais, les disciples sont enfin parvenus à doter ce maître d'une auréole qui cache ses traits au vulgaire. De cet homme supérieur et voilé, comme d'une divinité mystérieuse, ils se sont, à leur tour, constitués les interprètes ; et depuis Adam Smith nul, jusqu'à nos jours, ne s'est dit encore économiste sans se dire aussitôt son disciple.

Quelque grand que puisse être le génie d'un homme, nous doutons que ce soit là l'effet légitime que jamais à l'avenir cet homme ait à produire sur les autres hommes. L'autorité du génie lui est une autorité prêtée : le devoir de chacun est de chercher sans cesse à s'inspirer directement à la source de puissance où le génie s'abreuve ; et l'homme supérieur ne doit point se concevoir d'autre rôle que celui de produire au monde des égaux, des amis, des émules, non de serviles ou ignorants disciples, non des sujets.

Déchirons donc ce voile qui dérobe au vulgaire la figure véritable d'Adam Smith. Certes nous savons le respect et la piété que l'on doit à tous ceux qui par leurs travaux ont servi au développement de l'esprit humain. Mais ce respect ne doit pas être aveugle, cette piété ne doit pas aller jusqu'à l'idolâtrie. Et si on a constitué au nom d'un homme une sorte de tyrannie scientifique qui soit une source de préjugés et d'erreurs, il faut demander compte à cet homme de la tyrannie imposée en son nom. Ce n'est pas seulement un droit alors, mais c'est un devoir que de rechercher sa véritable nature et la valeur exacte de son esprit ; car tant que l'idole restera, soyez sûrs que la tyrannie continuera. Que le lecteur ne perde donc pas de vue que dans l'appréciation que nous allons essayer de faire de la vraie nature du génie d'Adam Smith et des limites de ce génie, c'est la science que nous avons en vue. Il s'agit ici d'une science, et d'une science des plus importantes, d'une des branches essentielles de la philosophie.

## Adam Smith n'est pas un philosophe

Adam Smith fut-il un philosophe ? Non. Allons plus loin encore ; à moins d'une intervention toute divine, il lui fut humainement impossible de l'être.

La philosophie est une sagesse collective dont les vivifiants enseignements nous sont communiqués. Sans cette communication directe, la vie est tellement rude et pleine pour les uns, tellement vide et aisée pour les autres, que volontiers elle échappe à la philosophie. Toute la question concernant Adam Smith se borne donc à connaître quels ont été ses initiateurs à l'emploi de la vie.

D'abord il y a la famille, puis la ville, et enfin le collège ou l'université.

Adam Smith est le fils d'un contrôleur des douanes à Kirkaldy. « Ce dernier, dit Dugald Stewart, paraît avoir été un homme doué de quelques talents et très versé dans les affaires. » Son fils, du reste, ne le connut pas, étant né quelques mois après sa mort. Ce fils se vit donc, dès sa naissance, confié par le sort à sa mère. Or, tout ce que nous apprend Dugald Stewart sur le caractère de cette femme se borne à dire qu'elle prit le plus grand soin de son enfant, celui-ci étant né « d'une constitution faible et infirme. » « On la blâmait », ajoute-t-il, de le traiter avec trop d'indulgence ; mais si elle donna à cet égard dans quelques excès, du moins l'humeur et le caractère de son élève n'en furent point altérés. Près de la mère d'Adam Smith était encore une nièce ; ce sont là les deux seules femmes dans l'intimité desquelles Adam Smith vécut durant soixante ans. Serions-nous donc grandement en erreur en affirmant ici que rien dans cette famille ne fut propre à faire naître dans Adam Smith le goût de la philosophie ?

Si de la famille d'Adam Smith nous passons à la ville où s'écoulèrent les quatorze premières années de sa vie, et pour laquelle il se sentit toujours une grande affection, il nous semble que nous sommes également encore en droit d'affirmer qu'elle ne put être le foyer capable de faire naître en sa jeune intelligence la plus petite étincelle de génie philosophique. Ce n'est pas d'ordinaire dans une ville de province, dans un port de mer, que se rencontrent les aliments dont se nourrissent le philosophe, le poète, ou le savant : on pratique là la vie, on ne s'amuse point à l'étudier dans le but de la régler sagement, et d'en transmettre aux enfants les hautes et fécondes leçons.

Reste donc le collège, l'université. Il faut voir ce qu'étaient alors le collège et l'université, et ce qu'ils étaient en Angleterre.

Les collèges et les universités n'ont jamais eu le sens de leur existence, et à un certain point de vue leur enseignement est délétère. Pourquoi, quand l'intelligence humaine est en nous à son aurore, pourquoi nous ravit-on au sanctuaire de la famille, à ses leçons vivantes, et nous fait-on placer sur les bancs d'une école ? À part les langues et les sciences que nous ne saurions apprendre d'une manière aussi certaine au sein du foyer domestique, que nous y apprend-on de la vie ? Nous sommes des enfants, mais un jour nous serons hommes, et l'on nous éloigne du spectacle des actions des hommes. Dans l'intérieur de la famille, continuellement en présence des actions humaines, nous nous en revêtirions pour ainsi dire insensiblement à notre insu, et l'on nous prive du bénéfice de ce facile enseignement. Dans le collège, ce ne sont point nos pères qui nous seront donnés en exemple, mais les races depuis longtemps passées, les peuples depuis longtemps éteints. On ne nous initiera pas à la pratique de la vie humaine par la vue de l'humanité vivante, mais par le récit des actions que l'humanité d'autrefois a produites : ce n'est point par notre œil, mais par notre oreille que nous doit venir la lumière !

On se tromperait bien si l'on croyait que les questions que nous venons de poser ont pour but de blâmer l'enseignement public en général. Nous sommes à cent lieues de là ; mais nous cherchons à démontrer l'impuissance des universités et des collèges, depuis deux ou trois siècles, pour former véritablement un homme. Nous reconnaissons que l'enseignement des collèges a une raison, un but. La raison profonde de cet enseignement, contre lequel certains penseurs du dix-huitième siècle ont vainement protesté, est la même qui dans le mariage a fait proscrire l'union du frère avec la sœur. La sagesse a voulu que dans le mariage la famille se mêlât aux autres familles, et recherchât l'alliance étrangère. Et de même, ayant à mener une vie différente de celle de nos pères, ayant à produire une civilisation plus pure que la leur, on nous abrite dans les collèges contre la puissante influence des mœurs, des usages, des croyances, des préjugés paternels ; on nous transporte loin de nos pères, chez les peuples étrangers, chez les générations éteintes. Mais enfin le but final de ce lointain voyage, le but de cet enseignement, c'est de faire précisément de nous des hommes ; c'est de nous rendre capables de pratiquer la vie qui bientôt circulera dans nos veines : autrement mieux vaudrait rester éternellement au coin du foyer domestique. La cause de toutes ces actions folles ou sublimes, sérieuses ou grotesques, qui par la lecture et renseignement ont passé tour à tour devant nous, cette cause ne va-t-elle point en effet s'éveiller tout à l'heure vivante dans notre poitrine et dans notre tête ? Ne nous faudra-t-il pas à la fois et lui obéir et lui commander ?

L'histoire devrait donc nous mener, ceci est certain, à la connaissance immédiate d'une loi morale ! Hommes faits, nous devrions retirer, des années d'études laborieuses que nous lui avons consacrées, un fruit plus pur et plus suave que celui de pouvoir nous dire, à mesure que nos actions s'engendrent : Il y a dans le passé des actions semblables.

Or l'esprit humain n'en est point encore là. Nous voyageons dans les âges écoulés sans ce fil conducteur et sauveur ; nous y voyageons librement, isolément. Chacun de nous s'arrête où bon lui plaît, admire ce qui le flatte, caresse en imagination ce qui ressemble le plus à ce qu'il aime, ou plutôt à ce qu'il doit aimer. Perdant alors sa qualité la plus éminente, celle de nous tenir lieu dans l'enfance de la vie de famille que l'on nous a ravie, l'histoire en même temps se trouve être pour ainsi dire privée de toute certitude, et pâlit devant le roman. Nous l'avons apprise comme matière d'érudition, sans songer que nous y puissions être un jour intéressés tout entiers ; nos enfants à leur tour n'y découvrent point autre chose que ce que nous y avons découvert nous-mêmes : un récit curieux, source d'excitation vive pour nos passions les plus ardentes, chaos impur des choses les plus saintes et des horreurs les plus réprouvées.

Au défaut de l'histoire, pour remplir le but secret de leur existence, que reste-t-il donc alors aux universités ? Par l'histoire, elles sont évidemment impuissantes à former les enfants aux saines et secourables pratiques de la vie humaine ; atteindront-elles ce but par la philosophie ?

Agir en homme, c'est savoir obéir et surtout commander à cette force pure qu'on appelle l'*être,* et de qui procèdent et nos actions et les actions d'autrui. Là donc tout est positif, tout est affirmatif ; on ne saurait y admettre l'hésitation la plus légère, l'ombre d'un doute la plus fugitive. Il faut dire ce qu'est la vie, pourquoi l'on est venu sur la terre, quels liens nous attachent à la famille, quels liens nous relient à nos compatriotes et quels liens nous relient à l'humanité ? Toutes ces questions capitales, et toutes celles qu'elles supposent, dont elles dérivent ou qui dérivent d'elles, doivent avoir leurs solutions ; et si l'une d'elles n'a point de solution, ou si la solution qu'on en donne est fausse, tout croule, tout tombe ; il n'est point de science ; l'enfant erre au hasard ; l'homme n'a nulle conscience de la moralité de ses actes ; il est la proie du scepticisme dans son intelligence, et d'une sorte d'instinct supérieur dans sa pratique de la vie.

Or précisément le fait de la philosophie que l'on enseigne dans les universités a été, depuis deux ou trois siècles, de ne point embrasser l'ensemble de toutes ces questions qui se tiennent d'une façon si intime ; c'a été encore de varier dans la solution de ces mêmes questions.

Ne demandez donc pas à l'enseignement universitaire d'éduquer vos enfants ; ne lui demandez pas d'en faire des hommes. Le seul but qu'il puisse atteindre encore, c'est de les instruire, et sur l'histoire et sur la philosophie, de la même façon qu'il les instruit des langues mortes ou vivantes, des sciences physiques ou mathématiques. Dès lors son plus beau triomphe, en philosophie comme en histoire, comme en chimie, comme en algèbre, c'est de transformer les enfants qu'on lui donne, non pas en philosophes, non pas en hommes, mais en *savants,* mais en *professeurs.* Cet enseignement universitaire tue dans l'enfant toute innéité, toute spontanéité. Ravalant ainsi l'histoire et la philosophie, sciences vivantes, à l'égal des sciences mathématiques et physiques, sciences mortes, comment l'enfant pourrait-il sentir en elles cette chaleur féconde de la vie qu'il est habitué à entendre nier par ses maîtres ! On lui présente une lettre morte, on ne lui parle que de cette lettre morte ; on exalte en lui l'intelligence, et de l'intelligence la mémoire surtout ; on oublie d'exciter harmoniquement les pulsations de son cœur : comment résistera-t-il à cette action délétère qui le prend jeune enfant et le quitte à l'âge mûr ? Au sortir du collège, qu'il embrasse une profession quelconque de la vie usuelle, et il oubliera ce que sa mémoire seule a su. Qu'il soit habile dans l'art de l'éloquence, et que sa condition sociale repose sur la pratique de cet art ; et vous aurez un *professeur.* Enfin que son intelligence s'ouvre au spectacle magique de la vie humaine en action, que le monde, agissant en sens inverse de celui du collège, lui révèle la vie dans l'histoire et dans la philosophie ; hardi penseur, il tentera l'œuvre sublime de faire de son entendement une table rase : mais désormais la table ne peut être rase ; les traits que la jeunesse y a gravés, bien qu'effacés par une volonté toute-puissante, y sont vivants encore, et le burin les retrouve ; le penseur n'est point libre.

L'idée qui nous poursuit en ce moment se peut encore exprimer de cette autre manière.

La vie se manifeste à nous substantiellement et formellement, c'est-à-dire par la persistance de l'être, de la cause, du fond, et par l'existence périssable du fait, de la forme, de l'effet. Déjà pour l'intelligence humaine la création de deux sciences : la *physique,* et la *métaphysique.* La métaphysique s'occupe du fond, de la cause, de l'être, et ne le peut faire qu'au travers pour ainsi dire de l'effet, de la forme, du fait. La physique, au contraire, se place immédiatement devant le fait, la forme, l'effet ; l'étudie, cherche à le connaître, et ne peut y parvenir qu'à l'aide de la métaphysique. De telle sorte qu'il n'y a point-là réellement deux sciences, mais une seule, qui, se plaçant à des points de vue différents, enfante deux procédés divers à l'usage de l'homme pour arriver à un résultat unique.

Mais ces définitions de la métaphysique et de la physique sont les nôtres, et non celles des âges écoulés. Jusqu'ici l'on a tenu séparées, à l'aide de l'abstraction la plus grossière, ces deux sciences égales et identiques. On ne s'est point soucié de l'intimité du rapport qui unit la cause à l'effet, le fond à la forme, l'être au fait : on a monstrueusement égalisé le fait à l'être, la forme au fond, l'effet à la cause. On a donc eu deux sciences rivales, séparées. L'homme a donc pu être métaphysicien ou physicien, selon qu'il cultivait la physique ou la métaphysique. Métaphysicien, que lui importait l'existence de ses sens ! que lui faisaient et son œil, et sa main, et son corps ! Ses facultés intellectuelles, voilà l'organe à l'aide duquel il perçoit mystérieusement les phénomènes de sa science. Physicien, ce sont précisément, au contraire, et le corps, et la main, et l'œil, qui seuls lui deviennent utiles, qui seuls sont ses organes investigateurs.

Cependant en face de nos définitions, que devient cette doctrine ? quelle valeur peut-elle avoir ? dans quelles erreurs n'a-t-elle pas dû plonger ceux qui l'ont admise ? Enseignée dans les collèges et les universités, ne devait-elle point avoir précisément pour effet de fermer aux jeunes intelligences l'accès de la vraie métaphysique ? Et la métaphysique étant, appliquée à l'homme, la science de l'être, la science de la vie, la science de ce qui enfante les actions humaines, comment l'enseignement universitaire eût-il pu produire autre chose que des *savants,* des *professeurs,* non des philosophes, non des hommes !

Mais ce fut bien pis encore au temps et dans la patrie d'Adam Smith. En réaction à la fois contre le scepticisme de Hume et contre l'immatérialisme de Berkeley, qui avait ouvert la porte à ce scepticisme, les philosophes des universités écossaises, Hutcheson à leur tête, ne s'avisèrent-ils pas en ce temps d'identifier pour ainsi dire la métaphysique à la physique, en appliquant aux phénomènes de la vie la méthode d'observation des naturalistes ! Les physiciens s'étaient, à tort, divisé le champ de la nature, croyant ainsi explorer ce champ tout entier ; ils se divisèrent, eux, le champ de l'âme humaine, c'est-à-dire ce qui de son essence est encore plus indivisible.

Le résultat de cette nouvelle doctrine dut donc être, au sein du collège, de fermer encore davantage aux jeunes intelligences l'accès de la métaphysique, en les portant tout entières à l'exploration matérielle de leurs sensations, en les enfermant dans la contemplation stérile d'un fragment informe, sans vie, de ce qui est une manifestation vivante de la vie elle-même.

L'enseignement universitaire faillit donc également à Smith ; cet enseignement ne put éveiller en lui le philosophe.

Mais à ces trois influences de la famille, de la ville natale, et de l'université, il faut encore en joindre une quatrième, celle du siècle, qui se manifesta surtout à Smith par les relations amicales et littéraires qu'il sut contracter. Or le caractère de celles-ci est évidemment philosophique. Smith se trouva lié avec Hume, qui était, lui, tout le contraire d'un homme de collège ; et plus tard il entendit causer les économistes de France[277], ces audacieux précurseurs de la révolution. C'est ainsi qu'il se vit convié à la philosophie ; mais, hélas ! quand pour lui se leva cette influence dernière, il se trouva qu'il était homme fait.

Sa vie fut alors une lutte, un combat. Sa famille et sa ville natale ne l'avaient point créé pour une condition supérieure à celle du commerçant ; l'université en avait fait un professeur habile ; le siècle en voulut faire un philosophe.

Le siècle eut tort, l'université eut tort, la famille et la ville natale eurent tort également. Smith ne fut en réalité ni commerçant, ni professeur, ni philosophe ; il fut un homme participant de tous ces caractères à la fois.

Philosophiquement parlant, c'est un *croyant de la philosophie écossaise.* Cette philosophie, qui se résumait en cette déclaration étrange : *Que la philosophie n'est encore qu'un mot ; que la seule méthode d'en étudier les phénomènes et de la constituer est la méthode des naturalistes, l'observation*, cette philosophie le prit au collège, et ne le quitta plus qu'à sa mort. Il y crut comme à la vérité, et l'idée qu'on la pût accuser de mensonge ne lui vint jamais à l'esprit.

277 [Smith a voyagé en France entre 1764 et 1766. Pendant son séjour Il approfondit ses connaissances de l'œuvre de François Quesnay et les *économistes* français, Pierre-Samuel du Pont de Nemours (1739-1817), Pierre-Paul La Mercier de la Rivière (1719-1801). Il devient ami de Turgot, André Morellet (1727-1819), et Jacques Necker (1734-1801).]

*Étudions le moral de la même façon que nous étudions le physique*, avait dit le poète Pope, précurseur de l'école écossaise. Vers le temps où ce rimeur philosophe énonçait si hardiment cette méthode nouvelle, Hutcheson la pratiquait déjà jusqu'à un certain point dans sa chaire de Glasgow. Mais cette méthode est si antiphilosophique et, il faut bien le dire, si absurde, que l'on ne se plongea pas tout d'abord, sans hésitation et sans intermédiaire, dans une pareille erreur. Il fallut trois générations de professeurs pour formuler cette méthode et pour y croire sérieusement[278]. Il en est de l'erreur comme de toute autre chose : on y marche à pas successifs. Ce ne sont d'abord que des tendances, puis une vue plus arrêtée ; ensuite on perfectionne, puis on finit par déifier l'erreur :

D'abord il s'y prit mal, puis un peu mieux, puis bien ; puis enfin il n'y manqua rien.

Smith est de la seconde génération de ces professeurs écossais, de la génération intermédiaire. À Glasgow, dans la chaire de philosophie morale, n'a-t-il pas sa place entre Hutcheson et Reid, l'un inventeur instinctif de la méthode d'observation appliquée aux faits de la vie humaine, et l'autre formulateur de cette méthode ? Ainsi placé, Smith conserve encore quelque chose de cette inspiration subjective et objective tout à la fois qui fait que nous avons des idées philosophiques, que nous nous croyons capables d'affirmer des vérités générales, des vérités métaphysiques. Mais en même temps ses successeurs en Écosse et en France se font déjà pour ainsi dire apercevoir en lui ; on sent déjà en lui l'homme qui arrivera à ne plus connaître d'autre certitude que la certitude purement objective, l'homme uniquement expérimental, l'homme du fait, l'homme dépourvu du sens de la métaphysique.

Le rôle d'un penseur ainsi jeté par le sort au sein de ce que l'on a nommé l'école écossaise, précisément entre le commencement de cette école et sa fin, est fort embarrassant. Cet homme intermédiaire risque d'avoir une idée et de ne pas suivre cette idée, de ne pas la développer, ce qui équivaut presque à ne pas avoir cette idée. En effet, son génie n'est pas encore étouffé par la méthode purement expérimentale, puisque cette méthode n'est pas encore bien formulée ; mais, influencé déjà par elle, il va fatalement où elle mène ; il lui obéit à son insu, et lui sacrifie de force toutes ses inspirations. C'est un homme qui avorte, combattu entre deux tendances diverses. Il est encore assez libre pour pouvoir naturellement produire une idée générale, une idée embrassant à la fois le présent, le passé, l'avenir. Mais à peine a-t-il produit cette idée, que vient à l'instant la méthode purement objective, qui le rend perplexe, tremblant, et qui, lui montrant les phénomènes du présent, lui dit qu'il ne saurait rien conclure avant d'avoir analysé tout ce qui existe actuellement dans le monde, et que ce qui existe actuellement fait loi. Voilà donc mon homme qui ne croit plus à

278 [Il s'agit de Francis Hutcheson, Adam Smith lui-même, et Thomas Reid (1710-1796).]

son idée, à son sentiment des choses, et qui, prenant sa règle et son compas, se met à la recherche de la vérité par la méthode purement objective. Et notez que ce n'est pas une confirmation pure et simple de la vérité sentie en lui qu'il cherche ainsi hors de lui : non, c'est la vérité même. Donc plus d'inspiration, plus d'idée à lui ; il sacrifie son idée, il cesse d'être, il s'anéantit. Que s'il arrive par cette méthode à quelque conclusion, cette conclusion ne renfermera rien en elle de plus que la méthode ; elle sera purement objective comme la méthode ; ce sera un simple résumé des choses actuelles, un simple énoncé des faits. Et s'il veut, ou si d'autres veulent après lui généraliser cette conclusion au point d'en faire la règle de l'avenir comme elle est le résumé du présent, oh ! pour le coup ce sera l'erreur même, l'erreur perfectionnée, l'erreur déifiée ; car il ne pourra généraliser ainsi ce que le présent lui aura révélé, sans formuler en même temps la méthode, sans donner à cette fausse méthode toute certitude, et il arrivera ainsi du même coup à ériger une fausse méthode et une fausse théorie.

C'est ce qui est arrivé en partie à Smith lorsqu'il se transporta sur le terrain de l'économie politique. Je ne m'occupe pas de sa *Théorie des sentiments moraux*, qui est maintenant oubliée et qui mérite de l'être ; cette *Théorie* n'a vraiment de valeur que pour les érudits qui veulent connaître l'école écossaise et tous ses produits. Mais en économie politique, je le demande, Smith n'est-il pas cet homme qui à la fois a une idée et qui n'en a pas ? S'il y a une idée philosophique dans son livre, c'est celle-ci : *La richesse n'a d'autre source que le travail.* Or quelle immense série de conclusions il y avait à tirer de là ! Plongez-vous dans cette idée, sondez-en la profondeur, et voyez si elle n'emporte pas d'énormes conséquences. Si la richesse n'a pas d'autre source que le travail, il n'y a donc que les travailleurs qui aient droit à la richesse, puisqu'eux seuls la produisent. D'où vient donc qu'il y a dans le monde des oisifs, et que ces oisifs sont précisément les riches ? Si la richesse n'a pas d'autre source que le travail, le capital, qui certes ne travaille pas, bien qu'il représente, si on veut, un travail antérieur, le capital, dis-je, n'a pas droit à la répartition de la richesse. Quoi ! parce qu'un homme a travaillé et a économisé la richesse produite par son travail, voilà cette richesse qui, à son tour, sans nouveau travail produit indéfiniment des fruits à cet homme et à ses descendants oisifs, tellement qu'une pièce de vingt sous ainsi capitalisée produira un héritage de plusieurs millions au bout d'un certain nombre de siècles, sans aucun travail de la part du propriétaire ! Que cette pièce de vingt sous reste éternellement vingt sous, à la bonne heure ; je comprends cela, si le travail est l'unique source la richesse ; mais qu'elle devienne un million, cela est absurde autant qu'inique. Ne voit-on pas quelle foule de questions graves et profondes soulève cette définition que donne Smith de la source de la richesse ? Il y avait là, comme je l'ai déjà dit, tout un grand et beau système pour servir de pendant à celui de Quesnay, qui, lui, définissait tout autrement la richesse, et sut tirer de sa définition des conséquences. Mais Smith, quelles conséquences a-t-il tirées de son principe ? Aucune, absolument aucune. Son livre est, à cet égard, vide et vierge de toute philosophie. Smith semble un enfant qui a mis la main par hasard sur une arme dont il n'a su faire aucun usage.

Cela est si vrai, que ce n'est pas ce principe qui sert de lien et de coordination à son livre. C'est, comme nous l'avons déjà vu, une autre proposition générale qui a cet emploi. Cette autre proposition, c'est celle-ci : *Le gouvernement ne doit pas intervenir dans le travail humain.*

Smith, il est vrai, a essayé de lier cette seconde proposition, qui dans son livre occupe le premier rang, à l'autre proposition qui y est incluse, cachée, et comme honteuse.

Il a essayé de formuler une idée générale ainsi conçue et formée de ces deux idées : *Le travail est la source unique de toutes les richesses ; et pour que le travail soit le plus productif possible, il faut que les travailleurs soient livrés à eux-mêmes, et que le gouvernement n'intervienne en rien.* Mais cette proposition l'a-t-il démontrée, l'a-t-il approfondie ? Non. S'il l'eut examinée en philosophe, il aurait vu qu'elle était fausse. Car ne peut-on pas concevoir un gouvernement qui justifie véritablement cette première proposition de Smith : *Le travail est la source de la richesse,* en distribuant équitablement la richesse aux véritables producteurs de la richesse, aux travailleurs, et non pas aux oisifs ; et, en second lieu, ne peut-on pas concevoir un gouvernement qui organise le travail, et par là augmente la richesse ? Ne peut-on pas même concevoir une organisation qui rende cette richesse infiniment plus considérable qu'elle ne peut l'être avec le désordre de l'industrie actuelle, abandonnée à la lutte des intérêts égoïstes, aveugles, imprévoyants, des producteurs ? Mais c'est ici que la méthode objective, la méthode purement expérimentale, vient saisir Smith et faire avorter son idée. Au lieu de creuser cette idée en philosophe, il l'examine en pur observateur du fait actuel. Et c'est ainsi qu'une conclusion uniquement relative au présent que Smith étudiait, a pris la place de l'idée métaphysique qu'il avait d'abord conçue ; si bien que Say vient ensuite, qui sans façon biffe la pensée profonde de Smith, et n'en tient aucun compte, sans croire pour cela porter aucun préjudice à son maître. Il faut donc le reconnaître, la théorie économique dont la base serait le travail pour source productrice des richesses échappa complètement à Smith ; mais la théorie qui depuis fut celle J.-B. Say, et dont la base est fournie par l'observation pure et simple des phénomènes, lui échappa de même. Doué du génie philosophique de Quesnay, Smith eût certainement produit au grand jour la première de ces théories dont il a le germe, mais dont il n'a que le germe ; moins dominé par ce germe d'une théorie qu'il ne sut pas développer, son œuvre eut été la seconde.

Non, Smith n'est point un philosophe : il n'a rien dans l'esprit ni dans l'œil de ce qui constitue le philosophe ; mais c'est le vaillant et fervent soldat d'une prétendue philosophie dont le chef à cette époque est Hutcheson, et plus tard sera Reid. Quand il aborda l'économie politique, des systèmes vigoureux y occupaient le nom et la place de la science. Ces systèmes procédaient comme la science : ils posaient en principe une définition de la richesse, puis concluaient aux moyens de faire naître cette richesse. Sur ce nouveau terrain, malgré lui, et en dépit de sa méthode d'observation, Adam Smith se vit donc incontinent placé en face de cette question : *La richesse est-elle l'argent ?* Ainsi que le soutenaient les partisans du système prohibitif, le seul que sa patrie connût encore à cette époque ; où bien *serait-elle*, ainsi que le disaient en France Quesnay et ses disciples, *le fruit de l'agriculture ?* Une aperception instinctive le fît se prononcer tout d'abord sur cette question fondamentale.

Il répondit par *le travail*. Quoi ! ce n'est pas l'agriculture qui enfante la richesse, ce n'est pas le commerce, c'est le travail ! Cette réponse, Adam Smith, est forte ; mais je crains qu'elle ne soit trop forte et pour ta foi et pour ton génie philosophique. Tu n'es pas de la taille de Colbert, de Quesnay, de Turgot ; qu'en feras-tu ? que deviendrait-elle en tes mains ? La méthode en laquelle tu crois ne te fait toucher jamais que la superficie des choses, que la forme, que le fait, ce qu'il y a de plus éphémère et de plus transitoire en elles ; et tu viens de te prononcer sur le fond éternel, sur l'éternelle cause de ces choses !

Que l'on crie donc au scandale, à la profanation ! que l'on nous oppose et le jugement du demi-siècle qui vient de passer sur sa cendre, et cette immense kyrielle de voix humaines qui, en toutes les langues et par tous les pays, répètent aujourd'hui même et ses louanges et son nom ! notre pensée secrète c'est qu'Adam Smith ne saurait être considéré, au point de vue le plus sévère de la science, comme un économiste. Ce titre glorieux ne lui appartient pas, par la raison bien simple qu'il ne fut pas philosophe ; qu'au lieu de se livrer à l'étude métaphysique, profonde, des phénomènes économiques, il s'appliqua, de toutes les puissances de son âme, et sur l'aveugle foi dans la philosophie d'Hutchetson[279], à dépouiller ces faits de toute

279 Quand je dis *la philosophie d'Hutcheson*, il est clair que ce n'est pas de son système particulier sur les questions de morale, système qui lui a donné quelque célébrité, que je veux parler ; mais de sa méthode et de sa manière de philosopher. Séparant la morale de la religion et de la politique, Hutcheson exposa, à la suite de Shaftesbury [Anthony Ashley-Cooper, 3e comte de Shaftesbury (1671-1713) philosophe et homme politique, auteur de *Characteristicks of Men, Manners, Opinions, Times* (3 vols.)(1711); *Principes de la philosophie morale* (Denis Diderot, trad., 1745) ; *Les soliloques, ou entretiens avec soi-même, contenant une méthode nouvelle de perfectionner les connaissances humaines* (trad. 1771)], ce que les historiens de la philosophie appellent le système des dispositions bienveillantes. Il prétendit qu'il fallait reconnaître en l'homme un certain sentiment ou instinct moral *sui generis*. De même que tel animal a des instincts particuliers qui manquent ou ne sont pas aussi développés chez d'autres, il y aurait eu chez l'homme, et principalement chez certains hommes, suivant Hutcheson, un instinct moral « indépendant à la fois de l'utilité et du bien-être personnel, de nos sentiments et de nos passions, de la vérité et de la raison spéculative, et de l'idée que

vertu métaphysique. Que s'il faut être rangé au nombre des *économistes* dès l'heure que l'on s'est occupé d'une façon quelconque des phénomènes de cette science, il faut alors distinguer parmi ces hommes ceux qui dans leur âme ont un certain et vivifiant sentiment de la philosophie, de ceux qui dans leur âme n'ont rien de semblable, et parmi ces derniers, à leur tête, placer dès lors Adam Smith.

De ces derniers, en effet, Adam Smith est le chef légitime : c'est lui qui les a tous engendrés. Sur les phénomènes économiques, il projeta, le premier, la lumière blafarde de l'école philosophique d'Hutcheson ; et sur ses pas s'est alors précipitée une foule innombrable d'esprits secondaires, tous également étrangers à la vraie philosophie. Le règne de ces esprits a duré cinquante ans ; quelle valeur peut donc

nous nous faisons de la Divinité. » C'est à cette cause obscure, qui ne procédait ni de l'intelligence, ni du sentiment, ni de la sensation, que Hutcheson rapportait la moralité de nos actions. Mais comment, avec un pareil système, donner une base à la morale ? Smith, l'élève et le continuateur d'Hutcheson, l'essaya, en cherchant à déterminer un signe pour reconnaître quand l'instinct moral avait en nous bien ou mal parlé. Ce critérium de certitude consistait à voir comment cet instinct parlait dans les autres hommes. C'est ainsi que Smith arriva à faire de ce qu'il appelait la sympathie le principe de la morale. « Par la sympathie, nous nous supposons à la place de celui que nous voyons agir, et nous jugeons de ses actes d'une manière impartiale, dégagés que nous sommes d'ailleurs de ses diverses dispositions personnelles. » C'était revenir d'une manière indirecte au consentement. Mais cette sympathie ou cet assentiment que les autres nous donnent, sur quoi est-elle fondée ? N'est-ce pas sur ce que les autres pensent ou ne pensent pas comme nous, sentent ou ne sentent pas comme nous, voient ou ne voient pas comme nous ? Dans ces actes d'assentiment ou de sympathie, ils sont donc déterminés par certains dogmes établis dans leur intelligence, ou par certains sentiments qui reposent dans leur cœur, ou enfin par certaines sensations qui ont leur siège dans leur corps ; ou plutôt ils sont tout cela à la fois, comme nous-mêmes dans nos actes. Qu'il y ait en nous à chaque fait que nous produisons, ou à chaque fait que nous jugeons dans les autres, une cause de ce fait et de ce jugement, une *innéité* antérieure qui le produit, cela est incontestable. Qu'on appelle cette innéité *instinct moral* et *sympathie*, suivant les deux aspects où on la considère, j'y consens volontiers. Mais s'imaginer que cet instinct moral, celle innéité, n'a pas elle-même sa cause dans nos dogmes et dans nos actes antérieurs, qu'elle ne dépend pas de notre éducation antérieure, en prenant le mot éducation dans toute son acception, voilà qui est absurde. Et voilà l'absurdité où les Écossais, en tronquant toujours les phénomènes à leur manière, faute de ce sentiment de causalité qui fait les métaphysiciens, se sont arrêtés pendant cinquante ans. Il est évident que leur pénétration n'allait pas plus loin qu'à expliquer le fait par le fait même. On leur demande où git la moralité humaine, et ils répondent qu'il y a une moralité humaine, et ils appellent cela *l'instinct moral*. On leur demande d'exposer les principes de cette moralité, et ils répondent en montrant certaines actions où les hommes s'accordent aujourd'hui, et ils arguent de ce consentement en l'appelant *sympathie*. Mais c'est se payer de mots. Cet instinct moral ne varie-t-il pas avec les hommes, les lieux, et la civilisation ? et la sympathie n'a-t-elle pas rendu des oracles bien divers à travers tant de siècles ? Le *degré du méridien* de Pascal, cette tentation sceptique qui avait tant frappé Hume et l'avait poussé lui-même au scepticisme, dominait donc toujours d'une hauteur prodigieuse cette pauvre démonstration. Il est évident que ces explications de la moralité humaine indépendamment de tout dogme sont absurdes. Il est évident que ces systèmes moraux des philosophes écossais ne sont qu'un pur bavardage. Ce fut, il est vrai, une réaction heureuse contre le sensualisme de Locke et de ses continuateurs matérialistes ; mais au point de vue où nous sommes aujourd'hui, ce fut une pauvre réaction, et sans beaucoup plus de largeur que le sensualisme même. La vérité, c'est que la philosophie, à cette époque, était parvenue à s'affranchir, à s'abstraire, à s'isoler complètement de la religion et de la politique, et que, se sentant, au plus beau de son triomphe, tomber dans le scepticisme et le sensualisme, elle cherchait des points solides où se retenir et s'appuyer, sans oser penser encore qu'il n'y avait qu'un véritable édifice religieux et politique construit *à novo* qui pût lui donner cette certitude et cet appui. De là cette philosophie honteuse d'elle-même pour ainsi dire, cette philosophie qui abdique, qui cherche avec inquiétude autour d'elle, dans le présent, dans le fait, une base, une démonstration ; cette philosophie qui ne veut reposer que sur des faits, des faits actuels, des faits tangibles ; cette méthode expérimentale, en un mot, qui est le caractère de l'école écossaise et le caractère d'Adam Smith.

avoir le témoignage de ces cinquante années, où seule résonna leur voix ! et le nombre des langues et des pays où le nom d'Adam Smith a été porté durant ce demi-siècle, que peut-il attester autre chose que les besoins et les progrès immenses de la civilisation !

Étourdie du concert de louanges que poussèrent au ciel ces nombreux disciples, l'humanité dressa pendant un demi-siècle un autel devant Adam Smith, ce soldat courageux d'une philosophie absurde ! et devant cet autel on la vit, agenouillée, implorer les secours de ce dieu sans puissance pour satisfaire aux maux dévorants des peuples ! Tout entière à sa fatale illusion, l'humanité déserta la voie que lui avaient ouverte précédemment des hommes supérieurs à Adam Smith de toute la hauteur qui sépare l'esprit philosophique de l'esprit qui ne l'est pas ; on la vit même alors couvrir insolemment de boue le souvenir de ces hommes ! Mais qu'importe à Colbert, à Vauban, à Quesnay, à Turgot, le silence méprisant et demi-séculaire où, sur la foi des disciples de Smith, l'humanité a cru devoir les tenir ensevelis ? L'humanité n'était-elle point évidemment alors la dupe d'une erreur, et l'heure de son réveil n'est-elle pas venue ? Au sommet de la pyramide où se lisent les noms de Malthus, de Ricardo, de J.-B. Say, de M. de Sismondi, et dont la base repose et se perd aujourd'hui dans la fange, le nom d'Adam Smith brille seul ; mais à côté de cette pyramide, qui ne peut croître au-delà de la pierre où ce nom propre est gravé, s'élève le corps vivant et majestueux de l'arbre économique, renfermant en son sein immortel les noms glorieux de Colbert, de Vauban[280], de Quesnay, de Turgot.

280 [Sebastien Le Prestre de Vauban (1633-1707), ingénieur, savant, et économiste sous Louis XIV.]

**Le gouvernement ayant le droit et le devoir d'intervenir au sein des relations sociales, commerciales et industrielles des hommes, le livre d'Adam Smith, reposant précisément sur le dogme économique contraire, perd par là même toute valeur.**

Il y a, nous l'avons vu, deux idées dans le livre de Smith. L'une avortée, qui lui appartient tout entière : c'est sa définition de la richesse. L'autre, qui se développa, et qui lui fut commune avec les économistes de France : c'est ce principe, que le gouvernement ne doit en aucune façon intervenir au sein de l'industrie et du commerce. Une seule et même raison explique le sort contraire de ces deux idées, l'atrophie de l'une et le développement de l'autre, dans le travail de Smith ; et cette raison nous est connue : c'est la faiblesse philosophique du génie d'Adam Smith, c'est son aveugle tendance à la philosophie écossaise. Pour notre part, nous regrettons sincèrement qu'il en ait été ainsi ; nous regrettons qu'Adam Smith ne se soit pas attaché à la déduction logique et profonde des conséquences de sa définition de la richesse. La science économique y eût gagné beaucoup : nous eussions eu un système clair et imposant, bien qu'incomplet et défectueux, auquel Smith eût attaché son nom ; et devant ce système ceux de Say et de M. de Sismondi ne se fussent pas assurément produits. La tradition scientifique de Colbert, de Quesnay, de Turgot, se fût continuée, par une idée rivale, mais également philosophique, sans interruption aucune jusqu'à nous ; la science n'eût pas abdiqué si longtemps son droit inattaquable d'instruire, d'enseigner, de gouverner le monde.

Remarquez, en effet (je ne crains pas, sur un point si important, de me répéter), remarquez encore une fois, dis-je, que si la richesse vient uniquement du travail, toute la théorie de la production se trouve contenue dans la notion de ce travail. Une immense série de problèmes, tous relatifs au travail, se produit, et constitue seule dès lors la science économique. Toutes choses présentes, passées, ou futures, seront à examiner uniquement par rapport au travail. Il y aura à constater l'influence de la condition sociale des ouvriers sur la production, tout comme on se voit obligé de constater dans le passé l'influence de la condition sociale des esclaves sur cette même production. La porte de l'avenir et des faits inconnus s'ouvre donc toute grande, et l'esprit entrevoit pour les sociétés humaines autant de révolutions à venir, et de plus grandes encore, qu'elles en ont éprouvé jusqu'à ce jour.

Adieu donc à ce respect fatal, à cet amour insensé, à cette estime idolâtre que nous éprouvons pour toutes les formes existantes du présent ! Ce qui était hier a disparu, ce qui est aujourd'hui disparaîtra : telle est la loi divine de la vie. Pourquoi résister follement à cette loi, et ne pas, au contraire, nous conformer à ses précieux commandements ?

Libre de tous autres liens que de ceux de la vérité, on arrive donc ainsi, par le travail, à la condamnation des oisifs, à l'exaltation sociale des travailleurs : c'est une révolution politique, humaine, que l'on prêche.

Mais Hutcheson, c'est-à-dire l'esprit de l'école écossaise, était là pour préserver de tels écarts son fidèle Adam Smith. Accepte, lui dit-il, comme un fait constant, patent, cette origine de la richesse par le travail, et ne va pas au-delà. Ne t'occupe point des droits et des devoirs que le travail concède au travailleur, bien que ces devoirs et ces droits aient nécessairement à produire une action considérable sur le travail même de cet homme : cela te jetterait hors du domaine que tu veux explorer. Il y a nécessité que tu poses ce principe du travail, parce qu'il est la clef de voûte de ta réponse à ces honnêtes commerçants qui t'interrogent ; mais, ce principe posé, aborde incontinent, crois-moi, ta réponse. Démontre-leur que l'intervention du gouvernement dans le jeu des rouages qui président actuellement à la production des richesses, à la distribution, à la consommation de ces richesses, non seulement est inutile pour obtenir l'effet qu'ils désirent, mais est contraire même à cet effet. C'est là l'idée essentielle à laquelle tu dois t'attacher, idée vraie ; et quant à celle-ci, tu peux t'y plonger à ton aise, tu ne sortiras point de l'étroite enceinte des phénomènes économiques qu'elle suppose ; tu ne te verras point incessamment sollicité à traiter des questions de haute métaphysique, de haute politique, de haute morale ; c'est une impasse, il est vrai, mais c'est une impasse qui te garantit de toute fâcheuse rencontre, de tout choc, de tout bruit.

Ainsi, la non-intervention du gouvernement en matière d'industrie, de commerce, devint l'idée capitale du livre de Smith : elle fut ce livre tout entier.

Nous voulons voir en ce moment jusqu'où va la puissance de cette idée. Renfermée dans les limites du présent où la tenait Adam Smith, elle est vraie ; mais hors de ces limites elle est fausse.

Au point de vue où Smith se plaça, il n'y a rien à dire contre son idée, cette idée est de la vérité la plus haute. En la possession de qui se trouvent être les rouages de la production, de la distribution et de la consommation des richesses ? Ces rouages sont, de fait, propriétés individuelles ; la *terre, l'instrument,* le *capital,* le *travail,* ont chacun leur propriétaire ; le *besoin* et la *puissance de consentir,* qui président à la distribution des richesses, sont également propriétés individuelles ; et quant aux *facultés consommantes,* elles sont également encore attachées, fixées aux individus. Dans cet état de choses, on conçoit donc à merveille la richesse fruit de l'individu ; on ne peut également concevoir l'intervention productive du gouvernement. Cette intervention est la négation même du droit de propriété : quelque faible qu'elle puisse être, quelque restreinte que soit son action, elle est une usurpation brutale de ce droit de propriété, elle est une attaque à l'individu.

Mais il y a plus, une pareille intervention est-elle possible avec le fait actuel de propriété ? On le croit. Cependant si elle est possible, elle doit l'être en tout et partout. Or est-il en la puissance du gouvernement de donner à un homme des besoins que cet homme ne saurait avoir ? certainement non. Donc cette intervention productive du gouvernement est réellement impossible en soi.

Cependant elle existe, dira-t-on. Erreur ! Le gouvernement, ne pouvant point créer des besoins, ne peut intervenir en ce sens que son intervention crée des richesses. Ce que l'on appelle son intervention n'est donc alors rien autre chose que sa prise à partie des intérêts de quelques-uns, d'une classe, contre les intérêts rivaux des autres classes.

Et c'est en effet là ce que l'on a de tout temps prétendu dire par cette intervention du gouvernement.

Les rouages de la production sont *l'instrument,* le *capital*, le *travail*, et le *besoin :* le *besoin*, qui demande ; le *travail*, qui, s'appliquant à *l'instrument* et nourri par le *capital,* produit la richesse demandée. Que viendra donc faire l'intervention du gouvernement au sein des hommes propriétaires de ces rouages, et uniquement associés entre eux par la vertu de chacun de ces rouages ? Que chaque homme ayant le *besoin,* possède encore *l'instrument,* le *capital* et le *travail,* et la société que nous avons sous les yeux disparaît. Mais que chaque homme, ayant le besoin, ne puisse posséder qu'une de ces trois autres choses qui forcément coopèrent à la production, et notre société se présente à nous telle qu'elle est. Le gouvernement ira-t-il donc dire à l'instrument : Va ! quand la force motrice du travail lui manque ? Ira-t-il dire au travail : Fonctionne ! quand la force nutritive du capital ne lui est point appliquée ? Ira-t-il enfin dire au capital : Nourris ! quand la cause première qui fait seule descendre ce capital en la veine du prolétaire, le besoin, n'existe pas ? Or nous savons que le gouvernement ne saurait produire le besoin.

Le gouvernement n'est point la société ; il n'est point la raison profonde de cette société ; la société existe, puis vient le gouvernement. Ce fondement de la société, c'est le *besoin,* qui, distribuant aux mains des hommes, et de façons diverses, *l'instrument,* le *capital*, et le *travail,* relie ces hommes entre eux, précisément encore à cause du lien secret qui unit indissolublement entre eux le *travail,* le *capital* et l'*instrument.* Laissez donc à cette société ainsi constituée le soin de sa propre existence ; toutes ses parties se font équilibre ; elle ne saurait avoir, abandonnée à elle-même, ni trop de *travail,* ni trop de *capital,* ni trop d'in*struments,* puisque la cause première et dernière de chacune de ces choses est uniquement le *besoin.*

En d'autres termes, la nation a des *prolétaires,* expression vivante de sa faculté productive par le *travail ;* elle a des propriétaires, des *bourgeois*, des commerçants, des chefs d'industrie, expression vivante de sa faculté productive par les *instruments ;* elle a enfin des *capitalistes*, des rentiers, expression vivante de sa faculté productive par le *capital ;* puis, au-dessus de ces classes, elle a encore sa *population* entière, expression vivante de sa faculté productive par le *besoin*. Que l'on donne donc à cette nation la *liberté ;* et, sous le souffle initiateur de sa *population*, ses trois classes *de prolétaires*, de *bourgeois*, de *capitalistes*, se pondéreront entre elles, et la création normale de la richesse aura lieu.

Mais quand le gouvernement intervient, c'est toujours pour entraver la liberté des mouvements de l'une de ces classes. Or, cette absence de liberté se communique aussitôt aux deux autres classes ; l'équilibre est rompu, la nation souffre dans sa population, sa prospérité diminue.

Tel serait à peu près le langage d'Adam Smith pour exprimer aux hommes de nos jours l'idée fondamentale de son système. Il est donc de toute vérité, ainsi que nous le disions tout à l'heure, que ce système était inattaquable pour ceux auxquels Adam Smith l'exposait. Même encore aujourd'hui ceux qui le rejettent ne le rejettent, pour la plupart, qu'en manquant à la logique. Du moment que l'on accepte l'appropriation individuelle des rouages de la production telle qu'Adam Smith la supposait à son point de départ, il faut conclure comme Adam Smith, et non pas autrement.

Quant à nous, qui ne nions pas que cette appropriation individuelle des rouages de la production n'existe en ce moment et n'ait en ce moment sa raison légitime d'exister, mais dont la foi à *l'éternité* de cette appropriation individuelle se trouve être fortement ébranlée, nous ne pouvons conclure comme Adam Smith, et nous découvrons aisément le vice de son argumentation.

Puisque le gouvernement n'est point la société, mais est tout à fait en dehors d'elle, dirions-nous à Smith, quel est donc, selon vous, le fondement de la société, quel est son principe constituant ? Vous dites que ce principe est le *besoin* que chacun sent en soi, que chacun possède ; mais ce besoin distribuant aux mains des hommes, et de façons diverses, la possession de l'*instrument*, celle du *capital*, celle du *travail*, toutes choses qui se tiennent réciproquement, il est de toute évidence que vous ne donnez le *besoin* comme principe à la société que parce que précisément il distribue *l'instrument*, le *capital*, et le *travail*. Or cette œuvre une fois accomplie, ne voyez-vous pas que le *besoin* disparaît de la société considérée en général et dans sa totalité, laissant à cette société pour principe constituant le lien unique qui relie forcément entre eux *l'instrument*, le *capital*, et le *travail* ?

Vous dites : *La population* aura besoin, et on produira. Mais, la séparation des rouages de la production faite, il n'y a plus *population*, il y a capitalistes, bourgeois, et salariés.

Je comprends bien que le besoin soit créateur de la richesse, si le besoin peut se transmettre à l'instrument, au capital, au travail ; mais s'il n'a fait que distribuer et disséminer le capital, l'instrument, et le travail, en des mains diverses, et si son rôle se borne là, ce n'est plus le besoin dans sa généralité qui produira la richesse : ce sera le besoin de telle ou telle classe, ce ne sera plus le besoin de tous.

Votre nation peut donc avoir, dans ses *prolétaires,* dans ses *bourgeois*, dans ses *capitalistes,* des expressions vivantes de ses facultés productives par le *travail,* par l'*instrument,* par le *capital ;* mais à coup sûr elle n'en a pas, dans sa *population,* pour sa faculté productive par le *besoin.*

La population de cette nation, sous le régime de la liberté que vous prêchez si éloquemment, pourra donc être fort malheureuse, ainsi que l'assure M. de Sismondi, et que l'expérience le démontre d'ailleurs.

Et si nous examinons la nature du *travail,* de *l'instrument,* et du *capital,* ne serons-nous point forcés de convenir qu'en l'absence du *besoin,* le *capital* hérite nécessairement de sa faculté d'être la cause première et dernière de la production ! Ce n'est pas le *travail* qui sans *capital* va s'appliquer à *l'instrument ;* ce n'est pas l'*instrument* qui va de lui-même se mettre en jeu, ou décider le *prolétaire,* privé du gain de sa journée, à l'y mettre : mais le *capital* existe-t-il quelque part, et aussitôt, comme produits ou attirés par sa seule présence, il y a *travail* et *instrument.*

Si derrière ce mot *capital* il y a *besoin du capitaliste,* comme derrière le mot *travail* il y a *besoin du prolétaire*, comme encore derrière le mot *instrument* il y a *besoin du bourgeois*, il faut donc conclure de votre théorie que le *besoin du capitaliste* est la cause créatrice et régulatrice des besoins du prolétaire, des besoins du bourgeois.

C'est qu'en effet, le besoin du capitaliste profite du besoin des autres hommes, besoin toujours existant dans leur sein, mais existant vainement tant que le capitaliste n'a pas lui-même un besoin ou une fantaisie.

Le *capitaliste,* c'est-à-dire l'homme qui possède des richesses accumulées, des richesses dont il n'a pas eu besoin durant le temps de leur accumulation, dont il pourrait éternellement se passer s'il continuait de vivre ainsi qu'il le faisait durant ce même temps de l'accumulation ; le *capitaliste* est donc en réalité le seigneur et le maître du *bourgeois* et du *prolétaire !* Le *capital* est l'âme de votre société, et l'épargne, qui seule crée ce capital, devient ainsi la vertu dominante de notre nature.

Que l'épargne ne puisse parvenir à créer de nouveaux capitaux au sein de votre nation, et vous êtes forcés de contenir que la prospérité de cette nation sera stagnante.

Que l'épargne soit inférieure à la dissipation, le nombre des capitaux diminuant, la prospérité de la nation décroîtra.

Ce n'est que lorsque l'épargne, victorieuse de la dissipation, augmente le nombre des capitaux, que la nation s'avance dans une sphère plus grande de prospérité.

Tels sont en effet les aphorismes des économistes de l'école d'Adam Smith, leurs propositions les plus générales, et le *nec plus ultra* de leur science. Or voyons un peu ce que c'est que l'épargne.

Un *prolétaire,* chargé d'enfants, gagne dans sa journée de douze heures, trois francs. Il en dépense deux, il en met un de côté : épargne !

Un *capitaliste,* de ses 100,000 francs de rente dépense 80,000 francs, il en met de côté 20,000 : épargne !

Je n'examine pas si l'épargne de ce prolétaire, qui se prive lui et sa famille des choses nécessaires à la vie, est morale. Je n'examine pas non plus si une telle épargne est favorable à la production. Pendant que l'ouvrier épargne ainsi, sa force se perd ; son activité intellectuelle, morale et physique, au lieu de s'accroître et de se développer, se tarit ; l'épargne le mène à l'hôpital. Je ne remarque pas enfin combien cette épargne par les prolétaires est difficile. Quelque cent millions mis en réserve dans les caisses d'épargne depuis qu'elles sont instituées, et qui proviennent de certaines classes particulières de travailleurs, les domestiques, par exemple, lesquels, par leur servitude même, se trouvent avoir une existence plus assurée, ne prouvent pas, ce me semble, que l'épargne soit au peuple chose facile. Quand on a créé ces caisses, il était bien certain qu'il y aurait un public à l'usage duquel elles seraient ; mais croire qu'elles peuvent indéfiniment capitaliser au profit des prolétaires, c'est là une véritable folie. Ce qui est certain, ce qui est évident, c'est que ce n'est pas du côté des prolétaires que se forment par l'épargne les grands capitaux, célébrés par les économistes comme le levier de la production.

À quoi bon remarquer aussi combien il est facile à l'avare, quand sa fortune est au-dessus de ses besoins, de capitaliser ! C'est donc du côté seulement des riches que se forment ces capitaux tant vantés par les économistes.

Mais, encore une fois, je laisse toutes ces questions. J'en prends une plus directe. Je demande aux économistes si réellement cette création des capitaux et des capitalistes a, dans la production de la richesse, l'heureux effet qu'ils préconisent. Je demande si réellement l'épargne ainsi entendue est une des sources créatrices de cette richesse.

Qu'il y ait une épargne nécessaire à la production, cela est évident. Que la moisson venue, cette moisson soit recueillie et conservée pour sustenter les travailleurs jusqu'à la moisson prochaine, sans quoi cette prochaine moisson ne serait pas convenablement préparée par le travail humain, voilà ce que la nature elle-même nous enseigne. Mais si cette première moisson, au lieu d'être versée dans le peuple des travailleurs pour nourrir et vivifier leur force, leur activité, leur génie, est mise sous clef par l'avarice, je demande si cet accaparement sera utile à la production. Il est évident qu'il lui sera funeste, et que, poussé à la limite, il lui serait mortel.

L'épargne légitime, l'épargne des avances, est donc en quelque sorte une consommation, une consommation graduelle et réglée, faite en vue même de la production. Voilà l'épargne favorable à la production des richesses ; toute autre épargne est nuisible à cette production.

Or, est-ce l'épargne légitime, l'épargne des avances, qui crée les capitaux et les capitalistes au sein d'une nation ? Non, c'est l'avarice, qui a pris le nom d'épargne.

Tout capitaliste, pour devenir tel, a pendant un temps plus ou moins long, absorbé sans usage, directement ou indirectement, une certaine quantité de richesse. Tout capitaliste, dans son essence, ressemble à la Banque de France, qui a dans ses caves des millions sans emploi.

Que si l'on m'objectait qu'il y a des gens qui deviennent capitalistes sans laisser jamais, comme on dit, leur argent reposer, et que même les grands capitalistes se forment ainsi, on n'entendrait pas la question. Les capitalistes dont il s'agit ne se forment ainsi qu'au moyen de ce qu'on nomme le crédit. Or qu'est-ce que le crédit ? C'est faire croire qu'on a à sa disposition, d'une façon directe et toute matérielle, une certaine quantité de richesse ; c'est faire croire que l'on a, comme la Banque de France, des richesses en espèces sonnantes, et qu'on peut à tout instant les faire sortir de son coffre-fort. Là-dessus donc, d'autres hommes qui, eux, capitalisent en enfouissant, en accumulant, se hasardent, par l'appât de l'intérêt, à mettre une partie plus ou moins grande de leur trésor à la disposition de ces gens qu'ils croient aussi des thésauriseurs ; mais ils se gardent bien de tout mettre. L'homme qui prête ainsi un louis au banquier, et par le banquier à l'industrie d'une façon plus ou moins indirecte, a d'autres louis en réserve qu'il ne prête à personne. J'entends qu'il a des terres, des instruments de travail, des fruits de toute espèce, que l'industrie des autres hommes pourrait féconder d'une façon bien autrement puissante qu'il ne fait lui-même, mais sur lesquels son avarice met un véritable embargo. C'est en poussant ainsi leurs racines au sein de cette masse de thésauriseurs à divers degrés, que les capitalistes par le crédit se forment. Un capitaliste qui amasse sa fortune par le moyen du crédit représente réellement un nombre plus ou moins considérable de capitalistes qui amassent en enfouissant.

L'essence de la formation des capitaux est donc l'inertie de ces capitaux mêmes, leur accaparement.

Les économistes font donc une singulière confusion. Parce qu'en effet le besoin du bourgeois et du salarié ne pourrait rien produire sans le besoin ou la fantaisie du capitaliste, et que dès lors les capitaux deviennent, à cause des besoins ou des fantaisies de ceux qui les possèdent, non seulement la cause mais la boussole et la règle de la production, ils vont criant sur les toits que les capitalistes sont nécessaires à cette production, *en tant que capitalistes ;* tandis qu'en réalité la formation des capitaux dans la main des capitalistes est un temps d'arrêt dans la production, puisqu'au lieu de verser dans cette production le fruit du travail et des instruments pour féconder et les hommes et les instruments, les capitalistes ne deviennent capitalistes qu'en absorbant par l'épargne, par l'avarice, par l'accaparement, ce qui devrait être immédiatement donné à la consommation de tous, afin de servir à la production.

Oui, il est bien certain que le capitaliste intervient dans la production des richesses ; mais c'est quand il cesse pour ainsi dire d'être capitaliste, c'est-à-dire quand, renonçant à l'épargne, il se livre à la consommation ; c'est lorsque, cessant d'être *avare*, il obéit à son *besoin*. Alors son besoin, s'emparant du bourgeois et du salarié, qui, par l'effet de leurs propres besoins, sont toujours à sa disposition, provoque une création de richesse, création bien ou mal entendue. Mais quand il agit ainsi, il n'est plus, dans son essence, capitaliste.

On dit que la Lombardie tout entière appartient à cent individus. Le sol de l'Angleterre, comme on sait, relève de quelques milliers de familles. Enfin en Égypte le pacha est seul propriétaire et seul capitaliste. Combien donc, au dire des économistes, cette absorption de la propriété par un, par cent, ou par quatre ou cinq mille, dans ces divers pays, doit être bonne, utile, admirable ! En effet, la création de la richesse ne peut pas avoir lieu sans eux, sans leur intervention, sans leur permission ! combien donc ils sont utiles à la formation de la richesse ! Voilà, dans toute sa nudité, la proposition des économistes.

La société actuelle fondée, suivant les économistes, sur l'épargne, a donc, sous le rapport même de la richesse, un très mauvais fondement ; et préconiser, ainsi que font les économistes, l'épargne, comme la source de la production des richesses, c'est enseigner, sous le rapport même de la richesse, une grossière erreur.

Il n'en est pas moins vrai que, dans l'état actuel des choses, les capitalistes sont maîtres de tout, et que, sans leur besoin, le besoin des travailleurs est inefficace et ne saurait agir en aucune façon sur la création de la richesse.

Ne parlez donc point de liberté pour le commerce et pour l'industrie, par la seule raison que vous aurez détruit l'influence restrictive du gouvernement sur l'emploi des capitaux ; ne voyez-vous point cette autre influence cent fois plus restrictive, cent fois plus tyrannique encore, qu'exercent sur *l'industrie* et sur le *commerce,* ces mêmes *capitaux !*

Quand vous aurez réduit le gouvernement à n'être plus qu'une triste machine *de paix, de taxes modérées*, et *d'administration tolérable de la justice* y aurez-vous intronisé la liberté dans le monde industriel ? Hélas ! non.

Un gouvernement cent fois plus détestable, celui des capitalistes, est seulement mis à nu et fonctionne.

Je relève donc ici votre étendard brisé et couvert de poussière, j'agite au vent votre devise ; *Liberté.*

Liberté commerciale et industrielle pour le peuple, qui s'en trouve complètement privé ! Liberté commerciale et industrielle pour la bourgeoisie, qui ne la possède point tout entière ! Que le gouvernement des capitalistes, hostile et antipathique à la liberté commerciale et industrielle du peuple et de la bourgeoisie, au même titre et de la même façon que le gouvernement monarchique l'était à la liberté commerciale et industrielle de ces mêmes capitalistes, que ce gouvernement soit détruit ; car son influence sur la production des richesses est évidemment délétère.

Est-ce donc à dire pour cela que nous irons conclure, comme le fit Adam Smith, à la non-intervention de tout gouvernement possible dans la production des richesses ? Non : nous sommes garantis de cette erreur par l'exemple même de Smith.

Quand le peuple jouira pleinement de la liberté commerciale et industrielle, quand la bourgeoisie jouira du même privilège, et que les capitalistes n'en seront pas privés, c'est-à-dire en d'autres termes quand le travail, l'instrument, et l'avance, seront libres de produire, la société actuelle aura cessé d'être, ainsi que de nos jours a cessé d'être la société monarchique et chrétienne ; une nouvelle société existera. Et cette société nouvelle, comme toute société, sera pourvue d'un gouvernement, lequel ne sera point hostile, mais favorable autant que nécessaire à la production des richesses.

Vous savez bien que ce monde industriel et commercial au sein duquel nous vivons s'est humblement produit au Moyen Âge en dehors de la société chrétienne, féodale et monarchique : qu'y a-t-il donc d'étonnant que le gouvernement de cette société chrétienne, féodale et monarchique continuant d'être, en dépit de la disparition de ses sujets, soit inhabile à régner sur la société actuelle, avec laquelle il n'a aucun rapport ? Voyez, en effet, l'embarras risible et pitoyable à la fois de ce gouvernement d'autrefois appliqué à une société si différente de la société d'autrefois ! Il veut agir, et il n'a pas la science nécessaire pour agir. Il veut gouverner, et une foule de problèmes dont il n'a pas le sens se présentent à lui. Il cherche ses vassaux, ses barons ; son droit est le droit divin de la force : et partout à ses regards, s'offrent des capitalistes qui, dédaignant la guerre, ne parlent que de paix, de contrats, de traités, de transactions commerciales. Autrefois ses sujets se faisaient par les armes la guerre entre eux, et il servait utilement à établir la paix au milieu d'eux ; ils employaient à cela la force, mais avec la force il réussissait ; aujourd'hui ses sujets se font par l'industrie une guerre aussi atroce ; mais comment, lui, exclu de l'industrie, parviendrait-il à mettre la paix là où règne la guerre ? Et de même pour l'extérieur : autrefois les guerres extérieures étaient surtout des guerres de territoire ; aujourd'hui ce sont des luttes d'industrie. La vieille expérience de ce vieux gouvernement se trouve donc en défaut. Ses nouveaux sujets, par exemple, se plaignent de la concurrence des blés de l'extérieur : le moment pour lui d'être actif paraît propice ; il décrète un tel droit d'entrée sur les blés étrangers que ce droit leur ferme aussitôt les ports. Mais à peine a-t-il rendu ce décret que les cris du peuple et des négociants s'élèvent. Le peuple murmure contre la cherté du pain, les négociants contre la destruction d'une branche de négoce et de débouchés certains. En ce même temps un peuple voisin s'empare de nos procédés d'industrie, et, placé dans des conditions meilleures, parvient à fermer sur les marchés de l'extérieur le plus grand nombre de nos débouchés. Nos fabriques en sont d'abord en souffrance, puis elles croulent et se ferment. Et le peuple de murmurer, le commerce et l'industrie d'être aux abois ; de toutes parts s'élèvent d'amères plaintes qui toutes accusent le gouvernement. Pour ce dernier, ne pas agir est périlleux, mais agir est plus périlleux encore.

En vérité donc, la question n'est pas de savoir s'il est possible à ce gouvernement d'une société disparue de vivre plus longtemps encore au sein de la société actuelle ; mais la question est tout entière de savoir quel est le gouvernement propre à cette société présente ? Or, le vrai gouvernement de la société actuelle, celui qui est au fond des choses, je l'ai dit tout à l'heure, c'est le gouvernement sans cœur et sans entrailles, tyrannique au peuple, tyrannique aux bourgeois, des *capitalistes*. De là un dilemme invincible : ou bien il faut que ce gouvernement réel, quoique non reconnu, des capitalistes prenne le timon de l'état et devienne le vrai gouvernement, et que tous les phénomènes de la production de la richesse soient remis à la direction de ceux qui, de fait, en disposent ; ou bien il faut que la cause de cette influence monstrueuse du capital dans la production de la richesse soit extirpée, et que, par le chef-d'œuvre même d'un gouvernement nouveau, résultant d'une moralité nouvelle parmi les hommes, la production de la richesse soit réglée par d'autres lois.

L'un ou l'autre est nécessaire. Que le gouvernement du capital arrive donc à se manifester, à être patent et déclaré, de latent qu'il est ; qu'il parvienne à s'imposer à la royauté, qu'il prenne la place de cette royauté ; qu'il fasse également alliance avec ce qui reste de la vieille aristocratie ; que royauté et aristocratie se fassent capitalistes. Alors au moins une certaine harmonie s'établira : la réalité aura son cours ; le gouvernement vrai de la société en sera aussi le gouvernement apparent. Et ainsi, maître d'agir, le capitaliste devenu roi s'efforcera d'être *utilement* tyrannique au peuple, en procurant à ce peuple, non l'égalité, mais du travail, non la liberté, mais du pain. Les Romains disaient de la populace, de cette plèbe immense qui entourait l'aristocratie romaine, qu'il ne fallait pour la satisfaire que du pain et des spectacles : *Panem et circenses*. Le gouvernement réalisé des capitalistes donnera au moins à la plèbe *du pain et du travail*.

Hé bien, ce gouvernement s'est en effet réalisé jusqu'à un certain point quelque part. C'est le gouvernement qui règne en Angleterre, c'est le gouvernement qui *pour un débouché* consentirait volontiers à l'anéantissement d'une nation innocente, et qui se rirait des plus grands sacrifices pourvu que la ruine d'une nation rivale en fût l'infaillible effet.

Les Anglais ont de fait résolu le problème social conformément à la solution que leur présentait Adam Smith, et pourtant, sous un certain rapport, contrairement à cette solution. Adam Smith leur disait que le gouvernement ne devait pas intervenir dans la production de la richesse. De là, comme nous l'avons démontré, une société où les capitaux deviennent nécessairement l'arbitre de la production, et les capitalistes maîtres. Les Anglais ont sur ce point suivi la leçon de Smith. Mais Smith en concluait : Donc le moins de gouvernement possible. Les Anglais n'ont pas adopté cette dernière conséquence. Ils ont dit, au contraire : Du gouvernement, et le plus de gouvernement possible, mais *tourné à l'extérieur ;* du gouvernement, mais *par les capitalistes ;* que les capitalistes soient au gouvernement, que le gouvernement se fasse eux, ou à leur image. Et ils ont assis leur président de la Chambre des communes sur une balle de laine. La solution est habile autant que profonde ; et toute la fortune actuelle de l'Angleterre repose encore sur elle. Il est bien évident en effet que les capitalistes étant gouvernement, la nation continue de n'avoir pas à l'intérieur d'autre gouvernement que celui que Smith désirait, c'est-à-dire la libre concurrence et la non-intervention du gouvernement dans la production de la richesse, puisque c'est là ce qui est favorable aux capitalistes et ce qui les constitue arbitres de la destinée de tous. Mais il est bien certain aussi qu'étant l'âme de la politique extérieure, et disposant de toutes les forces collectives de la nation, ils tourneront cette puissance au profit du système de la production ainsi organisée, et que par conséquent ils justifieront et légitimeront jusqu'à un certain point cette organisation, en fournissant aux prolétaires du travail, par la recherche constante de nouveaux débouchés à l'extérieur. Si Adam Smith vivait encore, il serait assurément du système des hommes d'Etat actuels de l'Angleterre ; il ne nierait plus la nécessité du gouvernement ; mais, sans rien changer à ses opinions économiques, il reconnaîtrait au plus vite la nécessité d'un gouvernement qui, par ses menaces, ses caresses, ou ses négociations habiles, peut créer ou conserver à ses sujets d'immenses et féconds débouchés.

Oui, telle est la vraie formule de l'Angleterre : son gouvernement est la pratique de la vérité que nous venons de démontrer, savoir qu'avec le principe de la non-intervention du gouvernement dans la création de la richesse, *les* capitalistes sont les arbitres de la production et les maîtres de la nation. Faites-les donc gouvernants en effet, puisque ce sont vos maîtres, si vous voulez être conséquents. Donnez-leur vos armées, vos flottes ; que votre diplomatie soit à leurs ordres ; que toute la nation, tournée vers le commerce, leur obéisse ; qu'un seul sentiment règne partout, celui du gain ; que tout peuple qui vous offre des bénéfices soit votre allié ou votre victime ; que tout peuple qui ne vous donne pas des débouchés vous soit, non pas indifférent, mais odieux ; qu'il soit votre ennemi ; que vos diplomates le perdent par leurs intrigues, et que vos canons, s'il se peut, le foudroient. Alors vous aurez au moins un gouvernement, un gouvernement fondé sur l'individualisme, et sur la division du capital, du travail, et de l'instrument. Alors le système d'Adam Smith reprendra une certaine vérité, une vérité relative. Un tel gouvernement sera l'expression du *besoin* de la population tout entière. Occupé jour et nuit, soit au parlement, soit dans les conseils, à chercher, avec des yeux de lynx, les peuples étrangers *bons à tondre*, il donnera l'éveil aux capitalistes ; ceux-là aussitôt mettront en œuvre l'instrument et le travail ; et la machine fonctionnera.

Mais si un jour les débouchés viennent à se tarir, si les peuples étrangers font résistance et se développent dans le même sens, malheur alors à la machine ! Ou bien si des idées révolutionnaires pénètrent au sein du peuple, s'il vient à s'apercevoir qu'on a fait de lui une bête de somme, malheur encore à ce système dégradant pour l'humanité ! Jamais plus grande ruine n'aura effrayé le monde.

L'Angleterre a pu mettre sa fortune sur ce dé. Sa partie achève en ce moment de se perdre.

Mais nous, mais la France, nous convient-il d'organiser définitivement le gouvernement des capitalistes ?

La France ne l'a point voulu jusqu'ici, et n'y a point tendu. Ce système de gouvernement lui est antipathique. J'en dirai d'un seul mot la raison. La France, dans le passé, a été beaucoup trop monarchique et trop catholique pour cela. La monarchie c'était l'unité, l'unité du peuple. Le catholicisme aussi, dans son beau sens, c'était également l'unité. Jamais la monarchie, c'est-à-dire l'unité, n'est parvenue à s'établir en Angleterre. Ce n'est pas seulement la division encore actuelle de l'Écosse, de l'Angleterre, de l'Irlande, qui le prouve ; c'est l'histoire même de l'Angleterre proprement dite. Les rois n'y ont pas vaincu les barons, ils se sont arrangés avec eux. Les Anglais ont raison de dire que leur charte remonte bien haut. Elle remonte trop haut suivant nous. La féodalité, au lieu d'être réellement détruite par ce pacte, fut constituée par lui ; elle se transforma sans doute, mais elle ne perdit pas son caractère essentiel, la séparation, l'individualisme. C'est la propriété individualiste, comme nous l'avons démontré ailleurs, qui est le caractère même de la féodalité. Cette propriété fut donc constituée en Angleterre plus fortement qu'en France et en tout autre pays. L'Angleterre aussi, et par la même raison, a précédé et surpassé tous les autres peuples dans le protestantisme. Ces différences tiennent au génie particulier des peuples, et les placent à des échelons divers dans le travail de civilisation qu'ils accomplissent en commun.

Mais la France, encore une fois, a toujours montré un génie différent. Que fera-t-elle donc, et que nous reste-t-il ? Il nous reste à suivre la tradition de la France, et à redire sous d'autres noms et sous d'autres formes ce qu'ont dit pendant tant de siècles nos aïeux, *unité*. Nos rois, en se disant rois, ne distinguaient pas leurs sujets les uns des autres. Ayons donc un gouvernement qui corresponde à cette royauté, dans ce sens qu'il représente comme elle l'unité.

Nous sommes restés catholiques, nous avons laissé passer le protestantisme ; nous n'avons pas voulu de ce progrès, parce qu'il nous semblait détruire un immense progrès accompli ou en train de s'accomplir, l'unité. Nous avons franchi par-dessus le protestantisme, et nous avons embrassé la philosophie ; nous avons été le peuple de la philosophie. Restons le peuple de la philosophie, c'est-à-dire encore de l'unité. Les philosophes ont-ils jamais préconisé les riches aux dépens des pauvres ? les pauvres et les riches n'ont-ils pas été des égaux à leurs yeux ?

Ainsi ce qui reste à la France, c'est l'autre branche du dilemme que nous avons posé : une société nouvelle, un gouvernement nouveau. Nous ne voulons pas, comme les Anglais, mettre sérieusement les capitalistes à notre tête, afin que, transformant la France en une nation purement commerçante, ils établissent parmi nous l'aristocratie légitime de la richesse, en ouvrant continuellement au peuple, changé en bête de somme, de nouveaux débouchés pour son travail. Nous n'aspirons pas à dominer le monde en mettant au gouvernement du monde des capitalistes. Nous ne sommes pas, comme disait Napoléon, une nation de boutiquiers. Donc point de milieu, il faut que nous arrivions à extirper de notre sein la cause de ce gouvernement occulte des capitalistes, que nous ne voulons pas armer du sceptre ni investir de la couronne.

Et le moyen de l'extirper, l'unique moyen, c'est une conception nouvelle de la richesse, et une organisation nouvelle de la production, fondée, non sur la séparation, mais sur la réunion des divers éléments qui interviennent dans la production de cette richesse, savoir : le *besoin*, l'*instrument*, le *travail* et le *capital* ou l'avance.

## Suite

Puisque la réfutation du système de Smith nous a conduits à pénétrer si avant sous l'enveloppe de notre société actuelle, et à sonder la plaie qui nous dévore, ne sommes-nous pas mis en demeure par là même de pousser encore plus avant, et de conclure au nom de la science ? Ou plutôt, ne venons-nous pas déjà de conclure, forcés par le fil même d'une logique intraitable ? N'avons-nous pas affirmé que tout le mal actuel provient, au point de vue économique, de la séparation du besoin, de l'instrument, du travail, et du capital, c'est-à-dire de tous les agents de la production, et que l'unique remède est la constitution d'une société nouvelle, ou, contrairement à l'opinion des économistes de l'école de Smith, un gouvernement véritablement digne de ce nom amènerait le besoin, c'est-à-dire les besoins *de tous*, à agir immédiatement sur les autres ressorts de la production ? C'est là, ce me semble, une conclusion majeure, et qui entraîne d'énormes conséquences.

Mais que deviendra l'individu dans une pareille société, et quel sera son droit ? enfin que sera le gouvernement ? Ce n'est pas à l'économie politique à résoudre complètement ces problèmes. C'est à la philosophie, c'est à la politique, ou plutôt c'est à la religion, qui embrasse l'homme tout entier. Néanmoins voyons si, à la lumière de la science économique, nous ne pourrions pas pénétrer plus avant dans l'avenir, et toucher d'un peu plus près encore à la solution du problème que poursuivent aujourd'hui dans l'angoisse les nations les plus avancées de l'humanité. Ce problème qu'on l'appelle religieux, social, ou politique, est toujours, en définitive, celui de la production de la richesse. Il est donc du domaine de la science dont nous nous occupons en ce moment.

L'économie politique part du *besoin* de l'individu. Son caractère est de considérer l'utile d'une façon prédominante, non le beau et le bon. Mais voyons si par l'utile elle ne peut pas s'entendre et s'accorder avec la philosophie et la religion, qui cherchent le beau et le bon. Partons donc du besoin, et du besoin de l'individu.

Nous avons dit que le besoin de l'individu avait été la cause de la distribution aux mains des hommes, en des lots différents, des trois agents matériels de la production, *l'instrument*, le *travail*, le *capital*, et que le lien mystérieux qui unit entre eux ces trois agents de la production, qui seul constitue réellement chacun de ces agents ce qu'il est, était dès lors devenu le lien visible de la société : et cela est vrai. De telle sorte que la société actuelle a ces deux principes pour bases : le *besoin* qui naît dans l'individu de sa propre nature, du fait seul de son existence, et le *besoin* résultant en lui du rapport de sa propriété avec les propriétés des autres.

Je suis *homme*, je vis : mon *besoin* est nécessairement en rapport avec ma qualité d'homme, avec la vie que Dieu m'a départie. Mais je suis *propriétaire*, et ce même *besoin* se trouve dès lors limité à l'étendue de mes transactions commerciales.

Cette limite qu'apporte à mon besoin ma qualité de *propriétaire* ne détruit pas en moi cette partie de mon *besoin* comme homme que ne satisfont pas mes échanges : ce qui fait que chaque homme est un ressort incessamment tendu vers un plus grand développement de la production en toutes choses ;

Ce qui fait que chez le peuple ce ressort est tellement tendu qu'il menace incessamment de faire explosion ; que chez la bourgeoisie ce ressort, moins tendu, ne produit qu'une agitation fébrile ; que chez les capitalistes, encore bien moins tendu, ce ressort ne produit que la crainte des révolutions, et l'insouciance apathique pour un destin meilleur.

Nous avons montré tous les vices de cette organisation ; nous avons prouvé que cette organisation arrête la production, c'est-à-dire qu'elle arrête la vie et le développement de la vie en chacun de nous ; nous avons prouvé qu'elle a pu être bonne et suffisante pour le passé, mais qu'elle ne convient plus à l'avenir.

Qui me délivrera donc de cette qualité de *propriétaire,* dont les bénéfices ne sont en réalité que de pesantes chaînes ? Qui donnera liberté, satisfaction pleine et entière au *besoin,* à la *vie*, qui, par la grâce de Dieu, sont en moi ?

La nature et la vie sauvage ne résolvent point cette question. J'aime mieux disputer la richesse aux hommes qu'aux bêtes féroces.

Mais dès lors la société actuelle touche à son dernier terme.

J'apporte à la société future, à la société nouvelle, ma *propriété.* Je ne serai possesseur d'aucun agent de la production, ni de *l'instrument*, ni du *travail*, ni du *capital ;* je ne tirerai point satisfaction pour mon besoin de la possession d'aucune de ces choses, mais de l'étendue même de ce besoin. Car, en même temps que Dieu a mis en moi ce besoin, il a mis en moi et hors de moi la quantité de travail nécessaire à la production de la richesse que ce besoin réclame.

Dans mon besoin résident également mon *droit* et mon *devoir ;* dans mon besoin résident également encore le *droit* et le *devoir* de la société.

Tel est évidemment le principe constitutif de la société qui succédera immédiatement à celle qui nous porte. Ce n'est pas ici le lieu de traiter la question du comment se formeront et se distribueront les richesses au sein de cette société ; mais il n'est point difficile d'apercevoir en cette société l'urgence d'un gouvernement intelligent, présidant à la formation et à la distribution des richesses.

Qui, en effet, mettra l'harmonie entre l'individu, qui a abdiqué tout droit exclusif et absolu de propriété, et la société qui reconnaît en échange à l'individu son droit à toute propriété en reconnaissant son besoin ? Qui, dis-je, établira un lien entre cet individu et cette société, de manière à ce que l'abandon fait par l'individu tourne à la satisfaction de son besoin, et de manière aussi à ce que le besoin de cet individu ne détruise pas pour la société la possibilité de la plus grande production possible, et ne rende pas ainsi illusoire l'abandon fait par lui du signe actuel de sa propriété ? Évidemment ce qui établira cette harmonie, ce lien, c'est ce que toutes les sociétés jusqu'à ces derniers temps avaient regardé comme l'âme même de la société ; c'est un gouvernement. Combien donc, pour le redire encore ici, est absurde cette théorie superficielle des économistes de l'école de Smith, qui les a conduits à proclamer que tout gouvernement était un mal, quant à la production de la richesse, tandis que nous arrivons, dès le second pas, par la science, à cette conclusion que le gouvernement est si nécessaire à la plus grande production possible de la richesse, que sans lui cette plus grande production possible ne saurait avoir lieu !

Voici donc, dis-je, une argumentation sans réplique, que la vraie science économique vient fournir à la politique et à la philosophie, pour les aider dans leur œuvre de réédification sociale. Je dis, au nom de la science dont je m'occupe en ce moment, que la plus grande production possible ne peut avoir lieu que par la réunion, par l'action pour ainsi dire instantanée, la coexistence en un mot, de tous les agents de la production. Je dis que notre pauvreté actuelle tient à la séparation funeste de ces agents, et à leur morcellement, par suite des fausses notions que l'homme a conçues jusqu'ici de la propriété et de son droit à cet égard. N'ayant pas encore une idée assez grande de ce droit, il l'a amoindri et tronqué, en prenant, dans son avidité insensée, une partie seulement de ce à quoi il avait droit, et en établissant là son domaine. J'ai démontré que ce morcellement devait bientôt finir, ou du moins que toutes les tendances de l'histoire de l'humanité et toutes les tendances de notre patrie en particulier confinaient à sa destruction. Quoi qu'il en soit de ce dernier point, qu'on le nie en fait ou qu'on l'accorde, la proposition prise dans l'absolu n'en est pas moins certaine et évidente. Or de cette proposition suit cette autre, que, si l'on veut réaliser la plus grande production possible, il faut donner à la société, au nom même de l'individu, le droit sur tous les instruments de la production. Donc, du principe même de l'individualisme, mais de l'individualisme bien entendu, sort cette dernière conclusion, qu'au point de vue de l'économie politique le gouvernement est non seulement utile, mais nécessaire et indispensable.

Certes, si l'homme était arrivé à la perfection, ou plutôt si toutes choses étaient à leur perfection, cette nécessité du gouvernement pour la production de la richesse cesserait, il suffirait à l'individu de vivre ; et, de son besoin seul, sans direction aucune et sans gouvernement aucun, sortirait la plus grande production possible. Mais l'homme est loin d'être arrivé à la limite de son progrès.

Vainement donc essaierait-on de s'emparer de ce point de départ de l'économie politique, le besoin et le besoin de l'individu, pour conclure que cet axiome premier de la science tue le droit. Au contraire il le constitue, ou peut servir à le constituer. Car, si dans le besoin, le *droit* de l'individu à sa base légitime, son *devoir*, comme je l'ai déjà dit, en ressort aussi manifestement ; et si, dans le besoin, le *droit* et le *devoir* de l'homme se trouvent être suffisamment indiqués, le *droit* et le *devoir* de la société y sont également déposés ?

Seulement nous admettons et il nous paraît nécessaire d'admettre que cet antagonisme de droit et de devoir dans l'homme et dans la société ira sans cesse s'affaiblissant, à mesure que la connaissance et la moralité humaine augmenteront.

La liberté de l'homme, c'est-à-dire le rapport de sa connaissance avec le but et la nature de sa vie, avec son désir, fait qu'incessamment cet homme se sent porté à user de son *droit* dans toute l'étendue de la puissance de ce droit, et à négliger son *devoir,* que l'ignorance lui montre revêtu des tristes dehors du sacrifice, de la peine. Le *devoir* ne relève pas uniquement de nous, en effet ; il diffère en cela du *droit.* Le *devoir* a son expression matérielle dans ces actes que nous produisons hors de nous, et que nous désignons sous le nom de *travail.* Mais évidemment ce *travail*, s'il a en nous une partie de son origine, a son autre partie dans ce qui est hors de nous. Que la virtualité de ce qui est hors de nous se tourne donc davantage, s'incline davantage vers la production de la richesse que notre besoin réclame, et la part du travail qui procède de nous diminuera, en ce sens qu'elle deviendra en réalité plus conforme à notre besoin, à notre désir, a notre nature, et par là même plus efficace et plus puissante. Tandis que notre *droit* reste immobile, notre *devoir* varie donc suivant que le concours de ce qui nous est extérieur est plus ou moins grand, plus ou moins efficace. De là cette tendance au découragement et à la lassitude que nous éprouvons au seul mot de *devoir.* Quand le concours de ce qui nous est extérieur nous manque, nous sommes volontiers disposés à jeter, comme on dit, le manche après la cognée. Mais lors même que ce concours nous est le plus assuré, ses salutaires effets relevant de l'état de notre science personnelle et des qualités de ce qui nous est extérieur, il en résulte forcément que le caractère du *devoir* étant de ne pouvoir donner, de longtemps du moins, satisfaction complète au *droit,* ce mot de *devoir* entraîne toujours à sa suite une idée de sacrifice, de peine, de fatigue, et que dès lors nous sommes portés à le négliger.

Cependant voici que, sur sa base nouvelle, le *besoin,* la société humaine s'organise en France. La possession ou, pour mieux dire, la détention de *l'instrument,* du *travail,* et du *capital,* ne vient pas limiter en chacun la satisfaction de son *besoin :* cela veut dire que ce *besoin* de chacun se trouve être assuré du concours bienveillant et puissant de tous les Français ; cela ne saurait vouloir dire que ce besoin se trouve être également assuré du concours de la masse immense des hommes disséminés sur la terre, qu'on nomme humanité ; cela ne veut pas dire non plus que ce besoin se trouve être encore assuré de l'entier concours de cette partie de la nature que l'on appelle la France ; cela enfin ne veut pas dire que ce besoin se trouve être assuré de l'entier concours de l'autre partie de la nature qui forme les territoires divers des nations actuelles. Or ce n'est qu'à ces conditions, qui constituent la limite de la prospérité que l'homme peut légitimement espérer atteindre ici-bas, que la dualité du *droit* et du *devoir* cessera, que le *droit* et le *devoir* se confondront ensemble, que *travailler* deviendra synonyme de *vivre.* Jusque-là donc le *droit* sera supérieur au *devoir.*

C'est-à-dire que le *devoir* apparaîtra revêtu encore d'un certain caractère restrictif du *droit,* et qu'il pèsera dès lors à l'homme comme il lui pèse aujourd'hui sous le nom de travail. Le fonctionnaire de la société future sera encore, par rapport à son droit, dans la disposition où se trouve être aujourd'hui le propriétaire, par rapport à ce même droit : seulement la proportion sera autre.

Du moment donc que le droit et le devoir, loin de se confondre dans l'individu, sont en tel rapport, que le droit supérieur au devoir, se trouve être limité, restreint par le devoir, la paix et l'unité n'existant point dans l'intérieur de cet individu, cet individu se trouve être en une disposition chagrine de corps et d'âme, qui le fait ennemi des autres. Incessamment cette guerre intérieure qui est en lui le pousse, en présence d'autrui, à la réaliser d'une façon tout extérieure, c'est-à-dire à nier l'égalité des autres individus, à rechercher en eux son devoir, à ne reconnaître en lui que son droit. L'homme de la société future n'est donc pas, au fond, quant à cette guerre intérieure et cette dualité, essentiellement différent de l'homme de la société présente, de l'homme de la société passée ! En le dégageant d'une façon complète de l'esclavage des hommes, la socialisation des instruments de travail ne fait que le ramener au point initial de sa course, et c'est là tout. Pour que cet homme ne retombe pas en ses erreurs passées, pour qu'il vive de ses seules ressources, non de l'exploitation des hommes sous une forme ou sous une autre, il est donc de l'essence de la société future de produire, en face de la puissance individuelle considérablement accrue, une puissance plus forte encore, celle de tous.

Il faut que l'homme soit abrité contre lui-même, contre sa propre faiblesse, contre les éventualités possibles de cette lutte intérieure qui se passe en son sein. Le pouvoir chargé de cette rude besogne est un pouvoir éducateur, organisateur, et de pure justice ; c'est lui qui distribue les fonctions, enseigne la science humaine, et rappelle à sa propre dignité, à ses éternelles espérances, à sa doctrine, à sa foi, l'individu qui se serait par hasard abandonné jusque-là que de rêver l'acte le plus légèrement attentatoire à la sainte liberté, à la sainte égalité de son prochain.

Mais ce pouvoir éducateur, organisateur, et de pure justice, a une œuvre plus grande encore à poursuivre ; c'est de tendre sans cesse à la destruction de cette lutte intérieure à laquelle se trouve en proie l'individu. Or les éléments de cette œuvre nous sont connus ; nous savons que la lutte intérieure du droit et du devoir dans chaque individu relève immédiatement de la grandeur de la France en homme, en terre, en science, et que la limite de cette grandeur de la France en homme est *l'humanité,* en terre est le *globe*, en science est la *science complète*. De là donc découlent à la fois une politique extérieure et une politique intérieure, digne objet d'un gouvernement actif, intelligent et fort.

C'est ainsi que l'intervention gouvernementale nous apparaît encore comme une indispensable et féconde nécessité de l'imperfection humaine. Nous nous y rattachons comme à la seule ancre de salut que Dieu nous ait donnée. Ce n'est pas à l'aurore d'une civilisation naissante/au début d'une marche nouvelle de l'homme vers ses destinées immortelles, que l'on peut, que l'on doit en faire l'ignorant sacrifice.

### La possibilité d'une organisation nouvelle des hommes où le riche et le pauvre auront également disparu, et l'impossibilité d'une organisation véritable où le riche et le pauvre seraient éléments, ruinent de fond en comble la théorie économique de M. de Sismondi.

Nous venons de montrer le peu de solidité du principe que Smith crut devoir donner à l'économie politique ; nous avons en ce moment à montrer, dans l'œuvre de M. de Sismondi, l'interprétation défectueuse que ce dernier a cru pouvoir donner du principe contraire.

M. de Sismondi veut l'intervention gouvernementale. Il veut que l'on arrête ces débordements aveugles de l'industrie, qui ne produisent que des crises commerciales et industrielles, que la misère des classes ouvrières, que l'instabilité des fortunes personnelles et de la fortune sociale, etc., etc., La société lui paraît être en ce moment privée de ce gouvernement salutaire ; et devant les souffrances que son absence entraîne, il s'écrie ; Qu'il soit ! Vain désir, parodie vaine ! M. de Sismondi n'a point la science des éléments sociaux, ni celle des faits historiques. Il ignore quels sont les droits et les devoirs de l'homme, de l'individu ; quels sont les droits et les devoirs de la société, du gouvernement. Il ignore le sens profond de la disparition successive de l'esclavage et du servage au sein des sociétés humaines.

M. de Sismondi résout de la façon la plus grossière les problèmes qu'il se pose lui-même. Si le principe auquel il a recours dans la solution de ces problèmes est vrai, la manière dont il en fait usage, l'interprétation qu'il en donne, rendent ce principe plus faux, plus délétère encore que le principe contraire admis par Adam Smith. À la société industrielle de notre époque M. de Sismondi impose le gouvernement despotique du Moyen Âge ; et ce gouvernement a dès lors, dans la pensée de M. de Sismondi, mission de convertir à lui notre société, c'est-à-dire de la tuer, de lui faire rebrousser chemin, de la transformer en cette société disparue du Moyen Âge quelle a jadis vaincu, ou en quelque chose d'analogue.

Sous les dehors les moins faits pour mériter, au dix-neuvième siècle, une réfutation sérieuse, ce système de M. de Sismondi cache donc, en réalité, une pensée beaucoup trop funeste pour que nous ne la prenions point à partie. Tandis que les partisans de l'avenir, pour la plupart, se rattachent ignoramment en économie politique à la devise et au système d'Adam Smith, les partisans du passé, les partisans du présent plus savamment se rattachent à la devise de M. de Sismondi. Ils arguent de l'état des choses pour établir la nécessité du gouvernement ; ils prennent dans le passé ou acceptent dans le présent l'idéal de ce gouvernement ; et, ce gouvernement étant reconnu d'eux, ils concluant ensuite logiquement à la nécessité de changer l'état actuel des choses afin de le rendre conforme et harmonique avec le gouvernement de leur goût.

Dans toutes les misérables utopies des politiques du jour, il n'y a rien autre chose en effet que ce que nous disons là. Il n'est pas un de ces hommes qui ne résolve de cette façon le problème social. Mais, d'accord sur la nécessité d'un gouvernement puissant et fort, ils se divisent aussitôt, et ont raison d'ailleurs de se diviser, dès que l'un d'eux présente par hasard ce qu'il dit être le seul gouvernement possible. Les raisons de nier ce gouvernement ne manquent pas en effet à chaque dissident ; et toutes sont puisées dans le même arsenal, l'état actuel des choses.

Qu'est-ce donc que cet état actuel des choses ! à quel problème donne-t-il naissance ? Examinons.

Ce problème est celui que soulève la présence du *pauvre* et du *riche*. Il y a là deux hommes égaux en naissant, égaux en mourant, inégaux en vivant. Pourquoi cette égalité de mort et de naissance, cette inégalité de vie ? Mais cette première question que M. de Sismondi ne comprend guère, que beaucoup d'autres négligent, est de tous résolue en définitive d'une façon grossière et ignorante. Hommes de pure liberté, hommes gouvernementaux, tous l'acceptent comme un fait. Il en est ainsi, c'est un fait, disent-ils ; accommodons-nous-en. Ce fait ainsi établi, une seconde question s'élève ; et c'est alors que l'intervention gouvernementale apparaît aux uns nécessaire, aux autres funeste. Cette seconde question consiste précisément à se demander : Comment vivront entre eux ces deux hommes, le pauvre et le riche ?

Ils sont égaux et libres ; mais le sort les a doués de conditions sociales diverses. Laissons-les donc, tout est dit : cette inégalité même est un bienfait : sur le terrain de la vie, le riche et le pauvre vont s'attaquer, se jalouser, s'envier, voilà la société qui naît. Qu'un pouvoir fatal les empêche seulement de s'attaquer dans leur propre corps, dans leur propre vie (car alors tout combat finirait, ainsi que toute société), et ces ennemis furieux s'attaqueront dans la nature : leur haine éveillera donc leur génie ; ils trouveront en abondance des armes offensives et défensives dans cette nature, et ces armes sont des richesses ; voilà la richesse créée !

Ainsi parlent les uns ; les autres reprennent :

À quoi bon les richesses, si elles ne sont que la cause excitatrice d'un travail incessant et dur ? La richesse n'est pas une arme qui blesse ; elle est un fruit qui apaise en nous une douleur, qui éveille en nous une jouissance. Que le riche et le pauvre cessent donc le combat, qu'ils cessent de se jalouser, qu'ils se résignent à leurs sorts divers. Le pain noir du pauvre ne sera-t-il pas plus doux quand ce pauvre sera certain de l'avoir sans haine, sans combat ? La jouissance du riche ne sera-t-elle pas plus grande quand ce riche ne se la verra plus disputée ?

D'autres reprennent encore :

Laissez la guerre, productrice des richesses, exister entre le pauvre et le riche ; mais qu'un pouvoir solide maintienne cette guerre en sa limite naturelle. Que le riche n'extermine jamais le pauvre ; que le pauvre ne dépouille jamais le riche ; et que le riche et le pauvre respectent, vénèrent également cette puissance tutélaire qui veille sur leur vie.

Que le gouvernement soit donc une ombre, et rien de plus, disent les premiers ; qu'il ait juste assez de puissance pour lever des taxes modérées, administrer la justice d'une façon tolérable, implorer la paix à tout prix.

Que le gouvernement soit puissant et fort, disent les autres : — Qu'il soit constitutionnel comme celui d'Angleterre ; — Qu'il soit monarchique et féodal ; — Qu'il soit bourgeois ; — Qu'il soit populaire ; — Qu'il soit dynastique.

En vérité, tous ces discours, toutes ces folles croyances, toutes ces solutions me remettent en mémoire l'antique histoire du tonneau des Danaïdes. Utopistes du jour et du fait actuel, gens d'activité, gens du présent, vous ne résoudrez pas plus ce second problème de l'existence du pauvre et de celle du riche, que les filles de Danaüs ne parvinrent à remplir leurs tonneaux troués de part en part. Vous êtes là, comme elles, condamnés à un supplice éternel, sans fin.

Les riches et les pauvres, comprenez bien ceci, ne veulent point d'un gouvernement imbécile qui ne sait point exaucer les vœux qu'ils forment à chaque heure du jour ; ils ne se résoudront jamais également à la tyrannie d'un gouvernement puissant et fort de cette force et de cette puissance que plusieurs d'entre vous conçoivent. La raison bien simple en est que toutes ces sortes de gouvernements regardent l'existence du riche, l'existence du pauvre comme des existences parfaites, et, voulant les rendre harmoniques l'une à l'autre, essaient de retrancher à l'une, celle du pauvre, l'espérance d'être riche, le droit de l'être ; à l'autre, celle du riche, la jouissance de certaines richesses acquises. Or, le riche n'est jamais assez riche, de là ses actes oppresseurs contre le pauvre ; or, le pauvre est toujours trop pauvre, de là aussi ses actes hostiles aux riches. Ce n'est point, ainsi que vous avez coutume de le concevoir, parce que l'un est riche, parce que l'autre est pauvre, que le pauvre et le riche sont ennemis, c'est parce que le pauvre est toujours trop pauvre, le riche jamais assez riche. Il ne s'agit donc pas d'amener la paix entre ces deux hommes au moyen de sacrifices mutuels dont profiterait un tiers, le gouvernement ; il s'agit de donner satisfaction au désir légitime du riche, au désir légitime du pauvre. Ce n'est pas en pauvre que le pauvre veut être traité, mais en riche, c'est-à-dire en homme ; et le riche ne veut pas également être traité en riche, mais en plus riche, c'est-à-dire en homme : car le pauvre et le riche naissent égaux, meurent égaux, et ne voient point la raison de l'inégalité de leur vie.

Ainsi nous sommes ramenés au premier problème : *Pourquoi cette égalité de naissance et de mort et cette inégalité de vie du riche et du pauvre ?* Nous sommes ramenés à la théorie philosophique de M. de Sismondi.

Ne comprenant rien à ce fait, ne s'étonnant guère d'ailleurs de ce qu'il existe, mais sentant néanmoins un peu plus sa valeur sociale que tous ses devanciers en économie politique, M. de Sismondi s'occupe de l'explication de ce fait, en exposant naïvement les résultats auxquels il mène infailliblement. C'est un procédé fort commode. De l'ignorance, de la grossièreté, de la pauvreté même du pauvre, M. de Sismondi conclut la nécessité de l'existence de ce pauvre ; de même qu'il conclut de l'aisance, ... j'allais ajouter comme lui des *manières aimables* et de la *science* du riche, la nécessité de l'existence de ce riche. Or, c'est là toute sa solution du problème.

Quant à nous, nous procéderons différemment, et, voulant montrer à M. de Sismondi qu'il s'est étrangement trompé dans la solution de ce problème de l'inégalité de vie du riche et du pauvre, nous traiterons ici de ce problème à notre manière.

Par là j'entends que nous traiterons ce point en nous permettant encore ici de donner à la science dont nous nous occupons le champ, l'espace, et la langue qui lui convient. Qu'on ne s'étonne point, encore une fois, de nous voir employer des arguments d'une nature métaphysique et historique. La métaphysique et l'histoire sont le champ naturel ou, pour parler plus exactement, la langue de toute science. Quelques-uns voudraient ravaler l'économie politique à n'être qu'une sorte d'appendice de la politique, servant à la réglementation des choses matérielles de la société. Mais c'est une erreur. Les sciences sont des sphères qui se pénètrent mutuellement. Chacune considère le seul objet de toute science, la vie, sous un aspect particulier. De là il résulte que, différentes dans leur genre de contemplation, elles ont toutes pourtant pour point de départ et pour champ la vie et le développement de la vie ; ce qui fait qu'elles ont toujours et qu'elles ne peuvent pas ne pas avoir un certain air de métaphysique et d'histoire.

Si nous nous bornions à rappeler les différentes transformations que l'humanité a subies, si nous nous bornions à dire qu'elle a passé successivement par divers états, qu'elle a connu successivement l'esclavage, le servage, et qu'elle en est maintenant à la phase du prolétariat, et si nous en concluions que le prolétariat doit disparaître, comme le servage et l'esclavage, nous ne ferions que de l'histoire, et, à l'aide de cette histoire, un peu de prophétie.

De même, si nous nous contentions de remarquer que l'homme est de son essence identique à l'homme, en ce sens que tout homme a indivisiblement les trois faces de notre nature, intelligence, sentiment, sensation, et que nous concluions de là, par un *a priori,* l'égalité humaine et la disparition nécessaire de l'existence du pauvre et du riche, nous ne ferions que de la métaphysique, et, au moyen de la métaphysique, une espèce de prophétie.

Mais si, partant de ce fait de la production, qui suppose à la fois besoin, travail, instrument, et capital, nous montrons que le simple déplacement de ces termes a produit les diverses phases que l'histoire atteste, nous nous trouvons naturellement expliquer l'histoire par notre science et sans sortir de son domaine.

Et de même si, sans autre axiome, nous expliquons, par l'état normal de la production, quel est l'état normal de la nature humaine, il est clair que, sans sortir encore de notre domaine, nous prêtons quelque secours et quelque confirmation aux vérités de la métaphysique. Mais réciproquement, comme l'homme est en partie le moteur, la cause, le théâtre, et le but de la production de la richesse, il est clair que nous ne pouvons pas toucher à ce sujet sans que notre langage emprunte jusqu'à un certain point l'air et la couleur de cette science.

Je pars donc encore cette fois du besoin, et du besoin de l'individu.

La création de la richesse dans son essence est l'acte même de la vie. Le besoin est la source première de la production de la richesse. Ce n'est pas l'argent ou le capital qui est la source première de la création de la richesse, ainsi que le pensait l'ancienne école mercantile ; ce n'est pas l'instrument ou la terre, ainsi que le pensait l'école de Quesnay ; ce n'est pas le travail, ainsi que le soutenait Adam Smith. Non, c'est le besoin.

Mais nous ne pouvons obtenir satisfaction de notre besoin qu'en allant vers l'objet de notre besoin. La vie dans sa manifestation est toujours à la fois subjective et objective. Qui dit besoin dit un objet du besoin. Or, aller vers l'objet de notre besoin, c'est le travail. Le travail est donc la manifestation du besoin, et, dans la normalité des choses, il n'est que cela. Le travail n'est qu'une autre face du besoin. Pas de besoin satisfait sans travail ; en d'autres termes, pas de satisfaction du besoin sans travail ; en d'autres termes encore, pas de plaisir, pas de jouissance, sans travail. Besoin, travail, sont donc deux termes qui se répondent, et qui sont, par la volonté du Créateur et par le fait même de l'existence, indivisibles.

On nierait vainement ce point fondamental. Je sais bien que l'ambition de l'homme, par une déviation de sa nature provenant de son ignorance, a été de se soustraire à tout travail, et de remplacer le travail par le plaisir. Mais l'homme même qui s'est le plus dépravé dans cette route a-t-il pu parvenir à supprimer absolument en lui le travail ? Je défie qu'on trouve un plaisir qui n'exige pas une fonction laborieuse de notre corps et de quelques-uns de nos organes en particulier. Pour manger, il ne suffit pas que d'autres vous aient préparé vos aliments, il faut que vous les preniez et les portiez à votre bouche ; et quand on ferait encore cela pour vous, il faut que vous les brisiez avec vos dents, et il faut enfin que vous les digériez. Supprimez toutes ces phases qui sont un travail, et vous supprimez la satisfaction même du besoin. Vous anéantiriez le voluptueux si vous lui supprimiez tout travail.

L'homme ne peut pas plus supprimer en lui le travail qu'il ne peut supprimer le besoin ; il peut bien remplacer un travail par un autre travail, ce qui constitue l'échange ; mais supprimer le travail, ce serait supprimer la vie.

Que l'homme essaie, en effet, contre la nature des choses, de supprimer en lui le travail, qu'ayant réduit les autres en servitude il veuille sans travail satisfaire tous ses besoins ; et voyez ce qui en résulte. De nouveaux besoins viennent continuellement l'assaillir ; c'est une hydre en son sein sans cesse renaissante que ce besoin, qu'il satisfait ainsi sans travail. Le travail était le milieu entre le besoin et la satisfaction du besoin, ou plutôt c'était le besoin lui-même occupé de se satisfaire normalement : maintenant ce lien entre le besoin et sa satisfaction a disparu ; plus de satisfaction humaine, mais une satisfaction uniquement sensuelle, bientôt suivie de nouveaux besoins. Le besoin, par suite de sa nature, se reproduit donc dans cet être dépravé sous la forme même d'un travail ; et vivre, comme on dit, est un travail pour celui qui n'en a pas d'autre.

Donc, dès le premier pas, toute la question du riche par nature et du pauvre par nature se révèle à nous et nous apparaît comme se liant intimement à la morale, à cause de ce fait fondamental de notre nature qui veut que tout homme travaille pour être véritablement homme. Vaut-il mieux, en effet, pour l'humanité que tout homme soit dans l'état normal, c'est-à-dire ait un besoin et un travail correspondant à ce besoin, en d'autres termes un droit et un devoir, ou bien que le besoin, le droit, soit le partage de certains hommes, le travail ou le devoir le lot des autres ?

L'homme (nous verrons comment tout à l'heure) est parvenu à mettre son droit en lui, son devoir dans les autres ; il a gardé le besoin, et a fait du travail le lot d'autrui. Voilà l'injustice qui a régné et qui règne encore aujourd'hui sur la terre. Sanctionner comme nécessaire, permanente, éternelle, la distinction absolue du riche et du pauvre, qui est le fruit de cette injustice, c'est légitimer l'immoralité humaine ; c'est condamner éternellement le genre humain à l'immoralité.

Mais c'est l'appauvrir en même temps ; car n'est-il pas évident que la plus grande partie du genre humain n'ayant que le travail et non le besoin, n'ayant que le devoir et non le droit, il en résulte que le besoin de la plus grande partie du genre humain n'agit pas comme cause sur la production de la richesse ? Et n'est-il pas évident aussi que l'autre portion ayant le besoin et non le travail, le droit et non le devoir, cette seconde portion n'agit pas par un travail bien entendu sur la production de la richesse ? Ainsi d'un côté la richesse manque parce qu'il y a des hommes qui ne consomment pas, et d'un autre côté elle manque encore parce qu'il y a des hommes qui ne travaillent pas ou qui ont le droit de ne pas travailler, et s'en font un mérite. C'est perte de tous les côtés.

Comment l'homme est-il parvenu à mettre tout le droit d'un côté et tout le devoir d'un autre ? Cela paraît impossible, puisque nous avons dit qu'il est impossible à l'homme de supprimer en lui le travail.

Mais c'est qu'il a remplacé un travail par un autre. Il s'est fait despote, il s'est fait tyran, ce qui est un travail et un grand travail. Il a imaginé de n'avoir que la jouissance, et de faire faire le travail qui prépare cette jouissance par d'autres. Mais alors même il n'a fait que changer de travail ; car il lui a fallu asservir ces autres et les tenir en esclavage.

Cette possibilité pour l'homme de changer ainsi le genre de travail qui irait directement à la satisfaction de ses divers besoins en un autre travail qui y va indirectement, est à la fois la cause de tous les progrès et de tous les maux de l'humanité. Elle ouvrait devant le genre humain deux voies, qu'il a continuellement entremêlées et souvent confondues, en les suivant toutes les deux ; l'une est la voie de l'échange fondé sur la fraternité ; l'autre est la voie de l'échange fondé sur le despotisme. Au lieu de l'échange spontané, reposant sur la variété même du genre humain, et sur les facultés diverses des hommes, il y a eu un échange en quelque sorte monstrueux et anormal. L'homme s'est fait maître pour gouverner les autres hommes ; le fort a asservi le faible ; le plus intelligent a asservi le moins intelligent ; et de là, sous toutes sortes de formes, des maîtres et des esclaves, le maître a dirigé les travaux de ses esclaves, il en a recueilli le fruit. Mais il lui a fallu la guerre ! Que de force, que de génie, que de facultés créatrices de richesses et de bonheur ont été ainsi consumées dans la guerre ! Que cela ait été nécessaire ce n'est pas la question. Mais cela sera-t-il toujours nécessaire ?

À quoi tiennent ces deux voies que l'humanité a suivies, et pourquoi les a-t-elle suivies toutes les deux ? Pourquoi fatalement a-t-elle cherché l'échange par la violence ? Pourquoi providentiellement a-t-elle poursuivi l'échange par la fraternité ? Ce sont deux questions que nous ne pouvons résoudre qu'après avoir résolu celle-ci : A quoi tient chez l'homme, et d'où dérive la faculté de l'échange ?

Le besoin tout seul, c'est-à-dire le besoin et le travail lié indissolublement et par essence au besoin, ne donneraient pas lieu à l'échange. De même que vous ne pouvez pas respirer ou digérer pour moi, vous ne pouvez en aucune façon, dans l'essence profonde des choses, travailler pour moi ; car mon travail est en rapport avec mon besoin, adéquat à mon besoin, identique avec mon besoin. Mon travail est un acte de ma vie ; c'est un acte de mon besoin, c'est la manifestation de mon besoin, c'est mon besoin. Les hommes en général, et les économistes en particulier, sont à cet égard dans une grande erreur. Ils s'imaginent que l'échange repose uniquement sur des objets, sur des valeurs, comme ils disent. Cela est faux. L'échange, comme nous allons le voir, repose sur tout autre chose.

Le besoin et le travail ne sont pas les deux seules causes de la création de la richesse. Nous ne pouvons obtenir la satisfaction de notre besoin qu'à travers le temps et l'espace. De là les deux autres éléments de la production, l'avance ou capital, et l'instrument. L'avance, c'est le temps ; l'instrument, c'est l'espace.

Je ne m'occupe pas ici du lien intime qui unit le temps à l'espace, lien semblable à celui qui unit le besoin au travail, et qui fait que le temps et l'espace sont pour ainsi dire deux faces différentes d'un même être extérieur à nous, comme le besoin et le travail sont les deux faces de notre être. Je ne peux pas creuser ici ce sujet. Je passe.

Toujours est-il que, indépendamment de notre être représenté par le besoin et le travail, il y a un autre être, différent de nous, qui intervient dans notre rapport avec l'objet de notre besoin : c'est le temps et l'espace. Or le moyen de faire concourir cet autre être à la satisfaction de notre besoin, c'est ce qu'on appelle instrument et capital.

Et ici le même rapport qui identifie dans leur essence le besoin et le travail, le temps et l'espace, se retrouve entre l'instrument et le capital. L'un ne peut exister sans l'autre. De sorte qu'en supprimant les doubles termes on pourrait dire que la création de la richesse a deux causes, et n'en a que deux, au lieu de dire qu'elle en a quatre, comme nous l'avons dit. Ces deux causes sont le besoin, qui comprend dans son essence le travail, et l'instrument, qui comprend dans son essence le capital.

Cependant il faut faire attention que ce second élément, que l'on nomme instrument et capital, n'est pas du même ordre que le premier que nous avons nommé besoin et travail. Il est sans doute aussi nécessaire ; mais cette nécessité, qui lui est commune avec le premier, ne le constitue pourtant pas du même ordre. Le temps, l'espace, ne sont pas l'homme, mais le lieu où il agit. L'homme, c'est le besoin et le travail ; l'homme est là tout entier. Il agit dans le temps et l'espace, et ne peut agir sans eux : mais enfin c'est lui et lui seul qui agit, c'est lui et lui seul qui crée la richesse.

Si le temps et l'espace ont constitué, dans le développement de l'humanité, un droit (et cela a eu lieu et a encore lieu sous le nom de propriété), c'est parce que derrière ce temps et cet espace se trouvait l'homme, en tant que force, en tant que besoin et travail ; en un mot, c'est parce que ce qui est vraiment le droit, c'est-à-dire le besoin, et ce qui est le seul droit, a donné, par suite d'une convention entre les hommes, force à ce qui n'en avait pas et n'en aura jamais par soi-même, et a fait ainsi participer de sa nature ce qui sans cela n'aurait eu aucun droit pour s'opposer au besoin de l'homme.

Il est évident en effet que le temps et l'espace sont des choses tout à fait extérieures à notre nature, et ne sont que le lieu où agit notre nature ; ce ne sont pas des êtres qui aient droit contre nous. Donc par eux-mêmes ils ne peuvent créer un droit, un droit que nous comprenions, puisqu'ils sont d'une nature incommunicable à la nôtre. Ils ne constituent rien autre chose que la fatalité extérieure, que nous devons tendre à détruire par notre science ; ils sont le théâtre des actes de l'humanité, et voilà tout.

L'homme reste donc et restera toujours, relativement à l'homme, représenté, quant à son droit, par son besoin et son travail déterminé par ce besoin même, c'est-à-dire en d'autres termes, par son besoin seul. Et quant au temps et à l'espace, c'est aux hommes à se liguer contre la force oppressive qui est renfermée dans ces deux éléments, et à détruire le mal qui s'y trouve en en faisant au contraire le lieu de plus en plus propice de notre activité. Il faut ouvrir pour ainsi dire aux besoins de tous et de chacun des routes faciles à travers le temps et l'espace, pour conduire chacun de son besoin à la satisfaction de son besoin.

Avoir des besoins et n'avoir ni le temps ni l'espace à sa disposition ; voir l'objet de son besoin, et sentir qu'on ne marche pas vers lui, voilà la peine.

Mais avoir des besoins et avoir le temps et l'espace à sa disposition, voir l'objet de son besoin à quelque distance qu'il soit placé et sentir qu'on marche vers lui, voilà le travail ; et ce n'est pas la peine.

Enfin, avoir des besoins, et, au lieu d'avoir le temps et l'espace à sa disposition pour marcher vers l'objet de son besoin, se voir forcé de s'éloigner de la route où l'on voudrait aller pour en suivre une autre, pour naviguer, à travers ce temps et cet espace, vers ce qui n'est pas notre besoin, voilà un travail anormal qui est vraiment le contraire du travail véritable ; voilà une peine qui est plus que la privation ; c'est l'extrême peine, c'est la douleur, c'est l'esclavage.

Il y a donc deux sortes de travail, le travail que j'appellerai normal et le travail anormal, le travail libre et le travail forcé, le travail que l'on pourrait justement nommer plaisir, et le travail qui mérite le nom de peine.

Et ces deux genres de travail, si divers qu'ils sont vraiment opposés, et que tandis que l'un est avec nous, soit plutôt est nous, l'autre est contre nous, ces deux faces du travail, dis-je, ont leur raison d'être dans le concours ou le non-concours de cet agent de la production que nous appelons temps et espace, ou, en d'autres termes, capital et instrument. Quand cet agent nous est favorable, le travail est le travail libre, le travail de notre besoin, le travail heureux, le travail qui correspond au développement naturel de notre vie. Quand, au contraire, cet agent nous est opposé, le travail devient peine, douleur, et servitude. C'est donc du temps et de l'espace, c'est de l'intervention du capital et de l'instrument dans la création de la richesse, que provient uniquement la cause qui fait que ce qui n'est ni bien ni mal, mais ce qui est en nous et ce qui est nous, le travail, peut se changer soit en bien, soit en mal. Il est évident en effet que si cet être extérieur à nous, qui agit concurremment avec nous dans la production de la richesse, nous prête son concours, le travail, qui est notre fait et qui est l'autre élément de la production répondant à la face de notre besoin, ne sera pas peine pour nous, mais simplement travail ; tandis qu'au contraire si cet être extérieur à nous nous est hostile et élève devant nous une barrière infranchissable, notre travail ne sera plus un travail, mais une peine.

Or c'est l'échange et l'échange seul, je vais le démontrer, qui peut nous procurer cette seconde source de la richesse, c'est-à-dire qui peut mettre à notre disposition le temps et l'espace. Donc, suivant que l'échange sera facile ou difficile, le travail de l'homme se révélera par l'une ou par l'autre de ces qualités de bonheur ou de malheur, de peine ou de plaisir.

Les économistes, comme je l'ai déjà remarqué, s'imaginent que l'échange repose sur des choses matérielles, sur des valeurs, et de là leurs théories de la valeur des choses. Illusion ! Les choses n'ont de valeur que par notre besoin, et le besoin est toujours individuel. Nous n'échangeons ni des objets ni même notre travail, par la raison toute simple que nous ne pouvons pas échanger nos besoins. Ce que nous échangeons, c'est le temps et l'espace ; c'est-à-dire que nous imprimons, par l'action de notre vie, par notre besoin, ou, ce qui revient au même, par notre travail, un certain déplacement dans la position des choses au sein de cet univers, soit relativement au temps, soit relativement à l'espace. Voilà, quant aux autres, à quoi se réduit l'action de notre travail. Nous mettons les choses à la disposition du travail des autres, nous leur passons des instruments avec lesquels leur besoin créera de la richesse ; voilà tout ce que nous pouvons faire pour eux. Mais créer réellement de la richesse pour eux, cela nous est impossible, attendu que la richesse pour eux dépend de leur besoin et de leur travail, c'est-à-dire de la force substantielle qui est en eux.

Ce qui résulte donc de notre travail, quant aux autres, ce n'est pas la richesse même, mais c'est la possibilité de la richesse, quand leur besoin et leur travail, venant à s'appliquer aux instruments que nous leur présentons, parviendra à en tirer un fruit. L'échange a donc pour but de mettre à la disposition des hommes et de soumettre à leur besoin des instruments multiples de travail. L'échange n'est que cela ; et, pour le dire en passant, l'échange, n'étant que cela, ne légitime en aucune façon l'oisiveté dans les possesseurs de l'instrument ou du capital, conclusion finale des économistes.

Cela étant, l'homme a dit à l'homme : l'objet de mon besoin, et par conséquent de mon travail véritable, est placé à mille lieues de moi. Si vous pouviez le mettre à un pied de distance, je le prendrais sans me déranger, et j'aurais la satisfaction de mon besoin, puisque j'aurais ainsi l'objet de mon travail.

La proposition était équitable à condition que pendant que son semblable ferait ce qu'il demandait, lui-même emploierait le temps à rapprocher, pour le mettre à la disposition de son semblable, quelque autre objet qui conviendrait aux besoins de celui-ci.

L'échange ainsi fait eût été fraternel et fondé sur la justice ou l'égalité.

Mais il y avait mille raisons pour que les hommes ne s'entendissent pas d'abord. Ainsi, l'un ayant refusé son concours à l'autre, celui-ci, le plus fort, le plus actif, le plus adroit, le plus intelligent, non pas le meilleur, s'est courroucé et a repris : ainsi, tu ne le veux pas ? Je saurai t'y forcer. Tu ne veux pas me fournir les instruments de mon besoin, de mon travail ; je saurai faire de toi-même un instrument ; je mettrai à cela mon travail. J'ai besoin de toi, de ton asservissement ; si tu résistes j'aurai besoin de ton sang.

Et il y eu un premier genre d'échange forcé, fondé sur la guerre et l'esclavage.

Mais l'homme a en même temps trouvé un autre moyen d'asservir l'homme, et d'opérer cet échange forcé que l'ignorance et la grossièreté originelle du genre humain rendaient nécessaire. Ce second moyen a été l'usurpation et l'accaparement des instruments de travail que renferme l'univers, moyen que l'homme a perfectionné quand le premier moyen, l'esclavage, lui a manqué. En s'emparant ainsi des instruments du besoin et du travail, en donnant à la propriété des choses une valeur absolue, il est bien évident en effet qu'il forçait son semblable, à qui le temps et l'espèce sont aussi nécessaires qu'à lui-même pour vivre et pour travailler, de se mettre à sa disposition et de lui obéir. C'est ainsi que l'homme s'étant trouvé incapable de mettre à la disposition de l'homme ce second élément de la création des richesses que l'on nomme instrument et capital, a été lui-même transformé en instrument, en capital.

Mais n'y avait-il pas une autre solution du problème ? L'asservissement de l'homme par l'homme est-il donc la seule voie ouverte à l'humanité pour accomplir l'échange ? Non, il y avait une autre voie, une autre solution.

En face de l'échange par l'asservissement et l'esclavage, il y a l'échange par la volonté libre des contractant et par la fraternité. En face de l'échange forcé, il y a l'échange mutuel.

Nous avons dit que le travail ouvre deux voies devant l'homme. Quand l'homme va à son besoin par le travail, l'homme est libre ; quand par le travail il ne va pas à son besoin, l'homme est esclave. Hé bien, de même l'échange ouvre deux voies devant l'homme, et ce sont, en réalité, les deux mêmes voies qui s'ouvrent devant lui par le travail. Si vous travaillez pour moi et que je travaille pour vous, et que cet échange soit le résultat de notre volonté égale et mutuelle, il est bien sûr que nous travaillons tous les deux pour marcher vers notre besoin ; il est bien sûr que nous entrons dans la voie du travail libre. Ainsi l'échange mutuel est en correspondance avec le travail libre, qui est la vie normale de l'homme. Au contraire, l'échange forcé correspond au travail forcé, qui est la vie anormale de l'homme.

De là deux droits. Car, comme nous venons de le voir, le droit primitif, c'est-à-dire le besoin, donne lieu à deux routes différentes : l'homme peut marcher à son besoin par la voie de l'échange forcé, ou par la voie de l'échange mutuel et à l'abolition de l'échange forcé, l'homme obéit à un droit supérieur, à un droit idéal, qui certes n'est pas en contradiction avec le droit primitif du besoin, mais qui, tout en étant ce droit éclairé et généralisé, est cependant, pour le moment présent, en contradiction avec cc droit. S'il marche à son besoin par la voie de l'échange forcé, il obéit à son besoin et au droit de conservation qui en résulte ; mais il n'est pas supérieur à ce besoin que la nature a mis en lui. Que si, au contraire, il s'engage, malgré tous les obstacles, dans la voie pacifique qui conduit à l'échange mutuel et à l'abolition de l'échange forcé, l'homme obéit à un droit supérieur, à un droit idéal, qui certes n'est pas en contradiction avec le droit primitif du besoin, mais qui, tout en étant ce droit éclairé et généralisé, est cependant, pour le moment, présent, en contradiction avec ce droit.

Il est bien évident, en effet, que pour sentir la parfaite correspondance de ces deux formes de l'échange avec les deux formes du travail, il faut comprendre à la fois dans son cœur et dans sa pensée tous les hommes, c'est-à-dire tous ceux qui ont entre eux des rapports d'échange. Que si, au contraire, vous vous faites partie au lieu de vous faire juge, il est bien clair que, sollicité par cet instinct naturel et légitime qui vous porte au travail libre, ou ce que nous avons nommé travail plaisir, en d'autres termes à la pure satisfaction de vos besoins, et ne trouvant pas dans les autres hommes le concours qui vous serait nécessaire, vous êtes porté à forcer ce concours et à vous le procurer par la violence ou par la ruse.

De là dans l'humanité les bons et les mauvais : ceux qui, surmontant l'égoïsme que la nature a mis en chacun de nous, et transformant, par l'amour et la charité, cet égoïsme, ont poursuivi de toute façon la réalisation de l'échange, pacifique entre les hommes ; et ceux qui, obéissant simplement à cet égoïsme, ont voulu se rendre libres uniquement pour l'être, en asservissant leurs semblables. La religion, la politique, n'ont pas eu d'autre but que de faire triompher, suivant les temps, le droit idéal tourné vers l'échange fraternel, et de le donner pour règle au droit naturel qui porte l'homme à la satisfaction de ses besoins et à la conservation de sa vie.

Or, nous avons vu que l'échange par le despotisme, ou l'échange forcé, peut avoir lieu de deux façons, soit en transformant les hommes, au moyen de la servitude, en véritables instruments, soit en s'emparant des instruments matériels et de leurs produits, et en réduisant ainsi les autres hommes, qui ont besoin de ces instruments pour vivre ou travailler, à une obéissance voisine de la servitude. Hé bien, de même l'échange mutuel peut se réaliser de deux façons : il peut être mutuel, mais accompagné de sacrifice ; il peut être mutuel sans sacrifice. En effet, l'échange supposant toujours deux parties contractantes, le travail de l'échange peut se confondre avec le travail même du besoin, ou bien il peut ne pas se confondre avec lui. Dans le premier cas, il n'y a pas sacrifice, puisque travailler c'est vivre actuellement ; dans le second cas, au contraire, il y a sacrifice, puisque travailler ce n'est pas vivre actuellement. Dans le premier cas, l'homme s'occupe, dans son travail, directement du besoin d'autrui, indirectement de son propre besoin. Dans le second cas, au contraire, ces deux choses se confondent ; et, tout en s'occupant directement de son besoin, il résulte d'une harmonie supérieure que l'homme s'occupe directement du besoin des autres. Cette dernière et sublime combinaison qui associe et identifie le travail de l'échange avec le travail du besoin, et fait que l'homme, tout en travaillant pour autrui, travaille pour lui-même, ou réciproquement que, travaillant pour lui-même, il travaille pour autrui, cette combinaison, dis-je, n'est-elle qu'un rêve de notre imagination, ou a-t-elle déjà son germe dans la nature ? Ce n'est pas un rêve de notre imagination, car elle a son germe dans la nature. C'est l'échange qui règne là où règne l'amour. C'est l'échange qui règne là où les êtres sont liés mutuellement au point d'être mutuellement les objets mêmes de leur activité réciproque. C'est l'échange de la famille, c'est l'échange du père avec ses enfants, de l'époux et de l'épouse. C'est l'échange entre les amis, quand l'amitié est véritable. L'amour alors détruit le sacrifice ; le sacrifice n'existe plus où est l'amour. Mais lors même que l'amour ou la charité, qui est le grand amour de l'homme, ne parviendrait pas à détruire le sacrifice dans les relations de l'échange, ce sacrifice, en devenant volontaire, perdrait son caractère de sacrifice imposé ; il cesserait, en devenant un consentement, de ressembler au sacrifice non consenti, au sacrifice non compris, au sacrifice à la fois forcé et involontaire.

Ainsi de même qu'un caractère commun et uniforme était répandu sur les deux premières espèces d'échange que nous avons distinguées, un caractère également commun règne sur les deux autres espèces que nous distinguons maintenant. Le caractère uniforme des deux premières sortes d'échange était la non-liberté, la contrainte ; le caractère uniforme des deux autres est la liberté, la spontanéité.

Donc quatre genres d'échange divers existent ou peuvent exister parmi les hommes. D'abord l'échange peut donner lieu à l'échange forcé et à l'échange mutuel. L'échange forcé se subdivise en deux ; car il peut être forcé directement ou indirectement ; forcé directement, c'est l'échange entre le maître et l'esclave, entre le seigneur et le serf ; forcé indirectement, c'est l'échange commercial d'aujourd'hui, tel qu'il existe entre les possesseurs exclusifs des instruments de travail et les salariés. Quant à l'échange mutuel, il se subdivise également en deux ; car il peut être accompagné ou non de sacrifice. Mais son caractère même de mutualité fait que le sacrifice perd pour ainsi dire son aiguillon, puisqu'en nous ce sacrifice est consenti et volontaire, et n'est plus par conséquent une peine, une douleur, un esclavage, mais une peine surmontée, une douleur vaincue, un esclavage où l'on est libre.

Saint-Simon a dit : *l'âge d'or qu'une aveugle tradition plaçait derrière nous, est devant nous.* C'est là en effet notre foi religieuse. Mais je dirai volontiers, pour répondre à l'idée de Saint-Simon, qu'il y a quatre âges, ainsi que les anciens l'avaient reconnu, mais que l'âge d'or étant, comme l'a dit Saint-Simon, le dernier et non le premier, les trois autres sont destinés à nous y acheminer. Ces quatre âges répondent aux quatre échanges différents entre les hommes que je viens de distinguer. L'âge de fer, le premier de tous, est l'âge de l'échange fondé sur l'asservissement de l'homme par l'homme, l'âge de guerre ouverte et de servitude, l'âge d'ignorance où l'homme, ne se connaissant pas lui-même et ne connaissant pas la nature, a brutalisé son semblable, et s'est ainsi rendu lui-même semblable à la brute, qui n'a que ses appétits et la force pour les satisfaire. Cette première période a sa raison nécessaire et en même temps sa légitimité dans le non-concours des autres hommes et du monde extérieur. Il est bien sûr en effet que si les autres hommes ne veulent pas concourir avec moi, l'échange fraternel ne pourra avoir lieu ; le seul échange possible sera l'échange par la violence. Il est bien sûr, de même, que si la nature extérieure ne veut pas concourir avec moi, c'est-à-dire si elle n'est pas mise à ma disposition par la science humaine, le seul fruit que j'en pourrai tirer sera une espèce de dévastation, une sorte d'échange par la violence. « Le sauvage, dit Montesquieu, abat l'arbre dont il veut avoir le fruit : c'est l'image du despotisme. » Montesquieu a eu une idée sublime en rapprochant ainsi du despotisme contre l'homme cette espèce de violence brutale faite par le sauvage à la nature : ces deux faits se confondent dans leur essence.

Le second âge, l'âge d'airain, est l'époque de l'échange actuel, de l'échange commercial. Ici encore règne la violence, mais une violence déguisée. L'homme est encore par rapport à l'homme en état permanent de guerre ; l'homme est encore l'ennemi de l'homme. Mais ils ont changé les conditions de leur combat. Ils ont l'air d'être en paix lorsqu'au fond ils sont en guerre. Ils ont tourné directement leur lutte contre les choses, et semblent poursuivre de concert leur triomphe sur la nature. Mais au fond, il n'en est pas ainsi, et, n'étant liés ensemble par aucun lien, c'est vraiment encore la guerre qu'ils se font. Voilà où nous en sommes aujourd'hui ; nous sommes arrivés à la fin de cette seconde phase de l'échange. Nous sommes encore presque complètement engagés dans ce que nous avons nommé l'échange commercial, échange fondé sur l'accaparement des instruments de travail dans les mains de quelques-uns, échange qui par conséquent est une violence comme était l'échange fondé sur l'esclavage, quoique la violence ici soit moins directe et pour ainsi dire déguisée. Mais l'humanité peut-elle s'arrêter là ? Les destinées de l'humanité sont-elles terminées et limitées à cette misérable condition ? Ne sont-ce pas là au contraire de simples prémisses et des prolégomènes ? Puisque nous avons été jusque-là, n'est-ce pas pour que nous allions plus loin, et que nous pénétrions plus avant dans les profondeurs de l'avenir ?

Ici revient ce principe fatal et providentiel à la fois dont nous avons donné, je crois, une suffisante démonstration. L'homme cherche et cherchera toujours à transformer le travail qui ne répond pas directement à son besoin en un travail directement conforme à son besoin ; il cherchera toujours, en vertu du droit primitif, le besoin, et par la double voie du droit naturel qui en résulte et du droit idéal qui en résulte également, à transformer le travail peine en travail plaisir. Voilà la loi de l'humanité. Et l'on soutiendrait qu'elle est arrivée à son but final à cet égard, lorsque le travail est encore une peine, une douleur, un supplice, un esclavage, pour la plupart des hommes qui composent nos sociétés, et que le vrai travail, le travail normal, le travail de l'homme affranchi, est le lot d'un si petit nombre ! En vérité une telle assertion paraîtrait profondément impie si elle n'était pas ridicule.

Deux autres phases de l'échange s'offrent donc déjà à notre esprit, et nous engagent à les tenter. Le raisonnement nous y conduit, le sentiment nous y entraîne, la nécessité des choses nous y pousse.

Nous avons proclamé par la voix des révolutions l'égalité humaine. Donc l'échange fraternel doit s'ouvrir, et une ère nouvelle doit commencer. Or, trop voisins que nous sommes encore du travail forcé et de l'échange par la violence, nous ne saurions aspirer à cette période heureuse où le travail sera l'exercice même de notre vie, et où l'échange, à force d'être fraternel et parfait, ne sera réellement plus un échange. Croire qu'ignorants et imparfaits comme nous sommes, nous touchons à la perfection de la société, serait une absurdité. C'est là pourtant l'erreur prodigieuse où sont tombés quelques-uns des grands penseurs de notre temps, qui, dans leur aspiration louable mais téméraire vers le but final de l'humanité, ont cru qu'il leur était possible, au point où elle en est aujourd'hui, de toucher d'un seul bond à ce but final. C'est l'erreur des systèmes de Fourier, d'Enfantin. Je laisse de côté les autres parties défectueuses de ces systèmes, je ne regarde que le résultat que les auteurs de ces systèmes se sont proposé, et je dis que ce n'est pas là le résultat auquel l'humanité peut aujourd'hui espérer d'atteindre. Ces systèmes prétendent, en effet, supprimer radicalement le sacrifice, et le sacrifice est nécessaire tant que l'humanité ne sera pas arrivée aux dernières limites de sa connaissance, de sa perfection de sentiment, et de sa puissance sur la nature.

Non, nous n'en sommes pas à l'abolition du sacrifice, nous n'en sommes pas à ce point où le travail de l'échange sera la satisfaction même et la satisfaction immédiate du besoin. Nous avons une immense carrière, une carrière indéfinie de perfectionnements à parcourir pour entrevoir cet âge d'or. C'est le ciel, et nous sommes sur la terre. Ce doit être notre aspiration, ce doit être notre religion ; ce ne peut être notre condition actuelle et notre existence. Pour arriver à ce ciel, à cet âge d'or, comme dit Saint- Simon, il faut que le perfectionnement individuel de chacun et de tous soit poussé à ses dernières limites. Ce n'est donc point par la voie des passions affranchies de toute règle et de tout sacrifice, comme on l'a imaginé dans ces systèmes, que nous parviendrons à ce terme des labeurs de l'humanité, à cette consécration finale de ses espérances et de sa foi. Non, c'est par le sacrifice, c'est par la vertu, c'est par la voie que les justes et les forts ont toujours suivie et montrée aux autres. Mais entre ce sacrifice fondé sur notre imperfection et purement volontaire, et le sacrifice imposé comme une fatalité dans les âges précédents, quel rapport y a-t-il ? L'un part de nous-mêmes, l'autre est tourné contre nous. L'un est conforme à notre raison et dérive de notre connaissance : l'autre est un mystère ténébreux, un hiéroglyphe inconcevable, qui révolte notre cœur et renverse nos idées. L'un nous montre en Dieu la Providence, l'autre nous fait voir en lui je ne sais quel aveugle Destin. Pour nous élever à l'un nous avons deux ailes, comme pour aller vers Dieu, au dire de Platon, la raison et l'amour : pour obéir à l'autre, il faut briser nos ailes.

Cette condition nouvelle de l'humanité est donc meilleure. Mais non seulement elle est meilleure, je dis qu'elle nous est imposée, je dis qu'elle est nécessaire. L'humanité n'est pas maîtresse de s'arrêter ; et quand la phase de l'échange mutuel s'est ouverte pour elle, elle n'est pas libre de se fixer dans la phase de l'échange imposé par la contrainte. Parce que nous ne sommes pas à la limite de notre progrès, en sommes-nous moins arrivés pour cela à un certain point de notre route ? Parce que nous ne pouvons être affranchis du travail privation ou du travail peine, irons-nous conserver le travail esclavage ? Nous ne sommes pas à l'âge d'or, mais nous avons à marcher vers lui. Et pour cela nous avons à nous perfectionner individuellement et simultanément sous le triple rapport de l'intelligence, du sentiment, et de l'activité. Mais ce perfectionnement doit se faire sous la loi d'égalité. Dès à présent, en effet, nous sentons que notre destinée nous est commune, qu'une invincible solidarité nous réunit. Dès à présent donc nous sommes arrivés à la seconde période de l'humanité, la période où l'égalité succède à l'inégalité, et à la troisième phase de l'échange, c'est-à-dire à l'échange mutuel et volontaire.

Le droit idéal, c'est-à-dire le droit qui nous montre la satisfaction de notre besoin, ou en d'autres termes notre droit, dans l'union parfaite avec les autres hommes, reste donc encore le droit idéal. Loin de s'anéantir, il n'est que révélé de plus en plus. Loin qu'il cesse d'être placé au-dessus de nos têtes et dans l'avenir, il est seulement plus haut et plus éloigné dans l'infinie profondeur de Dieu que les hommes ne l'avaient cru jusqu'ici. L'humanité continue à marcher guidée par l'espérance, la foi, et la charité.

Mais le droit social change en même temps ; il avance pour ainsi dire d'un cran. La violence doit cesser ; et puisque nous contemplons idéalement un horizon nouveau, c'est que déjà nos pieds foulent un sol différent de celui que foulaient nos pères. Le droit social nouveau, le nouveau droit politique part donc de l'égalité humaine, et a pour but de la réaliser. La fraternité prêchée par le Christianisme, mais non introduite par lui dans le droit, prend possession du droit, et descend pour ainsi dire du ciel sur la terre. L'homme ne réclame plus la fraternité comme une grâce, mais comme un droit.

Ainsi nous apparaît la loi qui a fait passer l'humanité jusqu'ici par des phases diverses ; et nous pouvons renfermer cette loi dans une seule formule. Voici cette formule. Notre besoin ou notre travail est la relation qui s'établit entre notre être et les êtres extérieurs à nous. Si donc les êtres extérieurs à nous concourent volontairement, et sans que nous soyons forcés de leur arracher ou de leur extorquer ce concours, à la satisfaction de notre besoin, alors le travail pour nous n'est pas une peine, mais l'exercice naturel de notre vie. Mais si au contraire ce concours n'a pas lieu, alors le travail est une peine. De là la dualité ; deux sortes de travail. Or l'homme a toujours cherché à remplacer en lui une de ces deux espèces de travail par l'autre ; il a naturellement tendu à obéir à son besoin, et, rencontrant devant lui des obstacles de toute espèce, il a employé, pour les vaincre, la violence et la guerre ; mais il a employé aussi la paix et l'union. De là encore la dualité ; deux sortes d'échange. Créer de plus en plus par l'échange le travail où concourent les êtres extérieurs à nous, et par conséquent où notre être n'est pas intéressé en tant que peine, mais seulement en tant que travail, travail normal, travail plaisir, travail de l'homme libre et affranchi en un mot, voilà le but qu'a suivi à travers l'histoire le développement de l'humanité.

C'est donc, en définitive, contre le non-concours des autres hommes et de la nature, et non pas directement contre les hommes et la nature, que l'homme a lutté jusqu'ici *per fas et nefas*. Cette justification de l'humanité, sans légitimer ses erreurs, montre assez vers quel but épuré elle s'avance aujourd'hui.

Les deux droits, c'est-à-dire le droit réel et primitif partant du besoin et identique avec le besoin, et le droit idéal et supérieur qui prend sa source dans le besoin combiné avec la fraternité humaine, ont servi à l'homme simultanément de boussole et de fanal dans cette route de ténèbres et de lumière où Dieu lui a ordonné de marcher. Mais toujours, à la lueur de ces deux droits, il s'est avancé de plus en plus vers le travail que nous appelons libre, vers l'échange que nous appelons fraternel.

Jetons maintenant un coup d'œil *a posteriori* sur l'histoire. Il me semble qu'il ne nous sera pas difficile d'expliquer pourquoi l'homme libre et l'esclave, le seigneur et le serf, le maître et l'ouvrier ou plus exactement le riche et le pauvre, ont tour à tour existé et constitué des civilisations différentes.

Au fond, le devoir et le droit, nous l'avons dit, sont une seule et même chose ; pourquoi nous étonnerions-nous donc que l'homme, aux premières heures de sa naissance, n'ait en lui ressenti d'abord qu'une seule notion, celle de la vie, qui comprend en elle le besoin et le travail, le droit et le devoir ? Nul acte de sa part ne pouvait à cette époque être coupable, toutes ses actions au contraire étaient légitimes : l'enfant, tout aveugle qu'il soit, est innocent et pur.

Mais le concours volontaire de ce qui est lui extérieur manque à l'homme à cet âge ; et cela seul introduit pour cet homme, en ses actions, en sa vie, la dualité. Certaines de ses actions produisent ce concours des êtres extérieurs, soit des autres hommes, soit de la nature ; d'autres, au contraire, rencontrent des obstacles ou en créent ; l'idée du mal, l'idée du bien, la notion du devoir, la notion du droit, pénètrent donc dans l'intelligence de l'homme adolescent.

L'adolescence vient de bonne heure, et dure longtemps. Par suite donc du non-concours des êtres extérieurs, soit hommes, soit nature, l'homme a eu la notion de la *guerre*, l'idée de l'*ennemi*. C'est là le grand moyen, le grand devoir que l'homme s'est mis à pratiquer sans remords, avec plaisir et joie. Là le drame était non seulement nécessaire, mais attachant, plein de péripéties ; il était poétique.

Bientôt la guerre modifia le droit et le devoir. Le droit devint tout entier celui de faire la guerre, le devoir provenant du besoin cessa pour le guerrier, et se trouva presque tout entier relégué dans le vaincu. L'homme donc en quelque sorte se dédoubla. Il y eut l'homme libre, le guerrier, et qui résidait tout entier le droit, le besoin ; mais à côté de cet homme se trouva l'esclave, courbant sous le poids du devoir.

Cette solution première parut dernière à l'homme adolescent, et il la pratiqua hardiment, grandement, durant le règne de la civilisation grecque. Mais qu'arriva-t-il ? L'humanité se perfectionna dans cette période. L'esclavage complet des uns permit aux autres de cultiver leur intelligence. Les sciences se créèrent. L'homme appris à connaître la nature et à se connaître lui-même. Après des hommes comme Orphée et Minos, il vint des hommes comme Pythagore, Socrate et Platon. Il en vint comme Aristote et comme Archimède. Et ces hommes, en étendant la connaissance humaine, préparèrent la voie à d'autres hommes tels que Jésus ou S. Paul. Un nouveau droit donc, un droit supérieur au droit de besoin et de conservation, un droit idéal qui pourtant dérive de l'autre quoiqu'il lui soit supérieur, se montra aux hommes et se fonda au milieu d'eux. Ce droit idéal, c'est celui qui indique à l'homme la satisfaction de son droit primitif, c'est-à-dire du besoin, dans l'union avec les autres hommes, dans la fraternité, dans l'égalité. L'échange fondé sur la fraternité est la base de cet autre droit. Le besoin engendrait simplement le droit. Mais de là, comme nous l'avons vu, deux routes : le travail volontaire et libre, le travail forcé. L'homme, éclairé par la science et le sentiment, comprit que l'une de ces routes était mauvaise, et que l'autre était bonne. L'humanité ne put pas suivre tout d'abord, dans leur élan sublime, ceux qui lui enseignèrent la bonne voie, et souvent elle les persécuta ; mais elle les suivit pourtant, et s'engagea dans l'avenir sur la foi de leurs idées.

J'ai pris pour exemple la civilisation gréco-romaine et la naissance de notre monde occidental. J'ai laissé de côté l'antique Orient, sur lequel nos notions historiques sont moins certaines et moins à l'usage de tous. Il me suffit en effet de ce passage bien connu de l'âge homérique à l'âge chrétien pour prouver ma thèse. L'homme dans notre Occident n'a-t-il pas commencé comme je dis, et n'a-t-il pas continué comme je dis aussi ? Donc l'histoire confirme la science, en nous montrant comment s'est créée naturellement et par suite du besoin, c'est-à-dire du droit primitif et absolu de l'individu, la grande dualité du bien et du mal, ou comment se sont ouvertes pour nos pères les deux routes qui conduisent soit au bien soit au mal, c'est-à-dire les deux voies de l'échange fondé sur l'accord, le consentement, la fraternité et de l'échange fondé sur le despotisme, la violence, la guerre.

Quant à la succession en Occident de l'esclavage, du servage et du prolétariat, on peut en donner, au moyen de la science économique, une de ces démonstrations évidentes et d'une rigueur qu'on appelle mathématique, parce que cette rigueur tient à la nature et à l'essence des choses.

Nous avons vu en effet que quatre éléments concourent indivisiblement à la création de la richesse : besoin, travail, instrument et capital. Réunissez ces quatre éléments, comme nous disons que l'avenir les réunira, et vous avez la socialisation des instruments de travail en vue des besoins de tous. C'est-à-dire que vous entrez dans la seconde phase de l'humanité, dans la phase de l'égalité. Mais si, au lieu de la réunir, vous les séparez, si vous morcelez ainsi l'instrument *un* qui produit la richesse au sein des nations, vous créez par-là l'inégalité, et vous êtes dans la première phase du genre humain. Or, il est aisé de voir que, par la simple permutation des termes de ce morcellement, on produit à volonté l'esclavage, le servage, ou le prolétariat.

Mettez tout d'un côté et rien de l'autre et vous avez l'*esclavage*. Que le besoin, le travail, l'instrument, et le capital, c'est-à-dire toutes les sources de la richesse appartiennent aux uns, et que les autres n'aient droit à rien ; et vous avez, dis-je, cette première période ou âge humain qu'on appelle période de l'esclavage. En effet, l'esclave n'était propriétaire de rien ; son besoin ne lui donnait aucun droit, son travail n'était pas à lui ; le moyen de ce travail, l'instrument, ni le fruit de ce travail, l'avance ou le capital, qui à son tour est également instrument, ne lui appartenaient pas ; tout cela était à son maître.

Affranchissez maintenant dans l'esclave un des éléments de la production ; donnez quelque chose à cet être que vous avez d'abord dépouillé de tout ; remettez-lui au moins son corps, c'est-à-dire la disposition de son travail. Vous avez le *servage*, au lieu de l'esclavage. Le serf possède, à titre de droit concédé, un des éléments de la richesse ; l'esclave n'en avait aucun. L'affranchissement pratiqué chez les Romains avait commencé à produire le servage sur de très grandes proportions, lorsque vinrent les Barbares. Les Barbares, c'était encore la guerre, c'était encore l'esclavage, mais tourné en sens contraire, c'est-à-dire tourné contre les anciens maîtres. Tout ce que ceux-ci avaient acquis de science et de supériorité en tous genres dû donc être employé à lutter contre l'esclavage et à en amoindrir les effets. C'est ainsi que la vieille civilisation romaine, frappée de terreur, s'inclina devant le droit idéal, qui prit alors le nom de Christianisme ; c'est ainsi que l'Église, qui avait été l'œuvre de quelques esclaves, et qui avait servi de refuge à leur espérance, devint aussi le refuge des descendants de leurs maîtres. Dans ce conflit, la terre demeura aux Barbares. Mais les esclaves, vainqueurs par les Barbares, vainqueurs par les Chrétiens, avaient conquis le droit. Le droit ne fut donc plus tout d'un côté et le devoir tout d'un autre. Il y eut partage. Les sources de la richesse furent partagées, très inégalement sans doute, mais partagées entre les hommes. L'inégalité commença donc à décroître.

Mais cette concession à l'esclave d'un des éléments de la richesse entraîne une révolution à sa suite. Tel est en effet le lien intime et la correspondance mystérieuse des éléments créateurs de la richesse entre eux, qu'ils s'attirent nécessairement, et que l'un ne peut exister sans les autres, du moins à un certain degré. Le serf ne peut avoir la disposition de son corps, de son travail, sans avoir par là même un certain droit sur le fruit de ce travail, et même sur l'instrument de ce travail. Le voilà donc qui subrepticement prend possession de l'instrument et du capital. Laissez-le faire, tandis que ses nobles maîtres prennent leurs ébats ou se disputent entre eux son labeur, et il viendra lui-même un jour demander, sa rançon à la main, que son droit à la possession de l'instrument et du capital soit reconnu. Le premier droit reconnu à l'esclave amenait donc nécessairement à sa suite un droit nouveau.

Ce nouveau droit fut encore reconnu en effet : c'est l'époque des affranchissements du Moyen Âge, précédés de tant de terribles insurrections. Mais ce droit fut reconnu sous condition. Or remarquez sous quelle condition. L'affranchissement eut lieu sous la réserve des redevances et des droits féodaux. Ce fut là la loi générale et la formule même de l'affranchissement. Le vilain et le serf devint à la vérité propriétaire, non seulement de son corps, mais de sa terre ; mais ce fut à la condition d'une redevance, d'une inféodation. *Nulle terre sans seigneur*, tel fut l'axiome de la féodalité organisée, jusqu'au triomphe de la monarchie, qui, absorbant elle-même la féodalité, tendit à ne reconnaître qu'un seul seigneur et des sujets égaux en cette qualité devant elle. Qu'est-ce donc à dire, et que signifie cette redevance, condition de l'affranchissement ? Cette redevance ne voyez-vous pas ce qu'elle signifie ? C'est l'avance, c'est le capital, que les maîtres conservèrent de leur côté en concédant l'instrument. L'affranchissement des serfs au Moyen Âge fut la remise au serf de l'instrument sans le capital. Celle remise de l'instrument sans le capital est on elle-même purement illusoire. Nous avons vu, en effet, qu'avance et instrument, c'est au fond la même chose, que ce ne sont que deux faces diverses de cet obstacle à la création de la richesse, placé hors de nous, que l'on appelle temps et espace. En se réservant donc le capital, les seigneurs se réservaient implicitement l'instrument ; ils restaient ainsi maîtres de l'instrument et du capital ; le servage ne cessait pas. Néanmoins qu'arriva-t-il ? À force de privations, à force de combats aussi, et aidés par les progrès que firent les sciences, un certain nombre de serfs parvinrent à tirer de l'instrument non seulement de quoi payer cette redevance qu'on leur avait imposée, mais de quoi se constituer à leur tour un capital. Mais ils n'y parvinrent qu'avec le concours d'une immense quantité de leurs frères qui, eux, n'y parvinrent pas.

C'est ainsi que les serfs ont renversé les nobles. Ce fut un rude combat, un laborieux exercice, que cette lutte de plusieurs siècles où les serfs, ayant fait reconnaître leur droit nominal à l'instrument, conquirent en effet la propriété tout entière, et réunirent en leur personne les quatre éléments de la production de la richesse, besoin, travail, instrument, et capital. C'est ce qu'on nomme la formation de la bourgeoisie, c'est l'ère de la monarchie, c'est l'abolition de la noblesse. Mais au fond qu'y a-t-il de changé relativement à l'égalité humaine ? D'autres seigneurs sont venus, d'autres serfs sont venus, et voilà tout. C'était un équilibre instable que celui où d'un côté se trouverait le capital et de l'autre l'instrument. Ceux qui s'étaient réservé le capital ont été vaincus. Mais leurs vainqueurs ont introduit à leur tour dans le monde une inégalité monstrueuse, en sens contraire de la première. Car voilà le serf, le travailleur, devenu maître du travail, de l'instrument, et du capital ; ne voyez-vous pas que le voilà devenu seigneur à son tour, que le voilà seigneur et maître ? Vous n'avez donc fait que substituer une noblesse à une autre, la noblesse de l'argent à la noblesse conquérante, l'empire de l'or à l'empire des armes. Au lieu d'un Montmorency, vous avez un Rotschild !

Mais, dira-t-on, qui empêche les autres serfs de s'émanciper, comme ont fait quelques-uns ? Chimère, absurdité, qu'une pareille supposition ! Est-ce que le résultat même de cette inégalité et de cet esclavage n'est pas, comme nous l'avons démontré, de restreindre et de limiter la richesse, puisque le besoin de tous n'intervient point et n'agit point sur la production ? Donc l'unique résultat d'une pareille organisation est d'élever une couche d'hommes à la place d'une autre couche, et de laisser au-dessous une couche inférieure de véritables serfs non émancipés. La proportion actuelle de ces serfs non émancipés, pour qui le droit à la propriété des instruments de travail n'est que nominal, et chez qui cette propriété n'est que précaire et momentanée, est immense ; et il est aisé de prouver qu'avec les conditions actuelles de la richesse, elle ne tend jamais à diminuer, mais plutôt à augmenter. (Voyez CONCURRENCE, CONSOMMATION, ECHANGE, ECONOMIE POLITIQUE.)

En résumé donc, l'esclavage a été la négation de tout droit aux sources productives de la richesse dans l'esclave. Le servage a été la concession faite à l'esclave d'une de ces sources, le travail. Mais cette concession était illusoire sans les autres éléments qui concourent à la production en même temps que le travail. Le prolétariat, qui a succédé au servage, a été caractérisé à son tour par la concession faite au serf de la propriété de l'instrument. Mais cette propriété étant également illusoire tant qu'elle n'est pas accompagnée de celle du capital, il est arrivé de là que quelques-uns se sont émancipés, ou que quelques-uns peuvent s'émanciper (ce qui revient au même ), en réunissant capital et instrument, mais que le plus grand nombre reste avec un droit purement nominal.

De même donc que le serf était encore esclave, le prolétaire est encore serf. Sous d'autres noms et avec d'autres formes, nous vivons encore au sein non seulement de la féodalité, mais de la servitude.

Donc ces concessions successives n'ont eu lieu que pour qu'une concession nouvelle, c'est-à-dire un progrès nouveau, ait lieu, qui réunisse travail, instrument, capital, sous l'influence puissante des besoins de tous.

C'est la socialisation des instruments de travail qui est ce progrès.

Donc tous les progrès antérieurs accomplis ne l'ont été qu'en vue de ce progrès nouveau à accomplir. Le servage n'était pas un progrès absolu en lui-même, il n'était qu'un progrès en vue de l'avenir, il avait pour cause finale le prolétariat ; et de même le prolétariat n'est pas un progrès absolu en lui-même, il n'est un progrès sur le servage que parce qu'il a pour cause finale la socialisation des instruments de travail.

Voilà l'histoire ; nous venons de la résumer. Que prouve-t-elle ? Que nous avons parcouru les trois phases nécessaires de la période de l'inégalité : voilà ce qu'elle prouve. Mais après l'échange fondé sur la violence, il y a l'échange fondé sur la fraternité ; après la période de l'inégalité vient la période de l'égalité ; après la guerre vient l'association. La course du genre humain n'est donc pas terminée. L'échange mutuel, l'échange libre, n'existe encore aujourd'hui que parmi un petit nombre d'hommes, les riches, et il est par là même infiniment borné. Qu'est-ce à dire ? Ne peut-il pas exister parmi un plus grand nombre, et finalement parmi tous les hommes ?

L'existence du pauvre par nature et du riche par nature tient donc uniquement à l'ignorance et à l'immoralité relative de l'espèce humaine.

Pendant que durait l'esclavage, l'idée qui devait l'abolir se préparait et se mûrissait. Pendant que durait le servage, l'idée qui devait l'abolir se préparait également et se mûrissait. Qui oserait dire que pendant l'âge du prolétariat ne s'est pas préparée, depuis plusieurs siècles, une idée nouvelle, un sentiment nouveau de la vie, un nouveau besoin de l'homme. Donc à son tour cette science nouvelle, cette moralité nouvelle, ce sentiment nouveau de la vie, produira une organisation nouvelle.

L'idée nouvelle qui a germé et mûri depuis plusieurs siècles, au sein du prolétariat, a deux noms qui se correspondent : elle s'appelle égalité, elle s'appelle aussi unité.

Reconnaissons l'existence de cette loi divine : *l'unité.* Il n'y a qu'un seul Dieu, qu'un seul monde physique, la terre ; qu'un seul monde humain, l'humanité ; qu'un seul être humain, l'homme. Dans l'entendement de cet homme, la religion, la science de Dieu, étant absente ou imparfaite, la dualité a aussitôt paru : dans Dieu, sous la forme du bien et du mal ; dans la terre, sous la forme de continents, d'îles, de bassins ; dans l'humanité, sous la forme de nations, de tribus ; dans l'homme, sous la forme de libre et d'esclave. Mais toutes ces formes, pratiquées, usées, amènent dans l'entendement de l'homme une perfection de plus en plus grande de la religion ; toutes préparent l'unité ; partant de l'unité, toutes convergent vers elle. La dualité n'est qu'un moyen dont se sert l'unité pour arriver enfin à se manifester, à briller de toute sa gloire dans Dieu, dans l'homme, dans le monde physique, dans le monde humanitaire.

Loin qu'il soit de l'essence de la société humaine d'être composée de deux êtres égaux de naissance, égaux de mort, inégaux de vie, le *libre* et l'*esclave,* le *riche* et le *pauvre*, ainsi que le vulgaire a coutume de le dire, ainsi que le pose en principe M. de Sismondi, la société humaine a, au contraire, toujours tendu à se constituer sur l'unité ; et toutes ces dualités *d'esclave* et de *libre*, de *maître* et de *serviteur*, de *seigneur* et de *serf,* de *roi* et de *sujet,* de *riche* et *de pauvre,* de *nations* séparées, distinctes, sont autant d'essais successifs et progressifs qui attestent en l'homme l'ignorance native, et le triomphe, en lui de plus en plus certain de la science.

Jamais la société n'a pu se constituer d'une manière définitive sur la dualité, et de nos jours on l'essaierait en vain. Toutes les nations dont nous parlent l'histoire, toutes celles qui existent, n'ont été, ne sont, que parce qu'elles avaient su ou qu'elles savent se constituer un faux-semblant d'unité à l'aide du gouvernement.

De la dualité ne concluons donc pas à la dualité, mais à l'unité ; et si nous recherchons la loi de cette dualité, voyons-la dans l'unité qu'elle doit infailliblement produire. Il y a des pauvres, il y a des riches ; ne disons pas comme le vulgaire : Il y aura des riches, il y aura des pauvres. Autrement comment pourrions-nous nous concevoir le droit de dire : Il y a eu des libres, il y a eu des esclaves ? Il y a des riches, il y a des pauvres, c'est parce qu'il y a eu des esclaves et des libres, mais c'est aussi parce qu'il y aura des égaux.

L'impossibilité d'une organisation durable de la société humaine sur la base de l'inégalité se trouve être suffisamment attestée par la disparition successive des esclaves et des libres, des serfs et des seigneurs ; cette même disparition des seigneurs et des serfs, des libres et des esclaves, atteste d'une façon également suffisante la disparition future des pauvres et des riches, la possibilité et la nécessité d'une organisation nouvelle de la société humaine sur le principe unique et absolu de l'égalité.

C'est ainsi que la théorie économique de M. de Sismondi croule de fond en comble ; c'est ainsi que nous démontrons qu'il a méconnu la valeur véritable, le véritable caractère du gouvernement, dont il s'est fait le défenseur en économie politique (Voyez ÉGALITÉ).

**Fausseté de la méthode scientifique proclamée par Say**

Pour compléter d'une façon profitable cette ruine d'Adam Smith et de son école, il ne nous reste plus qu'à traiter la question de la méthode en vertu de laquelle les économistes de cette école se sont crus durant cinquante ans les possesseurs réels de la science.

J.-B. Say nous fournit l'occasion de ce paragraphe. Tout son système peut et doit se résumer dans cette simple proposition : *L'économie politique, afin de ne pas s'égarer en de vaines et funestes recherches, ne* s'occupe que de remonter *des faits les plus constamment observés à la connaissance des lois générales qui régissent ces faits.* Or, cette proposition, qui paraît au premier coup d'œil irréprochable, se trouve être synonyme de celle-ci : *Les phénomènes économiques étant constatés, c'est-à-dire décrits dans leurs plus petits détails, on se trouve immédiatement en demeure de connaître les lois générales qui les régissent,* J.-B. Say comprend et pratique ainsi la science, et depuis lui tous les économistes l'ont ainsi comprise et pratiquée.

Nous avons montré dans le courant de cet article, à propos d'Adam Smith, que cette méthode des économistes n'est qu'un emprunt fait à la méthode philosophique ou plutôt anti-philosophique de l'école écossaise, dont Smith était sorti. La méthode d'observation pure, la méthode purement objective et expérimentale, primitivement empruntée aux naturalistes, et transportée au dix-huitième siècle dans les sciences dont l'homme est le sujet, dans les sciences psychologiques et morales, où elle a pour effet immédiat de paralyser, de détruire en nous toute activité, toute foi, tout enthousiasme, toute vertu, a été si bien combattue dans plusieurs articles de ce Dictionnaire (voyez en particulier ÉCLECTISME), qu'il semble d'abord fort inutile que nous revenions sur ce sujet. Néanmoins on ne saurait apporter trop de preuves lorsqu'il s'agit de la méthode philosophique. Les vérités d'ailleurs prennent des aspects divers, et pénètrent différemment dans les esprits, suivant les points de vue différents sous lesquels on les considère. La méthode écossaise a peut-être dû en grande partie sa réputation et sa vogue à l'application qui en fut faite par l'économie politique. Ne pouvons-nous pas réciproquement, au nom même de cette dernière science, prêter appui à la philosophie nouvelle qui commence aujourd'hui à s'établir ?

Essayons ; et sans réfuter directement ce qui n'en vaut pas la peine, tâchons d'inspirer le goût de la vraie méthode : poussons les esprits jeunes qui tenteront l'étude de l'économie politique dans des voies nouvelles. Montrons-leur une autre science à conquérir que celle qu'on leur a faite sous ce nom, et une autre méthode à pratiquer.

Suivant notre habitude, nous irons encore cette fois chercher notre point de départ dans le besoin, cette porte de toute l'économie politique. Nous montrerons que du besoin naît dans l'humanité un progrès incessant, et que par conséquent il n'y a de science que celle qui reconnaît et explique la muabilité des choses ; que la science, il est vrai, rend compte du présent, mais qu'elle ne se modèle pas d'après le présent ; qu'elle est supérieure au présent, précisément parce qu'elle est la science, et parce qu'étant la science elle embrasse à la fois le passé, le présent, l'avenir, conformément à cette admirable et jamais assez répétée pensée de Leibnitz : *Le présent, engendré du passé, est gros de l'avenir*[281], La vraie méthode, par conséquent, est celle qui mène à cette vraie science ; la vraie méthode est celle qui étudie les phénomènes du présent dans la vue de remonter à leur cause, et qui les étudie d'une façon assez complète pour y parvenir. C'est uniquement sur ce point que porteront les considérations auxquelles nous allons nous livrer.

281 [« Le présent est plein de l'avenir, et chargé du passé », écrit par exemple le Gottfried Wihelm Leibniz (1746-1716) dans sa *Monadologie* (1714) (traduction par Alexandre Bertrand, Paris, Eugène Belin, 1886, p. 54).]

Avant que l'homme vînt sur la terre, la même loi du besoin, la même loi de la vie avait fait progresser d'innombrables êtres. Mais que nous importent, pour notre sujet, les créations cosmiques antérieures à l'homme ?... Enfin l'homme apparaît, et devant cet être nouveau les anciens êtres de la nature sont tour à tour livrés et jugés. C'est la sensation qui les livre, c'est la sensation qui les juge. Mais, jeté pour la première fois au milieu de ce monde des êtres, qui tous projettent au loin dans l'espace leurs manifestations diverses, l'homme se trouve d'abord ébloui devant ces manifestations ; et, bien qu'il soit sous leur empire, peu d'entre elles sont réellement distinguées par lui. Ainsi la lumière trop vive nous empêchait de voir ; ainsi devant l'éclat du soleil disparaît l'éclat inférieur des étoiles.

Il est des êtres dont les manifestations reçues, puis senties, puis jugées, ont la puissance de nous faire sortir à leur égard de cette inertie nécessaire où, par suite de notre nature et de leur propre nature, nous nous trouvons plongés ; il est des êtres qui font éclore en nous le désir, le besoin.

Il en est d'autres, au contraire, dont les manifestations nous laissent constamment dans l'inertie et l'indifférence, ne font éclore en nous ni désir, ni besoin.

Parmi les êtres dont les manifestations produisent en nous le désir, le besoin, les uns enfantent un désir de joie, d'attrait, de plaisir ; les autres un désir de les fuir, ou ce qu'on pourrait appeler un besoin, de terreur, de peine, de répulsion.

Ainsi, à l'origine, voici ce qui a lieu :

1° L'immense majorité des êtres sont pour nous comme s'ils n'existaient pas, éclipsés qu'ils sont par les êtres qui en nous produisent le désir, produisent le besoin.

2° Ces derniers occupent toute la scène, et la sensation les distingue en bons et en mauvais.

3° Le mode prédominant de l'existence humaine est celui qui correspond à ce règne des êtres bons et des êtres mauvais, c'est le mode de l'activité : quant à l'autre mode de l'existence humaine, celui de la réflexion, il se trouve pour ainsi dire atrophié, les êtres qui le produisent, ainsi que nous le dirons à l'heure, n'étant point encore appareils pour l'homme.

4° Ignorant l'existence de ces derniers, et ne connaissant encore que les premiers, l'homme se trouve donc sous l'empire absolu de la croyance aux deux principes, le bien et le mal.

Mais l'homme restera-t-il éternellement victime de ce grossier phénomène de sensations perdues dans l'éclat de quelques autres ? Toujours en lui la manifestation qui entraîne à sa suite un désir, un besoin, lui fera-t-elle nier la manifestation qui le laisse rêveur, sans besoin, sans désir ? Aura-t-il donc toujours en l'âme un besoin imposé, un désir comparable à une peine ? Son désir supérieur ne sera-t-il jamais d'être précisément à l'abri du désir, à l'abri du besoin ? Au-delà des êtres immédiatement bons, au-delà des êtres immédiatement mauvais, ses yeux, ses oreilles, ses sens enfin, n'apercevront-ils point la présence de cette multitude infinie d'êtres qui ne provoquent en lui ni besoin, ni désir, mais dont les manifestations éclipsées n'en sont pourtant pas moins offertes à ses sens ?

Et ces êtres dont l'existence lui échappe ou lui apparaît confuse, inutile, n'ont-ils donc aucun rapport, aucun lien, avec les êtres bons et mauvais, source en lui de besoins, de désirs ? La proie qu'il poursuit ne se nourrit-elle pas de l'herbe qu'il foule inaperçue sous ses pieds ? L'être mauvais qu'il fuit ne recherche-t-il pas des lieux où croissent ignorés de lui certains êtres salutaires ?

Et le mode de son existence où la sensation ne se résout pas pour lui en besoin, en désir, n'a-t-il donc aucun rapport avec cet autre mode de sa propre existence où la sensation, au contraire, produit en lui le désir, le besoin ? L'acte que ce besoin, que ce désir engendre, n'a-t-il point précisément à s'inspirer des enseignements féconds de ce mode d'existence latent en lui, oublié, dédaigné ?

Que l'homme donc vive un instant de la vie animale ; que sa tête ne se lève jamais vers les cieux ; qu'elle soit toujours endormie, ou toujours occupée, à travers les profondeurs des forêts, à démêler les sons qui viennent lui révéler ou l'ennemi ou la proie ; qu'il s'appuie et se traîne sur son corps, comme cette proie ; que la face de Dieu lui soit voilée presque entière ; qu'il y voie le bien et le mal : qu'importe ! toutes ces choses sont autant de voies mystérieuses qui fatalement le conduiront tôt ou tard à ce règne de Dieu qui lui fut promis. Quoi qu'il pense et qu'il fasse, toujours l'homme atteindra les liantes destinées réservées à sa nature : jamais dans sa route commencée il ne rencontrera d'obstacles insurmontables ; les pierres mêmes que dans son ignorance il y aura roulées lui serviront puissamment.

D'abord victime du fait de sa naissance, il marchera dans sa voie lentement, péniblement. À l'aide de ses bras, de sa force, il luttera contre les bêtes sauvages, il conquerra sa proie ; le principe de ses actions sera précisément cette sensation unique qui ne lui révèle des êtres que les êtres bons ou mauvais, et de longs jours s'écouleront ainsi. Mais peu à peu, au sein de cette lutte violente contre la nature, s'éveillera en lui un principe supérieur qui, dominant ses actions, les modifiera ; et ce principe sera précisément cette réflexion qui a pour objets les êtres jusqu'alors cachés, oubliés, perdus pour lui. L'homme jusque-là était encore, quant à sa vie subjective, dans l'Unité. La Dualité sans doute avait déjà apparu en lui, comme en tout être créé ; mais elle n'était encore chez lui qu'objective, extérieure ; elle n'avait pas pénétré dans son être, elle n'avait pas atteint le moi. L'homme, avec un germe différent, ressemblait encore à l'animal. Mais voici la dualité morale qui vient dans l'homme ; car voici qu'il y a deux hommes dans l'homme : il y a l'homme de la sensation, et l'homme de la réflexion ; l'homme du présent, et l'homme de l'avenir. En effet, penser aux êtres dont nous n'avons pas actuellement besoin, c'est sentir que nous en avons virtuellement besoin ; c'est donc avoir le pressentiment de l'avenir ;

c'est donc sentir un idéal supérieur au présent. Quelle révolution dans l'homme ! Par le simple fait de l'extension progressive de la manifestation en lui du monde extérieur, voilà la dualité dans l'homme, voilà le bien et le mal moral : l'avenir élève sa bannière contre le présent ; la réflexion lutte contre la sensation, l'idéal contre le fait. Que va-t-il arriver ? Dans cette période de son existence, l'homme sera malheureux, il souffrira étrangement ; car la lutte, non encore apaisée pour lui au sein de la nature, sera portée jusqu'en lui, et le vaincu sera une partie de lui-même, sera lui-même ! Par sa sensation des êtres bons ou mauvais, il y aura un royaume de fait constitué, image imparfaite, essai grossier de l'humanité future ; et par sa sensation des êtres étrangers à ceux-ci, ce royaume sera incessamment ébranlé dans ses bases. Les uns voudront conserver ce fruit mortel d'une science grossière, les autres voudront le rejeter. Et il en sera ainsi jusqu'à la conversion entière de l'homme, c'est-à-dire jusqu'au triomphe en lui de son Unité. Quand le principe de ses actions émanera précisément et de sa sensation des êtres qui produisent en lui le désir, le besoin, et de sa sensation des êtres qui ne produisent en lui ni désir ni besoin ; quand enfin l'homme aura conscience de l'unité qui règne dans le monde des êtres dont il fait partie, l'homme cessera de souffrir de cette lutte intérieure et violente ; l'humanité sera constituée ; au sein de cette humanité le monde des êtres sera complètement absorbé, et la croyance délétère du mal et du bien reléguée parmi les illusions nécessaires et fatales de notre enfance.

Méritons-nous d'être accusés d'étrangeté et trouvera-t-on notre langage obscur et apocalyptique, parce que nous ramenons ainsi à un seul principe toute la destinée humaine ? Nous ne faisons pourtant que dire, sous une forme différente, ce que tout le monde admet et proclame en d'autres termes et de mille façons plus ou moins fragmentaires ; nous ne faisons que préciser et expliquer ce que les meilleures philosophies et toutes les grandes religions ont enseigné à l'homme sur son point de départ, sa carrière actuelle, et son but. Poursuivons.

L'homme est le miroir du monde, le monde est le miroir de l'homme. Les images de l'homme dans le monde et du monde dans l'homme sont successives, variables, éphémères : c'est affaire de la vie. Mais de même que les oscillations d'un corps suspendu peu à peu diminuent, et de plus en plus ressemblent à leur limite, le repos, de même ces images de l'homme dans le monde et du monde dans l'homme sont de moins en moins infidèles, et ressemblent toujours davantage à la vérité, leur limite.

Il n'est donc, en réalité, qu'une science unique, celle du tout, dont les sciences du moi et du non-moi ne sont que des formes diverses, nées des points de vue différents auxquels peut se placer l'esprit humain.

Donc tout le progrès humain dépend de deux sciences qui sont, pour employer le langage des géomètres, réciproquement fonction l'une de l'autre : savoir, la science de la vie du moi uni au non-moi, en tant que cette vie procède du moi ; et la science de la vie du moi uni au non-moi, en tant que cette vie procède du non-moi.

Donc notre vie, la satisfaction de nos besoins, de nos désirs, relève à la fois de la science du moi et de la science du non-moi. Supprimez l'une de ces sciences, et nous ne sommes plus qu'une ombre, qu'une illusion, qu'un fantôme, que l'imagination peut à peine saisir.

Donc encore : notre vie, la satisfaction de nos besoins, de nos désirs, est ce que sont en nous simultanément la science du moi et la science du non-moi. Que ces deux sciences soient à un degré infime de leur développement, et notre vie est infime, et la satisfaction de nos besoins, de nos désirs, grossière, impuissante.

Donc encore ; notre vie, la satisfaction de nos besoins, de nos désirs, est ce qu'est en nous séparément la science du moi. Que cette science soit incomplète et fausse, et la satisfaction de nos désirs, de nos besoins, est incomplète et fausse.

Donc encore enfin ; Notre vie, la satisfaction de nos besoins, de nos désirs, est ce qu'est en nous séparément la science du non-moi. Que cette science soit incomplète, erronée, et la satisfaction de nos besoins, de nos désirs, est erronée, incomplète.

Les constitutions sociales ont été les expressions diverses et vivantes des divers développements de ces deux sciences en l'homme. Quand l'homme ne connut du non-moi que des propriétés immédiatement hostiles ou agréables, et du moi que les propriétés immédiatement capables de s'emparer de ces propriétés agréables ou de repousser ces propriétés hostiles du non-moi, il vécut au fond des forêts, sur le bord des lacs et des rivières, pêchant et chassant. Quelques minéraux et quelques végétaux lui fournissaient ses rares instruments de chasse et de pêche ; et, hors de ces instruments, le reste des êtres ne lui apparaissait que sous les formes connues d'ennemi ou de proie.

Mais quand l'homme découvrit encore du non-moi certaines propriétés médiatement hostiles ou agréables, et du moi les propriétés correspondantes immédiatement capables d'utiliser ou de fuir ces propriétés médiatement agréables ou hostiles du non-moi, l'homme cessa d'être tué par l'homme ; certains animaux et certains végétaux cessèrent d'être abandonnés à eux-mêmes au sein de la nature ; le cercle de la tribu sauvage, errante, se transforma et devint l'enceinte immobile et civilisée des villes ; à la chasse, à la pêche succéda l'agriculture ; l'esclavage régna.

Et quand la science découvrit encore en l'homme et en ce qui est hors de l'homme de nouvelles propriétés, les constitutions sociales de la Grèce et de Rome ne purent durer plus longtemps. Près de l'agriculture antique s'élevèrent l'industrie et le commerce des sociétés modernes ; l'esclavage dépérit, le prolétariat surgit.

C'est ainsi que dans le passé la science du moi et la science du non-moi fondèrent et détruisirent tour à tour les diverses constitutions des peuples.

Une telle puissance dans ces deux sciences n'a certes pas le droit de nous étonner. Ces constitutions sociales, après tout, ne sont pas un fait primordial, mais un fait secondaire ; et la cause de ce fait, c'est l'homme, c'est le moi, partant c'est aussi le non-moi. Mais l'énormité même de cette puissance ne nous révèle-t-elle pas l'importance de la méthode à l'aide de laquelle il est donné à l'esprit humain de faire des découvertes en ces deux sciences, c'est-à-dire de leur imprimer à la fois la force de détruire une organisation sociale pesante et tyrannique, et la force d'élever, sur les ruines de celle organisation, une organisation sociale nouvelle et supérieure ?

Évidemment le premier principe de cette méthode est celui-ci :

1° La vie sociale de l'individu et ce que l'on appelle organisation ou constitution sociale résultent de ce que sont en l'homme sa science du moi et sa science du non-moi ;

2° Ces deux sciences sont entre elles harmoniques et concordantes ;

3° Ces deux sciences reposent également sur l'observation ou la sensation des manifestations des êtres ; mais ces manifestations ne nous sont connues que lentement, successivement ;

4° Ce qui donne à la science du moi et à la science du non-moi le caractère d'être éminemment progressives ;

5° D'où les résultats momentanés de ces deux sciences, c'est-à-dire la vie sociale de l'individu et la constitution sociale, puisent le caractère contraire d'être essentiellement éphémères, transitoires.

Je ne connais donc point de méthode plus funeste, plus puérile, moins digne de la philosophie, que celle qui, par l'observation, recueille ce qu'elle appelle des *phénomènes*, des *faits,* puis, élevant ces faits, ces phénomènes, à la valeur des êtres, des causes, les donne comme éléments aux sciences les plus immédiatement importantes à l'homme. Quoi, parce que l'esclavage existe, vous irez doter la philosophie, la politique, l'économie politique, la morale, de ce fait hideux ! Quoi, parce que des ruines de l'esclavage antique surgit, sous le nom de prolétariat, un nouvel esclavage, vous irez, à l'instar d'Aristote, doter la morale, la politique, l'économie politique et la philosophie de ce fait hideux ! Qu'est-ce donc après tout que ces phénomènes sur lesquels vous bâtissez si facilement vos sciences de l'homme et de la société ! sont-ils égaux à l'homme, à la société ? ne sont-ils pas au contraire issus de l'homme, issus de la société ?

Dans sa science imparfaite du moi et du non-moi, l'homme les produit ; et parce qu'un jour il les produit pour les renverser un autre jour, vous vous en saisissez, et vous dites aux hommes : ces phénomènes sont saints et légitimes ; jamais il ne vous est encore arrivé d'en produire d'aussi bons, donc vous n'en produirez plus d'autres.

Prenez-les donc pour bases de vos actions privées, de vos institutions sociales, et que de ces actions, de ces institutions, les sciences s'élèvent. Ayez une religion, une morale, une politique, une économie politique issues de ces phénomènes ; pratiquez les enseignements de ces sciences ; vivez ainsi, n'ayez ni remords, ni regrets, ni désirs nouveaux.

Eh ! ne voyez-vous pas le vice sacrilège de ce sage discours, les conséquences mortelles de ces sciences uniquement bâties sur les phénomènes ! Que l'homme s'élève davantage dans sa connaissance du moi et du non-moi, qu'il découvre dans un caillou une propriété nouvelle, et le rapport du moi au non-moi change ; et les phénomènes, détrônés par d'autres phénomènes, cessent d'être saints et légitimes, ils deviennent tyranniques, injustes ; et les actions privées et les institutions sociales immobilisées par votre prétendue science sont la proie de perturbations incessantes ; et, minées dans leurs bases, la religion, la morale, la politique, l'économie politique, tremblent et vacillent. Un monde nouveau surgit, le monde ancien se décompose ; il réclame instamment de vous le silence et le froid de la tombe. Que faites-vous donc en transmettant aux générations nouvelles ces sciences immobiles des générations mortes ? Au sein naissant de ces générations nouvelles, vous déposez le germe délétère du doute, et vous les frappez ainsi d'impuissance pour l'œuvre à laquelle Dieu les avait lui-même appelées.

Hélas ! pour la confusion de l'orgueil humain, constatons que nulle science, philosophie, morale, politique, économie politique, n'ont, de nos jours encore, connaissance et pratique d'une méthode plus pure, plus rationnelle, plus logique. Elles vont toutes observant des faits, toutes elles cherchent à connaître l'enchaînement de ces faits, leur coordination nécessaire, leur *loi générale*, ainsi que s'expriment ceux qui les cultivent. Quand le Christianisme régnait, le fait n'était que le fait, le fait n'était pas tout, le fait n'était pas le droit, le fait ne constituait pas la science : mais depuis que le Christianisme a perdu sa puissance, nous avons constitué le fait la base de notre raison et l'arbitre de nos destinées ; nous nous sommes enchaînés au fait. Ah ! si nous voulons sortir de cet état d'angoisse où nous sommes plongés, si nous voulons qu'une religion nouvelle s'échappe du sein flétri de la religion du Christ, si nous voulons que toutes ces aspirations de nos âmes vers la liberté, vers l'égalité, vers la fraternité humaines, se réalisent enfin ; si nous voulons que l'exploitation du peuple, par la bourgeoisie, que l'exploitation de la bourgeoisie et du peuple par les dynasties royales et les races aristocratiques, cessent d'être des faits triomphants, il faut que toutes ces sciences renoncent à cette méthode, qui, en elles, atteste l'enfance de l'esprit humain.

Il n'y a point à fonder de science sur l'observation du phénomène, du fait ; le fait, le phénomène, ne peut être une base pour aucune. Regardez, en effet, ce qu'on appelle de ces noms ! Un phénomène, c'est un *acte,* une *manifestation,* ce n'est point une *cause,* un *être.* Vous pouvez donc suivre, dans la vie de l'homme, dans la vie de la société, les conséquences nécessaires et fatales de certaines manifestations, de certains actes ; mais de l'existence de ces conséquences et de ces actes, vous ne pouvez conclure à leur légitimité, c'est-à-dire à leur durée, à l'immortalité de leur existence. La pierre que vous lancez au sein de l'eau soulève une onde, puis à cette onde qui s'éteint en succède une autre, puis à cette autre une autre, jusqu'à ce qu'en fin une dernière, touchant au rivage et s'y brisant, la surface de l'eau redevient ce qu'elle était d'abord, unie et calme. Détournant donc la tête à la première onde, direz-vous : L'onde existe, elle est éternelle : la pierre l'a produite, Ou, suivant cette onde dans l'engendrement successif des autres ondes, direz-vous encore, avant de voir la dernière : C'en est fait, la surface de l'eau est à jamais ridée, une pierre a détruit son calme et son uni ! Mais suivez donc jusqu'à sa fin le phénomène. Voici l'onde dernière qui touche au rivage, la surface de l'eau redevient unie : qu'est devenu le phénomène, qu'est devenue votre science ?

L'homme, au sein de l'humanité produisit un jour l'esclavage, et des docteurs voyant ce phénomène le déclarèrent éternel. Ils en suivirent les conséquences dans l'établissement des sociétés humaines, dans les productions des sciences et des arts, dans la succession des générations : rien ne semblait, en vérité, plus fondamental et plus légitime !... Cependant l'onde a touché le rivage, le phénomène a fui ! Que sont devenues toutes ces sciences qui n'étaient occupées que de lui !

Néanmoins l'homme ne peut abdiquer son génie philosophique, et, bien que tout entier à l'observation du phénomène, toujours la question d'origine le sollicite et l'attire. De ce phénomène il voudra donc conclure directement à la nature de la cause qui l'engendre, et dès lors quelles erreurs grossièrement impies cette méthode ne produira-t-elle point au monde !

Pourquoi des esclaves ? C'est que Dieu le veut. L'unité de la race humaine est une chimère ; il y a l'homme libre, puis entre cet homme libre et les animaux il y a encore un homme, l'homme esclave. Prenez *l'antiquité,* prenez Aristote.

Au contraire, que des siècles se passent, que l'ère de la *modernité* se lève, et voici Hobbes cherchant à son tour les fondements de la politique. Il voit les nations occupées tout entières d'elles-mêmes, de leurs intérêts, de leur gloire, de leur grandeur future ; il les voit se livrant à de sourdes machinations les unes contre les autres, se coalisant plusieurs contre une seule pour anéantir celle-ci, ou mieux encore pour restreindre en des limites étroites son insatiable ambition. Et puis, entrant plus profondément en ce triste spectacle, au sein de chaque nation, la guerre entre les classes, entre les partis, entre les familles, entre les individus, entre les sexes, se révèle également flagrante à ses regards. C'est le commerce encore, c'est le palais, et même ce sont encore les réunions les plus innocentes, où chacun se rend en liberté pour causer et se voir, qui le portent incessamment à reconnaître et à proclamer ce grand fait de la guerre. À ses yeux la guerre est partout, partout elle règne et commande. Devant ce fait hautement attesté, que devient donc pour Hobbes l'axiome des Grecs : *L'homme est un animal politique*, ζωον πολικον (*Zoön Politikon*) ? En vérité, n'est-il pas plus légitime de dire que l'état naturel des hommes est la guerre, non la paix, et de fonder dès lors sur la guerre, non sur la paix, toute la politique ! La paix est l'exception ; la guerre est le phénomène apparent, constant, visible, le réel, la cause ; l'homme n'est point un *animal politique,* il est le loup de l'homme, *homo homini lupus.*

Mais, dira-t-on, le phénomène n'est-il point une manifestation de l'être ? Pour nous y a-t-il même autre chose que des phénomènes ? L'être ne se manifestera jamais à nous autrement que par de purs phénomènes, que par de purs effets. Dès lors nos sciences peuvent et doivent hardiment se reposer sur la connaissance de ces phénomènes ; autrement elles deviennent chimériques, impossibles. Supprimez à la physique les phénomènes dont elle s'occupe, que devient la physique ? Supprimez donc à l'économie politique les phénomènes qui l'intéressent, que devient l'économie politique ?

Je ne veux point qu'on supprime aux sciences de la vie dans l'homme et de la vie dans la société les phénomènes que ces sciences embrassent, et qui, pour une part du moins, les constituent réellement ; mais je veux qu'on étudie plus profondément qu'on n'a coutume de le faire ces mêmes phénomènes ; mais je veux qu'on ne les pose point en éléments constitutifs de la science, qu'on ne fasse point résider cette science dans leur description pure, puis dans je ne sais quelle recherche vaporeuse d'une loi qui les embrasse tous en elle ; je veux enfin que ces phénomènes soient le *but* de la science, non le *moyen ;* que la science ne soit point le code pratiqué de l'existence d'un homme en la bouche duquel résonnent incessamment ces paroles impies : *Après moi la fin du monde !*

Qu'est-ce que le phénomène ? Ne me répondez pas par sa description la plus fidèle, cela ne peut me satisfaire ; mais dites-moi son origine, dites-moi sa fin. L'homme au sein de l'univers l'a-t-il éternellement produit ? doit-il éternellement le produire ? Quel rapport existe-t-il entre ce phénomène et cette nature de l'homme, nature que vous ne devez point conclure de l'observation du phénomène, mais de laquelle, au contraire, vous devez conclure au phénomène, puisque ce phénomène est issu d'elle en partie ?

Le moi est une force vive qui d'elle-même se plonge et se replonge au sein de l'univers. Sa manifestation première, c'est-à-dire la première onde qu'elle soulève, ne peut donc être semblable à sa manifestation seconde, puisque cette seconde manifestation a lieu au sein d'un univers troublé par une ondulation première. Il en sera de même d'une troisième, d'une quatrième manifestation du moi ; il en sera de même de toutes ses manifestations ultérieures. Si donc vous n'avez pas conscience de cette qualité du moi d'être éternellement une force vive, ou si vous renfermez la puissance de cette force vive dans le cercle de ses manifestations créées jusqu'au jour où vous êtes venus, que faites-vous ? Votre orgueil sera-t-il donc satisfait des nombreux démentis et des doutes cruels qui viendront de toutes parts assaillir votre science !

Tel est encore, en effet, le résultat de la méthode employée jusqu'à ce jour dans le domaine des sciences sociales, qu'une question préliminaire, échappant à toutes ces sciences, se trouve de fait résolue par chacune d'elles, et résolue d'une façon mensongère. En effet tous les phénomènes dont ces sciences s'occupent sont les expressions diverses du rapport du moi et du non-moi, et ce rapport est variable, changeant, éphémère, puisque la connaissance du non-moi et du moi est en nous successive. Ne s'inquiétant néanmoins en aucune façon de cette nature éphémère, changeante, du rapport du moi et du non-moi, et se livrant uniquement à l'observation des phénomènes qui sont l'expression actuelle de ce rapport, toutes ces sciences se trouvent par là même avoir résolu de fait le problème du moi, du non-moi et de leur rapport ? Toutes elles affirment donc que la connaissance du moi et du non-moi, successive et progressive en nous jusqu'au jour seulement où elles-mêmes ont apparu, a atteint ce jour-là tout à coup ses limites ; elles affirment donc toutes que notre connaissance du moi et du non-moi est terminée, achevée ; que pour l'homme il n'est plus désormais de découvertes à faire, soit en lui, soit hors de lui ; que cet homme n'a plus qu'à pratiquer, qu'à vivre, dans l'acception la plus grossière de ce mot.

L'esprit humain dans ces sciences, par l'emploi de cette méthode, s'est donc évidemment fourvoyé. Nous avons pris, comme on dit, l'horizon pour les bornes du monde. C'est depuis cent cinquante ans environ, c'est depuis que la philosophie s'est émancipée des dogmes du Christianisme, que cette méthode de l'observation des phénomènes sans aucune conception métaphysique a envahi tout le sol de la science. On n'avait plus foi aux grandes solutions religieuses du passé : à quoi se fixer, à quoi se rattacher ? On s'est fixé à ce que l'on avait sous les yeux, à ce que l'on touchait du doigt ; on a tâché de détruire en soi toute recherche des causes pour se borner aux phénomènes. Et on a appelé cela la science, la vraie science, la seule science ! On a proclamé que l'esprit humain ne pouvait pas aspirer à en avoir d'autres. Mais quelle étonnante contradiction ! N'est-ce pas un dogme, en effet, que ce respect aveugle et sans bornes pour le présent ? N'est-ce pas, comme nous venons de le voir, une solution, absurde il est vrai, mais une solution, que cette loi tirée uniquement du présent et donnée pour règle de l'avenir ? Vous fermez l'avenir ainsi, vous détruisez l'avenir ; par conséquent il se trouve que vous résolvez malgré vous ces problèmes dont vous refusez, dites-vous, de vous occuper. Il est vrai que vous les résolvez par la solution que Dante inscrivait sur la porte de l'enfer : *Lasciate ogni speranza*[282] *;* mais enfin c'est une solution que vous êtes forcés de donner lorsque vous prétendez n'en donner aucune.

Affranchissons-nous donc de ce respect aveugle pour le présent, et ne cherchons pas là notre science. Chacun aujourd'hui glorifie Descartes pour nous avoir débarrassés en philosophie du respect aveugle pour l'autorité. C'est-à-dire pour le passé. Mais à quoi nous sert d'être affranchis ainsi de l'idolâtrie du passé, si nous sommes tombés dans l'idolâtrie du présent, et si le dogme absurde du fait a pris pour nous la place de tous les dogmes ! « Cela a été, donc cela doit être actuellement et toujours », était le raisonnement de la faiblesse et de l'ignorance. Mais « cela est actuellement, donc cela sera et aura droit d'être, » est un raisonnement non moins, faux et non moins destructif de notre liberté. Il y a donc une autorité tout aussi illégitime que celle dont Luther, et Descartes, et Voltaire, nous ont débarrassés : c'est l'autorité absolue du présent. La philosophie a fait un grand pas le jour où le passé n'a plus été la loi pour elle ; et l'on peut dire que ce jour-là le dogme régénérateur du progrès et de la perfectibilité prit naissance. Mais la philosophie avait ensuite une autre œuvre à faire : c'était de ne pas plus enchaîner l'avenir au présent qu'au passé. Elle n'a point d'abord osé faire ce pas nouveau ; elle s'est reposée, comme effrayée et fatiguée elle-même de son audacieuse tentative contre le passé, dans l'adoration du présent. Voilà pourquoi le dogme de la perfectibilité a eu tant de peine à croître. Mais il est temps, il est temps enfin de l'embrasser, ce dogme, comme une religion, car c'en est une, et de le donner comme la règle absolue de toute science, c'est-à-dire le but où toute science doit aboutir, et en même temps l'axiome d'où toute science doit partir. Heureusement cette œuvre est commencée, et s'avance un peu chaque jour.

282 [Abandonner tout espoir.]

# Économie politique

Ce que l'on a coutume de désigner sous ce nom n'est pas la science, mais un système[283], et comme notre dessein dans l'article que l'on va lire est de nous occuper précisément de la science, non du système, il ne sera peut-être pas inutile de faire précéder cet article de quelques mots d'introduction.

Fidèle au nom qu'elle porte, l'Économie politique est la recherche de la loi, de l'arrangement des diverses parties constituantes de la nation, le but de cette loi étant de donner à la nation son plus grand bien-être, sa plus grande prospérité, sa plus grande richesse. C'est là l'unique problème qui constitue cette science. Otez à l'économie politique ce problème, définissez-là la science des richesses, et nous ne savons plus ce que c'est. L'Agriculture, l'Industrie manufacturière, le Commerce s'occupent également de la production des richesses. Directement ou indirectement, toutes les sciences, naturelles, mathématiques, physiques, morales, l'Art lui-même, s'occupent de cette production des richesses ; que peut donc signifier ce titre de science des richesses exclusivement réservé à l'Économie politique ? Serait-ce que l'Économie politique est la science des sciences, les renfermant toutes en son sein !

Mais si nous sommes ramenés à des idées plus saines en donnant de la science économique la définition que renferme son nom ; si désormais il nous est impossible de confondre la recherche de la loi des parties constituantes de la nation avec aucune des diverses recherches que se proposent les diverses autres sciences, n'est-il pas une science parmi toutes celles-ci qui disparaît complètement ? La Politique ne se fond-elle pas tout entière dans l'Économie politique ? Quelle différence assignable pouvons-nous constater encore entre les buts que ces deux sciences se proposent d'atteindre ?

Au fond, non seulement la Politique, mais encore la Religion ou Philosophie, de concert avec l'Économie politique, disparaissent au sein commun d'une science qui les embrasse toutes trois ; la Science sociale. Ces trois sciences ont un seul et même but ; toutes trois aspirent à connaître quelle doit être la loi des diverses parties

283 Ce système est celui d'Adam Smith. Malgré la prétention orgueilleuse de ce système à être considéré comme étant la science elle-même, et malgré tout l'éclat dont il jouit encore, nous avons cru devoir remettre ce que nous avons à en dire à l'article qui, dans ce Dictionnaire, sera consacré à Adam Smith. Nous renvoyons donc nos lecteurs à ce dernier mot.

constituantes de la nation, toutes trois aboutissent et concourent en définitive à l'organisation des sociétés humaines. Mais de même que nous distinguons le laboureur du mineur, l'agriculture de la métallurgie, de même devons-nous distinguer l'Économie politique de la Politique, de la Religion. Autres sont les points de vue, autres les procédés, autres les instruments. L'économiste s'empare de la richesse : c'est là son instrument. Il l'étudie, il en saisit la nature ; il apprend à en connaître les propriétés diverses ; puis quand vient l'importante question de savoir comment cette richesse se produit, pourquoi elle se produit, oh ! alors, à ses regards étonnés, se dressent devant lui l'homme et les collections d'hommes, la maison, la nation, l'humanité.

Et alors aussi il faut bien à cet homme, à cet économiste, en supposant qu'il ait poussé l'humilité jusqu'à se récuser dans l'œuvre difficile et périlleuse de l'organisation des sociétés humaines, il faut bien à la fin qu'il se prononce, qu'il juge et la maison, et la nation, et l'humanité. L'humanité, la nation, la maison sont nés par l'homme et pour l'homme, également la richesse est produite par l'homme et pour l'homme, par la maison et pour la maison, par la nation et pour la nation, par l'humanité et pour l'humanité. Si donc vous savez ce qu'est la richesse, vous devez également connaître ce qu'est l'humanité, ce qu'est la nation, ce qu'est la maison, ce qu'est l'homme.

Toutes ces choses sont faites les unes pour les autres ; elles sont harmoniques entre elles : on ne peut dans l'étude de l'une d'elles les tenir séparées, isolées un seul instant. Que dirions-nous d'un agriculteur qui, sous le prétexte que la chimie et la minéralogie s'occupent de la nature des terres, ignorerait complètement l'œuvre importante de préparer les siennes. Les terres d'où jaillissent la richesse sont l'humanité, la nation, la maison, l'homme ; dites-nous donc quels doivent être et l'homme, et la maison, et la nation, et l'humanité.

N'en déplaise aux disciples nombreux d'Adam Smith, l'essence même de l'économie politique est donc de s'occuper précisément de l'organisation des sociétés humaines, mais à sa manière, selon son génie particulier. Les questions que cette organisation suscite cessent donc d'être alors des questions politiques, elles deviennent des questions économiques, les seules vraies, les seules possibles, celles qui donnent seules un sens à l'économie politique, parce qu'elles seules constituent, définissent cette science.

Nous n'insisterons pas davantage sur ce point. Ces paroles suffisent pour préparer nos lecteurs à nous suivre hardiment hors de la voie foulée où se traîne le système d'Adam Smith, à se laisser guider dans la voie nouvelle qui directement conduit à la science. Laissons donc de côté tous préliminaires inutiles, et entrons en matière.

## 1. Définition de l'Économie politique

Le mot ÉCONOMIE nous vient du grec : οἶκος *maison,* et *νόμος, loi. Économie* veut donc dire *loi, arrangement, gouvernement de la maison* : or assurément c'est là plus qu'un titre de livre (que ce livre justifie ou ne justifie pas, peu importe !), c'est une définition complète et claire d'une science qui a pour objet la prospérité de la maison, le bien-être de ceux à qui cette maison appartient, qui forment cette maison. Pour désigner une telle science, aucun mot ne saurait mieux convenir que celui-là même *d'économie.* Il la précise admirablement bien. Toute prospérité, tout bien-être de la maison dépend de la loi, de *l'arrangement, du gouvernement* qui règne au sein de cette maison : voilà ce que dit le mot économie, le nom même de la science !

Il y a donc une maison. Nous ne dirons pas *famille,* car ce mot, dans le langage ordinaire, ne désigne de la maison que le père, la mère, et les enfants, laissant en dehors de lui et les hommes à l'état d'esclaves, et les animaux domestiques, et les plantes cultivées, et le sol, ces autres parties constituantes de la *maison.*

Mais cette maison a-t-elle en elle de suffisantes raisons d'être ? Est-il vrai, par exemple, comme de son temps l'affirmait Aristote, qu'il y ait des hommes libres et des hommes esclaves par le fait de la nature ; que l'intérêt de l'esclave soit celui du maître de la même façon que l'intérêt de la partie est celui du tout, l'intérêt du corps celui de l'âme ? Est-il vrai, comme on le dit trop souvent de nos jours, que l'intérêt de l'ouvrier soit celui du bourgeois ? En un mot, toutes les parties constitutives de la maison : sol, plantes, esclaves ou prolétaires, enfants, mère, père, sont-elles liées entre elles de la même façon que la partie l'est au tout, le corps à l'âme ?

Nous ne le pensons pas.

S'il en était ainsi, la maison aurait effectivement en elle sa raison d'être ; elle serait parce qu'elle a été, parce qu'elle est, parce qu'elle doit être ; et notre esprit, misérable et borné, sans une erreur visible et grossière, ne lui pourrait assigner en dehors d'elle une cause quelconque d'existence. À celui qui viendrait nous dire : L'homme, le chef de la famille, le père des enfants, le mari de la femme, le maître des esclaves et des animaux domestiques, le propriétaire du sol et des fruits de ce sol, est l'unique créateur de la maison : c'est de l'homme que la maison relève ; — à celui-là nous serions forcés de répondre : Vous vous trompez : il n'en est point ainsi. La cause créatrice de la maison, ce n'est point l'homme, ce n'est point la femme, ce n'est aucun des autres éléments dont se forme le corps matériel de la maison, c'est quelque autre chose d'invisible, d'immatériel, qui ne tombe point sous nos sens, et que nous désignons par ce mot même de *maison.*

Et poursuivant cette hypothèse dans ses plus secrètes conséquences il nous faudrait soutenir que l'être maison est supérieur à l'homme.

Nous enchaînerions donc ainsi l'existence de l'homme à l'existence de la maison ! L'homme serait à nos regards un instrument, un organe particulier de la maison !

Que dans l'Inde cette monstrueuse hypothèse ait été admise quant à l'État, quant à l'humanité, c'est un fait qu'on ne peut récuser ; mais si nulle part, dans notre occident, cette conception indienne de l'humanité, de l'État, n'a paru vraie, à plus forte raison n'est-elle point tombée dans l'esprit quand il s'est uniquement agi de la maison. Aristote affirmant que l'esclave est uni au maître de la même façon que le corps à l'âme, la partie au tout, ne sait point jusqu'où va la portée de ces paroles : il ne veut dire autre chose sinon qu'il est entre le maître et l'esclave une certaine harmonie dont la cause, se trouve être à la fois dans l'esclave et dans le maître. Cette harmonie est-elle éternelle ? Y aura-t-il éternellement des esclaves et des maîtres ? La maison ne saurait-elle se constituer sur d'autres bases, sur des bases nouvelles ? Voilà la question : et l'erreur d'Aristote est précisément d'avoir cru, sans preuves logiques, sur l'autorité d'une comparaison légèrement sentie, légèrement comprise, que l'esclave de son temps, et le maître de son temps, étaient les éléments nécessaires, éternels, de la maison, ainsi que le sont de l'homme et son corps et son âme.

Oui, l'esclave et le maître sont mystérieusement unis de la même façon que la partie l'est au tout, que le corps l'est à l'âme ; mais l'être qui ressort de cette union, la maison, ne peut être autre chose qu'un *instrument*, qu'un *organe*, et tout organe, tout instrument suppose un être au profit duquel il fonctionne. Quel est donc cet être dont la maison est le serviteur, l'organe, l'instrument ? Quelle est donc cette force, dont la maison est l'effet ? Cette force, cet être, c'est l'homme : l'homme qui prend une femme, qui devient père de famille, qui s'entoure, qui s'enveloppe des autres parties constituantes de la *maison*. Mais c'est en vertu de sa nature d'homme, de sa nature de force qu'il parvient ainsi à construire cette maison ; il change donc, il détourne donc la vie des êtres dont il s'environne, auxquels il s'associe ; il altère également l'originaire innéité de sa propre vie ; et dès lors il faut reconnaître au sein des éléments constitutifs de la maison une lutte éternelle et sourde que nous ne saurions voir exister entre le corps et l'âme. Les éléments de la maison sont bien réellement les éléments, les parties d'un tout : en ce sens, ils ont un même intérêt ; mais la vie primitive, isolée, libre, de chacun de ces éléments survit en chacun d'eux à cette vie collective dont l'unique origine est la force : de là le caractère d'instrument pur dont la maison se trouve être douée.

Organe, instrument, association, milieu, la maison s'offre ainsi à l'individuelle vitalité des éléments dont elle se compose. Il n'est pas un de ces éléments qui n'ait à exercer sur elle une action directe, une action de force, une action de cause, mais en même temps il n'en est pas un qui n'ait à subir le commandement des autres.

Entre eux ces éléments sont donc tour à tour causes et effets ; ils ont à agir, ils ont à se défendre ; ils ont à commander, ils ont à obéir. Ne supposer à l'un d'eux qu'une seule de ces propriétés, dépouiller l'esclave de sa nature d'homme libre, dépouiller l'homme libre de ses facultés d'esclave, c'est abstraire, c'est détourner sa vue de la réalité, de la vie.

Mais obéir, mais se défendre, mais commander, ce sont là choses contradictoires ; et puisque ces choses appartiennent en propre à chacun des divers éléments de la maison, force nous est de conclure que l'immobilité, le statu quo éternel ne saurait être la loi de cette maison, ou du moins qu'il existe en elle une forte tendance au changement, à la destruction même.

Les plantes et le sol d'eux-mêmes ne vont point au-devant de l'homme, les animaux domestiques tendent à la vie sauvage, les esclaves à la liberté, la femme à l'égalité, les enfants à une vie nouvelle. Pour résister à toutes ces tendances, dont l'effet immédiat, à l'origine des sociétés, eût été la destruction la plus complète de la maison et de ces sociétés, il a donc fallu que l'homme libre déployât une certaine force. Cette force était-elle tout entière dans lui ? Non : elle lui fut également donnée par l'association redoutable qui s'établit entre lui et ses égaux, les hommes libres, les chefs de famille, les créateurs de maisons semblables à la sienne. Si donc la *maison* existe, la société, la nation, également existe : l'une de ces choses ne peut aller sans l'autre. Jamais, sans la nation, la maison n'eût pu se soutenir ; n'ayant pas en elle de suffisantes raisons d'être, elle fut obligée de puiser hors d'elle le complément de sa force vitale. En un mot, la maison, qui se fût en naissant brisée au sein de la nature, abritée par la nation, est devenue viable.

Or, qu'est-ce que la *nation* ?

La *nation*, c'est une grande maison qui ne se compose plus d'un seul homme, mais de plusieurs millions d'hommes ; d'une seule femme, mais de plusieurs millions de femmes ; de plusieurs enfants, mais de générations entières ; de plusieurs esclaves ou prolétaires, mais de plusieurs millions de prolétaires ou d'esclaves ; de quelques animaux, de quelques arbres, de quelques arpents de terre, mais d'un nombre immense d'arpents de terre, d'arbres, de plantes, d'animaux.

Voilà ce qu'est une nation, et dès lors elle aussi a sa science, dont le nom se trouve être naturellement économie politique, c'est-à-dire *loi de la maison politique.*

Et ce nom même est de l'Économie politique la définition la plus claire et la plus complète que nous puissions donner. On ne peut atteindre, en effet, que là, que dans cette loi de la nation, les causes premières et dernières de la richesse, de la prospérité, du bonheur de la nation. Le phénomène de la production des richesses nationales relève complètement de la nature de la nation. Le premier, l'unique problème que doit résoudre l'Économie politique est donc celui-là même que nous donne son nom. L'Économie politique se propose de trouver la loi, l'arrangement, le gouvernement qui, pouvant régner au sein des sociétés humaines, sera le plus favorable au développement de la plus grande richesse, de la plus grande prospérité, du plus grand bonheur de ces sociétés humaines.

## 2. Du véritable rapport de l'Économie politique et de l'Économie

Mais la grande maison, la maison politique, la nation enfin, a-t-elle en elle toutes ses raisons d'être ? Non. Son action protectrice ne s'étend pas au-delà de son territoire ; le reste du monde lui est hostile. Évidemment donc il tend à se former une maison plus grande encore que la nation ; c'est l'humanité, qui également aura sa science, son *économie.*

Quoi qu'il en soit de cette idée, entre la nation et la maison il existe un rapport évident. La nation, il est vrai, est supérieure à la maison, puisqu'en consolidant celle dernière elle s'en trouve être ainsi une des plus fortes raisons d'être ; mais à son tour, sans la maison, à quoi bon et comment la nation ?

La nation est donc un des éléments constitutifs de la maison, et sous ce rapport elle doit être du domaine de l'économie.

La maison est donc un des éléments constitutifs de la nation, et sous ce rapport elle doit être du domaine de l'économie politique.

Ces deux conséquences assurent à l'économie *politique* sa prédominance sur *l'économie*, à la nation sa prédominance sur la *maison.*

Corrigeant et modifiant la maison en vue de la nation, l'*économie politique* réduit l'économie à n'être que la pratique individuelle de la maison : ce n'est donc plus une science.

Et en effet, là où fleurit l'économie politique, l'économie n'est rien ; là où la nation est tout, la maison vit obscure.

Au contraire, là où la maison resplendit d'une vive lumière, là où la nation occupe une place inférieure, l'Économie prospère ; elle est une science : quant à l'économie politique, elle est absente, oubliée.

Mais l'absence de la nation et de sa science ne peut durer longtemps. L'économie conduit à l'économie politique, la maison à la nation, et la maison rentre dans l'ombre, et l'économie s'éclipse de nouveau.

On peut donc dire que l'économie et l'économie politique sont deux phases différentes d'une seule et même science.

Il n'y a point-là deux sciences, deux problèmes, comme on a coutume de le croire : il n'y a qu'un problème, il n'y a qu'une science. Quand la maison se trouve constituée par la nation, ordonnée à cette nation, l'économie perd son caractère de science ; elle n'est plus qu'une pratique plus ou moins fidèle de règles et de lois déterminées, et la science se trouve être tout entière l'économie politique. Mais quand cette ordination de la maison à la nation, par une cause quelconque, se trouve brisée, et que, par suite d'erreurs monstrueuses introduites en son sein, l'économie politique se voit dans l'impuissance de ramener à l'ordre les éléments discordants de la nation ; quand il y a réaction flagrante de la maison contre la nation, ce qui fleurit alors ce n'est pas la science sous le nom d'économie politique, c'est la science sous le nom d'économie. L'homme a déserté le point de vue supérieur que la nation lui procure pour résoudre les problèmes économiques ; il n'aborde la solution de ces problèmes qu'en se plaçant infructueusement au point de vue inférieur de la maison.

C'est ainsi que pour nous se fondent l'une dans l'autre l'économie et l'économie politique. La maison tient à la nation, la nation à la maison, d'une façon tellement intime, que nous ne pouvons concevoir qu'on puisse s'occuper du gouvernement de la maison (de l'*économie*) sans traiter en même temps directement et indirectement de la nation, qui, certes, est un des éléments constituants de la maison ; et réciproquement, que l'on puisse s'occuper du gouvernement de la nation (de l'*économie politique*) sans traiter en même temps directement et indirectement de la maison, qui, sans contredit, est un des éléments de la nation.

Cependant il est de fait que, jusqu'ici du moins, l'on a toujours tenu séparées l'économie et l'économie politique ; on a toujours estimé l'une une science, l'autre une autre science. Pourquoi cela ?

La raison en est tout entière dans l'imperfection où se sont constamment tenues et la maison et la nation dans l'esprit de l'homme. On a cru jusqu'ici à l'existence séparée, complète, de la nation ; à celle également séparée, également complète, de la maison. La maison est, la nation est ; rien en elle ne relie ces deux choses, sinon la volonté, le caprice de l'homme : telle est la formule.

De cette dualité, de cette négation du lien intime qui joint la maison à la nation, la nation à la maison ; de ce lien qui fait de la nation un élément de la maison, et de la maison un élément de la nation, que pouvait-il sortir ? deux sciences également fausses, parce qu'elles étaient également incomplètes : l'économie et l'économie politique.

Chez les Grecs et chez les Romains, l'économie brilla, par la raison bien simple du développement extrême de la maison, à ces époques reculées.

Chez les modernes, au contraire, par suite de la prédominance qu'acquiert de plus en plus l'idée nation sur l'idée maison, c'est à l'économie politique de briller solitaire.

Mais pour que l'économie politique soit enfin la forme triomphante sous laquelle la science aura désormais à se révéler, il faut qu'elle cesse d'accepter cette dualité de la maison et de la nation ; il faut qu'elle consente à traiter à sa manière de la maison, l'élément le plus important de la nation.

## 3. De la nature du lien qui unit étroitement l'Économie politique à la Politique et à la Religion

Nous venons de délivrer la science économique d'un certain nombre d'entraves ; nous venons d'agrandir son domaine. Désormais la maison ne sera pas devant elle un obstacle inexpugnable comme par le passé. La *science économique a droit de contrôle, et par conséquent droit de vie et de mort sur la constitution de cette maison.*

Mais il est d'autres entraves dont nous voulons également affranchir cette science. Nous entendons parler ici des différends de l'économie politique avec la politique, avec la *constitution de la* nation.

Une théorie absurde s'est produite en économie politique vers la fin du dix-huitième siècle, et pour l'honneur de la France, hâtons-nous de nommer l'Angleterre comme le lieu où, pour la première fois, cette théorie nous est apparue. Jusque-là la science économique avait embrassé ce qu'exprime son nom. Il s'agissait de procurer aux nations, par la loi, par l'arrangement, par le gouvernement de toutes leurs parties constitutives, la prospérité, le bien-être, la richesse, non des écus d'or reluisant au soleil, ou des denrées se détruisant d'elles-mêmes au fond de magasins obscurs, faute de consommateurs. Adam Smith, égaré par de fausses pensées, ne tint aucun compte de l'idée profonde, capitale, qu'exprimait si visiblement le nom même de la science. Il confondit, par une synonymie monstrueuse, la prospérité, le bien-être, la richesse des nations, avec le nombre des écus et la quantité des produits que pouvaient posséder en leur sein ces nations ; il exalta dès lors brutalement la puissance productive de l'industrie et du commerce ; il matérialisa, il immobilisa la science ; il lui enleva complètement son caractère philosophique et religieux ; il mit cette science à la remorque des faits accomplis, de telle sorte que l'un des disciples de cet homme a pu dire et imprimer tout vif cette horrible hérésie : « Les richesses sont essentiellement indépendantes de l'organisation politique. Sous toutes les formes de gouvernement, un état peut prospérer s'il est bien administré… Si la liberté politique est plus favorable au développement des richesses, c'est indirectement, de même qu'elle est plus favorable à l'instruction. » (J.-B. Say, *Discours préliminaire*)[284].

Après une telle dégradation de la science, que restait-il à faire ? Constater hautement cette dégradation en substituant au nom d'économie politique un nom

284 [Jean-Baptiste Say, *Traité d'économie politique ou simple exposition de la manière où se forment, se distribuent, se consomment les richesses*, Tome I, 2e édition, Paris, Antoine-Augustin Renouard, 1814, p.XIII.]

nouveau : c'est ce que d'autres disciples d'Adam Smith ont essayé[285], exhumant du livre de la *Politique* d'Aristote le mot de *chrématistique,* χρηματιστικός[286].

Ainsi pour cette école d'Adam Smith un monde tout entier sépare l'économie politique de la politique. Chacune de ces sciences a son domaine, et peu importe pour l'une la gestion de l'autre. Le bien-être, la prospérité, la richesse d'une nation, fruits d'une certaine pratique dont la science a nom d'économie politique, ou plutôt de chrématistique, sont indépendants des institutions sociales de cette nation, fruits d'une certaine autre pratique dont la science a nom de politique. Il importe fort peu à la production de la richesse au sein d'une nation, que cette nation soit antique ou moderne, qu'elle soit oligarchique, monarchique ou démocratique !

Mais alors, qu'est-ce donc que la science économique ? Laissons de côté la signification puissante de ce nom d'économie politique ; oublions qu'il exprime cette pensée profonde, que la richesse, le bien-être, le bonheur d'une nation, dépendent de la loi, de l'arrangement, du gouvernement qui règne au sein de cette nation, de telle sorte que si cette loi est mauvaise, la richesse est mauvaise ; acceptons, puisqu'elle est celle de l'école anglaise, la définition un peu vieille de la richesse donnée par Vespasien à son fils : *Cet argent sent-il mauvais ?* et alors même est-il vrai de dire que l'économie politique doive être sans contrôle sur la gestion de la politique, qu'elle doive indifféremment accepter de cette dernière toutes les constitutions organiques qu'il lui plaira d'enfanter ? Est-il vrai de dire que la production, toute individuelle, de la richesse, soit indépendante de la nature des liens qui unissent l'individu à l'individu, l'individu à ses semblables ? Est-il vrai de dire que la vie nomade de certaines tribus asiatiques, que la vie guerrière de certaines autres tribus, que la vie sauvage de quelques peuplades américaines, n'entraînent point pour ces peuplades et pour ces tribus des conditions de production de nature et d'effets différents ?

Que dirions-nous d'un homme qui viendrait affirmer, 1° que la production des richesses est en raison composée du travail de l'homme, du travail des agents naturels et du travail des capitaux ; 2° qu'il est dès lors parfaitement indifférent que l'homme soit libre ou gêné dans son travail, que les agents naturels soient délaissés ou activement employés, que les capitaux se reposent ou agissent ? Assurément cet homme nous paraîtrait victime d'une étrange maladie, et nous ne le croirions pas. D'où vient donc qu'Adam Smith et ses disciples, s'étant mis à nier l'influence visible de la constitution politique d'une nation sur la production des richesses de cette nation, on s'est mis à les croire ?

285 [Leroux fait référence ici à Malthus, J.-B. Say, David Buchanan (1779-1848) *Observations on the Subjects Treated of in Dr Smith's Inquiry into the Nature and Causes of the Wealth of Nations* (1844), David Ricardo (1772-1823) *On the Principles of Political Economy and Taxation* (1817), et John Ramsey MacCulloch (1789-1864) *The Principles of Political Economy : With a Sketch of the Rise and Progress of the Science* (1825).]

286 [L'accumulation de l'argent.]

Dans l'un et l'autre cas, c'est absolument la même chose. Il est de toute évidence que la société exerce une action puissante sur l'homme, puisque l'homme vit au milieu d'elle et ne saurait vivre ailleurs ; si donc vous rétrécissez le problème économique de la production aux proportions exiguës d'un problème individuel ; si vous vous proposez de traiter du problème de la richesse nationale dans ce que vous appelez un des éléments de cette richesse, c'est-à-dire en traitant du problème de la richesse individuelle, toujours est-il qu'il vous faut tenir compte, qu'il vous faut étudier cette action de la société sur l'homme, et par conséquent, sur la fortune individuelle de cet homme, objet unique de votre sollicitude. Or, qu'est-ce que tenir compte de l'influence de la société sur l'homme, sur sa fortune, si ce n'est se mettre en demeure de déclarer cette influence bonne ou délétère, suffisante ou insuffisante ! Et se mettre en demeure de porter un tel jugement, n'est-ce point exercer un contrôle véritable sur une science que vous aviez déclaré tout d'abord vous être totalement étrangère, la politique ?

En vérité, on ne peut faire un pas en économie politique sans se voir obligé d'exercer activement ce contrôle sur une infinie multitude de résultats qui ne sont point du domaine immédiat de cette science, mais qui relèvent au contraire, soit de la politique, soit de la religion. L'école anglaise elle-même, en dépit de l'absurde principe qu'elle s'est volontairement imposé, à chaque pas qu'elle fait, se trouve dans la nécessité de distribuer çà et là des conseils ou des réprimandes aux sciences voisines d'elle. De sa théorie, malgré qu'elle en dise, ressort toute une politique, tout un système d'organisation sociale, dont le principe générateur est cette maxime fameuse, véritable hérésie : *Tout gouvernement est un mal, mais un mal nécessaire ;* il en ressort également toute une morale, toute une religion, dont le principe générateur, principe faux, est que l'espèce *est tout, l'individu rien.* Cette politique, cette morale, cette religion, sont hautement prêchées d'un bout à l'autre dans les livres de cette école, et il ne peut pas en être autrement. S'agit-il de la charité, protestation éclatante de la sainte égalité des hommes et de notre amour réciproque des uns pour les autres, elle jette l'anathème aux œuvres imparfaites mais sublimes que jadis créa cette charité, et stoïquement déclame contre les hôpitaux et les bureaux de bienfaisance, qui ne sont, dit-elle, que des primes d'encouragement accordées au vice, à la paresse, à l'imprévoyance. S'agit-il du salaire, elle le légitime, c'est-à-dire qu'elle croit à l'irrévocabilité de la forme politique actuelle, qui seule maintient le prolétaire, de la même façon qu'Aristote croyait en son temps à l'irrévocabilité de la forme politique des sociétés grecques, qui seule maintenait l'esclave.

Ces aberrations étranges d'une école qui tenait précisément à s'en garantir, nous sont donc un témoignage d'autant plus éclatant de la vérité de nos paroles. Oui, la politique, la religion, sont du domaine de l'économie politique, en ce sens que les œuvres de la religion et de la politique ont une immense influence sur la production des richesses, et de la même façon que l'économie politique, à son tour, est du domaine de la politique, est du domaine de la religion. Ces trois sciences se tiennent, se pénètrent ; elles ont toutes le même domaine, le même but : il s'agit pour elles trois de l'homme, de la nature et de Dieu.

L'unité du sujet est flagrante ; mais à quelle condition l'esprit humain la peut-elle embrasser ? à la condition précisément de la fractionner, et d'en étudier successivement les fragments. C'est ce que nous faisons toujours, et c'est pourquoi nous disons il y a trois sciences : l'économie politique, la politique, la religion. Mais la vérité pure, c'est que ces trois sciences n'en font qu'une.

Ce n'est point là un mystère étrange, incompréhensible. Ce qui constitue l'individualité de chacune de ces sciences, c'est l'imperfection seule de notre esprit. Nous ne pouvons connaître, nous ne pouvons voir qu'en nous livrant à l'abstraction. Irons-nous donc nier cette imperfection ? Ou pensons-nous en triompher en nous refusant à l'emploi du seul mode que nous ayons de connaître, l'abstraction ? À peine nos yeux se seront-ils reposés sur l'homme, les en retirerons-nous pour les reporter aussitôt sur Dieu, puis immédiatement sur la nature, sous le prétexte de ne point rompre l'unité du sujet, et d'avoir des clartés complètes sur la nature, sur l'homme et sur Dieu ? Ce mode de procéder serait incomplet encore, fragmentaire, mais il ne nous est pas même donné. Encore une fois, il nous faut abstraire, et rester dans l'abstraction.

Mais l'abstraction n'a rien d'absolu : elle est en nous, elle n'est pas au dehors de nous ; et même elle n'est réellement ni en nous, ni dans la chose que nous voulons connaître. L'abstraction est tout simplement un point de vue, où l'unité du tableau n'est nullement rompue, parce qu'il nous présente des choses distinctes, visibles, et d'autres indistinctes, invisibles, se perdant sous l'horizon, dans l'horizon, avec le ciel.

Placez-vous donc au point de vue de l'économie politique, vous embrasserez et l'homme, et la nature, et Dieu ; et lors même qu'aux prises avec le phénomène le plus économique possible, il vous semblera être le plus éloigné de l'homme et de Dieu, vous y serez le plus près, car dans ce phénomène Dieu, l'homme et la nature se touchent intimement.

Je m'assieds au sommet d'une colline. De la terre et du ciel s'échappent incessamment des flots de lumière qui viennent frapper mes yeux, et je vois sans voir et le ciel et la terre. Tout à coup je fixe mon regard sur la terre ; je ne vois plus le ciel, ou plutôt je le vois dans la terre, par la terre. Je cesse de regarder, de distinguer celle-ci, j'élève mon regard, et je vois le ciel ; mais ce n'est point le ciel pur, ainsi qu'on le dit à tort, c'est le ciel et la terre. Pour voir uniquement le ciel, il faudrait que jamais la terre n'ait existé. Et ainsi de même j'apprends à connaître tour à tour tous les objets que la vue de l'homme embrasse au sommet de cette colline. Les objets les plus lointains, les plus vaporeux, me servent à connaître ceux qui me touchent, et réciproquement.

Je sais bien qu'il y a des gens pour qui l'abstraction n'est point cela ; mais ils cessent d'être dans la vie, ils entrent dans la mort. Jamais ils n'ont vu le ciel dans la terre, l'âme dans le corps, Dieu dans la nature. Ce qu'ils voient, c'est un arbre, uniquement un arbre. Il est noir, il est vert, il brille, il est obscur, ses fleurs apparaissent ou son fruit mûrit, qu'importe ! Tous ces phénomènes ont leur raison en eux-mêmes et ne se lient point, dans l'esprit de l'observateur intrépide, à la transparence de l'air, à la position du soleil, au mois de l'année, au besoin de l'homme ; tous ces phénomènes ne se lient point à Dieu, à la nature, à l'humanité.

Victime de l'abstraction ainsi matérialisée, ne procédant jamais que par abstraction, cet homme, cet observateur intrépide, ce savant, de quelque nom qu'il se décore, sous quelque habit qu'il se déguise, est celui qui dira : L'Économie politique est, la Politique est, la Religion est, la Philosophie est, et l'Art également est : toutes ces sciences ont leurs domaines séparés ; des barrières infranchissables s'élèvent entre chacune d'elles.

## 4. Suite du paragraphe précèdent : l'Économie politique n'est pas un appendice de la politique

Ainsi l'Économie politique est pour nous une science au même titre que la Politique, au même titre que la Religion. Elle accepte le contrôle que chacune de ces sciences doit nécessairement exercer sur elle ; mais, à son tour, elle jouit également sur chacune d'elles du même droit de contrôle. Ces trois sciences sont libres, indépendantes l'une de l'autre ; mais ce n'est, ce ne peut être qu'à la condition qu'elles seront vraies, ou, par impossible, harmonieusement fausses toutes trois. Que l'une seule soit mensongère, et aussitôt elle tombe et s'abîme sous la puissante critique des deux autres.

Voilà la vérité, et c'est cette vérité pressentie qui, plus d'une fois, a fait dire de nos jours que l'Économie politique n'était qu'un appendice de la Politique.

J'aimerais autant dire, en face d'un faux système de politique, que la Politique n'est qu'un appendice de l'Économie politique.

J'aimerais autant dire, en face d'un système religieux incomplet, que la Religion n'est qu'un appendice de l'Économie politique.

Poursuivons.

## 5. L'Économie politique reposant tout entière sur sa propre définition de la richesse, quelle est cette définition ?

Le problème que l'Économie politique se propose de résoudre est ainsi conçu : *La nature et la nation étant données, quelle doit être la loi, quel doit être l'arrangement des diverses parties constituantes de cette nation, pour faire atteindre à cette dernière son plus haut degré de prospérité, de bien-être, de richesse.*

La solution de ce problème roule donc tout entière sur ce qu'il faut entendre par ce mot *richesse :* et la définition de ce mot est donc pour la science économique un principe de certitude !

C'est ainsi que la géométrie s'appuie sur ses propres définitions, et tire de ces définitions toute sa vérité.

Que si l'on nous demande quelle est la base de notre science, nous répondions donc : *La richesse.* De cette richesse, en effet, nous allons embrasser tour à tour la nation et tout ce qu'elle contient, la nature et tout ce qu'elle contient.

Qu'est-ce que la richesse ? Dans l'énonciation du problème, c'est de la richesse de la nation qu'il s'agit : que nous faut-il donc entendre par ce mot : *prospérité, bien-être, richesse de la* nation ?

Nous ne pouvons procéder, dans cet établissement du principe fondamental de la science, que par interrogations et par voie d'analyse ; nous nous poserons donc, pour résoudre ce problème de la richesse de la nation, cet autre problème : Qu'est-ce qu'une *nation ?*

Mais ainsi posé tout d'abord, ce n'est pas à l'Économie politique de résoudre ce problème, c'est à la Politique.

La Politique nous apprend donc qu'il n'y a point d'être nouveau, particulier, vivant de sa vie propre, que l'on puisse appeler de ce nom de nation ; qu'une nation est une réunion d'hommes plus ou moins considérable, dont la cause toujours vivante et le but incessant est l'intérêt de chacun des individus qui la forment.

D'où nous devons conclure qu'il n'y a point dissemblance de nature ni opposition dans les intérêts de la nation et les intérêts de l'individu.

D'où nous devons conclure que la richesse de la nation est de nature semblable à la richesse de l'individu,

Qu'est-ce donc que la richesse pour l'homme ?

La richesse est ce qui satisfait le besoin.

La richesse est-elle matérielle ? Répondez donc à cette autre question : Le besoin est-il physique ?

Certaine analyse philosophique a vu dans l'homme des besoins physiques, des besoins moraux, des besoins intellectuels, des besoins d'arts, des besoins religieux. L'analyse économique trouverait donc à établir également, si cela lui était profitable, dans l'ensemble des choses qui satisfont ces besoins, des catégories distinctes. Elle pourrait dire : Il est des richesses matérielles correspondant aux besoins physiques, des richesses morales répondant aux besoins moraux, des richesses intellectuelles répondant aux besoins intellectuels, des richesses d'art répondant aux besoins d'arts, des richesses religieuses répondant aux besoins religieux.

Et l'industrie, la morale, la politique, l'art, la religion seraient encore du domaine de l'Économie politique.

Mais est-il vrai qu'une muraille sans nom, fort élevée, fort impénétrable, s'élève entre ces besoins ? Est-il vrai qu'ils soient autant de rayons séparés ?

On l'a dit, on le soutient ; et sur cette donnée fragile on s'est hâté de diviser, de fractionner la connaissance humaine en sciences séparées, distinctes ; sœurs, il est vrai, mais pourtant étrangères.

Il y a l'*utile*, s'écrie M. Cousin, et de l'utile s'échappe le monde industriel, le monde des sciences physiques et mathématiques, le monde de l'économie politique[287] ; il y a le *juste*, et du juste s'échappe un nouveau monde, celui de la politique ; il y a le *beau*, et du beau surgit un troisième monde, le monde de l'art ; il y a *Dieu*, et de Dieu surgit un quatrième monde, le monde du culte nu de la religion ; enfin, il y a *l'idée*, et de l'idée surgit un cinquième et dernier monde, le monde de la philosophie.

Mais tous ces mondes, toutes ces sphères se pénètrent ; ils n'ont rien de réel ; c'est la faiblesse de notre esprit qui les crée. L'utile n'a rien d'absolu, rien d'indépendant ; le juste, le beau, n'ont rien d'indépendant, rien d'absolu. Celui qui cultiverait l'utile, rien que l'utile, ne le cultiverait pas ; il cesserait d'être un homme ; et de même celui qui cultiverait l'art, rien que l'art, ne le cultiverait pas : il cesserait d'être artiste ; et de même celui qui cultiverait le juste, rien que le juste, ne le cultiverait pas : il cesserait d'être législateur.

L'utile, le juste et le beau sont en tout et partout réunis. Une chose est utile, soyez assuré qu'elle est juste, qu'elle est belle ; elle est belle, soyez certain qu'elle est utile et juste. Enfin elle est juste, donc elle est belle et utile.

Où avez-vous trouvé qu'une chose put être utile sans être à la fois et belle et juste ? Tout ce qui aurait ce caractère serait anti-humain, anti-social, anti-religieux, et l'homme, s'il est sage, doit le repousser loin de lui.

Il en devrait être de même quant à ce qui ne serait que beau ;

Il en devrait être de même quant à ce qui ne serait que juste.

Mais sur quoi reposent le juste, l'utile, et le beau ? sur des besoins différents de l'homme. Ces besoins ont-ils donc ce caractère tranché, indépendant, absolu, que vous attribuez au beau, à l'utile, au juste ? Vraiment non.

---

287 [Référence au cours de 1818 d'histoire de la philosophie moderne de Victor Cousin, cours intitulé, *Sur les fondements des idées absolues du Vrai, du Beau et du Bien.*]

Je dis : C'est un besoin physique que la faim qui me tourmente ; mais je pourrais dire tout aussi justement que c'est un besoin moral, un besoin intellectuel, un besoin d'art ou un besoin religieux, ou même encore tous ces besoins à la fois.

Car pourquoi ai-je dit : C'est un besoin physique ? C'est que je me suis placé au point de vue du présent et de mon estomac, non de l'avenir, non de mon intelligence, non de mon cœur, non de mes autres besoins d'art et de religion.

En disant ces paroles, je me suis donc plongé dans l'abstraction, j'ai fragmenté mon être, j'ai nié l'unité de l'homme. Et si mon intelligence épaissie s'arrête à la lettre morte, non au sens, non à l'esprit de ces paroles, je tombe nécessairement dans une théorie absurde et ridicule de la vraie nature de l'homme.

L'unité cesse d'être, le fédéralisme commence. Il faut croire à la dualité de l'âme et du corps, à la dualité de l'intelligence et des organes. Il faut croire aux conséquences de tous genres, morales, politiques, économiques, religieuses, de cette dualité ridicule.

Le besoin n'est donc pas physique ; et s'il n'est pas physique, il n'est pas non plus moral, intellectuel, artistique ou religieux. Il est humain, purement humain, mais il se trahit sous les formes que nous désignons vulgairement par ces mots : *besoins physiques, besoins moraux, besoins d'art, besoins intellectuels, besoins religieux.*

Et la richesse, à son tour, n'est pas matérielle, elle n'est pas morale, elle n'est pas intellectuelle, elle n'est pas artistique, elle n'est pas religieuse ; elle est humaine, purement humaine ; mais les formes sous lesquelles elle se trahit ont reçu vulgairement les noms de *richesses matérielles*, de *richesses morales,* de *richesses d'art,* de *richesses intellectuelles,* de *richesses religieuses.*

Continuons.

Où se tient la richesse ? est-ce en nous ou hors de nous ? est-ce dans le besoin ou dans ce qui satisfait le besoin ?

La richesse n'est pas en nous, elle n'est pas hors de nous ; elle est à la fois en nous et hors de nous.

Elle n'est pas en nous ; car à quoi bon ce qui est hors de nous ? et comment en nous le besoin pourrait-il naître ?

Elle n'est pas hors de nous ; car sans nous, que serait la richesse ?

Mais elle est à la fois en nous et hors de nous, par la raison même qu'elle n'est pas en nous, et qu'elle ne saurait être hors de nous.

Que si nous sortons de cette réalité pour entrer dans une réalité d'un autre genre, celle de l'abstraction, de même que le besoin nous paraît alors uniquement nous appartenir, de même la richesse semblera nous être complètement extérieure. Une richesse matérielle, c'est une denrée ; une richesse morale, c'est un bon exemple ; une richesse d'art, c'est un tableau, un concert, une statue ; une richesse intellectuelle, c'est la découverte scientifique ; une richesse religieuse, c'est le symbole religieux.

Telle est dans toute sa simplicité la définition de la richesse, telle est la nature de la richesse.

Nous avons dit plus haut que de cette définition, l'économie politique tirait toute sa certitude : c'est qu'en effet tous les problèmes de cette science, et celui qui les résume tous, qui les comprend tous en sa vaste unité, et que toujours nous avons posé jusqu'ici comme étant la définition même de l'économie politique ; tous ces problèmes, dis-je, ont chacun pour inconnue un des nombreux moyens à l'aide desquels se produit, hors de nous et hors de ce qui n'est pas nous, la richesse devenue visible ; c'est que dans tous ces problèmes, il s'agit, en un mot, de savoir ce que l'homme doit faire pour que son besoin soit satisfait, en d'autres termes pour que la richesse soit créée.

L'ensemble de tous ces problèmes qui se pénètrent, qui se succèdent, qui s'annoncent, qui se justifient ; l'ensemble de toutes leurs solutions où règne une harmonie parfaite, voilà la science, voilà l'économie politique.

### 6. Du sens réel qu'il faut attacher à cette définition de la richesse : Ce qui satisfait le besoin

Mais ce n'est pas assez d'avoir dit : *La richesse est ce qui satisfait le besoin.* Cette définition abstraite a deux sens : un sens vivant et un sens mort. Du sens vivant sort radieuse la science économique, du sens mort s'échappent tristement des systèmes divers.

Car pour résoudre les problèmes qui composent la science, il faut nécessairement entrer dans l'abstraction, et alors, si l'on n'a pas toujours présent à la mémoire le sens vivant du mot richesse, ou même si l'on n'a de ce mot qu'une idée vague et confuse, il est facile de se laisser choir.

Voulez-vous marcher à la science, fixez donc davantage le sens que doit avoir en votre bouche ce mot *richesse.* À l'exemple des sages de l'antiquité grecque, établissez qu'il est deux sortes de richesses : l'une vraie, l'autre fausse ; que vous acceptez la première, que vous ne parlez que d'elle ; que vous réprouvez la seconde, et que vous n'en parlez jamais.

Et qu'est-ce que la vraie richesse ?

C'est par le besoin, cet autre élément de la richesse, que nous arriverons sûrement à la réponse de celle question.

Nous l'avons dit : Le besoin n'est ni physique, ni moral, ni intellectuel, ni artistique, ni religieux : il est *humain,* purement humain. Seulement il se trahit sous des formes différentes que nous désignons vulgairement par ces mots. Or il peut arriver, et il arrive beaucoup trop souvent, en effet, qu'une de ces formes l'emporte sur les autres, et change le fond. Que s'est-il produit alors ? Le besoin, quel qu'il soit, a conservé, il est vrai, son caractère : il n'est ni physique, ni moral, ni intellectuel, ni artistique, ni religieux ; il est encore *humain*, en ce sens seulement qu'il est encore *unitaire ;* mais l'homme, l'homme a cessé d'être humain : il est un être à côté de l'homme ; il est un homme incomplet, arrêté dans son développement.

Le chêne, ce roi de nos forêts, le chêne,
De qui la tête était au ciel voisine,
Et dont les pieds touchaient à l'empire des morts[288],

voyez ce qu'il devient au sommet des Alpes, parmi les granits !

Il en est de même de l'homme. Sous l'empire de certaines circonstances, indépendantes ou dépendantes de notre propre volonté, est-ce la forme du besoin physique qui domine, le fond a tellement changé, que vous avez devant vous, non un homme, sain de corps et d'esprit, imparfaite image, mais cependant image de la Divinité, vous avez un esclave glouton, un ignorant et brutal prolétaire, un commerçant avide, un écrivain vendu, un voluptueux débauché, ou bien encore un pâle et hideux avare.

Au contraire, est-ce la forme du besoin religieux qui domine, le fond également change, et vous avez devant vous les types divers que la superstition enfante. Ici, c'est le crédule Romain de notre âge ; là, c'est le moine espagnol, fanatique grossier ; ici l'extatique qui, dormant, voit les anges et converse avec Jésus-Christ ; là, ce solitaire antique de la Thébaïde, qui s'avance bravement au milieu des déserts, refusant toute nourriture provenant de la terre ou des hommes, et qui finalement meurt-de-faim, Dieu lui-même ou ses anges ne s'étant pas offerts à sa vue chargés d'aliments.

Il y a donc deux sortes de besoins : les uns légitimes, les autres illégitimes. Les besoins légitimes sont ceux de l'homme, de l'homme libre, du *sage,* pour nous servir d'un vieux mot ; les besoins illégitimes sont ceux de l'homme esclave, dégradé, du *fou.*

Il y a donc deux sortes de richesses correspondantes : les unes légitimes et vraies, les autres illégitimes et fausses. Les vraies richesses sont dans la voie du développement de l'homme ; elles le nourrissent, elles le font éclore ; jamais elles ne le jettent ivre-mort loin de la route commune, loin des hommes : les fausses richesses, au contraire, l'enlèvent de la route commune et du milieu des hommes, le plongent dans une folle ivresse, et le laissent mourir blasphémant.

L'économie politique, dans tous ses problèmes, n'embrasse que les vraies richesses : elle n'a en vue que leur seule production ; et c'est précisément ce qui la distingue des faux systèmes qui, dans tous les temps, ont usurpé son nom.

288 [Deux derniers vers de « Le chêne et le roseau », ultime fable du livre I des *Fables de La Fontaine,* publiées en 1668.]

## 7. Parallèle entre l'Économie politique et le système d'Adam Smith, tiré de la différence de leurs définitions de la richesse

Ces faux systèmes ont, en effet, complètement méconnu la vraie nature de la richesse. Comme nous, ils ont dit : *La richesse est ce qui satisfait le besoin* : ils ne pouvaient pas s'empêcher de le dire ; mais jamais ils ne se sont élevés aux origines religieuses et métaphysiques de la richesse ; mais ils n'ont jamais distingué deux richesses : l'une vraie, l'autre fausse. Ils se sont tous tenus constamment dans le sens matériel et grossier, dans le sens mort de la définition ; et dès lors, suivant l'époque et suivant le génie particulier de ceux mêmes qui les produisaient au monde, la richesse se trouvait être l'or et l'argent, ou l'or, l'argent et les produits.

Une fois ce principe admis, que la richesse existe en elle-même, qu'elle est l'or et l'argent, ou l'argent, l'or et les produits, qu'a donc à faire l'homme dans la solution des problèmes économiques ? Rien, absolument rien. Cet homme peut être avare, débauché, ignorant, cruel, qu'importe à la production de la richesse !

Voyez ce que dit, en effet, le dernier de ces faux systèmes, celui d'Adam Smith ! A-t-il vu dans l'étrange variété des conditions humaines quelque chose à reprendre ? Non. Bien loin de là ; il applaudit au canut de Lyon, à l'apprenti de six ans, au chef d'industrie, au commerçant, au capitaliste, à l'agent de change, au gendarme, à la prison, à l'échafaud, etc., etc. Tout ce qui est légitime aux yeux de ce système. Les plus atroces conséquences de ce qui est, telles que la suppression des hôpitaux et secours pour les malades et pour les pauvres, pour les enfants abandonnés, exposés en naissant, et pour les vieillards ; telles que la diminution des salaires, la création incessante de nouvelles machines, la répression violente du vagabondage, et la réclusion forcée de l'homme qui se fie en dernière analyse à la charité de ses semblables et à la liberté, à la vie qu'il a reçues de Dieu : toutes ces conséquences immédiates de ce qui est sont à ses yeux également légitimes.

Où donc est l'homme, pour ce système ? où donc est le citoyen ? Vous me présentez un être pâle, souffrant, ignorant, brutal, couvert de haillons : c'est un pauvre, c'est un mendiant, c'est un prolétaire ; est-ce là votre homme ? Vous me présentez un riche débauché, un pourceau d'Epicure ; est-ce là votre homme ? Serait-ce l'un ou l'autre de ces êtres qui pour vous est le citoyen ?

Et ne dites pas : Que m'importent ces questions de l'homme et du citoyen ! elles regardent le moraliste et le politique, qu'ils s'en occupent !

Ces questions vous regardent, puisqu'elles se trouvent résolues par la définition même de la richesse.

Le système d'Adam Smith accepte donc la société telle qu'elle est, avec ses pauvres et ses riches, ses prolétaires et ses bourgeois, avec ses crimes et ses infamies ; et l'œil ardemment fixé sur la richesse, il s'occupe uniquement de savoir comment cette richesse se produit au sein même de tous ces éléments, d'humeurs contradictoires, des sociétés modernes ! Sa grande étude est de connaître distinctement la part que prennent chaque homme, chaque classe, dans le travail, vraiment mystérieux alors, qui produit la richesse. Il dira donc comment se forme le salaire, comment se forme le fermage ou la rente, comment se forme l'intérêt du capitaliste, comment se forme le bénéfice du marchand ; il dira comment le prix des denrées s'établit, et comment il se fait qu'un débouché a sa raison d'être dans la production même.

Mais la science, mais l'économie politique ayant défini la richesse et trouvé l'homme, ne saurait admettre cette organisation barbare de la société ; cette organisation qui, ayant soustrait l'homme aux influences brutales de la nature, le livre, également seul, au sein de la société actuelle, nature bien autrement brutale et surtout bien autrement riche en immorales et dégoûtantes influences que la nature physique, où primitivement l'homme s'est trouvé plongé.

La science nie donc positivement à l'homme la légitimité et l'éternité de toutes les sources diverses de richesses qui sont actuellement à son usage. Elle ne justifie pas le salaire, elle ne justifie pas la rente, le fermage, le bénéfice, l'intérêt de l'argent. Toutes ces sources de richesses lui paraissent, et le sont, en effet, indignes de l'homme, indignes du citoyen, contraires à la vraie nature de cet homme-citoyen. Vivre par elles, vivre au milieu de gens qui ne connaissent point d'autres modes d'existence, qui n'en supposent même pas d'autres, c'est vivre dans l'immoralité, c'est vivre sous l'empire de conditions de développement mauvaises. Comment l'homme pourra-t-il jamais, par sa seule vertu, sortir du prolétaire, ou du marchand, ou du capitaliste ? Est-il donc dans la condition d'existence du prolétaire quelque secret agent qui puisse favoriser cette naissance de l'homme. Non. Le prolétaire peut cesser de l'être, il est vrai ; mais quand cela lui arrive, que devient-il ? qu'est-il devenu ? Un marchand, un bourgeois, un capitaliste : est-il donc un homme ? Pour éviter Charybde il est tombé dans Scylla : voilà tout. On doit en dire autant du marchand, du capitaliste, du propriétaire, etc., etc.

Proclamant l'existence de deux richesses ; repoussant l'une, la déclarant fausse, ignominieuse, anti-humaine, anti-humanitaire, anti-divine ; admettant l'autre, parce qu'elle est divine, humanitaire, humaine, glorieuse, vraie, la science, qui ne voit l'homme que là où réellement il est, et qui se refuse de le voir dans le prolétaire, dans le bourgeois, dans le marchand, etc., etc. ; la science, dis-je, prend donc un caractère bien autrement grand, quant aux destinées humaines, quant à l'œuvre de production, que le caractère servile et rampant dont se trouve affublé le triste système d'Adam Smith.

## 8. Caractère véritable de l'économie politique, et conséquences sociales et immédiates auxquelles elle conduit

Contrairement au système d'Adam Smith, l'Économie politique conclut, cela est évident, à une société nouvelle, harmonique à la nature de la seule richesse qu'elle reconnaît ; elle conclut à une société qui permette à cette richesse de se produire librement.

Car l'homme qui repousse le gain et les dures conditions de l'échange, le salaire du travail, la rente de la propriété, ne saurait comprendre dans son anathème toutes les formes de l'échange, toutes les formes du travail, toutes les formes de la propriété. De ces formes, il en est, à son usage, de saintes et de sacrées ; il en est par lesquelles seules il peut vivre, et ce sont ces formes que l'économie politique doit faire connaître.

Car la vraie richesse et l'homme dont elle émane, et dans le sein duquel elle retourne, pas plus que le prolétaire, pas plus que le bourgeois, pas plus que ce mélange informe de fausses et de vraies richesses que l'on a coutume d'appeler à tort richesses, ne peuvent pas se produire solitaires, en face de la nature sauvage et des hommes errants. Il leur faut un milieu, et ce milieu, c'est la nation, c'est l'humanité.

L'économie politique a donc à traiter de la nation et de l'humanité, puisque ni cette humanité, ni cette nation n'existent ; puisque la nation et l'humanité qui sont harmoniques à l'existence des gens d'aujourd'hui, c'est-à-dire du prolétaire, du bourgeois, du marchand, etc., etc., harmoniques encore à l'idée richesses qui a cours aujourd'hui, idée fausse et ridicule, cessent de l'être, cessent d'être harmoniques à l'existence de l'homme, de l'homme libre, du sage ; à l'idée nouvelle de la richesse, idée vraie, dont les preuves reposent au sein de la religion.

C'est donc une rénovation complète de la société que veut l'économie politique ; et la preuve irrécusable de la nécessité de cette rénovation que cette science ajoute à tant d'autres se trouve être sa définition même de la richesse.

Admirable enchaînement des choses ! admirable accord de la pensée qui est et des actes qui seront ! toute une science, toute une rénovation sociale, se trouvent être ainsi renfermées dans une simple définition, dans une phrase de cinq mots : *ce qui satisfait le besoin !*

## 9. De la division de l'Économie politique en trois parties distinctes, correspondantes aux trois sections du temps : le passé, le présent et l'avenir

Ainsi se dessine nettement à nos regards la science économique. Elle se forme, elle est formée dès qu'elle a répondu à cette question première : *Qu'est-ce que la richesse ?* Une fois créée, elle se développe, se déploie, et s'empare aussitôt de la question importante de la formation du milieu où seulement il sera donné à cette richesse de se produire. Mais jusque-là l'économie politique n'a été en quelque sorte que la science de l'avenir, de la cité future, ses éléments, la vraie richesse purgée de toute richesse fausse, l'homme véritable purgé de tout ce qui constitue le faux homme, la vraie société purgée de tout ce qui constitue la société fausse, n'étant point, mais devant être. Se repliant donc sur elle-même, embrassant le présent du haut de son idéal, et le jugeant, la science économique redevient alors la science du présent. Elle renverse et détruit ce qui dans ce présent doit mourir ; elle met en liberté, elle développe ce qui doit vivre encore. Sous cette forme de science du présent, la question capitale qu'elle rencontre, qu'elle traite, qui la constitue tout entière, c'est celle du gouvernement, celle qui a rapport à la destruction du présent, à la formation de l'avenir, c'est-à-dire à la transformation du présent à sa transsubstantiation dans l'avenir.

Mais cela n'est pas tout. L'économie politique ne serait pas complète, elle ne serait pas vraie, si elle se bornait à ces deux formes, si elle n'embrassait que le présent et l'avenir. Le passé est père du présent, père de l'avenir. Il vit dans le présent ; il vivra, il vit dans l'avenir. C'est pourquoi l'étude du passé nous est profitable, indispensable. L'économie politique a donc à s'en occuper. Elle doit expliquer ces croyances successives et erronées de l'esprit humain sur la nature de la richesse, sur la nature de l'homme, sur la nature de la nation : ce qui revient à dire qu'elle doit expliquer les divers systèmes économiques qui ont régné dans le monde.

Et notre dessein actuel est de prendre isolément chacune de ces parties de la science économique, afin d'exposer les principes qui dominent en chacune d'elles. Par l'accord des solutions des divers problèmes qui constituent ces parties, nous achèverons ainsi de démontrer et l'unité et la vérité de la science dont nous nous occupons en ce moment.

Il importe peu, sans doute, pour exécuter ce dessein, de partir de l'avenir pour remonter au passé, ou du passé pour descendre à l'avenir, ou bien encore du présent remontant au passé, descendant à l'avenir. Cependant l'ordre qui nous semble le plus avantageux, celui qui nous paraît être le plus susceptible de produire la clarté nécessaire dans un tel sujet, c'est de prendre comme point de départ l'avenir, l'idéal, ce qui doit être ; puis de descendre au présent, à la réalité, à ce qui est ; puis de descendre encore au passé, à l'ombre, à ce qui fut.

Nous serons bref, nous serons dogmatique. Nous voulons dire, nous ne voulons point démontrer. La démonstration trouvera sa place ailleurs.

## 10. De quelques principes générateurs de l'organisation sociale de l'avenir, principes uniquement déduits de la définition de la richesse donnée précédemment

L'unité de l'homme est telle, que lors même que nous nous renfermerions uniquement, ainsi que nous allons le faire, dans l'étude exclusive des phénomènes de production matérielle, nous nous trouverons conduit aux conséquences auxquelles nous mènerait infailliblement l'étude également exclusive des phénomènes de production morale, ou l'étude exclusive des phénomènes de production artistique, etc., etc. ! Que nous traitions à la fois des diverses richesses et de leur production diverse, ou que nous distinguions la richesse matérielle de la richesse morale, de la richesse intellectuelle, etc., etc., ne nous occupant que de la première, oubliant les suivantes, peu importe quant aux conséquences : l'homme ne nous apparaîtra pas sous un autre caractère, la nation sous un autre caractère, l'humanité sous un autre caractère, etc., etc.

Sans crainte et sans danger, nous pouvons donc nous livrer à cette abstraction naturelle, c'est-à-dire nous pouvons ne nous occuper que des richesses matérielles, que de la production de ces richesses ; nous pouvons dire, comme nos devanciers l'ont dit : L'économie politique ne s'intéresse qu'à la production matérielle, qu'a la richesse matérielle, qu'à la satisfaction des besoins physiques de l'individu, qu'à la satisfaction des intérêts physiques ou matériels de la société, certains que nos lecteurs sentiront aisément la différence immense, radicale, profonde, du sens que ces paroles ont dans la bouche de nos devanciers, de celui qu'elles ont dans la nôtre.

Un disciple d'Adam Smith, M. J.-B. Say, a été beaucoup loué de nos jours pour avoir découvert qu'il existait des produits autres que les produits matériels, *produits immatériels* : ce sont nos richesses intellectuelles, nos richesses d'art, nos richesses morales. Mais ce disciple, quel pas a-t-il fait faire à la science par suite de cette découverte ? Aucun. Quelles modifications, je ne dis pas profondes, mais quelconques, a-t-il fait éprouver au système de son maître ? Aucunes. Il pouvait donc, sans nul inconvénient, passer sous silence l'existence de ces richesses immatérielles ; il pouvait, sous ce rapport, comme il le fit sous bien d'autres, imiter la prudente réserve d'Adam Smith, qui ne les admit pas.

Au demeurant, le résultat fut et devait être le même. Signalant l'existence de produits immatériels, et n'en continuant pas moins d'exposer fidèlement le système d'Adam Smith, M. Say ne le pouvait faire qu'en matérialisant pour ainsi dite, à mesure qu'ils s'offraient à ses regards, ces produits immatériels[289]. Comment obtint-il celle matérialisation de ses produits immatériels ? Nous le savons : par l'échange

289 [Say développe l'idée des produits immatériels dans son *Traité d'économie politique* T. I, ch.13.]

et le prix (voyez RICHESSES)[290]. C'est le prix et l'échange qui les lui avaient fait découvrir ; c'est le prix et l'échange qui les lui fit maintenir au nombre des richesses. Ces produits immatériels de M. Say n'étaient richesses à ses yeux, que parce que, s'échangeant contre des richesses matérielles, elles avaient dans celles-ci une représentation matérielle de leur valeur. Rien donc, en définitive, dans cette admission de produits immatériels, ne venait altérer l'idée richesse d'Adam Smith. Pour M. Say comme pour Adam Smith, l'économie politique resta donc invariablement la science des richesses matérielles pures, toutes autres richesses appartenant en toute franchise, soit au domaine de l'art, soit au domaine de la religion, soit au domaine de la science, soit au domaine de la politique.

Mais nous, au contraire, lorsque nous affirmons que l'économie politique s'occupe uniquement des riches matérielles et de la production de ces richesses, nous entendons dire seulement que ces richesses matérielles sont le symbole à l'aide duquel l'économie politique traite également de toutes autres richesses. Ainsi, nous ne disons point, comme Adam Smith et M. Say, que les richesses d'art, les richesses intellectuelles, les richesses morales, les richesses religieuses, sont étrangères à la science ; nous disons que la science traite de toutes ces richesses, prises ensemble, ou isolément considérées, et que, pour en traiter elle prend comme exemple, comme symbole, les richesses matérielles.

Ce préambule entendu, entrons en matière.

La richesse matérielle procédant du besoin matériel et de l'objet également matériel qui satisfait ce besoin ; en d'autres termes, la richesse n'étant pas contenue tout entière ni dans l'objet, ni dans le besoin, il résulte une première conséquence, c'est le droit de tous à tout, de chacun à chaque chose.

Mais dans chacun ce droit a nécessairement des limites que lui imposent sa faiblesse d'une part, de l'autre la résistance opiniâtre de tous et de chaque chose, contre la volonté de chacun et de tous.

La force qui vient ainsi corriger, limiter, ce droit de tous à tout, de chacun à chaque chose, qui vient donner à ce droit une expression humaine, crée donc réellement ce que nous appelons la *propriété.*

Et la propriété se trouve être nécessairement définie en ces termes : *La possession et l'usage d'un objet propre à satisfaire* un besoin.

Supprimez le mot *possession,* et la propriété disparaît.

Supprimez le mot *usage,* et la propriété devient une chose immorale, anti-humaine : c'est *l'accaparement,* c'est le *vol.*

Je sais bien que telle n'est pas la définition de la propriété qui a cours aujourd'hui ; que non seulement l'on *possède* et l'on use de l'objet, mais que l'on peut

290 [Cette entrée ne paraîtra pas dans l'*Encyclopédie nouvelle*.]

impunément encore en *abuser*. Toutefois, quelle valeur d'argument peut avoir cette définition actuelle de la propriété contre la définition que, dans ce moment même, nous tirons immédiatement de la nature de la richesse ? Aucune. Il nous sera facile, au mot Propriété, d'expliquer la définition actuelle, c'est-à-dire d'en montrer la vanité ; et dès lors la nôtre seule subsiste : *La propriété, c'est la* possession *et* l'usage *d'un objet propre à satisfaire un besoin.*

À quels objets, hors de nous, pouvons-nous appliquer cette définition ? En d'autres termes, quels sont les objets qui nous peuvent devenir *propriété ?*

Puisque l'usage est une condition indispensable, il résulte qu'il n'y a véritablement que les fruits de toutes choses, que ce qui satisfait immédiatement le besoin, qui soit susceptible de devenir propriété.

Ainsi l'arbre, en tant que *producteur* de fruits, en tant qu'instrument, ne peut point être propriété individuelle ; ainsi le fruit lui-même que l'on ne consomme pas, que l'on vend, qui n'est en vos mains qu'un *instrument de production,* ne peut point être propriété individuelle.

Mais entre l'arbre et le fruit, entre l'instrument et le produit, il est de tels rapports, que si l'homme ne s'occupait uniquement que du fruit, ce fruit lui serait bien souvent enlevé, et, tristement alors réduit à la condition des bêtes, l'homme errerait au hasard, interrogeant des yeux la nature ennemie.

Ceci nous conduit donc tout droit à la question de la production.

Cette question, n'est, en définitive, que l'introduction de la pensée au sein des actes matériels, au sein de la nature.

Pour la résoudre, l'homme se pose cet effrayant et concis problème : Quels sont mes ennemis ? c'est-à-dire : Quels sont les êtres qui ne veulent point que mes besoins soient satisfaits ?

De ce problème solennel sortent au même instant l'agriculture, le commerce, l'industrie, la société[291].

Qu'est-ce que l'agriculture ? C'est la protection que l'homme accorde à certains êtres, producteurs de fruits, producteurs de richesses, contre leurs ennemis.

Qu'est-ce que le commerce ? C'est la protection que l'homme accorde à certains êtres producteurs de fruits, et a certains fruits, contre le temps et l'espace, leurs ennemis.

---

291 Sans doute cette dernière conséquence, que la société s'échappe de la solution de ce problème, ressortirait plus vive encore si dans ce problème, tel que nous le posons ici, il ne s'agissait pas des richesses matérielles, mais bien des richesses morales, on des richesses d'art, etc. Mais que l'on se rappelle, et que l'on n'oublie jamais, ce que nous avons dit tout à l'heure : Les richesses matérielles ne sont, pour l'économie politique, qu'un symbole, qu'un exemple.

Qu'est-ce que l'industrie ? C'est la protection que l'homme accorde à certaines facultés des êtres, productives de fruits, productives de richesses, contre leurs ennemis.

Enfin, qu'est-ce que la société ? C'est la protection que l'homme accorde à l'homme contre ses ennemis.

De ces définitions et de leur concordance, il ressort une démonstration plus complète encore de la vérité de notre définition : Que la propriété consiste en la *possession* et l'usage d'un objet propre à satisfaire le besoin.

Or l'usage de la propriété relevant du besoin, c'est affaire individuelle ; mais la possession de cette propriété, de quoi relève-t-elle ?

Nous sommes doués d'une force individuelle capable de prendre la propriété qui nous est nécessaire toutes les fois que cette propriété s'offre à nous inerte, indisputée : il est une harmonie parfaite, il faut le croire, entre la force de nos organes de préhension et la force de nos organes de désirs ou l'intensité de nos besoins. Mais il faut que cette propriété soit indisputée, soit inerte, et cette condition ne saurait être obtenue sans le triomphe de l'homme sur la nature, et sans l'acquiescement, la sanction de la société tout entière.

L'homme ne peut lui-même triompher de la nature qu'en lui opposant les forces intelligentes et la toute-puissante volonté de la société, de l'humanité.

D'où il suit que pour *posséder* et *faire usage,* il ne suffit pas de désirer, de prendre, même de travailler, isolément, individuellement ; il faut désirer dans les limites que la société permet, il faut prendre dans les limites que la société permet, il faut travailler dans les limites que la société permet. En un mot, l'homme ne peut vivre que sous le contrôle de la société, que sous le patronage de l'humanité.

La société, en effet, n'existe, à son tour, qu'à cette condition de contrôler les actions individuelles. La matière qu'elle régit, ce sont les hommes ; son action elle l'exerce sur la nature, par l'industrie, par le commerce, par l'agriculture, qu'à travers ces hommes, pour ainsi dire.

Sans la société, sans ce contrôle actif qu'elle exerce ou doit exercer sur les actions individuelles, l'homme disparaît ; il retombe sous l'empire de la fatalité ; il demeure, imparfait, entre la bête et ce qu'il devrait être ; il lui est impossible de penser, c'est-à-dire d'enfanter ces actions glorieuses qui constituent l'agriculture, le commerce, l'industrie : la nature l'emporte sur lui. Que seraient, dites-moi, sans leurs lois pénales et les principes moraux dont le fondement est l'espérance d'être mieux, que seraient les sociétés actuelles, composées, comme elles le sont, d'hommes imparfaits, d'êtres hostiles par leur nature et par leurs besoins ? Et leur agriculture, et leur commerce, et leur industrie, que seraient-ils ?

L'homme donc désire, prend, consomme, travaille même, non pas uniquement en vertu de son droit comme homme, comme être doué de vie, — c'est la bête qui vit ainsi, — mais encore en vertu du droit que lui concède spécialement la société.

Or, si, dans la fortune individuelle, la société apporte quelque chose, cette société a donc sur cette fortune individuelle un droit quelconque de gestion, un contrôle actif à exercer. Cela est indubitable.

Dès lors les éléments de cette fortune individuelle sont à l'usage commun et de l'individu qui la possède et de la société qui contrôle l'emploi que cet individu en fait.

Et dans les éléments de cette fortune individuelle sont comprises les sources de dépenses, c'est-à-dire les éléments de la consommation ; car par ce mot *fortune individuelle* on ne saurait entendre autre chose que l'ensemble des sources de production exploitées par le travail de l'individu, les fruits qui résultent de cette exploitation, et la destruction ou la consommation individuelle de ces fruits.

D'où il suit que toutes les fortunes individuelles sont, dans de certaines limites et d'une certaine façon, parties intégrantes du domaine social.

D'où il suit que toutes les parties constitutives de ces fortunes individuelles, instruments et labeur, fruits et consommation, travail, recettes et dépenses, prises isolément en elles-mêmes, sont, dans de certaines limites et d'une certaine façon, parties intégrantes des parties constitutives du domaine social.

Tout est donc du domaine social, instruments, fruits, terre, labeur, homme ; et cependant rien ne fait absolument partie de ce domaine.

La raison de ce mystère, c'est que l'homme n'est rien sans la société, et qu'à son tour la société n'est rien sans l'homme ; c'est que le but de l'homme est celui de la société ; c'est que la société n'est point un être en dehors de l'homme, un être rival de l'homme sur cette terre.

La société n'exproprie point l'homme de la jouissance des instruments, elle ne l'exproprie point de la récolte des fruits, elle ne l'exproprie point de la consommation de ces fruits. Que lui importe que le travail soit accompli par Jacques ou par Jean, pourvu qu'il le soit ; que le fruit soit récolté, préservé, transporté par Jacques ou par Jean, pourvu qu'il le soit ; que le fruit soit consommé par Jacques ou par Jean, pourvu qu'il le soit ! Mais il lui importe que ce fruit soit immédiatement consommé ; car de deux choses l'une : ou ce fruit peut être immédiatement consommé, ou il ne le peut pas être ; s'il peut être consommé et que pourtant il ne le soit pas, c'est que de par le monde il est des hommes qui souffrent, et ce résultat importe à la société, car il l'accuse ; s'il ne peut pas être consommé, c'est un signe certain que les instruments qui produisent ce fruit sont trop nombreux, ou qu'il est nécessaire de procéder à la conservation de ce fruit, toutes choses que la société doit connaître. Mais il lui importe, à cette société, que le travail soit accompli ; car de deux choses l'une : ou ce travail est nécessaire, ou il ne l'est pas : s'il est nécessaire, et qu'il ne soit pas accompli, c'est un mal, l'homme est victime, la société est impuissante, la nature triomphe ; s'il n'est pas nécessaire, et qu'il soit fait, à quoi bon ? l'homme est victime par excès de travail, la société dépasse son droit, la nature gémit opprimée. Mais il lui importe enfin, à cette société, que ce soit Jacques plutôt que Jean qui accomplisse le travail, qui récolte le fruit, qui le consomme, si Jean ferait défaut ailleurs, si Jacques ferait défaut ici.

Ce qui constitue donc le domaine social, ce qui établit ce domaine, c'est le contrôle actif, vivant, de la société.

Ce qui constitue donc le domaine individuel, ce qui établit ce domaine, c'est l'action, tant sous le rapport de la production que de la consommation, dont l'individu se trouve doué au sein même de l'organisation sociale.

Cette conception du lien qui unit l'individu à la société, ces définitions de la vraie nature de l'homme, de la vraie nature de la société, ont pour nous l'avantage de résoudre une infinie multitude de questions secondaires.

Ainsi, nous demandera-t-on, par exemple : Dans quel champ tel homme travaillera-t-il ? - S'il est question de faire produire au travail de cet homme des richesses matérielles, nous répondrons que cet homme sera nécessairement agriculteur, commerçant, ou industriel. - Mais l'instrument sera-t-il à lui ? - Oui, sous le contrôle de la société ; c'est-à-dire que si cet homme ne suffit pas à la quantité de force que demandent et l'instrument et ses semblables, la société lui adjoindra, lui associera le nombre d'hommes nécessaire pour atteindre ce but. - Et s'il suffit à cette œuvre, les fruits de son travail lui appartiendront-ils ? - Oui, sous le contrôle de la société ; c'est-à-dire qu'il n'amassera pas, qu'il n'enfouira pas, comme un avare, ces fruits de son travail ; qu'il ne s'en gorgera pas, comme un homme plein d'incontinence ; qu'il ne les distribuera pas à ses voisins, comme un homme plein d'orgueil et de vanité : car nul n'a le droit de distribuer, d'accorder à autrui ce dont l'homme a besoin.

Ce sont là tous principes que nous fournit notre définition de la richesse ; nous pouvons les résumer ainsi :

1° L'homme a connaissance des richesses matérielles auxquelles il a droit de prétendre, s'il ne veut point rester au-dessous de lui-même par suite de réplétion ou par suite d'abstinence ;

2° L'homme a également connaissance de la quantité de travail et de la nature du travail qu'il doit faire, s'il ne veut point rester au-dessous de lui-même par insuffisance ou par excès de labeur ;

3° La société a droit de contrôle sur les actes de l'individu sous tous ces rapports.

Ce qui emporte avec soi que la société, et par suite le gouvernement, son organe, sa manifestation, sont revêtus du triple caractère de mère, d'éducatrice et de roi. La société nourrit, elle instruit, elle corrige. (Voyez ÉCHANGE et PROPRIÉTÉ)[292];

4° La propriété consiste dans l'acte pur de consommation. Elle puise son droit dans la fonction, qu'il faut bien se garder de confondre avec le travail ;

5° Le travail n'est point individuel, mais social ; il s'accomplit de la part de chacun dans un but général, et ses fruits appartiennent à tous.

On ne réfléchit pas assez sur la nature du travail. Le proverbe *Toute peine mérite salaire* résume admirablement l'idée que le vulgaire s'en fait ; et le malheur, c'est que, compris dans son sens vivant, ce proverbe est vrai : ce qui prête d'autant plus de force à l'erreur.

Le travail est une peine ; il s'accomplit dans les sueurs et dans les souffrances. Il accuse à la fois et la grandeur de l'homme et son infirmité. Sous ces rapports, il mérite à coup sûr de notre part beaucoup d'honneur et beaucoup de mépris.

Mais en faire le fondement du droit de propriété, même du droit de propriété actuel, c'est tomber dans une étrange erreur.

Assurément, quant à ce qui a rapport à la propriété du capitaliste, qui ne fait que prêter son argent, percevoir les intérêts de cet argent, etc. ; quant à ce qui a rapport à la propriété du maître, qui ne fait que veiller à ce que ses salariés travaillent, lui soient fidèles, ne gaspillent ou ne dérobent rien des instruments qu'il leur prête et des produits qu'à leur tour ces salariés lui donnent ; assurément, dis-je, quant à ces sortes de propriétés, cette opinion est ridicule. Quelle que soit l'explication que donnent les économistes, touchant la nature de ces propriétés, jamais ces savants hommes ne nous convaincront que la propriété du capitaliste, que la propriété du maître, sont assises sur le même fondement que celle du prolétaire, la peine.

Mais ce n'est même pas de cette question qu'il s'agit en ce moment. Je veux appeler l'attention du lecteur sur un autre ordre de pensées.

Quelle est, en définitive, la raison profonde, philosophique, de l'association des hommes ? Pourquoi les hommes se sont-ils réunis ? C'est, d'abord, afin de produire et de consommer les diverses richesses dont la source principale est en eux, telles que les richesses d'art, les richesses d'intelligence, les richesses morales, les richesses religieuses ; ensuite, c'est afin de produire et de consommer également les richesses matérielles dont la source principale est hors d'eux. Et pourquoi, plongés dans l'isolement individuel, n'arriveraient-ils pas aux mêmes résultats ? Les causes qui s'opposent à ce que cela puisse être sont-elles toutes en l'homme, ou lui sont-elles extérieures ?

292 [L'entrée *Propriété* ne paraîtra pas dans l'*Encyclopédie nouvelle*.]

Elles lui sont extérieures et intérieures ; mais qu'importe ! Toujours est-il que c'est dans le but de s'affranchir de ces causes ennemies que l'homme s'associe à l'homme. Et dans ces causes ennemies ne faut-il pas ranger la faiblesse physique de l'homme, et la force, contraire à ses desseins, contraire à ses besoins, dont la nature est douée ? Cela est évident. Le travail, résultat de cette faiblesse de l'homme et de la force indocile de la nature, doit donc être rangé également parmi ces causes ennemies contre lesquelles l'homme essaie de se prémunir par l'association ! Le travail, que l'association tend visiblement à détruire, ne peut donc pas être le principe vital de l'association, la cause de la propriété, le fondement, le pivot de l'organisation sociale, comme on le dit si faussement de nos jours.

Qui ne sait, en effet, sous le rapport de la destruction du travail, les merveilleuses et incroyables victoires que l'homme a remportées par l'association ! Je ne parle point ici des machines, mais je veux dire la simple séparation des fonctions, l'habile division du travail.

Voyez cet homme ! il passe le laiton à la filière, un autre le coupe, un troisième aiguise les pointes. Deux ou trois autres opérations distinctes qu'exige la tête seule de l'épingle prennent à leur tour autant d'hommes. Pour produire une épingle, cinq ou six hommes sont donc associés ! Oui ; mais le résultat de cette association, c'est la production de 48 000 épingles par jour pour l'œuvre de dix hommes ! Supprimez, au contraire, l'association, et ce même nombre de 48 000 épingles par jour ne sera plus l'œuvre de dix hommes seulement, mais de 2 400 hommes.

Quelle conquête l'homme n'a-t-il donc pas là remporté sur le travail ! et combien ne se peut-il pas glorifier de plus grandes encore, obtenues de la même façon !

La conséquence de cette destruction incessante du travail est donc que le travail, ainsi que nous l'avons déjà dit, est du domaine de tous, non de chacun ; que chacun n'est point libre de l'attaquer imprudemment, et que, née pour le vaincre, la société doit seule être juge des agressions volontaires que lui porte l'individu[293].

Poursuivons l'énumération des principes que notre définition de la richesse nous fournit à l'aide de la seule logique :

6° La richesse matérielle, ainsi que le travail, n'ont point de prix, de valeur échangeable.

Le prix d'une richesse matérielle relève, en effet, du besoin, et nécessairement diffère selon l'intensité de ce besoin. Bien que l'homme sente cette variation de l'importance d'une denrée, selon qu'il se trouve dans telle ou telle circonstance par

293 Pour éviter toute confusion de mots, observons que le travail dont il s'agit ici ne doit s'entendre que de celui qui a pour résultat la production des richesses matérielles. Quant au travail dont le but est la production des richesses artistiques, ou des richesses morales, etc., son caractère est complètement différent. Ce travail ne relève point de la société, il relève de l'individu ; il s'est point une cause ennemie dont l'homme ait à s'affranchir, il est un fruit dont l'homme se couronne.

rapport à cette denrée, ou plutôt par rapport à une quantité fixe de cette denrée, il ne peut cependant exprimer ni connaître cette variation : il ne peut dire la valeur d'une richesse : Dieu seul sait quelle est cette valeur (Voyez Prix, Richesses.)[294]

7° L'échange entre les hommes est un échange de services qui n'entraîne à sa suite aucune réciprocité, c'est l'échange social. (Voyez Échange.)

Tels sont les principes générateurs de l'avenir que nous tirons immédiatement de cette définition : *La richesse est ce qui satisfait le besoin.* Bien qu'isolés et solitaires, ces principes suffisent, nous le pensons, pour donner une idée suffisante de cette partie de l'économie politique qui regarde l'avenir.

On ne manquera pas de crier *à l'utopiste ! à l'impossible ! à la chimère !* et l'on nous accusera de renouveler des Grecs, la communauté des biens et l'égalité absolue des hommes !

L'avenir n'est point l'impossible, l'avenir n'est point la chimère : il viendra, soyez-en certain. Cet avenir ne saurait être l'image servile du présent ; autrement, que voudraient signifier les maux que nous souffrons ? Pourquoi cette espérance, vaine dans son effet immédiat, qui toujours soutient la vertu en face du vice triomphant ! Que veulent dire ces mots sonores de fraternité, d'égalité, de liberté, qui électrisent les cœurs vierges encore, et qui font bondir et déborder de leurs lits fangeux les peuples de l'Europe ? Pourquoi les peuples et les empires de l'antiquité ont-ils disparu ? pourquoi ces mouvements révolutionnaires qui ne cessent de gronder et de faire explosion au sein des empires et des peuples de la modernité ? Comment se fait-il que le présent ne soit pas le passé ? À quoi bon les sciences et leurs progrès ?

Serait-ce qu'en traçant ici le caractère de l'homme et de la société future nous aurions par hasard dépassé les bornes de la logique et du possible ? Aurions-nous blasphémé contre l'homme, contre l'humanité, contre Dieu ? Qu'on nous le démontre.

Et quant à cette accusation de renouveler la communauté des biens et l'égalité absolue des hommes, que ceux qui la dressent se donnent la peine de nous relire et de nous mieux comprendre. Que si cela leur était impossible par suite de la trop grande obscurité de nos paroles, qu'ils attendent que nous ayons développé, formulé nos pensées d'une manière plus nette, plus compréhensible.

Est-ce prêcher la communauté des biens que de dire aux hommes : Mettez en commun le travail, le travail qui a pour objet la production de la richesse matérielle ; car ce travail est un mal, un obstacle, et le but de votre association, le but de vos sociétés est de surmonter, de vaincre ce qui est mal, ce qui est obstacle ? Est-ce prêcher la communauté des biens que de dire aux hommes : L'instrument, en tant qu'instrument, n'est pas un bien, une richesse ; ne vous en emparez donc pas ! ne l'isolez point de la nature, ne l'enlevez point aux douces et fécondes influences qu'il

294 [Ces deux entrées ne sont pas parues dans l'*Encyclopédie nouvelle*.]

recevra de Dieu et de l'humanité ; car voyez ce qu'il devient quand, par erreur, vous l'avez ainsi renfermé près de vous ! L'arbre des tropiques s'étiole dans vos serres ; il ne donne point d'ombrage, il ne se couvre point de fruits ! La machine, puissante, industrieuse, ne se multiplie point, et dans la solitude de vos ateliers, pousse un cri sourd, interrompu, que nul écho ne répète ! Est-ce prêcher la communauté des biens que de dire aux hommes : Prenez, sous la responsabilité de votre sagesse et sous le contrôle vivant, actif de la société, votre mère, votre éducatrice, votre roi, prenez les fruits qui vous sont nécessaires, et pour lesquels vous avez combattu environnés de frères et d'amis fidèles ? Est-ce enfin prêcher l'égalité absolue des hommes, égalité ridicule bien plus encore que monstrueuse ou impie, que de dire aux hommes : Travaillez selon vos forces, prenez selon vos besoins ; l'abstinence et la réplétion en toutes choses sont mauvaises, et si votre seule sagesse ne suffit point pour vous préserver contre les maux qu'entraînent à leur suite et cette réplétion et cette abstinence, votre mère, votre éducatrice, voire roi, la société, enfin, vous en garantira ?

Descendons maintenant au présent. Voyons ce que devient la science, ce qu'elle dit en face de l'homme actuel et de la société actuelle.

## 11. Des principes qui dominent l'œuvre de transformation que le présent doit subir

Ici tout est mêlé, tout est confondu ! La raison du vice surmonte toutes choses ; elle brille d'un lugubre éclat ; la raison de la vertu se perd en de profonds abîmes. La richesse ! c'est l'or, c'est l'argent, c'est la denrée, c'est l'instrument ! Le besoin, c'est le besoin quelconque ! Tous les besoins de l'homme sont également bons, tous sont également légitimes ! Il est faux de croire que cet homme puisse devenir difforme sous l'empire d'accidents malheureux ; il n'est point d'accidents malheureux, il n'est point de difformités possibles. Les richesses matérielles ont une valeur appréciable, une valeur appréciée, un prix. On sait ce qu'un peu d'eau coûte à Paris, ce qu'il vaut au désert ! Il est juste, il est naturel que l'homme s'empare de l'instrument ! Et les fruits de tout instrument ainsi possédé appartiennent de droit à l'heureux possesseur de cet instrument ! L'échange que les hommes se font dans cet état des choses est pur de tout caractère d'injustice, de vol, d'inhumanité ! Voici un malheureux qui meurt de faim ! un autre homme vient lui taxer le prix du pain qu'il lui vend en cette heure solennelle, et cet homme est non seulement dans son droit, mais il est encore dans l'équité ! Et dans cet infâme marché, celui qui vend, celui qui achète sont égaux ! et l'un et l'autre ne gagnent ni ne perdent ! et l'égalité des contractants, ainsi que l'égalité des clauses du contrat, sont flagrantes ! Que si pourtant le boulanger s'enrichit à force de faire des échanges semblables, où jamais ceux qui contractent avec lui ne perdent, où jamais il ne gagne, c'est purement effet mystérieux du commerce. Cet effet mystérieux du commerce se révèle d'une façon plus frappante encore et moins déguisée dans le contrat qui s'établit entre le prêteur et l'emprunteur, entre le capitaliste et les gens qu'il soudoie, entre le maître et l'ouvrier ! Tout, dans ce présent, est richesse ou source de richesse. La richesse, c'est-à-dire ce qu'il y a de plus grossier, de plus matériel dans la richesse, ne respecte rien, pas même l'homme. La beauté, l'innocence, se vendent ; la laideur, le crime, se vendent ; tout se vend, génie, force, bras, cœur, âme : on tire parti de tout ; c'est le triomphe de la prostitution.

Et les générations se succèdent aux générations ! Et le fils, quand son temps est venu, quelquefois même avant son temps, remplace le père, en vertu d'un acte hideux, immoral, acte digne du présent, dont, au reste, il est la sainte et légitime conséquence !

L'accord et l'unité ne sont point les caractères de la société présente ; ils ne brillent même pas en aucune de ses parties, ni dans l'homme, ni dans les choses. La propriété, cette institution que l'on préconise, ce fondement unique et stable de l'état social, de la civilisation ; la propriété a pour sa part cinq ou six origines, cinq ou six bases, qui se contrarient, qui se nient, mais qu'importe ! On est propriétaire par droit de naissance, on est propriétaire par droit de travail ; et sans avoir recours au travail ou à l'héritage, on peut être encore propriétaire. La spéculation sur les fonds publics ou sur les fonds privés est permise et légitime ; la fraude, le vol, dans certaines limites, sont avoués et légitimes ; le crime lui-même, pourvu qu'il échappe aux réquisitions du parquet, est légitime.

Et la société se conçoit pour mission le noble rôle d'empêcher, autant que possible, par ses lois pénales, ses gendarmes et ses bourreaux, que les hommes, que les individus dont elle se compose, ainsi privés de pudeur, d'amour et de moralité, ne s'entre-tuent publiquement, et ne la tuent elle-même !

Elle se défend contre l'individu, bête sauvage et stupide, qui se met à brouter l'arbre qui le cache et l'abrite !

Sans nul doute, le rapport antique et primitif de l'homme et de la nature est celui-là même qui de nos jours existe entre la société et l'individu. La société se conçoit en dehors de l'individu ; l'individu se conçoit en dehors de la société. Ce sont là deux ennemis, deux lutteurs acharnés ! Ils vivent l'un de l'autre, l'un par l'autre.

Et la science, ô honte ! la science comprend tout cela ! Et tout cela, par elle, est expliqué, légitimé, sanctionné ! Sous le nom de politique, cette science se résume, et dit : Soyez habiles ! Sous le nom d'économie politique, elle dit : Soyez habiles ! Sous le nom de morale, elle dit : Soyez habiles !

Mais comme il ne peut pas se faire que dans une société où s'enseignent de pareilles sciences, tout le monde soit habile en même temps et toujours, il résulte qu'il est en chacun, même chez les plus heureux, une fibre qui saigne, et par cette fibre s'exhale l'amertume de cette vie humaine si peu normale, si peu digne de l'homme !

On soupire, on désire toujours. N'a-t-on rien à désirer pour soi, selon le langage de notre époque, on se prend d'une belle pitié pour ceux qui souffrent, et l'on revient à soi ; car désirer pour les autres, c'est encore désirer pour soi. L'homme tient aux hommes ; il n'est pas tout en lui ; toutes richesses à son usage ne se trouvent pas uniquement enfouies au sein de la nature.

On désire donc pour le pauvre, on désire pour le souffrant, on désire pour le peuple. Et que veut-on alors pour ce peuple, pour ce souffrant, pour ce pauvre ? Du travail ! de la peine ! un salaire un peu plus élevé ! des hôpitaux ! des caisses d'épargne ! Non : ce sont de grands seigneurs philanthropes, de braves et médiocres esprits à qui la vue d'une plaie dégoûtante inspire quelques pensées soudaines et éphémères de répression, qui peuvent aujourd'hui rêver ou demander de pareilles utopies. Mais l'homme qui désire, dont le cœur saigne réellement en songeant aux misères profondes du peuple, ne saurait se contenter de si peu : il va au-delà. Il sait bien qu'en fait de misères, comme en fait de toutes choses, tout se lient, tout s'enchaîne, et que les misères matérielles du peuple ne sont pas celles qui sont le plus hideuses en lui.

Alors ainsi préparé par son cœur aux vastes enseignements de la pensée, il comprend tout à coup le rapport intime qui unit à la société l'individu. L'individu ne lui apparaît point seul, la société seule. Ce pouvoir étrange, mystérieux, au point de vue du présent, que possède la société, de se défendre contre l'individu révolté, lui parait le signe même le plus certain, le plus infaillible de la rédemption future du peuple.

Car au milieu de nous, en effet, la société, chose étrange ! est toujours une puissance, et toujours devant elle l'individu s'incline.

Que cette puissance, qui émane de tous, qui n'est à personne, qui est à tous, ignore le but pour lequel elle est née ; qu'elle soit aveugle, qu'elle manque à sa mission, qu'elle soit protectrice partiale des uns contre les autres, ennemie de certains ; en un mot, qu'elle soit sœur de la puissance aveugle et grossière du gendarme, tout cela peut être, tout cela est ; mais la société, en qui réside cette puissance, sait cependant qu'elle procède de l'homme, et l'on ne peut lui nier quelques velléités évidentes de prendre incessamment un plus noble rôle, de se dévouer à l'homme, de l'écouter.

Que lui dis-tu donc, ô homme, ô mon contemporain ! La société entendra les paroles, elle t'obéira ; parle.

Mais l'ignorance de ton âme se trahit dans l'incohérence des mots que la bouche entr'ouverte laisse péniblement échapper. Tu balbuties, tu ne dis point ; tu veux et ne veux pas ; tu encenses tour à tour et le faux et le vrai ; ta pensée est une chose, ton action une autre, la réflexion une autre.

Que peut donc être ta servante et ton maître, la société ? Comment veux-tu qu'elle se prononce entre ces doutes stupides qui l'assiègent et ces stupides actes de foi auxquels tu te livres ? Quel rôle veux-tu qu'elle prenne, quand tu n'en prends aucun ? Tu marches comme un homme ivre, et tu voudrais que la société ne marchât point comme toi ! Tu t'abstiens de certaines choses sans raison aucune ; tu te livres à certaines autres sans plus de raison : de quel droit irais-tu demander à la société la raison de ses défenses et de ses permissions ? La société du présent est un gendarme, et ne peut être autre chose : elle permet, elle défend, elle punit ; ne lui demande pas dans quel but : elle l'ignore.

Et pourtant, jouet fragile des obstacles et des résistances que sèment sur la route et la nature et tes semblables, tu ne peux espérer un sort meilleur que si la société descend jusqu'à toi ! Elle seule peut te frayer une route libre au sein de la nature et de l'humanité ; par toi-même, tu l'essayerais en vain.

Tout le nœud du problème que le présent et ses misères soulèvent se trouve donc être là. Ne dites pas à l'individu : Sauve-toi ! Réduit à ses seules forces, à son seul désespoir, il se perdra infailliblement dans le stoïcisme chrétien. Ne dites pas au peuple : Sauve-toi ! le peuple irait à son tour se perdre dans la violence. Son désespoir peut enfanter la tempête ; mais la délivrance, jamais.

Que les partisans du despotisme social ou plutôt gouvernemental ne se réjouissent point de ces paroles, car elles leur sont hostiles. L'homme, la société, le gouvernement sont une seule et même chose. L'homme, c'est la cause et le but ; la société, c'est l'éternelle pensée de cet homme qui s'incarne dans l'humanité ; le gouvernement, c'est la manifestation visible, l'organe agissant, éternel, de cette pensée vivante, également éternelle. Vous ne pouvez séparer ces trois choses sans les détruire aussitôt. Là où l'une d'elles n'est pas, les deux autres ne s'y trouvent pas également. Que si donc vous commencez par nier l'homme, et par introniser au gouvernement deux ou trois penseurs à système, croyez-vous que soudain de cette intronisation sortiront et l'homme et la société ? Détrompez-vous, si vous le croyez. La pensée de l'homme ne saurait préexister à l'homme, ce qui revient à dire que la société, et la manifestation visible de cette société, le gouvernement, ne sont possibles qu'à la condition que l'homme sera.

Et cela est tellement vrai, que même ce qui est peut en être une preuve.

Certes, nous ne croyons pas à l'excellence de la définition actuelle de l'homme ; mais il nous est impossible de nier l'existence de cette définition. Hé bien ! dès lors, sur le type de cet homme, se dressent fidèlement devant nous et la société et le gouvernement. Quel est le type actuel de l'homme ? le propriétaire. Ce propriétaire a-t-il de l'unité en lui[295] ? pas le moins du monde. Il pense d'une manière, il agit

295 [La question de l'être divisé était au centre des débats philosophiques du XIX^e^ siècle. Elle est une des questions capitales de la pensée libérale et socialiste de l'époque et figure avec proéminence dans l'œuvre de

de l'autre ; ses intérêts matériels le préoccupent vivement ; il a l'œil sur ses voisins, l'œil sur ses proches, l'œil sur ses ouvriers ! La défiance est au fond de son âme, et il la pousse jusqu'à l'étendre à lui-même. Tous ces traits appartiennent également à la société, tous appartiennent au gouvernement. La société est une société bourgeoise, le gouvernement un gouvernement bourgeois. L'unité qui devrait régner entre ces trois parties d'une seule et même chose est rompue, et chacune d'elles à son tour est une nouvelle unité. Le bourgeois reste bourgeois en dehors de la société, en dehors du gouvernement : peu lui importe qui règne pourvu que sa fortune s'accroisse. La société se défie du gouvernement, et ne l'adopte point ; elle se défie également de ses prolétaires, de ses membres. Enfin le gouvernement est un homme, une famille, une dynastie, et certes il a aussi ses défiances, ses craintes, ses dangers.

Trois hommes donc au gouvernement pourront bien fonder une dynastie, mais ils ne pourront changer la société, changer le citoyen. S'ils opèrent un effet en ce sens, ce n'est pas d'eux que procédera cet effet, c'est de la société, dont ils ne sont alors que les fidèles représentants.

L'individu et le peuple ne se sauveront donc pas à l'aide d'une force étrangère à eux-mêmes. Si le peuple et l'individu ne peuvent, par leur seule volonté et par leur seule puissance, améliorer leur condition présente, cette amélioration ne leur viendra pas d'en haut, à leur insu. Ils n'ont point à se croiser les bras, puis à laisser faire. Tant qu'ils seront ce qu'ils sont, le problème de leur misère présente est insoluble, et c'est folie que de s'y buter. Jamais la société ne voudra et ne pourra descendre jusqu'à eux, jamais le gouvernement ne voudra et ne pourra se dessaisir de son individualité propre, de ses intérêts dynastiques.

Cela revient à dire que sans une religion nouvelle, sans une politique nouvelle, sans une économie politique nouvelle, en un mot sans une rénovation complète de la science sociale, individu, peuple, bourgeoisie, société, gouvernement, resteront éternellement ce qu'ils sont, toujours en proie aux maux épouvantables qui les assaillent. En d'autres termes, que l'homme ait de l'homme une idée supérieure à celle qu'il possède actuellement, et tous ces phénomènes sociaux dont il se fait des monstres, tels que l'héritage, la propriété, les modes actuels de la production et de la répartition des richesses matérielles, etc., s'évanouiront aussitôt ; et la société future sera installée, et le gouvernement, représentant fidèle de cette société, n'aura point d'autre objet que d'élever ses enfants dans la foi et dans la science religieuses, politiques, économiques, que de les y maintenir étant hommes.

Toutes les solutions des problèmes économiques que le présent enfante sont dominées par cette solution du problème préliminaire : D'où viendra le salut ? En

Victor Cousin et Pierre Leroux, et par le biais du concept de l'aliénation, dans la pensée de Karl Marx.]

d'autres termes : Où réside la force qui, détruisant les chose présentes, produira les choses à venir ?

Cette force, dit l'économie politique, c'est l'homme, l'être humain idéal, qui la possède tout entière. Mais l'homme étant le produit de l'individu et de la société, il en résulte immédiatement que cette force se trouve être contenue tout ensemble et dans la société et dans l'individu.

Les solutions des problèmes économiques que le présent enfante ne sont donc pas plus à l'usage particulier de l'individu qu'à l'usage particulier de la société. Elles s'adressent en même temps, mais pour des parts différentes, et à la société et à l'individu. La question la plus légère que suscitent les choses actuelles relève dans sa solution de ces deux principes d'une seule et même force, l'individu et la société.

Que l'on cesse donc d'accuser de vanité la science économique, sous le prétexte ridicule qu'elle ne saurait fournir au législateur des solutions immédiatement applicables aux hommes et aux choses du présent ! Que l'on cesse de l'accuser de mensonge, sous l'absurde prétexte que toutes ses solutions au sujet des misères du peuple ne sont point à la portée de ce peuple ! L'individu ne peut se délivrer du poids qui l'accable que par le secours de la société, et la société à son tour ne peut venir en aide à l'individu sans la volonté, sans la prédisposition de cet individu. Le problème n'est point d'harmoniser à l'individu, centre d'un cercle, les diverses parties de ce cercle, ou de faire produire au rayon qui part de ce centre les parties absentes du cercle ; le problème, c'est de changer la nature du centre, la nature de l'individu, de telle sorte que de ce centre puisse jaillir un plus puissant rayon, produisant à son tour un cercle plus puissant.

Si le problème était d'épuiser toutes les conséquences sociales de l'idée ou de la définition actuelle de l'homme, il ne faudrait pas s'adresser à la science, mais au système. Adam Smith et ses audacieux disciples n'ont point fait défaut à ces conséquences, et leurs livres sont là qui attestent jusqu'où l'esprit humain peut aller dans cette voie de corruption.

Mais au contraire la science étant consultée, elle vous dit d'une voix ferme : Il s'agit de l'homme, il s'agit de l'individu. Cet individu, ainsi que le mollusque, apporte en naissant sa coquille, sa maison, qui procède de lui, qui n'est pas lui, qui lui est nécessaire, qui l'abrite, et qui lui permet de vivre : cette maison, cette coquille, c'est la société, c'est la famille, c'est la nation, c'est l'humanité. Évidemment donc la force de cette coquille, le bénéfice de cette maison, sont en raison directe de la puissance d'exsudation de l'individu. Que si cette puissance d'exsudation est faible, faibles sont pour l'individu, et l'humanité, et la nation, et la famille. Or le problème de nos jours est précisément celui-là : L'individu se voit incessamment atteint au travers de sa coquille brisée, et il souffre ! Irez-vous donc lui dire ces paroles menteuses : Tu ne souffres que parce que ta coquille est brisée ; relèves-en les débris, soude-les ensemble, et tes maux auront disparu ! L'expérience et l'histoire vous donnent à la fois un éclatant démenti : ces débris se rebriseraient encore, ils se brisent toujours, et toujours la même plainte s'échappe douloureuse de l'individu souffrant. Ce qu'il faut dire à cet individu, à cet homme souffrant, ce qui seul est efficace, c'est qu'il ait à se replier sur lui-même, c'est qu'il ait à exciter, de toute la force de sa pensée et de son besoin, sa puissance d'exsudation, de telle sorte que de cette puissance nouvelle surgissent une humanité, une nation, une famille plus fortes, plus résistantes.

Tels sont les principes qui dominent cette seconde partie de la science dont le présent est l'objet. Abordons le passé.

### 12. De la loi qui préside à l'engendrement des divers systèmes économiques, des divers états sociaux par où l'homme a passé

Ici l'économie politique poursuit un double but. Elle veut *raconter* quelles ont été chez les divers peuples les solutions différentes de son problème fondamental : ce qui donne *l'histoire* ; elle veut *expliquer,* c'est-à-dire *trouver* la loi qui préside à la formation de ces solutions différentes d'un seul et même problème : ce qui donne la *philosophie de l'histoire.* Or comment atteindra-t-elle l'un et l'autre de ces buts ?

Il semble, quant à *l'histoire,* que les yeux suffisent, mais quant à la cause occulte, métaphysique, religieuse, des phénomènes qui constituent cette histoire, par quel organe physique cette cause sera-t-elle saisie ? comment l'esprit humain pourra-t-il la posséder ?

Et si nous ignorons la cause des phénomènes de l'histoire, oserons-nous bien nous vanter de connaître cette histoire ?

Il faut donc procéder avant tout à la recherche de la cause génératrice des phénomènes économiques : avant d'aborder l'histoire de ces phénomènes, il faut traiter de leur philosophie.

Nous avons dit que l'économie politique n'était autre que ce que son nom exprimait, qu'elle était la loi de la maison politique, la loi de la nation. Irons-nous donc, sur cette seule donnée, nous mettre en quête de la science ? Parce que la nation vit près de nous, qu'elle contient en elle la science économique, irons-nous procéder à la découverte de cette science par voie d'observation ? Est-ce une méthode certaine d'arriver à la science que de se proposer de résoudre, à l'aide des yeux seulement, cet unique problème : Comment les *richesses se forment, se distribuent et se consomment au sein des nations ?*

Adam Smith a vu dans ce problème unique la clef qui donnait ouverture à l'esprit humain pour pénétrer d'une manière infaillible jusqu'au sanctuaire de la science ; mais Adam Smith s'est trompé. L'essence de la science n'est point *historique* d'une manière aussi simple. Après et avant ce problème, *Comment les richesses se forment, se distribuent et se consomment au sein des nations*, la science doit s'occuper des deux suivants : *Comment les richesses se sont formées, se sont distribuées et se sont consommées au sein des nations disparues ? Comment les richesses se formeront, se distribueront et se consommeront au sein des nations à venir ?* Confondre ces trois problèmes, qui regardent le passé, le présent, l'avenir, dans un seul, dans celui qui n'a pour objet que l'histoire du présent, c'est apporter peu de soins, peu de délicatesse dans son observation, et le résultat infaillible d'une semblable erreur, c'est de manquer à la fois la *science* des phénomènes que l'on observe, et leur *histoire.*

En cela consiste précisément le système ; c'est son caractère distinctif. Il commence par nier l'un des trois termes du temps, ou n'en admet qu'un seul : et dès alors qu'arrive-t-il ? c'est que pensant s'appuyer sur une base solide, sur ce qui est, il s'appuie en réalité sur ce qui est éphémère, sur ce qui lui échappe.

Voyez la théorie d'Adam Smith ! Elle serait l'histoire parfaite de la science économique du présent, l'histoire de la loi qui règne au sein des nations actuelles, si elle ne s'était point avisée de vouloir être la science elle-même. Pour rester fidèle, autant que possible, à cette prétention orgueilleuse, force lui a été de clore tout au présent, de nier le passé, de nier l'avenir, de condenser l'avenir et le passé dans le présent, et dès lors ce présent même dans son histoire, dans sa connaissance, lui a complètement échappé.

Rien n'est plus curieux et d'un enseignement plus profond que l'étude critique des systèmes, mais en même temps rien n'est plus dangereux et plus difficile. Cette étude doit vous mener infailliblement d'une part à la *science*, de l'autre à son *histoire* : mais en vérité c'est un mauvais chemin pour celui qui commence, pour celui qui n'a point déjà de la science quelques hauts et féconds aperçus : il court le hasard de ne point arriver au but même de ses efforts.

Poursuivons.

La nation étant donc donnée, par conséquent sa loi existant avec elle, nous qui cherchons en ce moment ce qu'il y a de plus élevé dans la science, la raison, l'explication philosophique de cette loi, nous ne ferons point comme Adam Smith : nous n'irons pas chercher uniquement cette explication de la loi dans l'étude des phénomènes que cette loi produit.

La nation existe ; elle a sa loi, sa science, son économie politique ; elle est *cause* d'effets, d'effets nombreux et visibles, de phénomènes certains qu'il faut étudier. Tout cela est vrai, parfaitement vrai, et loin de nous la pensée de rejeter cette étude. Mais la nation, et par conséquent sa loi, sa science, son économie politique, sont-ils uniquement, causes ? relèvent-ils d'eux seuls ? ne sont-ils pas également, à leur tour, *effets* et *phénomènes ?*

Et s'ils sont *effets*, s'ils sont phénomènes, ne devons-nous point, pour les comprendre dans leurs propres phénomènes, dans leurs propres effets, remonter à leur cause, nous inspirer de la connaissance de leur cause ?

Or, nous l'avons dit, la *cause* de la nation, c'est *l'homme :* l'homme est le *centre,* la nation est le *cercle ;* l'homme est le mollusque, la nation est la coquille de ce mollusque.

Que l'homme donc relève de la nation, cela est certain : mais ce qui n'est pas moins certain, c'est que la nation procède de l'homme, dépend de l'homme, n'est que ce que cet homme se trouve être.

Qui donc es-tu, ô homme ? D'où viens-tu ? Où vas-tu ? Dans quel endroit du temps et de l'espace es-tu né ? Quel est ton père ? Jusqu'où ta science va-t-elle ? jusqu'où va ton désir ? Quel Dieu encenses-tu ? Quels sont les amis et tes ennemis ? La forêt te compte-t-elle au nombre de ses obscurs habitants ? Vis-tu aux bords des eaux ? Pousses-tu devant toi au sein des gras pâturages les troupeaux nombreux ? où bien encore habites-tu les villes ? Ta protection s'est-elle vaillamment et durement étendue sur certains végétaux, sur certains animaux, sur certains minéraux ? À quel point des arts et des sciences en es-tu ?

Sur chacune de tes réponses j'élèverai ta famille, ta nation, ton humanité ; et de cette humanité, de cette nation, de cette famille, je ferai jaillir la connaissance des biens qui te sont acquis, la connaissance des maux que tu souffres.

## 13. Cette loi qui préside à l'engendrement des divers systèmes économiques se formule ainsi : L'homme s'épure

C'est dans l'homme, dans ses croyances, dans sa science, dans ses erreurs, qu'il faut, disons-nous, aller puiser l'explication des divers systèmes économiques qui, jusqu'à ce jour, ont régné dans le monde ; c'est dans l'homme que demeure la loi qui préside à la formation de ces systèmes divers.

Cette loi, nous la voulons connaître ; elle est précisément le but que l'économie politique se propose d'atteindre lorsque, descendant des hauteurs de l'avenir, cette science remonte au passé ; prenons donc l'homme, étudions-le.

Le problème qu'il s'agit de résoudre est simple et se pose en ces termes :

L'homme est continuellement occupé de la recherche de la richesse ; sa vie se passe en cette recherche ; cette recherche est sa vie. Comment donc accomplit-il cette recherche ?

Nous avons dit ce qu'est la richesse : c'est cette partie du *besoin légitime* qui se trouve hors de l'homme, dans le semblable ou dans la nature, et qui ne se produit qu'en conséquence d'actes préliminaires de la part de l'homme, actes de production, actes connus sous le nom de travail ; c'est, en termes plus clairs, le produit, la denrée, qui satisfait un *besoin légitime.*

Mais pourquoi ce fidèle adjectif qui toujours accompagne en nos paroles les mots *besoin* et *richesse ?* L'existence d'un besoin *illégitime,* et partant celle d'une *richesse illégitime* sont-elles donc possibles ?

Elles sont possibles : c'est un fait dont la démonstration nous est acquise par l'histoire du passé, par la vue du présent.

Sans l'admission de ce fait, la vie est une énigme indéchiffrable, le progrès un mot vide de sens, le passé identique au présent, identique à l'avenir. On ne comprend plus pourquoi la durée et la succession dans le temps, pourquoi l'avenir ne précéderait pas le passé, etc., etc.

Et alors si le besoin *illégitime* est possible, s'il peut naître en l'homme, tout s'explique : la vie a un sens ; les temps s'engendrent dans un ordre irrévocablement déterminé : l'erreur est le caractère indélébile de la vie humaine antérieure ; le *progrès,* le caractère indélébile de la vie humaine présente ; la *vérité,* le caractère indélébile de la vie humaine à venir.

Dans le passé, l'homme, par ignorance, par jeunesse, et par nécessité, s'est trouvé la proie d'une infinie multitude de besoins illégitimes ; sa recherche de la richesse fut donc fausse dans son but, fausse dans sa pratique.

Dans le présent, l'homme tend à s'affranchir de l'erreur reconnue du passé ; il diminue le nombre de ses *besoins illégitimes,* et dès lors, bien que sa recherche de la richesse soit encore fausse et dans son but et dans sa pratique, cependant elle se trouve être en progrès sur la recherche qui était à l'usage des hommes et des temps écoulés.

Enfin, dans l'avenir, affranchi, délivré des fautes de ses pères, héritier de leurs vertus, l'homme se trouvera préservé du *besoin illégitime,* et dès lors sa recherche de la richesse sera vraie dans son but, vraie dans sa pratique.

Éclairons un peu cette doctrine.

## 14. Démonstration de la vérité de cette loi

*1re époque.* Nous sommes gens du présent, et l'intelligence de l'homme des temps passés nous est par conséquent facile. Non seulement nous savons quelle a été la grossièreté de nos aïeux, mais nous nous expliquons cette grossièreté, mais nous avons conscience des procédés à l'aide desquels nous, les fils de ces hommes, nous nous en trouvons affranchis, et de plus nous avons au cœur la croyance que nos fils, à leur tour, seront meilleurs que nous, c'est-à-dire plus heureux. Eh bien ! dans cet homme des temps passés quels actes, autres que les siens, pouvaient jaillir, par exemple, de ce besoin que nous exprimons par la *faim ?*

Il faut voir cet homme tel qu'il fut ; il faut le placer dans les circonstances où il se trouva ; il faut enfin avoir conscience de la nature du milieu, soit humain, soit naturel, au sein duquel il vécut. Son père et sa mère sont membres d'une tribu sauvage ; il vit dans l'obscure forêt : la proie sera donc la denrée qui satisfera son besoin ; la chasse, c'est-à-dire l'emploi de la ruse et de la force physique pour commettre un meurtre, sera donc son moyen, son travail, le mode de sa recherche.

Tel qu'il nous apparaît là, cet homme est évidemment soumis à diverses influences que nous pouvons nommer. Il y a d'abord l'influence du père et de la mère, influence qui commence au sein de la mère et qui se continue dans l'éducation, par l'éducation ; puis l'influence de la tribu, puis celle de la forêt ou de la nature, puis enfin l'influence de sa propre nature, à lui, homme.

La plus forte de ces influences est sans contredit celle de la nature, puis vient après elle celle qui ressort de l'essence même de cet homme, les deux autres suivent.

Dans cette époque fort éloignée de nous, c'est la nature qui domine : c'est elle qui donne le ton, elle qui détermine l'usage que l'homme fait de ses facultés.

De même que des débris d'arbres et de bois qu'il ronge le castor élève, au Canada, des huttes pour s'abriter, tandis que sur les bords du Rhin, toute rigueur de la température absente, ces débris d'arbres et de bois restent sur terre inutiles ; de même l'homme au sein des forêts est chasseur, pêcheur au bord des lacs et des rivières, pasteur au milieu des prairies et de leurs animaux ; de même encore l'homme chasseur, subitement porté au sein des pâturages ou sur le bord des rivières et des lacs, loin de ses natales forêts et de leurs habitants, se transforme en guerrier farouche ; l'homme pêcheur subitement porté au sein des pâturages ou dans les obscures retraites des bois, se transforme en guerrier farouche ; l'homme pasteur, forcé de vivre loin de ses prairies, dans la forêt, ou sur le bord des lacs et des rivières, se transforme en guerrier farouche.

Pour l'homme donc, qu'il soit originairement pêcheur, chasseur ou pasteur, la guerre c'est encore la chasse, c'est encore la pêche, c'est encore la conduite des troupeaux. La conduite des troupeaux, la pêche, la chasse, la guerre, sont des formes diverses qu'affecte sa recherche de l'objet qui satisfait en lui la faim.

Or, ces quatre formes de la production sont-elles également fondées, également légitimes ?

Nul doute quant à l'égalité absolue, et quant à la légitimité des trois premières : la chasse, la pêche et la conduite des troupeaux. C'est la guerre de l'homme au sein de la nature ; nulle voix humaine ne s'élève contre cette guerre ; toutes au contraire applaudissent. Aux poissons à crier, aux oiseaux à se plaindre, aux ruminants à gémir. Quant à l'homme, fort de son droit, que lui donnent et son besoin et sa force, il marche la tête haute, le cœur libre.

En est-il de même quand cet homme a recours à la guerre pour satisfaire son besoin ? Non. Qu'est-ce qui légitime la chasse, qu'est-ce qui légitiment la pêche et la conduite des troupeaux ? C'est la faim, c'est la force, et c'est aussi la nature du cri que pousse la victime qui tombe. Ce cri n'est pas le cri de l'homme, du semblable, de celui qui ressemble à ceux que vous aimez, à votre père, à votre fils, au compagnon de vos chasses, de vos dangers, de vos plaisirs, que vous importe donc ! Mais dans la guerre, le cri de la victime qui tombe est le cri de l'homme ; sous ce rapport donc, il n'est point de légitimité possible pour la guerre.

Cependant pourquoi frappes-tu cet homme de ta hache de pierre ? pourquoi le perces-tu de tes flèches rapides ? Veux-tu donc te repaître de ses chairs palpitantes ? Veux-tu boire son sang ? – Non ; mais voici : j'ai faim, dans cette prairie des troupeaux paissent, des proies vaguent au sein obscur de cette forêt, des poissons se jouent au milieu de ces eaux transparentes, et je ne puis assouvir mon besoin ; car cet homme me l'a défendu. Comme un tigre altéré, il est là qui me guette, et je tombe, mourant de faim ou percé par lui, si je ne le tue.

Et pourquoi menaces-tu cet homme ? pourquoi lui défends-tu d'assouvir sa faim ? – C'est que s'il assouvit sa faim, et vit, je ne puis faire taire la mienne, et je meurs !

Livrez-vous donc au combat, ô hommes ! la guerre est sainte et légitime ; le bon droit vous soutient l'un et l'autre. Mais tout en guerroyant n'ayez point de haine l'un contre l'autre, estimez-vous réciproquement ; que le vaincu brave le vainqueur jusqu'à la mort, qu'il lui enseigne à mourir si pareil sort lui vient.

Livrez-vous à la guerre, mais n'estimez point la guerre à l'égal de la chasse, à l'égal de la pêche, à l'égal de la conduite des troupeaux. Car la guerre que vous faites à la nature est seule bonne : elle seule atteste et votre dignité, et votre liberté ; vous n'y relevez que de vous ; mais celle que vous vous livrez entre vous atteste, au contraire, votre misère, votre esclavage, une fatale et grossière nécessité dont vous êtes victimes, la domination de la nature ennemie dont vous relevez alors.

Le résultat de votre guerre au sein de la nature est la production d'une richesse que vous déclarez légitime, et nulle voix humaine ne s'élève contre cet arrêt ; mais quand il vous arrive de déclarer légitime le fruit de votre guerre contre l'homme, la voix qui vous dit : Non, est une voix humaine, et le doute s'empare de votre âme, et vous êtes troublé.

Mais qui donc, ô homme, te pousse hors de tes forêts ? Qui t'entraîne à venir disputer au pêcheur le fruit de son travail ? — Quelquefois le besoin, et toujours le désir.

Ton âme ni ton corps ne sont satisfaits de la guerre que tu livres à la nature : cette guerre est inférieure à toi ! un cercle de fer y limite ta production, et ce cercle, que te forment et la nature hostile et ton grossier génie, tu ne le peux franchir. Supérieur donc à ta fortune, l'avenir bouillonnant en ton cœur, tu tentes les hasards de la guerre contre l'homme ; tu laisses là ta forêt, tu descends dans les plaines : vaincu, malheur à toi ! vainqueur, bonheur à toi !

Mais aussi, gloire à toi ! pour cette tentative immense qui, brisant le cercle fatal où tu te trouvais opprimé, te lance vers de meilleurs destins.

Il faut obéir à cette voix du ciel, à cette voix de l'avenir, qui, par le désir, vous gourmande sans cesse ; il faut marcher vers les terres inconnues.

Tu ne connais, barbare, que les hôtes sauvages de ta forêt natale ; il faut qu'à tes regards se révèlent les habitants des eaux, les troupeaux des prairies ! Ta source de production est la chasse ; il faut que tu saches qu'il est encore à ton usage, et la pêche, et la conduite des troupeaux.

Mais le pêcheur et le pasteur te défendent cette chasse aux poissons, cette chasse aux ruminants ! de quel droit, et pourquoi ? Est-ce ta faute, à toi, si les poissons sont rares et difficiles à joindre, si les troupeaux s'épuisent ? Depuis quand cette considération de la rareté de la proie a-t-elle été jugée une base suffisante à l'homme pour y asseoir un droit respectable à cet homme jusqu'à la mort ?

Que le pêcheur et le pasteur se défendent, ou tu te substitueras à eux : cela est légitime.

2e *époque.* La guerre est donc élevée au rang de la chasse, de la pêche, de la conduite des animaux paisibles ! Le temps et la distance qui séparent les hommes, leurs mœurs différentes, leurs langages divers, la couleur de leur peau, suffisent donc pour faire taire en eux toute pitié, tout amour : le semblable est l'ennemi.

Qu'il soit donc tué, ou qu'il porte ses pas en des contrées nouvelles, qu'il fuie, ou bien encore qu'il se rachète en payant au vainqueur un tribut.

Car, avec la guerre, une économie politique nouvelle éclôt dans la pensée de l'homme.

Il y a le vainqueur et le vaincu : deux hommes ! deux semblables ! et d'abord la question économique se trouve ainsi résolue : le vaincu disparaît, le vainqueur survit ; la nature immobile nourrit ce vainqueur.

Mais l'homme a beau s'exalter, il a beau se précipiter courageusement au sein de la mêlée, il a beau s'étourdir, voir au-dessus de sa tête les palmes de la gloire, toujours est-il qu'au fond, en présence d'un combat incertain, sa joie est une joie factice, qu'il redoute le sort du vaincu, qu'il voudrait survivre au combat ; qu'alors même qu'il appelle la guerre avec le plus d'amour, il sent en lui une force secrète, méconnue, qui le retient, et lui parle de paix.

Cette force méconnue agit à son insu sur lui. Elle lui suscite des pensées de paix et de conciliation ; elle l'illumine de clartés supérieures, elle lui fait entrevoir ce qui va suivre la guerre, elle lui donne une intuition confuse de l'avenir, elle l'instruit qu'il n'est en ce combat, lui homme, qu'un instrument de la nécessité, qu'une victime de l'immobilité de la nature, du peu de fécondité de cette nature, que son rôle est dès lors un misérable rôle.

Vainqueur ! il sait quelle sera sa fortune, ce que sera sa recherche de la richesse ; mais vaincu !

Pour peu qu'il sente sa faiblesse et la possibilité d'obtenir de la nature un peu moins de rareté, l'homme ira donc offrir à son ennemi une rançon, un tribut, afin de détourner le combat : quelquefois même le combat aura lieu, et la rançon imposée par le vainqueur délivrera de la mort le vaincu ; mais le problème économique aura reçu dès lors une autre solution.

Il y a un vainqueur, il n'est plus de vaincu, mais un tributaire, mais un esclave, et la guerre, guerre d'extermination, privée de sa base légitime, se trouve reléguée au nombre des erreurs grossières de l'humaine jeunesse.

Désormais à quoi bon tuer l'homme ? C'est là vraiment un procédé barbare dont le sens est perdu. On peut, on doit lui courir sus, non plus pour le tuer comme une bête féroce, mais pour le réduire en domesticité, en servitude, ainsi que l'on en use à l'égard des troupeaux.

3e *époque.* Assurément, pour l'homme, c'est là une vie nouvelle que la vie de l'esclave : ce lui est une manière d'être nouvelle, et certes son rapport avec la nature a changé, parlant sa science économique. L'industrie a succédé à la pêche, à la chasse, à la conduite des troupeaux, à la guerre.

Mais pour l'homme vainqueur une nouvelle vie s'est également levée. Son rapport avec la nature n'est plus le même ; sa science économique, sa recherche de la richesse sont autres que ce qu'elles étaient.

Or ce fait du vainqueur et du tributaire est-il éternel ? Sont-ce là les dernières conséquences des désirs qui jadis ont poussé l'homme hors de sa forêt ? Non.

Pour le vainqueur, cela lui peut sembler. Il écoute avec plaisir et foi une voix intérieure qui lui crie : Tu es le roi de l'univers, tu en es le centre. Il n'est rien au-dessus de ta tête, tout doit ramper à tes pieds. Les êtres et les choses ont leur raison en toi, parle et commande. Que des milliers d'esclaves s'inclinent à ta vue ; qu'ils s'empressent de fournir à tes sens les objets agréables.

Mais quant au tributaire, quant à l'esclave, il sent, il désire une condition meilleure que la sienne : à son tour, il aspire à sortir du cercle où sa production se trouve fatalement limitée.

Entre les hommes, la guerre se pose donc de nouveau ; mais sous une autre forme, avec des conditions et des conséquences différentes. Ce ne sont plus des pasteurs, des chasseurs, des pêcheurs, qui se ruent les uns contre les autres : ce sont, d'une part, les esclaves, les tributaires, les prolétaires, les pauvres ; de l'autre part, les maîtres, les vainqueurs, les bourgeois, les riches.

Pourquoi tiens-tu sous la loi du salaire cet homme, ton semblable ? pourquoi cette rigueur de répressions incessantes qui plane sur sa tête ? — C'est que la rente m'est nécessaire, et que sans les lois et leur rigueur salutaire, ce prolétaire attentant à ma propriété, me menaçant dans elle, toute civilisation est impossible ; nous retournons aux forêts de nos pères ; il nous faut quitter le présent, déserter l'avenir.

Et pourquoi menaces-tu ce bourgeois, ton semblable ? pourquoi convoites-tu sa rente ? - C'est que mon sort est triste, que mon besoin est grand ; que je suis prolétaire, quand il possède la rente : que je serais bourgeois si cette rente était en ma puissance. C'est que, fils de bourgeois, il a sucé le lait de la bourgeoisie, et que par conséquent les pauvres, ses ennemis, le trouvent impitoyable ; tandis que moi, fils de pauvre, une fois possesseur de cette rente, les pauvres, mes parents, mes proches, mes amis, me trouveront, en dépit de mes égoïstes penchants, de composition plus facile.

Descendez donc dans l'arène foulée, bourgeois et prolétaire ! livrez-vous à la guerre, à la concurrence : la concurrence, la guerre sont saintes et légitimes ! le bon droit soutient l'un et l'autre : malheur au vaincu !

Livrez-vous à la concurrence, à la guerre ; mais n'estimez point cependant cette concurrence, cette guerre, à l'égal de l'industrie. Car la guerre que vous faites à la nature sous le nom d'industrie est seule bonne ; elle seule atteste et votre dignité et votre liberté : vous n'y relevez que de vous ; mais la guerre que vous vous faites entre vous sous les noms de concurrence, de guerre civile, ou de guerre internationale, atteste, au contraire, votre misère, votre esclavage, une fatale et grossière nécessité dont vous êtes victimes, la domination de la nature, votre ancienne et commune ennemie.

Le résultat de l'industrie est la production d'une richesse que vous déclarez *légitime*, et nulle voix humaine ne s'élève contre cet arrêt ; mais quand il vous arrive de déclarer légitime le fruit heureux de la concurrence ou de la guerre civile, la voix qui vous dit : Non, est une voix humaine, et le doute s'empare de votre âme, et vous êtes troublé !

Mais qui te pousse, ô peuple ! hors de tes ateliers ? qui t'entraîne à venir disputer aux bourgeois leurs richesses ? - Trop souvent le *besoin*, et toujours le *désir.*

Ton âme ni ton corps ne sont satisfaits de la guerre que tu livres à la nature au sein des ateliers : cette guerre est inférieure à toi ! Un cercle de fer y limite ton salaire, ta production ; et ce cercle, tu ne le peux franchir. Supérieur donc à la fortune, l'avenir au cœur, tu laisses là l'atelier, tu descends sur la place publique, tu tentes les hasards de la guerre : vaincu, malheur à loi ! vainqueur, bonheur à toi !

Mais aussi, gloire à toi ! pour ces tentatives immenses qui toujours brisent le cercle fatal de ton oppression, et te font à jamais de meilleurs destins !

Il faut obéir à cette voix du ciel, à cette voix de l'avenir qui, par le *désir,* vous gourmande sans cesse ; il faut marcher vers les terres inconnues !

Tu ne connais, ô peuple ! que les amers et tristes fruits du salaire ; il faut que les fruits savoureux de la rente te soient également connus.

Mais la bourgeoisie s'oppose à ce que tu goûtes ces fruits ! de quel droit et pourquoi ? Est-ce la faute, à toi, si ces fruits sont rares, s'ils sont tôt épuisés ?

Que la bourgeoisie les multiplie, qu'elle se rachète, qu'elle évite la guerre incessante que tu lui fais, en te donnant de sa propre volonté une part de ces fruits dont gratuitement elle s'empare : ou qu'elle subisse en silence toutes les conséquences de la guerre des esclaves contre les maîtres, des tributaires contre les vainqueurs, des prolétaires contre elle, des pauvres contre les riches : il n'est point d'autre solution.

## 15. L'homme étant un être capable d'un plus grand degré de pureté, il suit en conséquence que la nature de son besoin, de son désir, de sa richesse, est d'engendrer des formes successives, qui successivement deviennent illégitimes de légitimes qu'elles étaient

Tel est le résumé philosophique de l'histoire de l'économie politique ; telle est la vue jetée de haut sur l'engendrement et la succession des divers systèmes économiques, des divers états sociaux par où l'homme a passé. Selon notre dessein, l'on peut y voir le rôle que nous attribuons au *besoin*, celui que nous attribuons au *désir* ; comment il arrive qu'un besoin, légitime en lui-même et toujours, peut tout à coup cesser de l'être ; comment un *désir,* légitime en lui-même et toujours, peut également cesser de l'être.

Ainsi rien de plus légitime, à coup sûr, que la *faim ;* donc rien de plus légitime que la chasse ou la pêche, ou la conduite des troupeaux. Cependant si la satisfaction de ce besoin par la conduite des troupeaux, par la pêche, par la chasse, détruit, étouffe en l'homme ses besoins d'intelligence et d'amour ; si cette satisfaction le remplit tellement, qu'il devienne sourd à l'avenir en cessant d'être sensible au désir, ce besoin cesse tout à coup d'être légitime : dans son développement l'homme est arrêté ; l'ordre qui règne alors en la tribu dont il est membre, est moins curieux à observer que celui qui règne en la société des abeilles.

Mais ce besoin reste vivant, et l'homme échappe à la mort, à l'immobilité, par deux raisons : la première, c'est que son désir est au-dessus des effets de sa puissance, que ce désir, comme une flamme éternelle, l'anime et le suit en tous lieux ; la seconde, c'est que la nature, douée de volonté et d'individualité, résiste même à la satisfaction des besoins présents de cet homme. L'homme est donc sollicité de sortir de la pêche, de la chasse, de la conduite des troupeaux, c'est-à-dire des systèmes économiques basés sur ces manières diverses de produire la richesse matérielle, par deux forces ennemies : l'une venant d'en bas, de la nature ; l'autre venant d'en haut, du désir et de l'intelligence.

Il s'élance donc hors de sa forêt ; et dès lors l'homicide, la guerre à l'homme, non plus la pêche, non plus la chasse, non plus la conduite des troupeaux, est le fruit véritable de la faim. En cet endroit du temps, la faim ne saurait produire d'autre fruit sans cesser aussitôt d'être légitime. Elle serait immorale, si par erreur elle s'obstinait encore à vouloir y faire naître le fruit que jadis elle y savait produire, c'est-à-dire la conduite des troupeaux, ou la chasse, ou la pêche.

Cependant quand la réflexion sera née dans le vainqueur et dans le vaincu ; quand il apparaîtra clairement à ces deux hommes qu'ils sont dans cette guerre cruelle le jouet de la nature, l'infortunée victime d'un fait accidentel, d'une rareté facile à vaincre, pour peu que l'un des deux se livre à de nouveaux procédés de guerre ou de chasse contre la nature ; quand le vaincu déclinera le combat offrant une rançon au vainqueur ; quand ce vainqueur à son tour se verra forcé d'accepter la rançon, la guerre produisant l'homicide aura cessé d'être légitime, et partant le besoin qui la produisait.

Ce besoin, c'est toujours la faim, et toujours il persiste ; mais justement cette persistance de la faim nous démontre cette vérité importante : que la légitimité d'un besoin n'est pas en ce besoin tout entière ; que cette légitimité lui vient également de la nature des actes qu'il enfante. Il faut que ces actes soient bons, soient légitimes : or ils ne sont légitimes et bons que s'ils sont nécessaires, indispensables.

Nous reviendrons sur ce point : poursuivons.

À la destruction de la guerre produisant l'homicide, la faim persiste donc ; *d'illégitime* qu'elle serait si sur cette terre nouvelle elle continuait à produire stupidement la mort du vaincu, elle devient *légitime* en produisant l'esclavage.

Or, est-ce là le dernier acte que cette faim ait à produire ? Cette nouvelle terre, terre humaine, ne sera-t-elle jamais remplacée ? Le monde grec et le monde romain sont-ils éternels dans l'idéalité, dans la pureté de leurs types ? Questions qui équivalent à celle-ci : la faim, ce besoin qui dans l'antiquité produit l'esclavage antique, sera-t-il éternellement légitime ?

L'histoire en main nous répondrons hardiment : Non.

Car voici l'esclave qui a modifié le maître, voici le maître qui a modifié l'esclave : ce ne sont plus là l'antique vainqueur et l'antique vaincu ! Vainement chercheriez-vous dans l'industrie à l'usage de l'esclave les signes caractéristiques de la sauvage guerre que livrait à la nature son aïeul le vaincu : à l'aide de procédés fort simples l'esclave produit en se jouant ce qui eut dépassé de beaucoup les forces de son aïeul.

Car, il y a plus encore, la théorie, la science, se trouvent être supérieures à la pratique : les esclaves et les maîtres ont par-devers eux une foule d'inventions dont le résultat est d'augmenter la fertilité de la nature, cette terre primitive de l'homme, et de détrôner l'esclave de son domaine, de le chasser du lieu qu'il habite, de le dépouiller de ses biens, de lui nier ses besoins, son droit de vivre comme esclave.

En face donc de ces deux faits concomitants : la plus grande fertilité de la nature obtenue ou obtenable par la science pratique et par la science théorique, et la déchéance de plus en plus prononcée de l'esclave, comment donc la faim produisant l'esclavage pourrait-elle se maintenir légitime ?

– Maîtres, votre science nous chasse, vous ne voulez plus de nous ; n'augmentez donc pas notre nombre : soyez conséquents.

Maîtres, votre science nous chasse, vous ne voulez plus de nous ; partagez donc avec nous les fruits que nous ne produisons plus, ou faites-nous mourir, ou guerroyons entre nous : aux plus heureux ! Soyez conséquents.

Vous n'êtes pas encore les bourgeois de la cité future, de cette cité future nous ne sommes pas encore les prolétaires. Que ferons-nous en attendant ? –

Cette cité future dont parlaient les esclaves est devenue présente : or donc qui dans le siècle où nous sommes oserait soutenir qu'il peut y avoir des esclaves, la faim, le besoin qui les engendrait en Grèce existant encore aujourd'hui ? Ayez des prolétaires pour vous nourrir de leurs sueurs, si vous le pouvez, mais des esclaves ! cela ne peut plus être ; à cette condition antique, votre besoin n'est donc plus légitime.

Cependant le développement même de l'industrie nie de nos jours le prolétaire : le sol tremble, une terre nouvelle, un nouveau continent pointe à l'horizon. La science multiplie les machines industrieuses ; le bourgeois ferme la porte de l'atelier où l'agile vapeur, solitaire, gémit lentement, sourdement ; le salaire décroît. Qui donc en face de ces deux faits concomitants, la production plus facile et la déchéance de l'ouvrier, qui donc oserait soutenir que la faim produisant l'ouvrier se maintiendra éternellement légitime ? Les prolétaires ne sont-ils pas dès à présent mis en demeure de dire aux bourgeois : Les conditions de votre production, en d'autres termes les conditions de notre travail, et les mécaniques que vous nous faites construire, nous chassent des ateliers, ou nous donnent une misérable existence : cela ne peut durer. Empêchez les nôtres de naître, ou partagez avec nous les fruits qu'il nous est défendu de faire produire. Ne voyez-vous pas que ces machines puissantes, notre orgueil à tous, ne peuvent pas plus être à votre usage, vous bourgeois, qu'au nôtre, nous prolétaires : elles nous écrasent tous par leur fécondité ! Ce sont évidemment là les éléments industriels, la terre, les capitaux de la cité future, cité qui ne comportera en son sein ni prolétaires, ni bourgeois, mais des hommes, mais des frères ! Laissez-nous donc, ainsi que vous, nous nourrir, nous couvrir de leurs fruits : ces fruits de la terre d'avenir ne vous appartiennent pas plus qu'à nous. Que si, continuant à confondre ces instruments puissants avec ceux du passé, vous nous en refusez l'usage, alors il n'est pour nous qu'un seul moyen de vivre, c'est de vous en disputer la possession les armes à la main : le bon droit est pour nous.

Ce langage des prolétaires est assurément fondé en science : au temps où nous sommes, il n'a rien d'étrange ; mais que prouve-t-il ? Il prouve encore, par l'avenir, la thèse que nous soutenons ici : qu'un besoin peut cesser d'être légitime. La faim qui actuellement produit ou peut produire l'ouvrier, à son tour cessera d'être un jour légitime : elle ira rejoindre la faim qui produisait des esclaves an temps d'Aristote, celle qui antérieurement produisait l'homicide, et celle qui à l'origine des sociétés enfantait ou la pêche, ou la chasse, on la conduite des troupeaux.

Mais à quelle condition perdra-t-elle cette légitimité qu'elle possède encore au moment où j'écris ? question résolue par tout ce qui précède.

La faim ne disparaîtra pas de la nature humaine, mais elle fera produire à cette nature humaine des actes autres que ceux qu'elle lui fait accomplir aujourd'hui. On ne changera pas en prolétaire son voisin, son égal, son frère ; on frappera la nature d'un impôt plus fort à l'aide de l'industrie.

S'il est une vérité démontrée, c'est donc, il nous semble, ces rôles que jouent et le besoin et la richesse dans la formation successive des divers états sociaux, des divers systèmes économiques par où l'homme a passé.

Des besoins et de la richesse procèdent les phénomènes économiques ; la raison philosophique de ces phénomènes, c'est la nature du besoin, la nature de la richesse.

Le besoin est légitime ou illégitime. Sa légitimité lui vient de la légitimité des actes qu'il produit.

Ces actes sont légitimes, s'ils sont nécessaires, indispensables.

Et ils sont nécessaires, indispensables, s'ils satisfont le besoin pour lequel ils sont nés, sans éteindre dans l'homme nul autre de ses besoins légitimes, sans gêner également la production des actes nécessaires à la satisfaction de ces autres besoins légitimes.

La richesse est légitime ou illégitime. Sa légitimité lui vient de la légitimité des effets qu'elle produit.

Ces effets sont légitimes s'ils sont nécessaires, indispensables.

Et ils sont nécessaires, indispensables, si le besoin légitime, qui demande ces effets à la richesse, a été seul satisfait.

Telle est la théorie qui préside aux travaux purement historiques de la science, quand cette science s'occupe du passé.

Cette théorie nous donne une telle idée de l'économie politique, qu'en affirmant tout d'abord que cette science dans son histoire n'a jamais été jusqu'ici connue et enseignée, nous ne pourrons, il nous semble, frapper d'étonnement aucun de nos lecteurs.

L'histoire de l'économie politique, ce n'est pas seulement l'histoire des systèmes économiques qui se sont trouvés formulés dans des livres à diverses époques, c'est encore et surtout l'histoire économique des diverses constitutions sociales qui ont régné dans le monde depuis que l'homme y est apparu. Ce sujet est vaste, varié, intéressant : il serait certainement très utile à connaître, et dissiperait une foule de préjugés et d'erreurs dont nous sommes victimes. Combien d'esprits, je ne dis pas médiocres, mais distingués, à la lecture de cette histoire, se trouveraient pris d'étonnements profitables devant l'étrangeté et la grandeur des tentatives du passé, devant l'innocence comparative des réformes que l'on propose pour l'avenir, vers lesquelles tout marche, et qui pourtant ont le triste privilège de les jeter en des frayeurs stupides !

Mais cette histoire a des proportions tellement grandes que nous ferons preuve d'esprit et de conscience à la fois en la passant ici complètement sous silence. Croit-on qu'on la puisse aborder, je ne dis pas exposer, dans quelques colonnes de ce Dictionnaire ?

Qu'il nous suffise donc ici d'affirmer que la science économique, comme toute, science véritable, se conçoit un passé, qu'elle a vécu, qu'elle pourrait dire à la rigueur son histoire ; ce que ne peut faire le système. Le système est né d'hier, il date de la venue d'un homme ; il n'a point de passé, il n'a point d'avenir, en ce sens que l'avenir pour lui, ainsi que le passé, répètent à satiété le présent.

Nous qui cherchons la vérité de toute la puissance de notre âme, éclairons-nous sans cesse du principe que nous avons découvert. N'oublions jamais que le besoin peut être légitime et illégitime ; légitime dans un temps, illégitime dans l'autre ; légitime dans un certain degré de satisfaction, illégitime dans un degré de satisfaction trop infime ou excessif.

Alors l'étude du passé ne nous sera ni mauvaise ni rebutante. Elle sera grosse des solutions du présent, de même que le présent est gros des solutions que l'avenir renferme ; et nous en sortirons plus profondément convaincu que tout est lié, que tout se succède, que tout concourt, consent et conspire.

Êtes-vous pénétré de ce principe, vous avez dès lors une vue nette des choses et de leur nature, vous êtes dans le vrai. La science se déroule magnifiquement à vos regards. À quelque endroit du temps et de l'espace que vous viviez, on vous entend toujours dire : Tout finit, tout commence et tout se poursuit. Vous ne professez point le culte de la mort, mais le culte de l'éternelle vie.

Inaltérable et pure, la morale vous affranchit du passé, vous délivre du présent, vous confie à l'avenir certain. Vous ne fuyez point le désir ; le désir, c'est le besoin futur, c'est ce qui vous appartiendra : pourquoi renonceriez-vous donc volontairement à cet héritage sacré de la vie actuelle, à cette promesse certaine de la vie future !

Mais, au contraire, niez que le besoin puisse être tour à tour légitime et illégitime, croyez qu'il est contenu tout entier dans l'homme ; séparez-le tellement de ses effets, que ces effets, par la nature, ne puissent, suivant vous, réagir sur lui, et vous êtes dans le faux, et vous adorez le passé dans le présent, et vous avez horreur de l'avenir, et le désir, attaquant sans cesse votre présent immobile, vous paraît être un poison funeste dont il faut se garder ; et, selon l'époque qui vous voit apparaître, vous êtes Aristote défendant l'esclavage, Adam Smith proclamant la bonté, la justice du prolétariat ; et vous professez et pratiquez hautement, quoi que vous puissiez dire, cette immorale et dégoûtante maxime : *La fin justifie les moyens.*

Le nombre de ces hommes qui croient à l'éternelle et immobile légitimité du besoin, qui ne savent point discerner quand et comment ce besoin est légitime, quand et comment il cesse de l'être, quand et comment il le redevient ; le nombre de ces hommes, dis-je, est grand à toutes les époques. Ce sont eux qui forment la masse des générations, et de leur sein surgissent des docteurs qui traduisent en théories prétendues scientifiques cette fausse histoire, cette fausse explication des phénomènes de leurs temps.

Et ces théories absurdes, véritables poisons, enseignées à la place de la science, produisent à leur tour de funestes effets.

Soumis à la loi commune, notre siècle a les siennes. En économie politique, c'est la théorie d'Adam Smith ; en philosophie, l'éclectisme de M. Cousin ; dans l'art, la théorie de l'art pour l'art de M. Hugo[296]. Mais à ces théories menteuses, il est temps enfin d'opposer la science : il est temps d'opposer à l'erreur la vérité.

## 16. Résumé

Notre tâche n'était point facile. Nous avions à exposer une théorie nouvelle, et nous ne devions pas empiéter sur les droits d'un autre article de ce Dictionnaire (voir SMITH), où la théorie qui règne, convenablement sapée dans sa base, paraîtra aux yeux de tous ce qu'elle est, une erreur. Et non seulement nous nous trouvions ainsi privé de l'incontestable avantage que donne à toute œuvre de création l'œuvre préliminaire de destruction ; mais par la nature même de la nouvelle théorie que nous nous proposions de faire connaître nous nous trouvions emporté à chaque instant sur un terrain, que ni la Politique dans son état actuel, ni à plus forte raison l'Économie politique comprise à la manière d'Adam Smith, n'ont coutume de fouler du pied. Nous ignorons donc si, par suite de toutes ces difficultés, nous avons

296 [Référence sans doute à la place que conféra à Victor Hugo sa préface à *Cromwell* (1827) dans la genèse du drame romantique. Mais la théorie de « l'art pour l'art » fut à l'époque plus encore associée à Théophile Gauthier dans sa préface à *Mademoiselle de Maupin* (1835). Pour la position toute autre prise ici, voir l'entrée « Art » par Pierre Leroux, dans le volume II de l'*Encyclopédie nouvelle*.]

réussi complètement dans notre tâche ; mais du moins nous pouvons nous rendre cette justice de l'avoir essayé. Le mal, d'ailleurs, s'il existe, sera facilement réparé à l'aide des articles qui nous restent encore à faire dans ce Recueil.

Il est bien évident, par exemple, que pour être clair et facilement compris, nous étions, et nos lecteurs, et nous, dans des conditions beaucoup trop défavorables. Ils venaient à nous l'esprit prévenu, plein des idées systématiques et contradictoires qu'enseigne l'école d'Adam Smith ; nous, nous allions à eux avec l'ivresse que procure inévitablement la vue d'une science toute nouvelle. Ils étaient donc nos adversaires, bien plus encore que nos lecteurs.

Pour ces lecteurs ainsi prédisposés, ce que nous devons faire, c'est de nous résumer brièvement.

Nous disons donc, en premier lieu, que l'économie politique n'est autre que la science de la loi, de l'arrangement des diverses parties constituantes de la nation, arrangement qui seul peut faire atteindre à la nation son plus haut degré de prospérité, de bien-être, de richesses.

Ce qui entraîne nécessairement à sa suite cette énorme conséquence, qu'il faut tenir compte des nations étrangères et de la nature dans l'énumération des diverses parties constituantes de la nation.

Nous disons ensuite que pour connaître cette loi, cet arrangement des diverses parties constituantes de la nation, d'où doit jaillir pour cette nation richesses, bien-être prospérité, il faut 1) connaître l'essence des diverses parties constituantes de la nation : ce qui équivaut à dire qu'il faut connaître la cause de la loi ; 2) connaître l'essence de la richesse, du bien-être, de la prospérité de la nation : ce qui équivaut à dire qu'il faut connaître *l'effet* que la loi doit produire.

Or, en vérité, nous trompons-nous grossièrement en affirmant 1° que la *cause* de la loi est ce que nous appelons vulgairement le besoin, dont le désir est une variété ; 2° que *l'effet* de cette loi est ce que nous désignons vulgairement par le mot *richesse ?*

Nous ne le pensons pas ; c'est pourquoi nous passerons ici sous silence la démonstration de cette double proposition.

Mais s'il est acquis dans la science qu'on ne peut connaître, étudier une cause indépendamment de son effet, et réciproquement, cette vérité n'est-elle pas bien autrement frappante ici, où la *cause* est le *besoin*, où *l'effet* est la *richesse ?*

La richesse est ce qui satisfait le besoin ; mais le besoin n'engendre pas directement la richesse. Cette richesse est en elle-même, elle existe au sein de la nature sous un autre nom : ce n'est que dans le cas particulier de l'existence du besoin qu'elle prend ce nom de *richesse*, de telle sorte que s'il est vrai de dire *La richesse est ce qui satisfait le besoin*, il est également vrai de dire *Le besoin est ce qui satisfait la richesse.*

Si le besoin constitue la richesse, la richesse à son tour constitue le besoin.

De là ce principe qu'on ne peut séparer ces deux parties d'un seul tout, qu'on ne peut se tenir dans l'étude exclusive de l'une ou de l'autre.

De ce principe, nous avons déduit la conséquence que la richesse, ainsi que le besoin, ne sont dans leur essence ni matériels, ni intellectuels, ni artistiques, ni moraux ; qu'ils sont *humains.*

Puis, en pénétrant davantage dans la connaissance du besoin et de la richesse, il nous est apparu que ce besoin avait des manifestations assez distinctes pour être saisies par nous ; que conséquemment cette richesse avait également des manifestations très distinctes, très saisissables.

Ces manifestations du besoin ont reçu des noms dans la langue : les principales sont le besoin matériel, le besoin intellectuel, le besoin artistique, le besoin moral, le besoin religieux.

Également les manifestations très distinctes, très saisissables de la richesse ont reçu des noms dans la langue : les principales sont la richesse matérielle, la richesse intellectuelle, la richesse artistique, la richesse morale, la richesse religieuse.

La constatation de ces manifestations distinctes et saisissables du besoin et de la richesse nous mène ensuite à reconnaître l'influence de chacune d'elles sur l'être qui les renferme toutes en lui, sur l'homme.

De là, cet autre principe qu'il est des bornes à la légitimité des besoins et des richesses.

Il est des richesses légitimes, il est des besoins légitimes.

Il est donc des besoins illégitimes, des richesses illégitimes.

Comment s'établit la légitimité du besoin ? par la conséquence légitime de sa satisfaction.

Et la légitimité de cette satisfaction ? par le respect intégral qu'elle porte aux autres besoins légitimes de l'homme.

Il en est de même quant à la richesse.

**17.**

Tel est le squelette aride et desséché de la science économique ; que ce squelette se couvre de nerfs et de muscles, qu'il vive, et voici la science radieuse qui paraît à nos regards. Elle descend et remonte alternativement du passé à l'avenir, de l'avenir au passé, rencontrant et coupant en sa route éternelle le présent fugitif. L'homme de ce présent l'interroge, elle lui répond :

Tu me demandes, ô homme ! ce qu'il faut que tu croies ! Ton corps, abondamment pourvu des biens de la terre, donne à ton âme une force nouvelle, et cependant tu souffres ! Longtemps ta joie a été grande en voyant cette prospérité terrestre inconnue de tes aïeux sauvages, et tu t'applaudissais de cette manifestation visible de ton alliance avec Dieu. Mais aujourd'hui tu es triste, et le blasphème s'échappe volontiers de ta bouche. À quoi me servent, dis-tu, ces instruments puissants que la vapeur anime ? Mangerai-je davantage ? boirai-je davantage ? les vêtements qu'ils me donnent s'useront-ils plus vite ? Serait-ce donc un bien que cet accroissement du besoin dans moi, que cette facilité plus grande d'usure de la part des richesses ? En quoi les incontestables progrès de l'industrie ont-ils changé mon sort ? suis-je préservé de tous revers ? n'ai-je plus rien à craindre ? jouirai-je sans souci de ces biens matériels de production facile ? Si je me suis placé, sous ce rapport, loin des atteintes de la nature, si j'ai vaincu cette nature, ai-je également vaincu mon semblable ? n'ai-je rien à redouter de lui ?

Toujours la misère assiège ma porte, et toujours quelqu'un des miens est sa proie ! Verrai-je donc éternellement ces pâles visages d'hommes, ces membres humains décharnés, ces yeux caves et hagards ? Entendrai-je éternellement ces cris de la faim, ces accents de la douleur, et ces paroles de haine et de colère ? Le soupçon, la méfiance, flétriront-ils éternellement mon cœur ? éternellement l'humanité, fille du ciel, sera-t-elle vouée aux dieux infernaux ?

Cesse ta plainte et ton blasphème ; écoute :

Tu ne crois plus que la nature soit vouée aux dieux infernaux dont tu parles ; un jour également viendra où ces dieux infernaux auront à tes yeux disparu de l'humanité. La nature était sauvage, tu l'as civilisée, et depuis lors seulement elle vit en paix avec toi, Elle est ton alliée fidèle, ta servante obéissante et forte. Mais, dis-moi, quels combats ne lui as-tu pas livrés ! combien de fois, avant que d'obtenir ce résultat heureux, ne t'a-t-elle pas broyé sous sa force brutale. Aujourd'hui même oserais-tu bien te flatter de tirer d'elle tout ce qu'il est en ton droit de lui demander ? serais-tu assez hardi que d'oser affirmer que, de ta part, tu n'as plus rien à craindre ?

Eh bien ! ce que tu as fait pour la nature tu l'avais également à faire pour tes semblables : ces deux œuvres étaient les tiennes. Elles se confondent, elles s'unissent, elles vont ensemble et s'engendrent, et pourtant elles sont différentes et distinctes !

Tu as marché dans l'une plus que tu ne l'as fait dans l'autre, et cela devait être : tu ne t'es pas égaré. Ayant à combattre deux puissants ennemis, la prudence voulait que tu fisses alliance avec l'un, que tu suspendisses contre lui tes hostilités, afin d'écraser l'autre : c'est ce que tu as fait. Renfermant en ton cœur ta haine et ta colère, tu as ajourné les solutions sanglantes de cette haine et de cette colère, et tu t'es élancé à la conquête de la nature : cela t'a réussi.

Mais une trêve n'est pas une paix, mais l'alliance de deux ennemis, c'est la coalition, ce n'est pas la famille, ce n'est pas la société. Aussi au plus léger avantage, à la moindre victoire, les parts de l'immense butin étaient pour chacun différentes, et ces différences dans les parts éveillaient, transformaient en chacun la colère et la haine assoupies ; et de violentes querelles s'élevaient entre loi et tes alliés, parmi les alliés. Pour éviter toute rupture funeste en face de la nature, votre ennemie commune, toujours vaincue et toujours révoltée, vous tombâtes d'accord qu'il fallait parmi vous établir une discipline. Les institutions sociales apparurent.

À l'origine, ralliant l'homme à l'homme dans le seul but de résister aux influences délétères de la nature, ces institutions furent d'une douceur et d'une simplicité très grandes : tu peux en juger par celles des peuplades sauvages actuellement encore existantes.

Mais quand le but de l'agression de l'homme contre la nature eut changé ; quand, pour l'homme doué d'une intelligence plus grande, il ne s'est plus agi de résister contre la nature, mais de la vaincre, de la forcer, de lui commander, cela n'eut lieu que par l'appropriation que chaque homme se fit d'un fragment de la forêt commune.

Dès lors plus de forêt commune, plus de dangers communs. Maître de son enclos et des choses qui s'y trouvaient enfouies, chacun eut à penser pour soi et chez soi.

Mais les imprévoyants, mais ceux qui désiraient au-delà des richesses par eux ainsi possédées, mais ceux qui regrettaient la vie des aïeux, mais ceux qui se trouvaient accablés d'une famille nombreuse, tous ces hommes-là, ennemis-nés de cette division de la nature, division arbitraire, barbare et spoliatrice, durent nécessairement conspirer et conspirèrent en effet contre l'établissement du nouveau système social, contre la pratique du nouveau procédé d'exploitation de la nature que l'homme venait habilement de découvrir.

C'est, ainsi que toujours l'avenir et le passé conspirent contre le présent.

Or pour repousser cette conspiration de l'avenir et du passé, force fut donc au présent, c'est-à-dire aux propriétaires, de se coaliser.

Ils se coalisèrent. Et naturellement alors les rigueurs des institutions du nouvel état social furent en raison de l'intensité du danger que lui faisait courir la conspiration flagrante des gens du passé et des gens de l'avenir.

Ces rigueurs furent aussi en raison des difficultés et des charges que la *propriété*, ce nouveau mode d'exploitation de la nature à l'usage de l'homme, entraînait après elle.

Voilà ce qui peut l'expliquer l'histoire des temps écoulés ! Que cette histoire ne te soit plus une énigme obscure : comprends-la, explique-la, profites-en.

Vois l'esclave surgir comme une nécessité, comme une conséquence de l'appropriation individuelle des biens de la terre.

Mais en même temps vois-le tendant à disparaître par suite même de son existence.

À mesure que la civilisation grandit, les ennemis du présent, amateurs du passé, se dissipent ; les amis de l'avenir ne sont plus animés de la haine première, ignorante et sauvage du présent ; ils comprennent ce présent, ils l'expliquent, ils le justifient, ils sentent que sans lui l'idée qui les emporte est une chimère vaine.

Et des milliers d'instruments ingénieux, supérieurs à l'esclave, à l'ombre de l'esclave, ont été découverts.

Dès lors comment les rigueurs des institutions sociales primitives eussent-elles pu se perpétuer d'âge en âge ; comment l'esclavage antique eût-il pu se traîner jusqu'à toi ?

Vois donc l'esclave disparaître, vois les institutions sociales se dépouiller peu à peu de leur férocité première ; vois les mœurs s'adoucir, les crimes moins punis, la peine de mort s'effaçant peu à peu des codes ; entends même déjà ces éloquentes prédications de l'individu s'insurgeant sans danger contre la société, et lui faisant hautement son procès.

Cependant que s'est-il passé ? Entre les temps actuels et les temps écoulés, un principe, une base sociale a-t-elle disparu ? une base nouvelle a-t-elle lui parmi les hommes ? Non. Il s'agit encore aujourd'hui de coalition, c'est-à-dire de la seule société possible entre des êtres séparés, divisés, ennemis, que rassemble un danger commun, imminent, et le but de cette coalition c'est encore de se défendre contre des hommes, et de triompher de plus en plus de la nature rebelle.

La forme a donc seule changé, le fond est resté le même. Si l'esclave n'est plus, le prolétaire existe.

Tes sociétés, ô homme ! n'ont été jusqu'à présent que des coalitions : cela seul est vrai. Ton semblable (que tu vives en paix avec lui !) est ton ennemi. Les institutions sociales, purement disciplinaires, s'élèvent entre lui et toi. Mais ces institutions ont-elles réellement la puissance de faire naître en ton âme une sécurité profonde et réelle ? Non. Qui te garantira d'une surprise que ces institutions n'ont point prévue ? qui te préservera de l'audace des passions violentes que ces institutions provoquent imprudemment, incessamment ? Et si par hasard la guerre, sous des formes cachées, brille obscurément entre ton semblable et toi ; si, maître, tu te prends au salaire ; si, juge, tu te prends aux conséquences légitimes de la misère, c'est-à-dire à la mendicité, aux vices, aux délits, aux crimes ; si ton génie, découvrant une application de la mécanique, se prend au travail du pauvre, c'est-à-dire à son pain, à sa vie, que deviennent ces institutions sociales ? Elles pourront bien te venger si tu succombes, mais te garantir, jamais.

Tremble donc ! car à l'ombre des institutions sociales du présent, ta vie est rude, pleine de dangers et de surprises.

Cependant que la plainte expire en ton âme, que ta bouche cesse de blasphémer ; l'obstacle t'est maintenant connu. Est-il en ton pouvoir de le surmonter ? c'est là la question.

Au pied de cet obstacle, tout te pousse, tout t'entraîne, tout t'amène ; il te faut le franchir. Ton génie lui-même a préparé les voies : tes puissants instruments de production te soulèvent, cesse de leur résister. Tes croyances t'attirent à elles, obéis. Après le prolétaire, que tes sympathies, tes instruments de production, tes croyances, et même tes préjugés, nient et repoussent, qui veux-tu qui se présente à toi qui te soit agréable ?

Il n'est plus pour l'esclavage antique d'autre forme possible que celle inusitée du lien fraternel. Les évolutions naturelles de l'esclave sont à leur fin : l'esclave devient homme ; il faut le recevoir. Brise donc ces dernières enveloppes qui le tiennent plein de vie dans l'immobilité de la mort et te plongent toi-même en des angoisses amères. Tu es le père de cet homme nouveau qui naît de l'esclave, et tant que le mystère de la naissance ne se sera pas opéré, tu seras tremblant d'espérances et de craintes. Aie donc un peu de courage ! crie à tes contemporains ces paroles sincères : Nos malheurs, nos souffrances viennent de ce que nous sommes ennemis ; soyons amis, soyons frères.

Mais ces paroles n'ont point encore d'échos ! Tu les prononces au milieu de la foule attristée, blasphémante, et la foule s'écoule ; nul ne l'a compris, nul n'accompagne tes pas.

Loin d'ébranler tes convictions, que cet accueil les affermisse au contraire : par lui l'aveuglement de ton siècle t'est révélé ; et, garanti à jamais de l'orgueil par la solitude où tu te trouves, tu apprends à connaître quels sont ici-bas les moyens à l'aide desquels s'accomplissent les volontés de Dieu.

Entraînés dans leur sphère présente, les hommes ne savent comment expliquer leurs maux. Née d'hier, et déjà épuisée, mourante, cette sphère leur paraît avoir toujours été et devoir toujours être : ils croient à l'immobilité. Et voulant pratiquer cette immobilité, au sein de l'océan des temps ils jettent une ancre solide, et s'endorment confiants. Or toujours à leur réveil de nouveaux rivages se présentent. Manifestations inutiles de l'éternel mouvement qui les entraîne ! La tempête nous a surpris, disent-ils, regagnons le mouillage d'hier.

Et toujours naviguant vers ce mouillage d'hier qu'ils ne reverront plus, ils jettent chaque soir une ancre nouvelle au sein d'un présent nouveau dont ils se promettent de goûter les fruits au réveil, et toujours au réveil ces fruits ont à jamais disparu.

Jusqu'à quand, ô hommes ! serez-vous donc victimes de ces grossières illusions de vos sens ! jusqu'à quand nierez-vous le mouvement qui vous emporte ! Vous êtes voyageurs, le présent est l'hôtellerie du soir qui vous abrite, que tous quitterez au réveil ! l'avenir sans cesse vous attend. Croire en marchant à lui, marcher vers le passé, c'est donc une erreur cruelle ; s'arrêter au présent, c'est donc souffrir, c'est donc mourir.

Dans son éternelle sagesse, Dieu faisant l'homme voyageur n'a point oublié de distribuer sur sa route les biens, les richesses nécessaires à sa vie. La loi est donc d'user de ces biens là où ils naissent, de ne les point accaparer, de ne les point transporter d'une façon impie d'un présent qui s'efface dans un présent qui naît.

Vous ne vivez pas sous cette loi, ô hommes du dix-neuvième siècle ! Vous travaillez au contraire à immobiliser le présent ; chacun de vous se chargerait volontiers des biens de ce présent jusqu'à succomber sous leur poids ; comment donc vos plaintes et vos blasphèmes seraient-ils légitimes ?

Cependant Dieu ne s'est point retiré de vous ; il n'a pas épuisé le nombre de ses enseignements, et sa lumière, au plus fort de vos ténèbres, frappera votre œil. Continuez votre vie, continuez vos erreurs ; poursuivez à votre manière la recherche du bonheur ; réparez le présent autant qu'il vous sera loisible ; faites des lois dans le but de vous garantir contre les invasions du progrès ; essayez d'imposer des limites morales à la concurrence ; élevez des digues préservatrices contre les fureurs du peuple et contre celles de la bourgeoisie ; conjurez les tempêtes de toutes sortes au sein desquelles il vous est donné de vivre ; multipliez les machines dans l'espérance de détruire la misère matérielle des ouvriers, et voici ce qui arrivera. Le prolétaire sera de plus en plus jeté hors de son atelier, et sa souffrance sera de plus en plus horrible, et le caractère purement disciplinaire des lois et des institutions sociales sera de plus en plus dévoilé aux regards de tous, et la guerre que ces institutions et ces lois veulent en vain prévenir se fera jour d'une façon plus violente, et nul ne sera désormais dupe du mot de société !

Alors, au sein de cette guerre civile que suscitent dès à présent la croyance à l'immobilité, et l'amour effréné, impie des richesses d'un présent périssable, la voix qui vous criera : Nos malheurs et nos souffrances viennent de ce que nous sommes ennemis : soyons amis, soyons frères, cette voix récoltera une immense moisson ; car les temps, pour la cité nouvelle, seront venus, l'amour de richesses nouvelles et meilleures sera né, la croyance au progrès, au mouvement, sera passée dans les mœurs.

O toi ! qui m'as interrogé, sois cet homme, ce moissonneur heureux ! Conserve-toi vivant et pur pour ces temps qui viendront. Ne t'afflige point de ton isolement ; c'est là ta gloire la plus grande. Laisse à tes contemporains la pratique de l'erreur qui tombe ; mais toi, reste à la vie, reste à la vérité. Ils sont morts et bien morts, ces hommes qui blasphèment ou qui rient à tes simples paroles, laisse-leur donc le soin d'ensevelir leurs morts, et viens avec moi.

# Table des matières

Composition : Le Bord de L'eau éditions

Cet ouvrage a été achevé d'imprimer en décembre 2021
pour le compte des éditions Le Bord de L'eau
par Présence graphique (37260 Monts).

Dépôt légal : Janvier 2022

*Imprimé en France*